中国社会科学院重大课题
国家"十五"重点出版项目

列国志

GUIDE TO THE WORLD STATES

中国社会科学院《列国志》编辑委员会

苏丹

◉ 刘鸿武　姜恒昆　编著

社会科学文献出版社
SOCIAL SCIENCES ACADEMIC PRESS (CHINA)

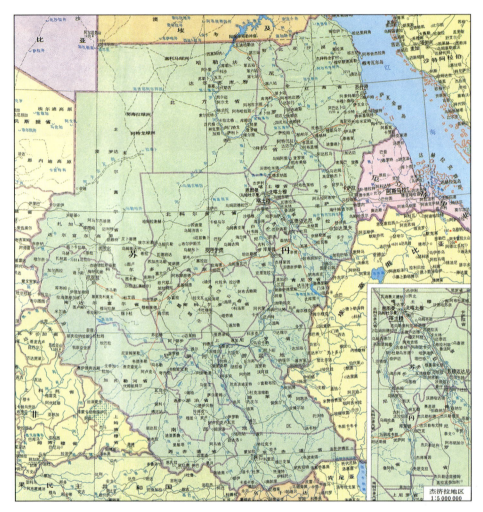

苏丹行政区划图

苏丹国旗

苏丹国徽

苏丹总督府

喀土穆炼油厂夜景

苏丹尼罗河

白尼罗河

达尔富尔的孩子

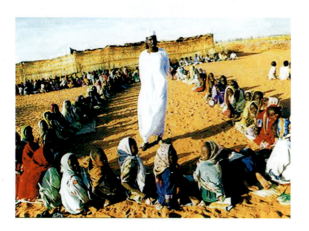

苏丹南方的孩子

努尔少女

丁卡族勇士

苏丹牧童

库施国王雕像（公元前6世纪）

努比亚金字塔（公元前15世纪）

努比亚碑文（公元前1世纪）

努比亚基督教堂圣画
（公元6世纪）

库施王后金像
（公元前8世纪）

努比亚士兵木雕（公元前22世纪）

前　言

　　自 1840 年前后中国被迫开关、步入世界以来，对外国舆地政情的了解即应时而起。还在第一次鸦片战争期间，受林则徐之托，1842 年魏源编辑刊刻了近代中国首部介绍当时世界主要国家舆地政情的大型志书《海国图志》。林、魏之目的是为长期生活在闭关锁国之中、对外部世界知之甚少的国人"睁眼看世界"，提供一部基本的参考资料，尤其是让当时中国的各级统治者知道"天朝上国"之外的天地，学习西方的科学技术，"师夷之长技以制夷"。这部著作，在当时乃至其后相当长一段时间内，产生过巨大影响，对国人了解外部世界起到了积极的作用。

　　自那时起中国认识世界、融入世界的步伐就再也没有停止过。中华人民共和国成立以后，尤其是 1978 年改革开放以来，中国更以主动的自信自强的积极姿态，加速融入世界的步伐。与之相适应，不同时期先后出版过相当数量的不同层次的有关国际问题、列国政情、异域风俗等方面的著作，数量之多，可谓汗牛充栋。它们对时人了解外部世界起到了积极的作用。

当今世界，资本与现代科技正以前所未有的速度与广度在国际间流动和传播，"全球化"浪潮席卷世界各地，极大地影响着世界历史进程，对中国的发展也产生极其深刻的影响。面临不同以往的"大变局"，中国已经并将继续以更开放的姿态、更快的步伐全面步入世界，迎接时代的挑战。不同的是，我们所面临的已不是林则徐、魏源时代要不要"睁眼看世界"、要不要"开放"问题，而是在新的历史条件下，在新的世界发展大势下，如何更好地步入世界，如何在融入世界的进程中更好地维护民族国家的主权与独立，积极参与国际事务，为维护世界和平，促进世界与人类共同发展做出贡献。这就要求我们对外部世界有比以往更深切、全面的了解，我们只有更全面、更深入地了解世界，才能在更高的层次上融入世界，也才能在融入世界的进程中不迷失方向，保持自我。

与此时代要求相比，已有的种种有关介绍、论述各国史地政情的著述，无论就规模还是内容来看，已远远不能适应我们了解外部世界的要求。人们期盼有更新、更系统、更权威的著作问世。

中国社会科学院作为国家哲学社会科学的最高研究机构和国际问题综合研究中心，有11个专门研究国际问题和外国问题的研究所，学科门类齐全，研究力量雄

厚，有能力也有责任担当这一重任。早在 20 世纪 90 年
代初，中国社会科学院的领导和中国社会科学出版社就
提出编撰"简明国际百科全书"的设想。1993 年 3 月
11 日，时任中国社会科学院院长的胡绳先生在科研局的
一份报告上批示："我想，国际片各所可考虑出一套列
国志，体例类似几年前出的《简明中国百科全书》，以
一国（美、日、英、法等）或几个国家（北欧各国、印
支各国）为一册，请考虑可行否。"

中国社会科学院科研局根据胡绳院长的批示，在调
查研究的基础上，于 1994 年 2 月 28 日发出《关于编纂
〈简明国际百科全书〉和〈列国志〉立项的通报》。《列
国志》和《简明国际百科全书》一起被列为中国社会科
学院重点项目。按照当时的计划，首先编写《简明国际
百科全书》，待这一项目完成后，再着手编写《列国
志》。

1998 年，率先完成《简明国际百科全书》有关卷编
写任务的研究所开始了《列国志》的编写工作。随后，
其他研究所也陆续启动这一项目。为了保证《列国志》
这套大型丛书的高质量，科研局和社会科学文献出版社
于 1999 年 1 月 27 日召开国际学科片各研究所及世界历
史研究所负责人会议，讨论了这套大型丛书的编写大纲
及基本要求。根据会议精神，科研局随后印发了《关于
〈列国志〉编写工作有关事项的通知》，陆续为启动项目

拨付研究经费。

为了加强对《列国志》项目编撰出版工作的组织协调，根据时任中国社会科学院院长的李铁映同志的提议，2002 年 8 月，成立了由分管国际学科片的陈佳贵副院长为主任的《列国志》编辑委员会。编委会成员包括国际片各研究所、科研局、研究生院及社会科学文献出版社等部门的主要领导及有关同志。科研局和社会科学文献出版社组成《列国志》项目工作组，社会科学文献出版社成立了《列国志》工作室。同年，《列国志》项目被批准为中国社会科学院重大课题，国家新闻出版总署将《列国志》项目列入国家重点图书出版计划。

在《列国志》编辑委员会的领导下，《列国志》各承担单位尤其是各位学者加快了编撰进度。作为一项大型研究项目和大型丛书，编委会对《列国志》提出的基本要求是：资料详实、准确、最新，文笔流畅，学术性和可读性兼备。《列国志》之所以强调学术性，是因为这套丛书不是一般的"手册"、"概览"，而是在尽可能吸收前人成果的基础上，体现专家学者们的研究所得和个人见解。正因为如此，《列国志》在强调基本要求的同时，本着文责自负的原则，没有对各卷的具体内容及学术观点强行统一。应当指出，参加这一浩繁工程的，除了中国社会科学院的专业科研人员以外，还有院外的一些在该领域颇有研究的专家学者。

　　现在凝聚着数百位专家学者心血、约计 200 卷的《列国志》丛书，将陆续出版与广大读者见面。我们希望这样一套大型丛书，能为各级干部了解、认识当代世界各国及主要国际组织的情况，了解世界发展趋势，把握时代发展脉络，提供有益的帮助；希望它能成为我国外交外事工作者、国际经贸企业及日渐增多的广大出国公民和旅游者走向世界的忠实"向导"，引领其步入更广阔的世界；希望它在帮助中国人民认识世界的同时，也能够架起世界各国人民认识中国的一座"桥梁"，一座中国走向世界、世界走向中国的"桥梁"。

《列国志》编辑委员会

2003 年 6 月

CONTENTS

目 录

CONTENTS

目　录

CONTENTS

目　录

CONTENTS

目 录

CONTENTS

目　录

CONTENTS
目 录

CONTENTS

目　录

CONTENTS
目 录

13

CONTENTS

目 录

CONTENTS

目 录

CONTENTS

目　录

绪　言

大河之国——苏丹

　　苏丹（Sudan），古时称努比亚（Nubia）、库施（Kush），位于非洲大陆东北部，国土面积达 250 万平方公里，在非洲 53 个国家中居首位。在非洲大陆，苏丹是一个山河壮阔、历史悠久、文化独特的国家。早在两千多年前，苏丹这片土地就对外部世界有了特别的吸引力。古希腊诗人荷马曾这样赞美这个神秘而遥远的世界："那是一个最遥远的国家，是人类最公正的地方，也是诸神最宠爱的地方。"[①] 20 世纪颇负盛名的德国传记作家艾米尔·路德维希，曾写有一部在世界上流传甚广的著作《尼罗河：生命之河》，他在书中说，当他到达苏丹境内的青尼罗河、白尼罗河两岸世界考察时，才发现这片深藏在尼罗河上游深处的土地，其实是世界上最富神奇历史与精神传统的地方。[②]

　　通常，说起尼罗河，人们都会联想到埃及，其实，尼罗河不仅孕育了埃及文明，它也是苏丹古代文明的母亲河。事实上，这条世界上最长的大河，在埃及境内长 1500 公里，而在苏丹境内却长达 3300 公里，当然，尼罗河对埃及和苏丹这两个国家的影

①　Dale M. Brown（ed），*African's Glorious Legacy*，Time Life Books，New York，2002，p. 8.

②　Emil Ludwig，*The Nile：A Life—story of a River*，London，1936，p. i.

响，是很不一样的。这种不一样，一个重要原因在于尼罗河在埃及和苏丹境内的河流结构和自然走势有着很大的不同。

我们打开一张非洲地图来看，在埃及境内，尼罗河自南向北直泻千里，1500多公里几乎是在没有任何青山阻挡和支流汇入的情况下直流而下。它似一条水上大动脉，把上下埃及联结起来，故而尼罗河很早就促成了埃及的统一。但是，在苏丹境内，3300多公里的尼罗河却有了另一番不同的神态与风情。在这里，尼罗河之走势可谓是大弯大拐，忽东而忽西，数千里河道上瀑布成群，起伏跌宕，沿途更有众多支流汇入，因此尼罗河在苏丹境内是千姿百态气象万千的，它的每一河段每一支流都有不同之处。因为这一切，尼罗河就赋予了苏丹这个国家多样性的民族精神，塑造了苏丹丰富而多彩的民族文化。尼罗河对于埃及和苏丹历史文化性格影响是如此之大，正如艾米尔·路德维希谈到尼罗河形象时所说，"尼罗河是一条神形兼备的生命之河，在这条永远奔腾的大河里，我看到了人的形象，人的命运"。[①] 在路德维希看来，尼罗河是一条有着史诗般品格的河流，它是世界上所有河流中最奇妙的河流，是一条永远让人对它充满敬意和情感的河流。

应该说，尼罗河这种史诗般的、神形兼备的浪漫形象，正是在苏丹境内得到充分展现的。具体说来，以今日苏丹的首都喀土穆为界，在苏丹的南方，尼罗河分成了青尼罗河、白尼罗河两条大河。这两条大河分别从遥远的东非热带高地与热带雨林深处奔腾而来，一路相互呼应着，越过无数艰难险阻，终于在抵达喀土穆后拥抱在了一起。在这两河之上游地带，森林草地广布，植被茂密幽深。而两河之间，则孕育出了一片片开阔肥沃的土地和南方草原。正是在这里，大地哺育出了古代苏丹南方的黑人文明。

---

① Emil Ludwig, *The Nile: A Life—story of a River*, London, 1936, p. i.

从喀土穆开始，青、白尼罗河在这里合而为一后继续向北奔腾流去，并有了另一番更为壮观的景色。它在苏丹北方起伏崎岖的山间高地和沙漠世界中盘旋回折，忽而蜿蜒行走，忽而起伏跌宕，在进入苏丹与埃及边境的纳赛尔湖之前的千里河道上，形成一个"S"形的大曲弯走势，其间分布着著名的尼罗河六大瀑布群。在这些落差不等的瀑布群附近及弯曲河流之两岸，有一些冲积平原地带，在这里，尼罗河又哺育出了古代苏丹北方灿烂的努比亚文明。

尼罗河在苏丹境内的这一复杂走势与结构，造成了苏丹南北地域之多样性分割，以及这个国家的历史、文化、民族之丰富形态，直至今日，依然是理解这个国家民族文化个性及特征的一个重要视角。正如路德维希所说，即便是在尼罗河支流阿巴拉特河边的那些贝都因人身上，他们健硕而修长的四肢，棕色而健康的肤色，我们也可以欣赏到四五个不同的人类种族融合的结果，并对人类在过往岁月的交往结果产生敬意。①

历史学家曾把苏丹这个地方称为非洲大陆各文明与中东及地中海之世界古代多元文明交汇往来的"努比亚走廊"（Nubian Corridor），其历史文化因其多元文明之交汇而极为丰富灿烂。②早在两千多年前，这里的居民便已创造了一种让现代考古学家困惑的"努比亚文明"。③努比亚人在这里冶炼铁石而堆砌起的巨大矿渣山，让工业革命时期的欧洲探险家惊奇不已，以至称这里是"非洲的伯明翰"。这些古代努比亚人还建造了巨大的神庙，崇拜心中的神灵，并与北方的埃及法老作战，最终将今日苏丹境内尼

---

① Emil Ludwig, *The Nile: A Life—story of a River*, London, 1936, p. ii.

② G. 莫赫塔尔主编《非洲通史》第二卷，中国对外翻译出版公司，1984，第177页。

③ Dale M. Brown (ed), *African's Glorious Legacy*, Time Life Books, New York, 2002, p. 58.

罗河上游那巨大广阔的稀树草原与热带雨林带进了文明的世界。

到公元 5、6 世纪前后，来自亚洲西部的基督教文明，或从北方埃及沿尼罗河逆流而上，或自东南方的红海沿岸登陆而来，逐渐传入了苏丹。随后便在此出现了繁荣达八、九百年的"基督教化努比亚文明"。那时，在这遥远的尼罗河上游深处，耸立起来了许多高大坚实的基督教堂、修道院。直到今日，这些裸露于热带大陆炎热阳光下的断碣残碑，那残存下来依稀可辨的宗教圣像画，及它透出的遥远岁月人类追求永恒、向往无限的那份心灵情感，依然让人们感慨不已。

公元 9、10 世纪后，苏丹北部地区再次出现文明与历史的重大转型，即所谓"努比亚文明的阿拉伯－伊斯兰化"，这一持续上千年的交汇过程，逐渐地将整个北部和中部的苏丹居民转变成了阿拉伯人，而在 1821 年奥斯曼帝国的埃及总督阿里入侵并统治苏丹数十年间，这一进程得到了重大推进，并最终将苏丹变成了整个阿拉伯世界的一部分。只在南方地区，基督教文明与黑人土著文明还保存了下来。19 世纪中期，随着欧洲人的到来与英国殖民统治的建立，数十年的英国殖民统治，又使得苏丹的现代社会历史进程，与外部的西方世界联结起来了。

就这样，在漫长岁月里，在苏丹这块土地上，非洲黑人文明、北方埃及文明、小亚细亚的古代基督教文明、中东的阿拉伯伊斯兰文明，以及西方现代文明，皆程度不等地将其影响抵达于此，在此交汇碰撞，留下各自的痕迹。① 因而苏丹的种族与文化形态堪称多元而并生，历史演进之线索亦可谓错综而复杂。因而长期以来，历史学家、考古学家和探险家们，都对苏丹这个地方有着特别的兴趣。

---

① 参见刘鸿武著《黑非洲文化研究》第二、三章，华东师范大学出版社，1997。

不过，今日的苏丹，却是一个年轻的国家。作为一个现代国家，今日苏丹的政治版图，是在 19 世纪中叶，在奥斯曼帝国的埃及总督与英国殖民者共同统治时期才最终形成的。英国的殖民统治，将差异极大的北部苏丹与南部苏丹联结在了一起，并在 1956 年 1 月 1 日宣布独立，由英国的殖民地变成为当代世界上一个主权独立的年轻国家。

建国数十年来，苏丹经历了曲折复杂的发展进程。作为一个新兴国家，苏丹与许多年轻的非洲国家一样，它面临着十分复杂而艰难的民族国家统一构建与国民文化塑造任务，面临着实现国家政治、经济与社会现代化的历史使命。在此道路上，苏丹人民一直在艰难地探寻着，其间所经历之种种政治与经济之变局，社会与文化之转换，及接连不断的南北间冲突与达尔富尔冲突，皆可谓是跌宕起伏，曲折而徘徊。国家发展进程也因此而一再延误，一直到上世纪 90 年代初，苏丹依然是世界上最贫穷的国家之一。

然而，从上世纪末最后几年开始，苏丹逐渐摆脱了动荡局面，特别是随着石油经济的快速崛起与南北和解的实现，苏丹的经济与社会进入了一个较好的发展时期。2003 年，苏丹被世界银行列为非洲经济发展最有希望和前景的国家之一，2005 年，苏丹经济增长率达到 8%，成为非洲大陆近年来经济增长最快的国家之一，而 2006 年这一数字更达到两位数。这是苏丹这个既古老又年轻的国家的希望，也是非洲大陆希望的一个缩影。

苏丹是一个国土广袤、南北东西间差异很大的国家。不过总体上说，干旱而炎热是这个国家气候的基本特点，全国气候从北到南，由热带沙漠气候、热带草原气候、热带雨林气候依次过渡，但因地势起伏，局部地区的差异也较大。与中国武汉市结为友好城市的苏丹首都喀土穆，有"非洲火炉"之称，酷热季节气温可达 50℃，但在这个国家的个别高海拔地区，寒冷之时气温亦可低到 0℃左右。在这个国家的绝大部分地区，年降雨常常

5

不足 100 毫米，最北部的瓦迪哈勒法年平均降水量仅 3 毫米，有时甚至终年无雨，但在最南部的卡盖卢地区，个别年份降水曾高达 2260 毫米。

此外，苏丹还是一个内陆与海洋二元并存的国家，它东临红海，850 多公里沿海岸线风光旖旎，气候温和。而在这个国家西部与西南部的内陆地区，在开阔的萨赫勒（sahel）稀树大草原深处，人们长期与外界隔绝，剽悍尚勇的丁卡部族的土著文化，直到今天还保存完整。

苏丹这个国家的民族文化、风俗习惯与生活方式，恰如一幅色彩斑斓的百衲图，一个多姿多彩的万花筒。全国有数百个民族或部族集团，约有 115 种主要的部族语言，其中近 30 种部族语言使用的人数在 10 万以上。当然，苏丹以阿拉伯语为官方语言，全国约有 60% 的人（主要在北方）都会讲阿拉伯语，近代以来，英语又逐渐通用于南方地区。因此，独立后数十年间，讲阿拉伯语且信奉伊斯兰教的北方人（包括阿拉伯人与黑人），与讲英语或土著语且信奉原始宗教或基督教的南方人（主要是黑人）的矛盾，也构成了这个国家的基本矛盾。

苏丹人民和中国人民的友好关系渊远而流长。中国唐代段成式所著《酉阳杂俎》中有关于"悉怛国出好马"的记载，一些学者认为，"悉怛"应是当时中国对苏丹的称呼。据说，历史上苏丹在红海最大的港口萨瓦金曾接待过中国唐朝的商船。1959 年 2 月 4 日，苏丹与中国建交，自那时以来两国关系不断发展。尤其是近年来两国关系发展很快，在政治、经济、外交等各个领域相互支持，苏丹已成为中国在非洲的重要政治经济伙伴。目前，苏丹已经成为中国海外石油开发的重要基地，而石油经济的快速起飞，也成为苏丹近年经济复兴和发展的最重要动力。这个时候，我们需要更多地了解和认识这个国家，认识了解这个既遥远又神奇的非洲国家。希望本书的出版将有助于国人对苏丹基本国情的了解。

苏丹共和国（The Republic of the Sudan）[1]，简称苏丹，位于非洲东北部、红海西岸，国土面积 250.58 万平方公里，在非洲 53 个国家中位居首位，在世界上则居第 10 位。2005 年，苏丹全国人口总数达 3539.2 万人。[2] 总的来说，苏丹还是一个地广人稀的国家，平均人口密度为每平方公里约 16 人；同时也是一个人口结构年轻的国家，它的全部人口中，14 岁以下人口占总人口的 45%。

在阿拉伯语中，"苏丹"一词是"黑皮肤的人"的意思，实际上这是一个种族结构既简单又复杂的国家。[3] 说简单，是全国

---

① 1956 年 1 月 1 日苏丹宣布独立，取名苏丹共和国，1969 年 5 月改名为苏丹民主共和国，1985 年 12 月 15 日又改名为苏丹共和国。

② 据英国出版的《国家评论－2006 年苏丹》的估计数字，2005 年苏丹人口为 40187486 人，见：*Sudan* 2006 *Country Review*，Country Watch，London，2006. available at：http：//www. countrywatch. com.

③ "苏丹"一词作为非洲大陆历史文化中的一个概念，有其特定的范围和意义。在历史上，"苏丹"作为一个地域概念，是指西起大西洋沿岸的塞内加尔河口，东至尼罗河上游盆地，北抵撒哈拉沙漠，南至赤道雨林地区，大约北纬 8~18 度之间的广阔地带，一块面积约 400 万~500 万平方公里的非洲内陆半干旱热带稀树大草原和半荒漠的所谓"萨赫勒地带"。而作为一个人种集团的泛称，"苏丹"一词曾广泛地被希腊人、埃及人、阿拉 （转下页注）

人口大体上分为黑人和阿拉伯人两大部分，北方主要为阿拉伯人，南方主要为黑人。说复杂，是因为苏丹历史上就是人类迁移往来的十字路口，因而在黑人和阿拉伯人之外，还有许多古老的土著居民及外来的种族。在长期的历史过程中，这些不同的种族和民族不断的分化与融合，形成了许多混合型或过渡型的民族或种族。按苏丹官方的看法，目前苏丹全国有 19 个种族或种族集团，597 个部落（或部族）。许多时候，苏丹人又分成所谓的"北方人"和"南方人"两大部分，北方人指生活在北部信奉伊斯兰教的阿拉伯人和黑人，占全国人口的 3/4，南方人则指居住在南部信奉原始宗教或基督教的黑人，占全国人口的 1/4。

阿拉伯语为苏丹的官方语言，使用者约占总人口的 60%。英语为通用语言。

苏丹国土广袤，南北东西之间差异很大。总的说来，全国气候从北到南，由热带沙漠气候向热带雨林气候过渡。苏丹是一个干旱严重的国家，年平均降雨量不足 100 毫米，年均气温 21℃，一些地区最热季节的气温可达 50℃。

第一节　自然地理

一　地理位置

苏丹位于非洲大陆东北部的红海之滨，是一个兼有大陆性与海洋性双重属性的"内陆－海洋"型国家。作为大陆性国家，苏丹内陆纵深上千公里，分别与东非地区

（接上页注③）伯人、印度人和欧洲人用来统称撒哈拉以南甚至包括南亚和印度洋地区的黑人种群。因此，"苏丹"一词在历史上包含的人群和地域范围要宽泛得多，而不是仅指今日的苏丹共和国。参见刘鸿武著《黑非洲文化研究》第二章，华东师范大学出版社，1997。

的九个国家相毗邻：北邻埃及，西接利比亚、乍得、中非共和国，南毗刚果（民）、乌干达、肯尼亚，东邻埃塞俄比亚、厄立特里亚。苏丹陆上边境线总长 7687 公里，其中和中非共和国有 1165 公里，乍得 1360 公里，刚果（民）628 公里，埃及 1273 公里，厄立特里亚 605 公里，埃塞俄比亚 1606 公里，肯尼亚 232 公里，利比亚 383 公里，乌干达 435 公里。

说起非洲，人们总会想起它的黄沙大漠和酷热干旱，其实，这并不是非洲自然环境的全部。作为一个具有海洋性气候的国家，苏丹还拥有 853 公里长的红海海岸线和南方热带雨林，它的东北濒临开阔而蔚蓝色的红海。在红海沿岸一带及附近岛屿，有一些城镇和港口。这一地理位置，使得历史上的苏丹，可以轻易地通过红海与对岸的阿拉伯世界建立联系，或南下出亚丁湾而进入印度洋，或北上穿过西奈半岛而进入地中海。目前，苏丹政府在海洋权益方面，主张 12 海里的领海，18 海里的毗邻区和 200 米深的大陆架。

在苏丹地理结构中，一个持久产生重大作用的因素，便是自北向南纵向流经全境的尼罗河，尼罗河在苏丹上游分叉为青尼罗河与白尼罗河。这条大河无论是在历史上还是在今天，对苏丹的社会生活与区域关系的影响都十分重要。

苏丹地理位置的这些特性，使得它成为非洲－中东地区一个十分重要的国家，成为历史上一个沟通与联结撒哈拉以南非洲大陆、西亚、南亚、地中海欧洲的纽带，因而有"非洲走廊"之誉。① 从远古以来，苏丹就是非洲黑人文明、北非埃及文明、中东伊斯兰文明甚至南亚印度文明和欧洲罗马文明交织汇通之地。这一地理位置，使苏丹成为非洲大陆上一个具有十分明显的多元

---

① G. 莫赫塔尔主编《非洲通史》，第二卷，中国对外翻译出版公司，1984，第 176 页。

文化色彩的国家。

苏丹地域广阔，大陆部分通常分为北、中、南三大地区。从北纬22°到北纬16°，即从北部边境到喀土穆为北部地区，这里地势平坦开阔，除尼罗河两岸狭长地带及沙漠中的零星绿洲外，绝大部分地方为不毛之地。从北纬16°到北纬10°之间为中部地区，土肥水足，是苏丹的主要农牧业地区。从北纬10°到南部边界为南部地区，则河湖纵横，丛林密布，是典型的热带地区。

二　行政区划

19 56 年苏丹独立之初，全国划分为 9 个区，区以下划分 18 个省。1989 年巴希尔执政后将全国划分为 9 个州。1994 年巴希尔颁布共和国令，将苏丹划分为 26 个州（亦称省），辖 132 个县。1995 年 8 月巴希尔再次颁布命令，开始执行此划分。26 个州中 16 个为北部州，10 个为南部州。

北部 16 州分别是：红海州（Al Bahr al Ahmar）、杰济腊州（Al Jazirah）、西达尔富尔州（Gharb Darfur）、南达尔富尔州（Janub Darfur）、北达尔富尔州（Shamal Darfur）、西科尔多凡州（Gharb Kurdufan）、南科尔多凡州（Janub Kurdufan）、北科尔多凡州（Shamal Kurdufan）、喀土穆州（Al Khartum）、森纳尔州（Sannar）、北方州（Ash Shamaliyah）、加达里夫州（Al Qadarif）、卡萨拉州（Kassala）、尼罗州（Nahr an Nil）、白尼罗州（An Nil al Abyad）、青尼罗州（An Nil al Azraq）。

南部的 10 州分别是：上尼罗州（A'ali an Nil）、杰贝勒河州（Bahr al Jabal）、湖泊州（Al Buhayrat）、琼格利州（Junqali）、东赤道州（Sharq al Istiwa'iyah）、西赤道州（Gharb al Istiwa'iyah）、西加扎勒河州（Gharb Bahr al Ghazal）、北加扎勒河州（Shamal Bahr al Ghazal）、瓦拉卜州（Warab）和瓦达州（Al Wahdah，亦称联合州）。见表 1-1。

表1-1　苏丹各州概况

州	1983年普查人口	2003年估计人口	面积（km^2）	首　府
北方 Ash-Shamālīyah	433391	867600	348765	栋古拉 Dunqulah
尼罗 An-Nīl	649633	1111000	122123	达米尔 Ad-Dāmir
红海 Al-Bahr al-Ahmar	695874	1210800	218887	苏丹港 Būr Sūdān
卡萨拉 Kassalā	685400	1247300	36710	卡萨拉 Kassalā
* 加达里夫 Al-Qadārif	826900	1467500	75263	加达里夫 Al-Qadārif
喀土穆 Al-Khartūm	1802299	4339700	22142	喀土穆 Al-Khartūm
杰济腊 Al-Jazīrah	1750000	3019300	23373	瓦德迈达尼 Wad Madanī
白尼罗 An-Nīl al-Abyad	660000	1253100	30411	杜韦姆 Ad-Duwaym 库斯提 Kūstī
* 森纳尔 Sannār	941800	1647700	37844	森纳尔 Sannār
青尼罗 An-Nīl al-Azraq	660700	1257300	45844	达马津 Ad-Damazīn
北科尔多凡 Shimal Kurdufān	1541900	2716800	185302	欧拜伊德 Al-Ubayyid
南科尔多凡 Janūb Kurdufān	726700	1210000	79470	卡杜格利 Kāduqlī
* 西科尔多凡 Gharb Kurdufān	824700	1424400	111373	富拉 Al-Fūlah
北达尔富尔 Shimal Dārfūr	962100	1698900	296420	法希尔 Al-Fāshir
* 西达尔富尔 Gharb Dārfūr	619900	1083000	79460	朱奈纳 Al-Junaynah
南达尔富尔 Janūb Dārfūr	1511600	3013500	127300	尼亚拉 Nyala
北加扎勒河 Shimal Bahr al-Ghazāl	539100	899200	33558	乌韦勒 Uwayl
西加扎勒河 Gharb al-Bahr Ghazāl	953500	1595800	93900	瓦乌 Wāw
* 瓦拉卜 Warab	437100	1006000	31027	通季 Tonj
湖泊 Al-Buhayrat	335800	605500	40235	伦拜克 Rumbek
* 瓦达（联合）Al-Wahdah	175200	287000	35956	本提乌 Bentiu
上尼罗 A'ālī an-Nīl	627200	1261000	77773	马拉卡勒 Malakāl
琼格利 Junqalī	797251	1300800	122479	博尔 Bor
东赤道 Sharq al-Istiwā'īyah	1047125	1856200	82542	托里特 Torit
* 杰贝勒河 Bahr al-Jebel			22956	朱巴 Jūbā
西赤道 Gharb al-Istiwā'īyah	359056	606700	79319	延比奥 Yambio
总　　计	20594197	31081000	2505810	

资料来源：http://www.xzqh.org/waiguo/africa/3054.htm。

说明：带 * 的各州为1990年前后新设置。喀土穆的人口为喀土穆、恩图曼和北喀土穆三镇的总人口。北加扎勒河以下各州属于南方，南方现设南苏丹政府。

三 重要城市

苏 丹的大城市较少，中小城镇较多。下面是 1993 年普查人口在 10 万以上的几个城市的简况（见表 1 - 2）。

表 1 - 2　重要城镇及人口（人口依照 1993 年的统计）

恩图曼——1271403	杰济腊——211362
喀土穆——947483	加达里夫——191164
北喀土穆——700887	库斯提——173599
苏丹港——308195	法希尔——141884
卡萨拉——234622	朱　巴——114980
欧拜伊德——229425	瓦德迈达尼——212600
尼亚拉——227183	

资料来源：联合国 2000 年人口统计年报。

1. 喀土穆

苏丹首都，位于青尼罗河与白尼罗河的交汇处，由喀土穆、北喀土穆、恩图曼三个城镇组成，四座大桥将三镇联结起来。

喀土穆这个词，可能来自阿拉伯语，并与青、白尼罗河有关。从形态上看，青、白尼罗河自南方流淌到喀土穆后汇合成一条向北流去的河流，使喀土穆城市布局有如一大象鼻子状的三角形，来到这里的阿拉伯人，便将其称为"喀土穆"。在阿拉伯语中，喀土穆意为"大象鼻子"。这个说法是否准确已经不得而知，但喀土穆城市的形成，确与青、白尼罗河有着紧密的关系，是这条大河哺育了这个古老的城市，并赋予它独特的个性。青、白尼罗河在汇合处的青尼罗河河床中央有一小岛，名叫土堤岛，据说 1500 年前穆赫勒部落开始定居此岛。小岛将青尼罗河一分为二，南边一股水在小岛南侧同白尼罗河相遇，向前流去，又在小岛北端同另一股水汇合，青、白尼罗河由此合二为一，称为尼罗河，然后一直向北流往埃及。由于两河上游水情以及流经地区的地质构造不同，两条河水一条呈青色，一条呈白色，汇合时泾渭分明，两水色各不相混，平行奔流，犹如两条玉带平铺，堪称喀土穆一大景观。

喀土穆的建立，其实与奥斯曼帝国有很大关系。19世纪之前，这里只是尼罗河上游一个商贸往来的集散地，来自非洲内陆的象牙、黄金和黑人奴隶，通过这里再转运到北非和中东。19世纪20年代，土耳其奥斯曼帝国占领苏丹后，将喀土穆作为苏丹的首府，在此设立总督府，喀土穆才发展起来。马赫迪战争期间，喀土穆遭多年战火而几乎完全被毁。战争结束后，英国殖民者进行了重建，这个城市才慢慢恢复过来，并逐步发展为全国政治、经济、文化中心和交通枢纽。

喀土穆是一座历史文化名城，城市有大小清真寺数百座，这些清真寺风格各异，融汇着非洲与阿拉伯风格的建筑传统。著名的法鲁克清真寺是1902年建造的。而总统府所在的共和国宫却是一个有着欧洲风格的建筑，据说历史上曾有30多位奥斯曼帝国总督、9名英国总督在此执政，曾经在中国镇压太平天国的英国人戈登，就是在任苏丹总督时被苏丹马赫迪起义民众杀死在这里的。

喀土穆也是一座新兴城市。在喀土穆三镇中，喀土穆是当代苏丹国家的政治、文化和金融中心，政府各部门、主要金融机构、各国际组织和使团都集中于此。总统府、政府各部、喀土穆大学，高级酒店如希尔顿饭店、苏丹大饭店，及中国援建的友谊厅等都坐落在北临青尼罗河的滨河大道南侧。另外，自然博物馆、苏丹大学、国际机场、非洲街富人区、火车站以及各大银行、共和国街商业中心均在喀土穆。

恩图曼是主要的平民生活区，阿拉伯市场、恩图曼市场、利比亚市场等自由市场均在恩图曼，市场具有浓郁的阿拉伯风情，来自全国各地甚至非洲其他国家的象牙、乌木、鲸鱼皮等民间工艺品在此出售，体现了苏丹的民族艺术特色。另外国家民族剧场、议会大厦和古兰经大学也坐落在恩图曼。恩图曼在 1885～1898 年间曾是马赫迪国的都城，市内名胜古迹颇多，有著名的马赫迪陵墓、哈里发纪念馆及大清真寺等。

北喀土穆是苏丹新兴的工业区和轻纺中心，有现代的机械、化纤、食品、纺织、电力等工业，而传统的皮鞋制造业、羊毛加工业、阿拉伯树胶加工业，以及民间手工作坊、修理行等也多集中于此。

喀土穆是苏丹全国的铁路、水路、公路和航空中心。铁路向北一直通达与埃及交界的尼罗河第二瀑布附近的瓦迪哈勒法市，向东北则抵达红海之滨的港口城市苏丹港。向东通达与埃塞俄比亚接壤的边境城市卡萨拉，向西南则一直延伸数千公里抵达内陆深处达尔富尔地区的尼亚拉市。水路方面，从喀土穆沿青、白尼罗河可以向南航行，一直到达苏丹南方尼罗河上游的热带多雨地区。喀土穆国际机场开有通往非洲、欧洲和中东地区众多国家的航线。

喀土穆与中国的武汉颇有相同之处，这两个城市不仅都有两河夹三镇的地理气势，而且同称为"火炉"。1995 年巴希尔总统访问中国时，中苏两国达成把喀土穆和武汉结为姊妹城市的协定。位于非洲内陆的喀土穆气候干燥炎热，全年无冬，干燥少雨，是真正意义上的"世界火炉"。它的年平均气温在 30℃ 以上，12 月至 2 月平均气温稍低，也在 25℃ 左右，最热的季节，每天气温都在 40℃ 以上。加之周围地区都是无边无际的干旱沙漠地带，使它年年经受着当地人称之为"哈布"的红褐色沙尘暴。不过，与武汉不同的是，喀土穆由于湿度小，早晚的温差也较大，不像武汉的夏天那么闷热难耐。

2. 苏丹港

苏丹港位于红海西岸，是苏丹红海州的首府，也是苏丹最重要的海港城市和出海口，人口约 30 万。苏丹港建于 20 世纪初，现已发展成设备优良的现代化港口。从苏丹港到首都喀土穆有一条现代化公路，铁路也从这里通向首都喀土穆及其他主要城市，苏丹港还建有国际机场，使这里成了苏丹海、陆、空运输的枢纽。1983 年，苏丹港与苏伊士运河通航，苏丹港建有现代化的码头设备，苏丹出口的棉花、阿拉伯树胶、油菜子、皮革等商品，进口的机械、车辆、建筑材料等物资都在这里集散。1977 年，苏丹港与喀土穆间的输油管道建成，后又建成了现代化的炼油厂，成为苏丹石油加工与运输的重要基地。此外，苏丹港还有电力、汽车装配、船舶修理、农牧产品加工业等，附近地区盛产食盐，可供全国需要。

3. 卡萨拉

卡萨拉人口 23 万，是卡萨拉州首府，位于苏丹东部，与厄立特里亚仅隔 30 公里。附近地区盛产的棉花在此集散。当地的布萨里骆驼深受海湾国家的喜爱，用于骆驼赛跑。卡萨拉环境优美。城市东侧有一座巍峨险峻、形若卧牛、高达 1347 米的卡萨拉山。另外，当地溪水环绕的果园比较有名。市内有汽车修配厂和利用当地原料生产出口饲料的企业，还有干葱厂以及编织、制陶等手工业。卡萨拉离喀土穆 620 公里，通公路和铁路，铁路可通往森纳尔和苏丹港，但仅用于货运。

4. 欧拜伊德

欧拜伊德人口 23 万，北科尔多凡州首府、阿拉伯树胶之乡、农作物交易中心。阿拉伯树胶、芝麻、花生等经济作物在这里都能买到。市里绿树成荫，街道整齐美观，汽车川流不息，楼房鳞次栉比，商店货物繁多，被誉为"沙漠中的新娘"。欧拜伊德是苏丹西部最大的城市，是苏丹铁路西线的两个终点之一。欧拜伊德与喀土穆之间通公路和铁路，另外每周还有民航班机。市内设有阿拉伯树胶研究中心。在城南 11 公里处的萨努和离城 40 公里的巴阿谷地附近，各有一座水库。市内贸易活跃，有经营各色货物的热闹市场。居民擅长制陶、制革、制鞋等手工业。

5. 尼亚拉

尼亚拉人口 23 万，南达尔富尔州首府，为西部交通重镇，是苏丹铁路的西部终点站。铁路从这里向南可达瓦乌，向东、向北可达欧拜伊德、瓦德迈达尼、喀土穆、达米尔、苏丹港。此外，从喀土穆经欧拜伊德还有定期航班往返。

6. 瓦德迈达尼

瓦德迈达尼人口 21 万，位于拉海德河与青尼罗河汇合处，是杰济腊州首府的所在地。瓦德迈达尼是杰济腊灌区控制中心，苏丹棉花集散地和纺织城，距喀土穆 170 公里。在埃及统治时代，这里曾经是一个大兵营，至今仍可见到当年坚固的军事建筑的遗迹。市内有轧棉、制糖、制皂和榨油等工业，居民擅长传统的制革工艺。从这里通往加达里夫的公路，将杰济腊产棉区与苏丹主要的高粱产区加达里夫互相沟通。中国援建的哈萨海萨纺织厂距此 49 公里。瓦德迈达尼园林茂盛，土质肥沃，水源充足，空气清新。

7. 朱巴

朱巴人口 11 万，位于白尼罗河左岸，临近南部边境，是杰贝勒河州的首府，也是苏丹南部的最大城市。它是尼罗河向南航行的终点和通往乌干达旱路的起点，是尼罗河中下游地区通往东非、中非的门户。河运是通往北部的交通联系，公路仅在旱季可行，朱巴机场可起降多种类型飞机，空运仍然是喀土穆连接朱巴及赤道非洲国家的主要手段。朱巴很早以来就是苏丹最重要的狩猎业中心，目前是农产品和畜产品的集散地。朱巴市内风景秀丽，气氛静穆。在"团结公园"内，竖立着一位北方阿拉伯人和南方黑人亲密握手的塑像，象征着民族团结和国家的统一。市内还有一所南方著名的高等学府——朱巴大学。

四 地形特点

苏丹是非洲最大的国家。广袤的国土使它的自然环境具有十分复杂的特点。总体上看，整个苏丹由三面环山的巨大平原组成，形状类似簸箕：中间是巨大的苏丹盆地（亦称尼罗河上游盆地）和杰济腊平原，东边是红海丘陵（the Red Sea Hills），西边是科尔多凡高原和达尔富尔高原，南边是迪丁加（Didinga）、栋古特纳（Dongotona）和伊马东山脉（Imatong）。在苏丹盆地的中南部，努巴山脉（Nuba Mountains）和因吉散纳丘陵（Ingessana Hills）突兀而起，再往东南接近埃塞俄比亚边界的是博马高原（Boma Plateau）。苏丹平原横跨纬度18°，由北到南包括北部苏丹、西部苏丹、中央黏土平原、东部苏丹、南方黏土平原、杰贝勒·哈迪德高原（Jabal Hadid Plateau 亦称铁矿石高原）和南部丘陵地区。

北部苏丹处于埃苏边境和喀土穆之间，由两个明显不同的部分构成：沙漠和尼罗河谷地。尼罗河东部是努比亚沙漠（Nubian Desert），西部是利比亚沙漠（Libyan Desert）。这两个沙漠大体相似，多石，地表有移动的沙丘。事实上，努比亚沙漠几乎没有降水，整个地区干旱荒凉，沙丘遍布，几乎没有绿洲。利比亚沙漠情况稍有不同，这里茫茫的沙丘、嶙峋的石山与低洼的盆地相间错落。尽管不足以形成绿洲，也不足以给居民定居提供用水，但利比亚沙漠还有少许降雨，这儿的地下水位可到达表面形成水井，给游牧民、过往行人和政府巡逻提供用水。盆地中有时可见到绿洲，如著名的赛利迈绿洲和努海拉绿洲。在西北方与利比亚的交界处，矗立着海拔1934米的欧韦纳特山和海拔1716的基苏山。穿过沙漠的尼罗河谷，其可供居住的淤积带不足2公里宽，河谷地带的生产力取决于尼罗河的年洪水流量。河谷海拔低于500米，它是整个苏丹盆地的北部组成部分。青、白尼罗河在这里汇合北流。河西有水草丰美的拜尤达草原。

西部苏丹是对达尔富尔和科尔多凡地区的通称,占地85万平方公里。尽管地形不同,但传统上这两个地区被当作一个地理区域。这个巨大地区的一个显著特征是缺乏终年不断的河流,因而人畜生存须依靠水井。该地区人口稀少且分布不均。西达尔富尔平均海拔在800米以上,是一个波浪起伏的高原。高原上有许多高于苏丹盆地900米的火山岩丘陵。杰贝勒迈拉山(Jabal Marrah)为高原之巅,巍然屹立,海拔高达3088米,是苏丹第二高峰。来自火山岩丘陵的流水给高原上的居民提供了用水。与西达尔富尔形成鲜明对比,北、东达尔富尔则是半沙漠地区,断断续续的溪流(即干河)或冬季通常干枯的水井几乎无法提供用水。达尔富尔的西北部一直到乍得的地区是与众不同的叫吉足(jizzu)的地区,冬季来自地中海的零星降雨常常在1月甚至2月都可给该地区提供极好的牧草。西部苏丹的南部是一片沙丘地带,雨季有着茂密的绿草和比北部丰富的水资源。科尔多凡高原海拔500~1000米,东南部是风景如画的山区。这里时而孤丘散落,时而峰峦连绵。位于赖沙德城北的泰马丁山海拔高达1460米,是整个高原的最高峰。西部苏丹的一个特点是科尔多凡东南的努巴山脉是整个国家的中心,它由从苏丹大平原突兀升起的一个个圆锥形山丘汇集而成。大多数山丘都是孤立的,方圆只有几平方公里,但也有几个大的山丘群,其内部形成的山谷切断了由平原拔地而起的努巴山脉。在努巴山系中,有小河流经的地区土壤肥沃,人们在这里种植棉花等农作物。

苏丹的第三大地区是中央黏土平原。这一平原西起努巴山脉东到埃塞俄比亚边界,北从喀土穆南到苏丹南部,中间只有在因吉散纳山丘地区略有打断。在丁德尔河(Dindar river)和拉哈德河(Rahad river)之间是由埃塞俄比亚高原倾斜而下的低矮山脊,这个孤零零的山脊矗立在荒凉的大地上,切断了黏土平原上那无边无际的地平线。覆盖着灌木丛的黏土平原地势由北向南缓慢增高，间或见到一些低矮的孤丘。由于中央黏土平原人口密集、土地肥沃、牧场辽阔、水源丰富、易于耕种和畜牧，因此它是苏丹经济的支柱。此外，杰济腊三角洲地区（Gezira）位于中央黏土平原的中心地带，著名的杰济腊工程就是在这片位于青、白尼罗河之间的土地上得到发展的。这一工程旨在种植用来出口的棉花，而且超过国家收入和出口收入一半以上的棉花就是在这里生产的，因此杰济腊是苏丹久负盛名的棉产区。

位于中央黏土平原东北的东部苏丹地区由布塔纳赫（Al Butanah）、喀什三角洲、红海山丘和沿岸平原构成，可分为沙漠和半沙漠两种地貌。布塔纳赫是喀土穆和卡萨拉（Kassala）之间的一个起伏地带，可给牛、绵羊和山羊提供良好的牧草。布塔纳赫以东是一个罕见的地质构造——喀什三角洲。喀什三角洲最初是个低地，由沙土和由喀什河洪水携带的淤泥填充而成，一直扩展到卡萨拉以北100公里。由喀什河提供水源的三角洲地区是一个肥沃的草原，有着广泛的耕种。树木和灌木给来自北方的骆驼提供了食物，肥沃的湿地可出产丰富的粮食和棉花。

喀什三角洲以北是令人敬畏的红海山丘。这些山丘向北延伸至埃及，干燥、荒凉，比周围地区凉爽。奥达山（海拔2259米）、埃尔巴山（海拔2217米）和阿索特里巴山（海拔2217米）是这里的最高点。对艰苦的贝贾居住者来说，生活在这个乱七八糟的山丘群里是艰难和前途未卜的。这些山丘下蔓延着狭长的红海沿岸平原，宽度由南部靠近陶卡尔（Tawkar）的56公里到北部接近埃及边界的24公里不等。由岩石构成的沿岸平原是干燥和贫瘠的。朝海的一侧布满了珊瑚礁，有些屹立海面形成海岛，有些潜藏水下成为暗礁，还有些则在涨潮时没入海中，退潮时才露出海面。

南方黏土平原可以看作是北部黏土平原的延伸，从北部苏丹

13

向南一直延伸到苏（丹）、乌（干达）边境的山脉，从中非共和国边境向东一直延伸到埃塞俄比亚高地。这一广大的尼罗河平原被几大特色所分割。首先，白尼罗河将这一平原一切为二，并提供了像法佳尔湖（Fajarial）和善穆湖（Shambe）这样的永久性大水域。其次，像"苏德"①（Sudd）这样的湿地提供了极为宽阔的湖泊、泻湖和丰富的水生植物，在水量最大时面积可超过 3 万平方公里，大约等于比利时的国土面积。这样的湿地是难以处理的航运障碍，直到 19 世纪中叶才发现了一条航道。从古至今，蒸发速度极快的"苏德"可吸收来自发端于赤道湖区的白尼罗河的超过一半的水量。这些水还形成了一个叫做托伊克（toic）的洪水平原（洪水退去后就是牧场）和水流缓慢的杰贝勒河（the Bahr al Jabal，白尼罗河在这一段的名称）。

南方黏土平原的南部和西部渐渐抬升的地带叫铁矿石高原（即杰贝勒·哈迪德高原），这一名称来自其红色的铁矾土和地势的逐渐升高。高原是从尼罗河西岸开始升高的，坡度缓慢增大一直到刚果河 - 尼罗河分水岭。这一地带水源丰富，有着发达的耕作农业，但是来自分水岭的溪水和河流非常分散，并且在流入尼罗河平原形成像萨德一样的湿地之前侵蚀着高原。沿着自分水岭而来的溪流分布着森林走廊，热带雨林的开端一直延伸到刚果（金）境内。在杰贝勒·哈迪德高原和杰贝勒河的东边，突起的是沿着苏丹 - 乌干达边境的山脉，苏乌边境的这些山脉主要有伊马东、迪丁加和栋古特纳三大山脉，海拔大都在 2000 ~ 3000 米之间。伊马东 - 阿朱利山脉的形状如同一个马蹄印，落在苏丹与乌干达的交界线上。马蹄印基部的基涅提山（Kinyeti），海拔 3187 米，是苏丹的最高峰。仅次于这个山系的，是东面陡峭的栋古特纳山脉（海拔 2623 米）。第三大山系是海拔 2000 米的迪

---

① "苏德"，指漂浮植物堆，阿拉伯语"障碍"、"无法通行"一词的音译。

丁加山脉。这些山脉以及与之形成鲜明对比的苏丹大平原构成了
苏丹地理的最大特征。

五 河流与湖泊

苏丹的水资源在阿拉伯国家中是比较丰富的,全国有
200 万公顷淡水水域,每年可利用尼罗河河水 185 亿
立方米(目前仅使用 122 亿立方米),地下水蕴藏量为 152000 亿
立方米,雨季泄洪量为 3130 亿立方米。除了西部的干河(迈利
克干河和胡瓦尔干河)、东北部有零星河水流入红海的干河以及
东部来自埃塞俄比亚的河流(加什河和巴尔卡河)流入红海山
丘以西的易蒸发的浅塘外,全国的所有水源都由尼罗河及其两大
支流青尼罗河(the Blue Nile, 阿文为 Al Bahr al Azraq)和白尼
罗河(the White Nile, 阿文为 Al Bahr al Abyad)提供。

尼罗河是世界上最长的河流,全长 6737 公里,干流流经布
隆迪、坦桑尼亚、卢旺达、乌干达、苏丹和埃及。总流域面积达
287 万平方公里,它从南到北纵贯整个苏丹,在苏丹境内的长度
约 3300 公里。它既是苏丹灌溉农田的巨大水源,也是连接南北
的重要运输动脉,苏丹的一些重要城市都集中在它的沿岸。尼罗
河的源头远在中部非洲,最后流入地中海。尼罗河的重要性甚至
远在《圣经》时期就已经得到了公认,多少个世纪以来尼罗河
一直是苏丹的生命线。

青尼罗河源自埃塞俄比亚高地,在喀土穆与白尼罗河相汇。
青尼罗河是尼罗河两大支流中较小的一支,其水量只占尼罗河水
的 1/6。然而,在 8 月份,埃塞俄比亚高地的雨水使青尼罗河的
水量剧增,甚至可占到尼罗河当时总流量的 90%。已经建有好
几个水坝来对青尼罗河进行控制——距埃塞俄比亚大约 100 公
里的鲁赛里斯水库(Roseires Dam, 阿文为 Ar Rusayris)、辛贾
(Sinjah)的梅那曼克水坝(Meina al Mak Dam)以及 1925 年在

森纳尔（Sannar）修建的最大的、40 米高的森纳尔水坝（Sennar Dam）。青尼罗河的两大支流，丁德尔河和拉海德河（Rahad River）的源头都在埃塞俄比亚高地，但只有在夏天多雨季节才有水流入青尼罗河，其余时间，由于流量减少，其沙土河床上就只剩下池塘了。

白尼罗河从中部非洲向北而流，其源头是维多利亚湖（Lake Victoria）及乌干达、卢旺达和布隆迪的高山地带的基奥加湖、蒙博托湖（阿伯特湖）和爱德华湖等湖泊，这些湖之间有河流相通。由蒙博托湖流出的阿伯特尼罗河穿越崇山峻岭，从南面流入苏丹，不久汇入杰贝勒河。杰贝勒河与加扎勒河合流后，称为白尼罗河。在白尼罗河向东的短流程中，宰拉夫河加入了它的洪流。然后，白尼罗河滚滚转向北行，在南部城市马拉卡勒附近，与从埃塞俄比亚高原流下来的索巴特河汇合。

杰贝勒河的"苏德"区出现在尼罗河的大沼泽地——博尔（Bor）。在雨季和河水泛滥期间，该区形成一片广阔的、如同汪洋的大湖泊，面积达 6 万平方公里。水退后，留下许多沼泽与湖塘，里面聚集着许多坚韧的纸莎草和浮生水藻，它们常常顺水漂流，堵塞河道，妨碍航行。白尼罗河在杰贝勒河段没有固定的河道，河水缓慢穿过迷宫般的泄洪道和堆满杂草和芦苇的湖泊，使大量河水蒸发了。为了在这一地区开辟河运和加速水流，苏丹在法国的帮助下计划修建从博尔到马拉卡勒附近的君格雷运河（Jonglei Canal）。然而，南部内战引发的安全问题使这一计划于 1984 年中断。1937 年英国人在喀土穆以南修建了杰贝勒奥利亚水坝（the Jabal al Auliya Dam）来存储白尼罗河水，然后在秋天青尼罗河水减少时放水。然而，水库中的许多水被用在中部苏丹的灌溉工程中，或者干脆蒸发了，因此向下游释放的水量并不大。

除了杰贝勒河外，白尼罗河在南部苏丹的重要支流还有加扎勒河和索巴特河。在西南，位于上游称作朱尔河的加扎勒河

（the Bahr al Ghazal）的大盆地面积比法国还要大。尽管加扎勒河流域广大，但这一地区的许多缓缓而流的溪水都蒸发了。虽然有来自西北面的达尔富尔的阿拉伯河向东注入加扎勒河，但加扎勒河流入白尼罗河的水量仍然是很少的。在东南，索巴特河（the Sobat River）流域包括埃塞俄比亚西部和靠近苏、乌（干达）边境的丘陵地区，索巴特河的流量是相当可观的，它在马拉卡勒以南同白尼罗河汇合。索巴特河占有白尼罗河流量的一半。

在喀土穆以北，尼罗河呈"S"形流经沙漠地区然后进入埃及境内的纳赛尔湖（Lake Nasser），纳赛尔湖北端就是著名的阿斯旺高坝（the Aswan High Dam）。尼罗河在喀土穆以北缓缓而流，尽管有五大瀑布在低水位期阻碍河运，但整个河流的落差并不大。源自埃塞俄比亚的阿特巴拉河（the Atbarah River）是喀土穆以北尼罗河的唯一支流，其河水每年只有 7～12 月的 6 个月时间才可以到达尼罗河。在一年的其余时间里，阿特巴拉河河床是干涸的，只有少许水坑和池塘。

六　气候

尽管苏丹位于赤道和北回归线以内，全境受太阳直射，但其气候范围却从北到南涵盖了热带沙漠、热带草原和热带雨林三种热带干、湿气候。从整体上讲，苏丹属热带大陆性气候。苏丹全境四季气温变化并不明显，明显的只是一年中的雨季和漫长的干季之别。决定雨季和旱季变化的是两股气流：来自阿拉伯半岛的干燥东北风和来自刚果河盆地的潮湿西南风。

苏丹全国各地降水量分布不均，从北向南显著增加，从东到西稍有减少。最北部的瓦迪哈勒法年平均降水量仅 3 毫米，有时甚至终年无雨。南部的卡盖卢则多达 2260 毫米，为全国之冠。北部雨季短，雨水少，越往南雨季越长，雨水也越多。从 1 月到 3 月，全国受干燥的东北风影响。除了来自地中海的气流给西北

部小块地区偶尔带来的小雨外，全国几乎没有什么降雨。4 月
初，潮湿的西南风到达南部苏丹，带来了大雨、雷雨和暴风雨。
7 月，潮湿的空气到达喀土穆。8 月，可延伸到阿布哈迈德
（Abu Hamad）附近的北方降水界限（当然，有些年份湿空气可
达埃及边界）。潮湿气流在北进过程中会逐渐变弱。9 月，干燥
的东北风开始变强并向南推进，到 12 月底就控制了苏丹全境。
紧靠刚果（金）的延比奥（Yambio）有长达 7 个月（4～9 月）
的雨季，年降雨量平均可达 1142 毫米。喀土穆只有 3 个月（7～
9 月）的雨季，年平均降雨量为 161 毫米。阿特巴拉（Atbarah）
8 月份才会有阵雨，年平均降雨量只有 74 毫米。雨日的分布规
律也是从南向北减少。南部最湿润的地区每年有 50 多个雨日，
中部城市欧拜伊德有 13 个，再往北的阿特巴拉只有 1 个雨日。
苏丹北部、中北部和南部三个重要城市全年 12 个月的平均气温
和降雨量见表 1 – 3。

表 1 – 3　苏丹重要城市气候

月份	苏 丹 港		喀 土 穆		朱 巴	
	气温（℃）	降雨（mm）	气温（℃）	降雨（mm）	气温（℃）	降雨（mm）
1	23.3	7.2	23.2	—	27.3	3.6
2	23.0	0.9	25.0	—	29.5	11.6
3	24.3	0.9	28.7	—	29.9	44.9
4	26.5	1.7	32.9	0.4	29.2	91.9
5	29.3	1.1	34.5	4.0	27.9	148.5
6	32.2	0.2	34.3	5.4	26.9	119.7
7	34.1	3.8	32.1	46.3	25.9	136.2
8	34.5	1.4	31.5	75.2	26.1	144.4
9	32.1	—	32.0	25.4	26.8	116.6
10	29.3	13.9	32.4	4.8	27.5	101.7
11	27.3	35.0	28.1	0.7	27.6	46.3
12	24.7	10.0	24.5	—	27.7	7.0

资料来源：中华人民共和国驻苏丹使馆经商处，http：//sd. mofcom. gov. cn/。

在有些年份里，西南风及其携带的降雨会延迟到达苏丹中部，甚至干脆不来。如果这样的情况发生了，干旱和饥荒也就来了。上世纪70、80和90年代，西南风经常不来，给苏丹人民和苏丹经济带来了重大的灾难。

气温在旱季快要结束时达到最高，那时天空万里无云，干燥的空气使气温持续上升。但是在最南部，干旱季节很短，一年四季气温都很高。在喀土穆，5月和6月最热，白天气温常达41℃，高温可达48℃。苏丹北部雨季很短，全年白天气温很高。只有西北部的冬季（1~2月）有来自地中海的短促的湿空气，气温较低。高原地区通常比较凉爽，整个中北部地区白天气温很高，但太阳落山后气温会迅速下降。喀土穆1月的平均气温是15℃，在冬季的冷空气到达后，最低可到6℃。最北部的瓦迪哈勒法、中部的喀土穆和南部的朱巴的气温对照见表1-4。

表1-4 三市气温对照表

地 名	1月份平均温度	最热月或雨季月平均温度	12月份至翌年2月份的平均日温差
瓦迪哈勒法	15.1℃	7~8月份最热32℃以上	17.7℃
喀土穆	22.5℃	4~6月份最热33℃左右	15.5℃
朱 巴	27.4℃	7~9月雨季24~25℃	13.8℃

资料来源：杨期锭、丁寒编著《苏丹》，上海辞书出版社，1985，第6页。

哈布卜沙暴（haboob，"哈布卜"系阿拉伯语"扬尘大风"的译音）是一种非常猛烈的沙尘暴，5~7月出现在苏丹中部地区。潮湿而不稳定的空气在炎热的下午会形成风暴。靠近风暴的空气开始向下流动，产生巨大的黄色沙土墙，瞬间可使能见度降为零。哈布卜风携带着大量飞沙走石呼啸而至，由无数旋转的沙柱组成的"沙土墙"有时高达六、七百米。狂风所到之处，天昏地暗，有时甚至在白天也伸手不见五指。哈布卜风无孔不入，一场风暴刮过，到处都蒙上一层尘土，当猛烈的哈布卜风暴在夜间突然袭来时，屋内熟睡的人们也会被风尘呛醒。哈布卜风的最大风速可达38.5米／秒，发作时气压急剧上升，气温下降2℃~3℃。每次哈布卜风发作要持续1~3小时，期间居民紧闭门窗，飞机停航，车辆停驶，给生活和生产带来极大的不便。风后常伴随有暴雨。哈布卜风的年平均出现次数较为频繁，如阿特巴拉有27次，喀土穆有24次，瓦德迈达尼也有8次之多。

根据各地的气候特点，全国大致分为五个气候区：红海沿岸、北苏丹、中北苏丹、中南苏丹和南苏丹。[①]

1. 红海沿岸气候区

本区包括红海沿岸的狭长平原和沿海山脉的东麓。年平均温度为24℃~36℃，全年相对湿度较高。本区全年分为冬、夏两季。5~9月是夏季，炎热潮湿，7、8两个月最为闷热、潮湿。西南季风使陶卡尔地区出现降雨和哈布卜风。10月至次年3月为冬季，是主要的降雨期。年平均降雨量为100毫米。这里的冬天凉爽舒适。4月和9月底10月初为冬、夏两季的过渡时期。

2. 北苏丹气候区（北纬17°以北）

该区属于典型的大陆性沙漠气候。夏季干燥，冬季干寒，雨季很短，年平均降雨量为31毫米。该区一年分为冬、夏两季。夏季为5~10月，天气干热，经常出现49℃的高温。昼夜和季节的温度变化均很大。气温日差常在15℃以上。该区南部偶然

---

① 见杨期锭、丁寒编著《苏丹》，上海辞书出版社，1985，第7~10页。

会出现哈布卜风。从11月至次年4月为冬季，常有1℃的低温出现，最低温度曾达到过 −2℃。冬天的早晨常刮带有飞沙的强风。偶尔从撒哈拉沙漠袭来的寒流造成降雨。4月下半月和10月下半月为冬、夏两季的过渡时期。

3. 中北苏丹气候区（北纬17°~13°）

该区基本属于热带大陆性气候。全区年平均降雨量为300毫米。4~9月为夏季，其间4~6月是炎热的干燥期，7~9月是不太热的降雨期。5、6两个月气温最高。号称"世界火炉"的喀土穆的最高温度为48℃。在阳光直晒下，地面温度会高达70℃以上，如不戴手套去开汽车门，手就会烫起泡。由于酷热，人们习惯于喝加冰块的生凉水。在街道两旁和一些住宅前面，常见有盛满水的陶罐，供口渴难耐的市民和行人饮用。居民们大多喜欢露天睡觉，喀土穆每年可在户外睡7个月左右。所有的建筑都采取了遮阳、自然通风或空调等防热措施。居民的住宅一般都有门窗小、墙高、顶高和室内比较封闭的特点。另外，人们还广种花木，靠绿化来调节建筑物周围的小气候。11月至次年3月为该气候区的冬季，气候温和，夜晚凉爽，湿度低，是一年中最舒适的季节。喀土穆的冬季最高气温30℃左右，许多欧洲人通常在这个时候到喀土穆避寒，一些社会活动也多在此时举行。喀土穆地区的年平均降水量为161毫米。雨季雨量占全年总雨量80%~90%。在夏初或雨季初期，时而刮哈布卜风。4月和10月为季节过渡期。

4. 中南苏丹气候区（北纬13°~8°）

该区过渡至热带草原型气候。全年的气温和湿度都很高。年平均降水量为800毫米。全年分为干、湿两季。3月中旬至11月为湿季。主要降雨量集中在7、8、9三个月。雨季前气温较高，北部常出现43℃的高温，降雨后温度下降，气候较凉爽。12月至次年2月为旱季，气温和湿度均有所下降。该区的北部有时出现沙暴。3月下半月至4月上半月和11月的大部分为干、湿两季的过渡期。

5. 南苏丹气候区（北纬8°以南）

本区位于赤道附近，高温高湿，气候特征过渡至热带雨林型。气温的年差和日差均较小。本区常降大雨，年平均降水量达1100毫米。3~10月为湿季。最大降水量集中于7、8两个月。12月至次年2月为旱季。从北方吹来的干冷空气到达这里时变成了干热风，使湿度与降水量均有所减少，气温有所升高。

第二节　自然资源

丹横跨热带沙漠、热带草原和热带雨林三个气候带，具有非常丰富的自然资源。在矿产资源方面，尽管各种矿产资源目前尚未充分探明，但根据现有资料，苏丹拥有铁、银、铬、铜、金、铝、铅、铀、锌、钨、石棉、石膏、云母、滑石、钻石、石油和天然气等矿产资源，其中石油的储量最高，前景也最为广阔。苏丹也有着得天独厚的森林资源，其国土面积的23.3%覆盖着森林。林业资源中最重要的是阿拉伯树胶，产量占世界总产量的60%~80%，是苏丹重要出口创汇商品。苏丹还盛产优质棉花、花生和芝麻等经济作物和小麦、玉米、谷子和高粱等粮食作物。苏丹的棉花产量居世界第二，仅次于埃及，曾是苏丹的第一大出口品。花生产量居阿拉伯国家之首，在世界上仅次于美国、印度和阿根廷。芝麻产量在阿拉伯和非洲国家中占第一位，出口量约占世界的一半。苏丹拥有幅员辽阔的热带草原，宜牧面积广阔，主要畜类为牛、绵羊、山羊和骆驼。苏丹的畜产品资源目前居阿拉伯国家首位，在非洲名列第二。此外，在苏丹广袤的沙漠、草原和丛林中还有着大量的野生动物。

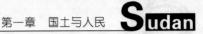

一 矿物结构与储量

苏丹的矿产很丰富。在众多矿产中，可以出口的主要有石油、黄金、铁、大理石和云母等。20 世纪 70 年代末期商业性石油的探测和开采给苏丹带来了希望，使石油业在苏丹经济的发展中发挥越来越重要的作用。

苏丹对石油的寻找始于 1959 年对红海沿岸的勘察，间断性地一直持续到 20 世纪 70 年代。1982 年，好几家外国石油公司被给予特许，在红海海面和邻近厄立特里亚边界的陶卡尔（Tawkar）地区以北的红海山区进行勘探，但均没有重大发现。1974 年，美孚石油公司加利福尼亚分公司的雪佛龙公司（Chevron）开始在苏丹南部和西南部的一个 51.6 万平方公里的特许范围（后自愿减少到 28 万平方公里）进行探测。1977 年开始钻井，1979 年 7 月第一股石油在南科尔多凡省的阿布加比拉赫（Abu Jabirah）喷出。1980 年该公司的联合油田（Unity Field）在上尼罗省（Aali an Nil Province）的本提乌（Bentiu）附近有了重大发现，1981 年初又增加了 49 个油井，每天共产油 1.2 万多桶。据该公司估计，本提乌油田的储量在 0.8 ~ 1 亿桶，如果再向南探测则储量会超过 2.5 亿桶。美国、加拿大和法国的一些石油公司也获得了特许范围，到 1982 年约 1/3 的苏丹领土被允许外国公司进行勘探。但是，由于基础设施落后，加之南部的内战，石油勘探和生产进展缓慢，到 90 年代初，苏丹石油消费严重依赖进口，每年进口石油用去国家外汇收入的 30% 左右。

20 世纪 90 年代中期，中国开始与苏丹进行石油的勘探和开发合作。中国石油天然气总公司取得苏丹第 6 区石油勘探和开发合同。1997 年初，由中国石油天然气总公司、马来西亚国家石油公司、加拿大 SPC、苏丹国家石油公司组成了联合集团——大尼罗河石油营业公司（Greater Nile Petroleum Operating Company,

简称 GNPOC)，各家公司分别拥有 40%、30%、25% 和 5% 的股份。该集团投资 20 亿美元，在原勘探成果的基础上进一步扩大勘探范围，拟建成 750 万~1000 万吨的大型油田，并于 1999 年 6 月建成了从苏丹南部戈利格里油田到苏丹港的 1506 公里的输油管道。同时，中石油在 1997 年 3 月与苏丹政府签订合资建设喀土穆炼油厂，该厂于 2000 年 5 月正式投产。2003 年，中国从苏丹获得的份额油超过了 1000 万吨，苏丹成为中国海外份额油最大来源国，而苏丹石油经济也在中国援助下迅速起飞，苏丹由石油进口国转变为石油出口国，国家财政状况随之明显改善。

2000 年以来，苏丹又发现了几个储量巨大的油田。按照苏丹政府的说法，目前苏丹已探明的石油储量为 20 亿桶，到 2010 年有望达到 40 亿桶，而远景储量可达 100 亿桶。苏丹石油的日产量近年增长较快，2004 年约为 32 万桶，2005 年达到 50 万桶。2005 年 12 月，苏丹石油和矿产部长贾兹称，他对到 2006 年底苏丹日产石油 100 万桶表示乐观。①

除此之外，苏丹还蕴藏着数量巨大的天然气资源，2004 年探明储量约为 910 亿立方米。

红海山区从古埃及时代就已经开采黄金。1900~1954 年，有几家英国企业在这一地区挖掘黄金，它们攫取了数量可观的黄金。据说，1924~1936 年，有一个金矿挖掘了 3 吨黄金。在苏丹同乌干达、刚果（金）边界一带也有黄金开采，但商业利益并不大。70 年代，苏丹政府的地质勘测部门在全国发现 50 多个潜在的采金点。80 年代，苏丹矿业公司和一些外国公司成立了几家联合企业，这些联合企业先是在杰拜特（Gebeit）采金，

① 根据（埃及）《金字塔报》网站（www.Abram.org.eg）2005 年 12 月 25 日资料整理。

1987 年又在红海山区开始设矿开采。90 年代初，苏丹又和法国的两家矿业公司组成联合开发公司在红海山区采金。1997 年苏丹的年黄金产量约为 4554 千克，1998 年为 5653 千克，1999 年为 5565 千克，2000 年为 5770 千克，2001 年为 5800 千克。

铬矿在因吉散纳山区开采。20 世纪 70 年代后期的年产量超过了 2 万吨，其中 4/5 由苏丹矿业公司的分公司因吉散纳山区矿业公司（Ingessana Hills Mines Corporation）完成，其余的由一家私营公司完成。铬矿石是用来出口的，主要出口到日本和西欧。80 年代苏丹与日本商讨合作开采问题，但估计的 70 万吨的储量并不具有长期开采的价值。1983 年内战爆发后，铬矿石的产量下降到原来的 50%，即年产量仅为 1 万吨；1988 年铬矿的年产量估计只有 5000 吨；1995 年则只有 100 吨。在因吉散纳山区还发现了石棉，并且有着很高的商业级别。美国约翰斯 – 曼威尔公司加拿大分公司对其开发可能性做了研究并建立了一个小型的提取工厂，但大规模的开发还有待于找到更大储量的矿层及内战的完全结束。

在红海沿岸发现了大型石膏矿层，估计储量约为 2.2 亿吨。该石膏矿纯度很高，目前的开采主要是在苏丹港以北地区。20 世纪 90 年代初的年产量大约为 2 万吨。大约 60% 由苏丹矿业公司完成，其余的为私人开采。苏丹有着储量丰富的石灰石，苏丹的石灰石主要是为生产水泥和其他建筑材料而开发的。苏丹的大理石也是作为建材而开发的。

1968～1972 年联合国矿物勘测队在苏丹找到了可供商业开采的云母矿。1978 年苏丹矿业公司的年产量为 1000 吨，但此后一直降到了 400 吨。目前苏丹的云母和锰共生矿的蕴藏量为 1.5 亿吨。在苏丹的不同地区还存在着铁矿，虽说不时也在开采，但能达到国际标准成分的却很少。红海山区有着储量超过 5 亿吨的铁矿层，苏丹从 80 年代末就已拟定每月产量在 12 万～20 万吨的开发项目。目前苏丹已探明铁矿约 3 亿吨。

在努巴山区和科尔多凡南部还发现了铀矿。1977 年，美国米尼克斯公司（Minex Company of the United States）在科尔多凡地区获得了一个 3.6 万平方公里范围的探测权，1979 年这一范围扩大到了 4.8 万平方公里。在西部同乍得和中非共和国交界的地方也被认为储藏有铀矿。除了陆上的矿藏外，苏丹的另一个潜在的富矿层在红海海底。1974 年官方成立了一个苏丹－沙特联合机构来进一步开发包括锌、银、铜等在内的矿产资源。2000 米以下的探测已经表明红海海底有着大量的矿物，但真正的开发并未开始。目前苏丹探明的铜矿约为 900 万吨，银矿约为 9000 吨。

二　植物资源

苏丹有得天独厚的林业资源，森林面积 5800 多万公顷，占全国面积 23.3%。林业资源中最重要的是阿拉伯树胶，产量居世界首位。苏丹的主要农产品除了阿拉伯树胶外，还有棉花（长绒棉产量占世界 30%，仅次于埃及）、芝麻、高粱、花生、小麦（产量居非洲前列）、玉米、甘蔗、烟草等。

苏丹的植物类主要出口产品有：芝麻、玉米、棉花、阿拉伯树胶、食油、木槿花、糖、棉纱、花生、西瓜籽、蔬菜、水果、烟草、化妆染料、天然肥料、番泻豆、乳香胶、棉短绒、淀粉、葡萄糖、奶酪、豆类、药用香草等。

棉花是苏丹的主要农产品，也是苏丹出口商品的主要品种。各种长纤维、中纤维和短纤维棉花每年的总产量估计在 100 万吨左右。苏丹的主要棉花品种有：

（1）巴拉卡特。

这是一种长度达 32～37 毫米的超长纤维棉花，具有极强的

抗黑臂病特征，这也是培育该品种的主要目的。巴拉卡特具有品质优、强度高的特点，适合在杰济腊灌区种植。

（2）沙巴特（B）。

该品种纤维长度为 32～35 毫米。它被认为是世界上最好的高地棉花。

（3）巴拉克（67）B。

属中长纤维棉花，纤维长度为 26～29 毫米。它有很强的抗黑臂病及病菌性枯萎病性能，因此已广泛种植到降雨地区。

（4）阿克林。

也称为"努巴"，属短纤维棉花，纤维长度 25～27 毫米，适合在降雨条件下种植。

苏丹是世界上各种优质阿拉伯树胶的最大生产国，在苏丹已经有 2000 多年的种植历史。苏丹的阿拉伯树胶不仅性能优良，质量稳定，而且产量也很高，其产量占世界产量的 60%～80%。阿拉伯树胶是苏丹出口创汇的最重要林产品，在国民经济中占有重要的地位。苏丹人把阿拉伯树胶看成"国宝"，苏丹因此享有"阿拉伯树胶王国"的美称。阿拉伯树胶的主要产区在科尔多凡高原和达尔富尔高原。阿拉伯树胶还被公认是下述工业最重要的原材料：制药业、玻璃业、各种糕点甜食及饮料、各种粘贴材料工业和化学工业。目前，苏丹可提供三类优质阿拉伯树胶：纯胶、干净胶和颗粒胶。

苏丹的主要林产品除了阿拉伯树胶外还有椰枣。苏丹种植椰枣也已经有几千年的历史了，椰枣不仅可以当食品，还可以酿酒；不仅可以鲜吃，也可以干吃。苏丹的鲜椰枣含糖量可高达 40%，主要产在北部和西部地区。

苏丹许多地区还生产大量的油料作物，包括芝麻、花生、向日葵，以及用这些作物加工生产的油料和副产品。花生在苏丹有着悠久的种植历史，在阿拉伯语中花生被称作"苏丹豆"，它和阿拉伯树胶、棉花和芝麻一起并称"苏丹的四大经济支柱"。芝麻是苏丹人食用油的重要原料,也是重要出口作物,产量居非洲前列。

三　动物资源

苏丹有着广阔的天然牧场,面积达 24 万平方公里。苏丹的畜产品资源在阿拉伯国家中名列第一,在非洲国家中名列第二,主要放牧和饲养的动物有:牛、骆驼、绵羊、山羊、水牛、马、骡子、驴、鸡、鸭、鹅等,其中牛、骆驼、羊和鸡的产量尤为突出。

苏丹境内有不少湖泊和湿地,东北部又濒临红海,因此尼罗河南方流域及红海沿岸有着比较丰富的渔业资源。南方的"苏德"(Sudd)湿地和尼罗河给苏丹提供了丰富的淡水渔业资源,尤其是尼罗河中的河鲈。北部的努比亚湖和红海也有现代化的捕鱼业。据苏丹农林部估计,2003 年全国总捕鱼量为 6.8 万吨。

此外,在苏丹沙漠地区、热带草原和森林中还生存着种类繁多的野生动物,主要有狮子、大象、犀牛、斑马、羚羊、长颈鹿、豹子、猴、狒狒、鸵鸟、鳄鱼、蟒蛇等。苏丹拥有世界第二大天然动物园——丁德尔国家公园,该园总面积达 2470 平方公里,园内生活着上述各种野生动物。

第三节　居民与宗教

一　人口

苏丹是一个地广人稀的国家,据 2006 年英国出版的《国家观察》杂志估计数,苏丹 250 万平方公里的国

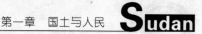

土面积上，到 2005 年人口总数为 40187486 人。① 苏丹是一个人口增长率很高的国家，近几年人口年平均增长率大体保持在 2.8% 左右。②

独立以来苏丹共进行过 4 次全国人口普查：1955～1956 年、1973 年、1983 年和 1993 年。第一次普查的准备工作和操作都不充分。第二次普查并没有被政府正式认可，因此完整的普查结果从未公布过。第三次普查的质量较好，但由于资源有限，对一些资料没有进行分析。第四次普查的情况政府也未正式公开过。由于战乱和难民情况较为严重，苏丹历次人口统计资料的准确度都不高。受大面积饥荒的影响，苏丹国内移民规模很大，这部分人口的统计也较困难。据联合国难民署高级专员 1991 年初的报告，在苏丹北部有大约 180 万无家可归者，估计其中有 75 万人在喀土穆州。由于内战和饥荒，估计苏丹南部还有 350 万人无家可归。

根据 1983 年那次质量较好的普查，苏丹当时的人口总数为

---

① Sudan 2006 Country Review, Country Watch, p37. available at: http://www.countrywatch.com. 关于苏丹人口总数的估计数据资料有多种，存在着较大差异。如对于 1999 年苏丹的人口总数，就有下面几个不同的数据：苏丹政府官方网站 2002 年估计苏丹 1999 年人口总数为 3447 万，世界知识出版社 2003 年版的《世界知识年鉴 2002/2003》提供的数字与此相同；赵国忠主编、中国社会科学出版社 2000 年出版的《简明西亚北非百科全书》提供的数字为 3219.4 万；朱鑫主编、中国统计出版社 2001 年出版的《国际统计年鉴》提供的数据则仅为 2899 万。在国外，美国政府官方 2000 年 7 月估计苏丹人口为 3508 万，2002 年 7 月的估计数为 3709 万（http://www.shfpc.gov.cn/）。而中国驻苏丹大使馆经商处网站（http://sd.mofcom.gov.cn/）提供的 2001 年的估计数为 3030 万，明显要少于前一年美国的估计数。因此，要准确确定苏丹目前的人口总数并不容易。

② 《世界知识年鉴 2002/2003》提供的是 2.8%（1999）；《简明西亚北非百科全书》提供的是 2.6%（1999）；美国政府提供的是 2.7%（2002）；中国驻苏丹大使馆经商处提供的是 3.0%（2001）。

21592582，其中城镇人口为 4153559 人（19%），农村人口为1490 万人（69%），游牧民为 240 万人（11%）。1956～1983 年全国人口增长率为 2.8%，城镇人口增长率为 5%，农村人口增长率为 2%。1990 年苏丹国家人口委员会和统计局公布的当年出生率为 5%，死亡率为 1.9%，年增长率为 3.1%。与 1.8% 的世界平均年增长率及 2.1% 的发展中国家平均年增长率相比，苏丹是世界上人口增长最快的国家之一。

苏丹目前的人口密度是每平方公里 16 人左右，但苏丹的人口分布很不均匀，因为大部分国土不适合人居住，首都喀土穆地区和重要农业区杰济腊地区，只占全国面积的 7%，但集中了全国大约 33% 的人口。苏丹的城市化程度也比较低，1995 年，20% 的苏丹人生活在城镇里，80% 的人口生活在农村。到 2002年，约 24.6% 的苏丹人为城市人口，75.4% 为农村人口。

从 1973 年的普查到 1987 年的全国人口会议期间，苏丹的出生率一直保持着从 4.8% 到 5.0% 的持续增长。苏丹人的计划生育知识极为有限。1983 年的生育率（每个妇女的平均子女数）估计是 6.9。在这一段时期里，死亡率从 2.3% 下降到 1.9%，预期平均寿命从 43.5 岁上升到 47 岁。到 1999 年，预期平均寿命已升至 56.7 岁；2002 年为 57.33 岁。

现根据美国政府 2002 年 7 月的估计资料对苏丹目前人口总的情况做如下概括。

总人口：37090298 人。年龄结构：0～14 岁占 44.2%（男性为 8385554，女性为 8023847）；15～64 岁占 53.6%（男性为9945683，女性为 9933383）；65 岁以上占 2.2%（男性为447214，女性为 354617）。人口增长率：2.7%。出生率：3.7%。死亡率：0.98%。男女比例：出生婴儿为 1.05:1；15 岁以下为 1.05:1；15～64 岁中为 1:1；65 岁以上为 1.26:1；总人口中为 1.03:1。婴儿死亡率：6.7%。预期平均寿命：总人口为

57. 33 岁；男性为 56. 22 岁；女性为 58. 5 岁。总生育率：每个妇女生 5. 22 个子女。

高速的人口增长是造成苏丹人均国民收入增长缓慢的重要原因。此外，苏丹人口有着明显的年轻化特点，人口的一半是年龄在 18 岁以下的青少年，其中 14 岁以下的少年儿童占总人口的 44% 强。虽说苏丹将会有大量年轻劳动力可供使用，但目前他们主要是消费者而不是生产者。内战和疾病导致的国内移民使人口分布产生了重大的变化，一些地区的人口过剩使当地无法提供足够的服务和就业。而且，苏丹承受着持续的"人才流失"，国内优秀的专家和熟练工人大量移居国外，而与此同时却流入了上百万难民，这些难民不仅缺乏技术而且需要大量救济。上世纪70~90 年代的干旱使苏丹的饥荒问题一直十分严重。

干旱引起的环境恶化也加剧了苏丹的人口问题。专家估计，干旱和森林砍伐导致的土壤荒漠化已经使撒哈拉沙漠以每年 10 公里的速度向南推进。根据联合国世界食物计划及其他机构的估计，1991 年大约有 780 万苏丹人面临饥饿威胁。分析家认为，90 年代降雨的缺乏及内战的蹂躏使大批苏丹人因饥饿而死亡。此外，苏丹人口的受教育情况也不容乐观。美国 1995 年估计的成人识字率为 46.1%，其中男性占 57.7%，女性占 34.6%。《国际统计年鉴》提供的 1999 年的成人识字率为 56.9%，初中至高等教育综合入学率为 34%，教育指数为 0.49。到 2001 年苏丹仍有占人口总数 64% 的文盲，尚有 25% 的学龄儿童不能入学。

二　种族与民族

苏丹是个种族结构复杂，民族众多的国家。按照上世纪 80 年代苏丹政府颁布的文件，全国人口分属 19 个种族或种族集团，其中阿拉伯人、努比亚人、贝贾人、富尔人、努巴人、尼罗特人、尼罗哈姆人为主要的人种集团。种族集团之外，全国人口又分属 579 个民族或部落。大体说来，苏丹北部和中部地区以高加索白种人为主，南部地区以黑种人为主。

苏丹在历史上经历过较复杂的种族迁徙与民族融合过程，又是世界上各种重要宗教与文化交流的通道，因此苏丹的种族与民族成分识别并不容易。虽说语言、文化特征、共同的血缘可以用作民族认同和区别的标志，但由于历史上的融合与分化，这些标志本身也较模糊，并不可以简单地用来界定苏丹的种族与民族。比如，作为一个大的种族群体，努尔人（Nuer）使用着本质上相同的语言，共享许多文化特征，也承认有着共同的宗族来源，但每个努尔部落却都认为自己与其他努尔部落是不同的。外国学者在苏丹通常使用各种种族名称，但苏丹人自己却并不使用种族名称。非阿拉伯人尤其如此，他们认为阿拉伯人或英国人给他们所起的和所用的种族名称并不指他们自己。南部苏丹最大的两个种族丁卡人（Dinka）和努尔人各自称自己为吉恩人（Jieng）和纳斯人（Naath）。不过，对于苏丹这样一个介于北非与撒哈拉以南非洲的国家来说，自从伊斯兰教传入以后，伊斯兰教就成了影响当地民族与文化结构的一个最重要的因素，穆斯林和非穆斯林之间的区别就有了一种特别的意义，而这一区别为苏丹的民族分类提供了某种简明而有用的依据。在本书中，我们依宗教信仰之不同，把苏丹的民族分为两个大的类别：信仰伊斯兰教的民族和信仰其他宗教的民族。

1. 信奉伊斯兰教的民族

阿拉伯人　苏丹的阿拉伯人由操各种阿拉伯语方言的穆斯林部落民组成，只有一小部分源于埃及的操阿拉伯语的人被排斥在外，因为他们信仰科普特基督教派。苏丹的阿拉伯人，是公元 7 世纪以后，经埃及或红海陆续移入苏丹的亚洲阿拉伯人与苏丹当地居民世代融合的后裔，主要分布于今苏丹的北部、中部和西部地区。他们中的一部分人定居在尼罗河流域的北部和杰济腊等地，从事农业、工业生产或经商，而更多的则是散布在各地的游牧部落，以逐水草放牧或狩猎为生。他们的外貌不同于亚洲的阿拉伯人，带有当地黑人的某些特征，大多数人皮肤呈褐色或浅黑色，并且头发卷曲。

　　阿拉伯人是苏丹人数最多的民族。根据 1983 年的人口普查，阿拉伯人占苏丹总人口的近 40%，在北方各省则近 55%，而在喀土穆及周边地区，阿拉伯人占绝对多数。在科尔多凡和达尔富尔等地区，阿拉伯人虽说不是绝对多数，但也是多数民族。不过需要说明的是，在苏丹还有许多把阿拉伯语作为第二语言的人，但他们并不自认为是阿拉伯人。

　　尽管有着共同的语言、宗教和自我认同，但苏丹的阿拉伯人并未形成一个紧密的群体。他们的谋生之道与生活方式多有不同，除了有定居与游牧之差异外，还有将他们分为不同部落的古老传统，每个部落都称有与他人不同的自己的祖先。

　　杰希奈人（Juhayna）和贾阿林人（Jaali 或 Jaalayin）是苏丹阿拉伯人中两个最大的部落。尽管许多人已经定居了，但杰希奈人主要由游牧部落构成。人数最多的贾阿林人最初居住在尼罗河两岸，其成员后来散居各处，现主要分布于北部和中部地区。苏丹人把贾阿林人看作是最初的原住民，只是后来渐渐地阿拉伯化了。尽管苏丹人认为杰希奈人较少被融合，但有些杰希奈部落却因吸收迁徙地的原住民而发生了很大的变化。比如说巴卡拉（Baqqara）部落迁往南部和西部，在那些地区遇到了当地的黑人，现在已经很难把他们和当地的土著民区分开了。

　　苏丹阿拉伯人第三大支系是卡瓦希里人（Kawahla），他们有 13 个大小不同的部落。其中 8 个部落和另 5 个部落的一些分支居住在喀土穆以北和以西地区。他们在那里更多地过着田园生活，这和居住在喀土穆以南、库斯提（Kusti）以北的白尼罗河两岸的其他 5 个部落有着较大不同。居住在河岸的 5 个部落有着相当程度的自我意识和某种凝聚力，但各部落之间为了当地的权力和地位也经常发生冲突。

散居在其他地区阿拉伯人中的小的部落或世系（lineage）中也有一些谢里夫人（sharif，复数为 sharafa，即圣族后裔，泛指伊斯兰教早年的圣徒或出身高贵的人）。这样的世系多数自称是宗教导师或者是他们的后裔。芬吉王国后裔组成的一个很小的芬吉（Funj）部落也声称他们是倭马亚王朝（Ummayyads，公元661～750 年定都在现叙利亚大马士革的早期阿拉伯帝国王朝）的子孙，他们分布在中部地区，其中一部分人定居在森纳尔。

部落之间的冲突通常是由争夺好的牧场而引起的，或者是由游牧部落和定居部落为了争夺生存环境而引起的。在游牧或者现今已经定居的阿拉伯人中间，部落或亚部落通常会为当地权力而争斗。

部落或亚部落单位的成员资格通常由出身而定，但是个人或者群体也可以通过收养、委托或决定以某种方式生活等形式加入某个单位。例如，当定居的富尔人（Fur）成为游牧者后，他就被当作巴卡拉人，这些新加入者的子孙就被认为有了该部族的出身。

虽然部落和亚部落区分了苏丹的阿拉伯民族，但是其他一些差别（如社会地位和权力的不同）也可以将苏丹的阿拉伯民族区分为不同的部落和亚部落成分。当然，教派也是另外一个重要的区分因素。

努比亚人（Nubian） 努比亚人是苏丹的第二个重要的穆斯林群体，也是苏丹最古老的土著世居民族。努比亚人虽然已经信奉伊斯兰教，可称为穆斯林民族，但他们与苏丹阿拉伯人不同，他们一直保持着自己的民族语言努比亚语，阿拉伯语只是他们的第二语言。他们的家园在苏丹北端和埃及南部的尼罗河河谷，即从尼罗河第一瀑布到第四瀑布之间的地带。从人类学角度上看，努比亚人属于中东与北非地区古老的闪 - 含民族（闪米特人与含米特人）的东支。闪含民族是中东地区一个结构与起源较复杂的人种，总体上属高加索人种，但应该有混合非洲黑人成分的因素。苏丹努比亚人的祖先是古老的哈姆族（含米特族），现在的努比亚人是由土著努比亚人融合了阿拉伯人、土耳其人或黑人的血统而形成的，因此他们有些人皮肤呈浅棕色，有的人呈深棕色。另外，其他一些较小的操相关语言并宣称和尼罗河努比亚人相连的部族被起了当地的名称，例如达尔富尔的比尔齐德人（Birqid）和美达卜人（Meidab）。

上世纪 60 年代中期，因阿斯旺高坝的修建，尼罗河水淹了他们的土地，大约 3.5 万~5 万尼罗河努比亚人迁往了卡萨拉省的阿特巴拉河流域。究竟有多少努比亚人还留在尼罗河河谷目前还不清楚。甚至在重新安置前，许多努比亚人或长期或短期都离家去城里打工，当然他们中的绝大多数人还是和传统的家园保持着联系。在 1955~1956 年的人口普查中，多数努比亚人被计入喀土穆地区而不是北方的努比亚人所在地区。被安置后的努比亚人同样也去城里做工，许多人在家乡还有土地，由他们的家属和雇来的非努比亚人照看。努比亚人常常带着家属在喀土穆、卡萨拉和苏丹港做工，他们从事的工作从家政服务和半熟练劳工一直到要求有文化的教书和行政事务。尽管他们懂阿拉伯语，也信仰伊斯兰教，但努比亚人仍然保持着相当的自我意识，他们在城市里倾向于结成紧密的社团。

贝贾人（Beja） 讲贝贾语的苏丹穆斯林民族。贝贾人属于高加索人种的闪米特东支，自古以来就生活在红海之间的东部沙漠山区。贝贾人是古哈姆族（含米族）的后裔，皮肤呈棕色，卷发，多从事农、牧业生产，少数人则在喀什三角洲种植棉花和棕榈树，出售"植物象牙"——棕榈果核壳制品。大约一千年前阿拉伯人对贝贾人的影响并不大，但此后贝贾人皈依和采用了把他们和阿拉伯祖先联系起来的伊斯兰教和宗谱，阿拉伯化了他们的名字并在他们的语言中加进了阿拉伯词语。尽管贝贾人的祖先中有一些阿拉伯人，但他们主要还是土著居民的后代，他们并没有完全阿拉伯化。贝贾人的语言贝贾语（Bedawiye，亦称贝督维语）把他们同操库施特语的南方人联系了起来。

到上世纪 90 年代，大多数贝贾人都属于下面四个部族中的其中一个：比沙林部落（Bisharin）、哈丹达瓦部落（Hadendowa）、艾姆拉拉部落（Amarar）和巴尼阿米尔部落（Bani Amir）。哈丹达瓦部落是最大的一个部族，但是比沙林部落的土地最多，该部落包括定居在远离贝贾人范围的南部的阿特巴拉河流域的部落和北方的游牧部落。许多哈丹达瓦部落成员，尤其是那些居住在靠近陶卡尔沿岸地区的成员是从事农业的定居者，当然还有一些则仍然是游牧民。艾姆拉拉部落是第二大部族，他们生活在贝贾人区域的中心，大多数为游牧民。巴尼阿米尔部落在苏、厄（立特里亚）边境地区生活。贝贾人中的游牧民的比例并不确定，但总体上远远高于阿拉伯人中游牧民所占的比例。贝贾人比较保守、自大和冷漠，甚至对同族人也是如此，他们很少与陌生人来往。贝贾人一直不愿承认中央政府的权威性。

富尔人（Fur） 富尔人体魄形似黑人，是苏丹西部的土著居民，长期居住在达尔富尔高原的迈拉山及周围地区，过着农耕生活。18 世纪，他们建立了以法希尔（Al Fashir）为首都的富尔素丹国。一直到 1916 年以前富尔人一直由富尔素丹国统治，他们在政治和文化上倾向于乍得。尽管这个地区的富尔人早就是穆斯林了，但他们并未被阿拉伯化。对多数富尔人的生活来说，家畜的作用并不大。那些拥有牛群的富尔人只能过和他们相邻的巴卡拉阿拉伯人（Baqqara Arab）相似的生活，而那些坚持过这种生活的人最后会被认为是巴卡拉人而不是富尔人。

扎加瓦人（Zaghawa） 生活在富尔人以北的高原上，过着半游牧生活的人自称为贝里人（Beri），阿拉伯人称他们为扎加瓦人。这个部族的绝大多数成员生活在乍得，苏丹只有一小部分。扎加瓦人以放牧牛、骆驼、绵羊和山羊为生，当然他们还要采集一些野生谷物和其他作物维持生计。现在，耕作业变得日益重要了，但风险较大，在干旱时期他们要过采集野生植物的生活。虽然扎加瓦人信仰伊斯兰教，但他们保持着许多传统宗教习俗。

马萨里特人（Masalit）、达朱人（Daju）和博尔提人（Berti） 都是生活在达尔富尔地区的操尼罗－撒哈拉语言且至少在名义上信仰伊斯兰教的民族。他们多是生活在村落里的耕作者，但也都不同程度地从事着畜牧业。居住在苏（丹）、乍（得）边界的马萨里特人是最大的部落，历史上曾隶属于一个小的素丹国瓦代（Wadai，在乍得）。那时，他们夹在达尔富尔和瓦代两个素丹国之间。他们占有的一部分领土以前是由富尔人控制的，但是在20世纪前半叶，他们通过一系列同富尔人的局部冲突逐渐占据了这些领土。90年代初期，达尔富尔的许多地方处于混乱状态，许多村民常常遭受侵袭。马萨里特民兵袭击富尔人和其他一些村落的事例屡见不鲜。

博尔提人有两个部落，一个生活在法希尔东北，另一个已经在19世纪迁居到西达尔富尔州和西科尔多凡州了。这两个部落好像已经没有共同的利益了。西面的部族成员除了从事耕作业和畜牧业外，还采集阿拉伯树胶到当地市场上去卖。现在，作为母语的博尔提语也已经大大地让位于阿拉伯语了。

"达朱"这个词是语言学名称，用来泛指那些散居在从西达尔富尔和西南科尔多凡地区一直到乍得东部的部落。这些部落有着各自不同的名称，也没有共同的认同感。

西非人 苏丹有近百万西非血统的人。所有居住在苏丹的有国籍和没国籍的西非人加起来占苏丹总人口的6.5%。在20世纪70年代，西非人估计要占北方诸省人口的10%以上。有些西非人在苏丹已经是第五代或第五代以下了，另一些则是近期的移民。老移民中有些是不堪忍受在祖国遭受殖民压迫而迁徙来的，还有一些是在去麦加朝圣或返回的途中留居下来的。近期移民中许多人是受西非地区游牧的富拉尼人（Fulani）大扩散压力而来到苏丹的，其他一些则主要是在"二战"后作为城乡劳工或获取土地的农耕者而来的。

据说近60%的西非人来自尼日利亚。由于豪萨人（Hausa）在尼日利亚北部占优势，而且他们的语言被广泛运用，因此许多非豪萨西非人也被称作豪萨人，而他们也把自己说成是豪萨人。但是豪萨人自己，尤其是长期生活在苏丹的豪萨人却喜欢被称作塔卡里人（Takari）。比豪萨人更为广布于整个西部非洲的富拉尼人或许根源就在苏丹北方各省而不是在尼日利亚。富拉尼人这个术语在苏丹的典型叫法是法拉塔人（Fallata），但是苏丹人也用富拉尼人指称其他的西非人。

在从达尔富尔到青尼罗河之间的苏丹中部许多地区都有富拉尼游牧民，他们偶尔也和土著民为争夺牧场而发生冲突。在达尔富尔，富拉尼人出身的部族采用了巴卡拉部落的各种生存方式。有一些部族保留了他们自己的所有文化和语言，但少许部族在语言和其他方面则已经变得很像巴卡拉人了，尽管他们倾向于保留自己的牲畜饲养和经营方式。东部各州的一些富拉尼部族是定居的，他们是尼日利亚北部定居的富拉尼统治部族的后代。

2. 非穆斯林民族

苏丹的大多数非穆斯林民族生活在南部，但也有一些小的部族居住在青尼罗河以南的苏、埃（埃塞俄比亚）边界或靠近边界的山区。这些南部的黑人被统称为尼罗人或尼格罗人，是非洲大陆上的古老居民，其渊源可追溯到史前。他们主要以畜牧、种植黍类作物及蔬菜为生，也有人从事捕鱼和狩猎。苏丹南部的黑人大约占苏丹总人口的 30%，总共有 572 个部落。人类学家们根据他们的语言、体形特征及其历史渊源，将他们划分为尼罗特人（Nilote）、尼罗哈姆人和努巴人（Nuba）三个主要民族。

丁卡人、努尔人和希鲁克人 尼罗特人是对杰贝勒河及其支流区域或邻近区域的许多民族的统称。这个术语是指那些操尼罗 - 撒哈拉语系东苏丹语族尼罗特语支某一语言的人，传说他们有着共同的起源。他们体格相似，身高腿长，头发乌黑卷曲，皮肤介于深棕色和黑色之间，也有着许多共同的文化特征。他们有久远的家畜饲养传统，包括养着已经没有实际用处的家畜。他们适应了不同的气候，也习惯了同其他民族相处。

尽管饱尝了内战和饥饿之苦，但尼罗特人仍然占南部苏丹人口的 3/5，其中的一个部族丁卡人（Dinka）就占了 2/3。丁卡人的人口占南部人口的 40%，全国总人口的 12%。丁卡人身材高大，皮肤棕黑，广布于南苏丹北部北纬 6°～12° 的广大地区，上尼罗和加扎勒河地区尤多，以游牧业为生。第二大部落是努尔人（Nuer），人口只有丁卡人的 1/3 或 1/4。努尔人分布在北纬 7°30′至 9°30′杰贝勒河下游两岸的沼泽地区和"苏德"地区，索巴特河与加扎勒河之间。他们以捕鱼和水禽、饲养牛、羊以及种植玉米、高粱为生。希鲁克人（Shilluk）是第三大部落，他们只有努尔人人口的大约 1/4。希鲁克人身高头长，分布在从卡卡到诺湖附近的白尼罗河西岸和从科多克到陶非吉耶的东岸，基本上过着定居的务农生活。此外尼罗特人还包括安瓦克、布隆、巴兰达、朱尔及劳维等部落，这些部落的人口就更少了。

越大且越分散的部落内部的差异就越大。比如，丁卡人和努尔人就从未形成过能号令其全部或大部分人的统一权力机构。丁卡人被认为有 25 个部落。努尔人有 9～10 个名称各异的部落。部族之间的和部落内部的武装冲突一直持续不断。部分丁卡人和部分努尔人相互打仗。其他一些部落也在为牲畜和牧场不睦。努尔人曾吸收了一些丁卡人，而一些努尔人也有着很多的丁卡人成分。

南部各部落的关系在 19 世纪受到土耳其人、阿拉伯人以及后来的英国人入侵的影响。一些部落可以迁就入侵者，另一些则不能，外来统治者有效地唆使南部部落互相敌对。例如，有些丁卡人要比努尔人能更好地适应英国统治。这些丁卡人把反对英国人的努尔人当作敌人，他们的矛盾就是因为他们同英国人的关系不同而产生的。1983 年苏丹中央政府在南方实行了部分伊斯兰教法，这极大地影响了南部部落之间的关系。

希鲁克人（自称为"科洛"，Collo）并不像丁卡人和努尔人那样分散，他们多数居住在狭小的杰贝勒河西岸，少数则居住在东岸。由于可以轻松地利用尼罗河沿岸的良田，希鲁克人比丁卡人和努尔人更多地依靠耕种和捕鱼，很少饲养家畜。希鲁克人是真正的定居者，用不着在耕地和牧区之间做定期迁移。

上尼罗的希鲁克人传统上由一个政治 - 宗教领袖"雷司"（reth）统治，雷司被认为是神话英雄——希鲁克人公认的创始人奈伊王（Nyiking）——的授权代表。虽然雷司的政治和管理权力成为一些争论的话题，但是他们的宗教地位却是很明显的：他们的健康被认为和希鲁克人的物质和精神财富休戚相关。很可能希鲁克人的领土统一和永久定居要归功于他们的政治和宗教结构。

巴里人、库库人、卡克瓦人和门达腊人 还有几个操尼罗 - 撒哈拉语系东苏丹语族尼罗特语支的民族，如尼罗哈姆人。尼罗哈姆人主要生活在尼罗特部落的南部和东部，即苏丹最南部邻近乌干达和肯尼亚的地区，大多数属游牧部落。他们的体型特点是身高、头长，皮肤呈浅棕色或深棕色。人类学家认为，尼罗哈姆人中哈姆族的血统所占的比例很大。其主要的部落有巴里人（Bari）以及与之关系密切的库库人（Kuku）、卡克瓦人（Kakwa）

和门达腊人（Mundari）。巴里人和门达腊人紧邻尼罗特人而居并受到尼罗特人的影响，他们过去和尼罗特人常常发生冲突。库库人和卡克瓦人居住在更南的地方，在那里，耕作比饲养家畜更划算，因为为害牲畜的疾病流行，无法饲养成群的家畜。

穆尔莱人、迪丁加人 穆尔莱（Murle）和迪丁加（Didinga）两个部落操尼罗－撒哈拉语系东苏丹语族中的不同语支的语言。穆尔莱人19世纪就已经居住在埃塞俄比亚的南部了。有一些穆尔莱人至今仍然住在那里，其他的则向西迁移并赶走了苏丹当地的尼罗特人。据说他们不怕尼罗特人，享有武士之美誉。在苏、埃（塞俄比亚）边界地区还生活着几个小的不同种族的部落。他们中有些操尼罗－撒哈拉语系科马语族的语言，如尤迪克人（Uduk），自古就生活在这一地区。其他的则是受别的部落扩张驱赶逃进山里的难民，如因吉散纳人（Ingessana）。这些跨苏、埃（塞俄比亚）边境而居的民族中的大多数都经历过同后来入侵者的冲突，也都遭受过阿拉伯奴隶贩子的袭击。所有这些小的弱势部落也都因对优势部族的语言的学习而发生了变化。

赞德人 在赤道州和加扎勒河州地区生活着一些小的经常分散的部落。它们中最大的一个是赞德人（Azande）。赞德人占南部苏丹人口的7%～8%，他们是赤道州的优势部落。赞德部落形成于18～19世纪，这些打猎为生的部落在那时分化成了贵族和平民两个阶层，他们进入了刚果（金）的东北部（今苏丹西南部）并征服了已经生活在那里的民族。尽管贵族阶层成了赞德部落的王公贵族，但他们并没有建立一个完整的中央集权国家。赞德人的王位继承方式较为特殊，只有当首领的某个儿子征服了想和他争夺王权的其他弟兄后他才可以继承父业，而他的弟兄则只能去寻找并统治未被征服的其他部落。这种王位继承方式也鼓励了赞德人的对外扩张。

尽管有着早期的军事和政治成就，但赞德人在 20 世纪却是贫困的，主要靠耕作为生（狩猎不再是可行的食物来源），而且昏睡病也折磨着他们。英国殖民当局制订了一个叫做赞德方案（Azande Scheme）的计划，该计划包括棉花生产和重新安置等项目，力图解决这些问题。然而，这一计划却失败了。失败的原因有许多，包括殖民者对赞德人的社会、经济和价值观的不了解。赞德人的社会继续恶化，出生率的下降就是其中的一个反映。赞德人对第一次内战中南方的"阿尼亚尼亚"民兵组织的支持及同丁卡人的冲突更加恶化了他们的生存环境。20 世纪 80 年代初期曾有过一个关于重新启动赞德方案的谈判，但 1983 年的新内战阻止了这一计划。

比里人和恩多哥人　在苏丹西南部还有几个操和赞德人语言极为相似语言的部族，但这些部落中并没有一个优势部族。其中最重要的一个部族就是比里人（Bviri）。比里人和另一个较小的恩多哥（Ndogo）部落同操恩多哥语。其他的更小的部落讲恩多哥语的各种方言。当然，这些部落并不具有共同的民族认同感。

其他西南部落　苏丹西南部操尼罗－撒哈拉语系中部语支语言的一些部族分布在加扎勒河西部到赤道州中、东部地区，其中最主要的是邦哥人（Bongo）和巴卡人（Baka）。这两个部落的语言非常接近，文化也很接近，因此它们常常混在一起，难以区分。邦哥人和巴卡人的关系也非常密切，但是没有迹象表明他们要组成一个有自我意识的民族。

努巴人　在中部地区南科尔多凡州的努巴山区生活着大约60 多个小的部族，它们统称努巴（Nuba）。努巴人是苏丹最古老的居民之一，自称为"山里人"。努巴人皮肤呈黑色，身材适中，体魄丰满健壮，性情和善，他们以农耕和畜牧为生。有些努巴人在军队和警察中服役，但大多数努巴人仍然在务农，畜牧业

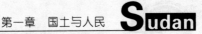

在他们的经济中的作用较小。

不同的努巴部落在文化和社会组织上有所不同。例如，有些是父系结构，另一些是母系结构，而在努巴山区东南的极少部落中则两种结构并存于同一群落。除了那些邻近部落之间外，努巴人讲的各种科尔多凡语言，通常是无法相互理解的。目前，许多努巴人在文化和宗教上已走上了与阿拉伯人同化的道路，少数努巴人已经把阿拉伯语当作母语，极少数人甚至已经皈依了伊斯兰教。

三　语言形态

苏丹的种族和语言在世界上算得上是最为复杂的。它的近 600 个族群讲着 400 多种语言和方言，其中许多只有少数人才懂得，虽然人口迁移常常会导致人们在新的居住区只能用一种占优势的语言交流。尽管许多社会精英在使用英语，但阿拉伯语才是通用语言，也是官方语言，它是苏丹近一半居民的本族语。本地语言中，除阿拉伯语外，使用人数排在前几位的还有丁卡语、努埃尔语、贝贾语等。现在，苏丹有一些语言已经被融合，而另一些则处在相互融合之中。多数苏丹人都在使用多种语言。另外，语言的选择在南北方的种族和宗教分裂中有着政治意义。英语同非穆斯林有着联系，而阿拉伯语则和穆斯林有着必然的联系。这样，语言必然就成了政治工具和认同象征。语言差异是苏丹种族与民族分类的基础之一，也是种族或民族认同的象征之一。在苏丹这样的多样化语言国家中，这些语言差异已经成了人们正常交流的障碍。好在这些障碍已经部分地被一些混合语的出现和一些地区中相当程度的多语言使用所克服。

非洲的大多数语言分属四个语系，而苏丹就有着三个——阿非罗－亚细亚语系（Afro-Asiatic Family，简称亚非语系，亦即闪含语系）、尼日尔－科尔多凡语系（Niger-Kurdufanian Family）

和尼罗－撒哈拉语系（Nilo-Saharan Family）。① 每一种语系都有一些语族，而每一个语族又可以细分为一些互相密切相关的语支或语言。在苏丹，三大语系至少都有两个以上的主要语族，这是因为历史上的苏丹是南北移民和东西移民交汇的地方。

闪含语系最主要的分支是闪米特语族（Semitic Language Group），而苏丹使用最为广泛的阿拉伯语则是闪米特语族的重要组成部分。闪含语系的另一个分支库施特语族（Cushitic）为游牧的贝贾人广泛使用。第三个分支是乍得语族（Chadic），其最主要的语言是豪萨语（Hausa），豪萨语是西部非洲的语言，由豪萨族自己使用，也被苏丹的许多西非人当作混合语使用。

尼日尔－科尔多凡语系分为两个语族——尼日尔－刚果语族（Niger-Congo）和科尔多凡语族。使用广泛的尼日尔－刚果语族包括许多语支和语支下分语言。苏丹的赞德语（Azande）和其他一些阿达马瓦－东部语支（Adamawa-Eastern Language Division），以及西大西洋语支（West Atlantic）的富拉尼语（Fulani）都属于这个语系。科尔多凡语族只包括30～40种口头语言，在苏丹的有限地区，即努巴山区及邻近地区使用。

尼罗－撒哈拉语系的名称并未被语言学家完全认可，其主要语族和次要语族也并不固定，这部分是因为许多语言还没有被很好地研究。然而，就其有效分类和内部分支而言，其9个主要分支中的8个，以及许多次要分支都出现在苏丹。大约有75种苏丹语言被认为属于尼罗－撒哈拉语系，远远超过1955～1956年人口普查时所命名语言的半数。这些语言中的大部分只被小的部

---

① 非洲的另一个语系是科依桑语系（Khoisan Family），科依桑诸语言使用于南部非洲，是霍屯督人和布须曼人及非洲南部其他非班图人使用的语言，共约15种，使用人数约为15万。

落所使用，仅有六七种语言的使用人数达到或超过苏丹独立时人口总数的 1%。

苏丹被认为大约有 400 多种语言和方言，包括那些只有极少数人使用的语言。当然，当弱小的部落被主要的部落所吸收后，其使用的语言就会趋于消亡。下面是苏丹主要语言的使用和分布情况。

阿拉伯语　属闪含语系中闪米特①语族的北阿拉伯语支，是苏丹的官方语言，在苏丹各地十分普及。除了阿拉伯各部落以外，大部分努比亚人、贝贾人、努巴人和富尔人都能讲这种语言，甚至南方地区某些黑人部落也会使用。因此，约 70% 的苏丹人会讲阿拉伯语。苏丹的阿拉伯语在词汇及语音方面稍微有别于埃及和亚洲其他阿拉伯国家，形成了自己的阿拉伯语方言。同时，每个阿拉伯部落也有自己的口音。

事实上，阿拉伯语有好几种不同变体，不是所有掌握一种变体的人就能使用其他几种。这些变体有：古典阿拉伯语、古兰经语（Language of the Quran，通常不作为口头语言，仅用于印刷品和受教育者的谈话中）、现代标准阿拉伯语（源于古典阿拉伯语）以及苏丹的至少两种阿拉伯口语（东部使用的叫苏丹口头阿拉伯语，西部则使用同乍得使用的极为相似的阿拉伯口语）。苏丹还有其他形式的一些阿拉伯口语，例如南部苏丹就使用叫作朱巴阿拉伯语的专有混杂语。尽管一些穆斯林可以在宗教学校里用古典阿拉伯语学到知识，但除了那些学问家外几乎没有人了解

---

①　闪米特及下文出现的含米特和库施特来源于《圣经》。闪米特和含米特是《圣经》中挪亚的两个儿子的名字——Ham（含姆或称哈姆）和 Sham（闪姆）。库施是含姆的儿子。目前认为，含米特人的故乡是北非，闪米特人的故乡是亚洲南阿拉伯半岛。闪米特语族和库施特语族是亚非语系（闪含语系）5 个语族中的 2 个。有的著作也称库施特语族为"含米特"语。学者们将含米特语族分成 47 个语支和 71 个语种。

古典阿拉伯语，除非是死记硬背。

现代标准阿拉伯语在整个阿拉伯世界大体是相同的，那些母语是这种或那种阿拉伯口语的受过教育的人大概都可以使用的标准阿拉伯语。然而，尽管有着国际性特点，但现代标准阿拉伯语在各个国家还是有所不同。在苏丹，它只是中央政府、出版业和恩图曼电台所使用的语言。恩图曼电台也用古典阿拉伯语广播。西部苏丹人觉得乍得的阿拉伯口语要比恩图曼电台的现代标准阿拉伯语好懂。这种情况或许在苏丹农村普遍存在，因为村民和游牧民讲的是当地的阿拉伯方言。

努比亚语 属阿非罗－亚细亚语系闪含语族，大约有 1200 多万人使用，主要分布于苏丹北部，许多人把它用作第二语言。在语言学上，关于努比亚语的归类划分不一致。有人认为努比亚语属于大（尼格罗）苏丹语系〔亦称沙罗－尼罗（大苏丹）语系〕东苏丹语族的努比亚语支；有人却认为它基本上属于亚非语系的含米特语言即库施特语族，但在很大程度上尼格罗化了。古代努比亚人创造过古代努比亚象形文字，但今天已无人能够译读。随着漫长的历史岁月的变迁，努比亚语虽然逐步吸收了一些阿拉伯语辞汇，但仍然顽强地保留了其原有的面貌，至今仍被努比亚人所使用。努比亚语有两种方言，一是栋古拉方言，另一种是马哈斯方言，两种方言差别不大。

丁卡语 200 多万人使用，主要分布于苏丹南部地区。丁卡语可分为 5 种独立的语言，其中苏丹使用了前 4 种：北丁卡语，又称"帕当语"，使用于南中部地区，即沿兰克、迈卢特、科多克走向的白尼罗河两岸及索巴特河流域。东南丁卡语，又称"博尔语"，使用于南中部，即博尔及其以北地区的白尼罗河两岸。西南丁卡语，又称"阿加尔语"，使用于南中部白尼罗河两岸，即阿加尔东南部；博尔南部，尤其是尼罗河右岸的少数渔村；尼罗河左岸拉克斯地区，以及朱尔河流域。西丁卡语，又称"雷克语",使用于南中部白尼罗河两岸。丁卡语尚无自己的文字,为主－动－宾型或主－宾－动型语言;属尼罗－撒哈拉语系沙里－尼罗语族。余下的一种语言是库曼语,仅在乌干达使用。

贝贾语 50余万人使用,主要分布于靠近红海的卡萨拉省。虽然贝贾人在文化上已有相当程度的阿拉伯化,且大部分人已经通晓阿拉伯语,但作为他们的民族语言的贝贾语仍被保留至今。贝贾语属阿非罗－亚细亚语系库施特语族,无自己的文字,说这种语言的人通常把阿拉伯语作为自己的文学语言。大多数说贝贾语的人都是操双语者,即还能说阿拉伯语或提格雷语。不同的贝贾部落所操的方言不尽相同。比沙林人和哈丹达瓦人讲贝督维语(Bedawiye,即贝贾语)。贝督维语属于亚非语系的库施特语族。阿米尔部落讲的是属于亚非语系闪米特语族的提格雷语。艾姆拉拉部落操艾姆拉拉语。

努尔语 至少有74万人使用,使用者分布于南部上尼罗省东部,即索巴特河上游的纳西尔地区,以及泽拉夫河和杰贝勒河之间的三角地带。努尔语属尼罗－撒哈拉语系沙里－尼罗语族,采用拉丁字母为基础的文字。努尔语的方言划分和地理的划分基本一致,主要有多尔方言、东吉卡尼方言、阿比加尔方言、西吉卡尼方言、西恩方言、托格纳特方言、洛乌方言、纽翁方言和蒂昂方言。

富尔语 约38万人使用,使用者分布于西部的南、北达尔富尔省。富尔人除了使用阿拉伯语外,仍然保留了本民族的语言富尔语。[①] 富尔语属尼罗－撒哈拉语系富尔语族,为主－宾－动型语言;语言内部比较统一,方言差别不是很大;文字采用拉丁

---

① 此处的富尔语(Fur)与非洲的另一种重要语言富尔语(Ful)译音相同,但并不是一回事,不应混淆。

字母。

赞德语 约 35 万人（一说 50 万人左右）使用，使用者分布于南部与扎伊尔接壤的地区。赞德语属尼日尔－科尔多凡语系尼日尔－刚果语族，采用拉丁字母为基础的文字。方言主要有恩扎卡拉方言、普特里方言、迪奥方言和马卡拉卡方言。

巴里语 约 23 万人（一说 40 万人）使用，使用者分布于苏丹南部，主要是尼罗河两岸：特拉克卡以南是左岸，蒙加拉以南是右岸，一直到最南部靠近乌干达的卡卓卡季地区。巴里语属尼罗－撒哈拉语系沙里－尼罗语族，方言主要有库库方言、蒙达里方言、尼扬巴拉方言、涅普方言和波朱卢方言等。

洛图科语 约 19 万人使用，使用者分布于最南部的省份——赤道省——的托里特地区。洛图科语属尼罗－撒哈拉语系沙里－尼罗语族，方言有敦戈托诺方言、科里约克方言、兰戈方言、洛吉里方言、洛科雅方言、洛米亚方言、洛皮特方言、洛伍多方言等。

希鲁克语 约 18 万人使用，使用者分布于上尼罗省北部，以及尼罗河与索巴特河汇合处及附近地区，以马拉卡勒市附近地区最为集中。希鲁克语的语序比较特别：在被动结构中通常为主－动－宾型；而在过去时被动形式中，动－主－宾现象十分常见。希鲁克语属尼罗－撒哈拉语系沙里－尼罗语族。

克努齐—栋古拉语 约 17 万人使用，使用者分布于北方省，即阿斯旺的南部及北方省省会栋古拉的南部和北部。克努齐－栋古拉语属尼罗－撒哈拉语系沙里－尼罗语族，方言有栋古拉方言和克努齐方言两种。

图里语 约 16 万人使用，使用者分布于苏丹南部瓦乌和阿韦勒之间、朱尔河和洛尔河之间的地区，以及从拉加到尼亚姆累勒的道路沿线和从瓦乌到代姆祖拜尔的道路沿线。图里语属尼罗－撒哈拉语系沙里－尼罗语族，方言有博多方言、科洛方言和马南吉尔方言。据说，讲图里语的社团现在都改说丁卡语，图里语也慢慢被丁卡语同化。

马萨里特语　约 12 万人使用，使用者分布于达尔富尔省的达尔马萨里特地区和尼亚拉地区。说马萨里特语的大多数人为操双语者，他们也能说阿拉伯语。达尔马萨里特地区的方言跟尼亚拉地区的方言有差别；乍得的马尔巴方言跟其他地区的方言有很大差别。马萨里特语属尼罗 – 撒哈拉语系马巴语族，主要方言为马尔巴方言。

扎加瓦语　约 11 万人使用，使用者分布于达尔富尔省西北部（马格杜马特和达尔卡比亚地区以北），并散布于该省南部较远地区。说扎加瓦语的人大多数信奉伊斯兰教；为半游牧部族，也能说阿拉伯语。扎加瓦语属尼罗 – 撒哈拉语系撒哈拉语族，主要方言有比德亚特和贝尔蒂两种方言。

富拉尼语　（在苏丹称作"巴吉尔米富尔富尔德语"），近 10 万人使用，使用者分布于西北部马尤尔诺地区。口语受阿拉伯语影响较大。说巴吉尔米富尔富尔德语的人中，许多人还能说阿拉伯语；有些人把豪萨语和宋盖语用作第二语言。富拉尼语属尼日尔 – 科尔多凡语系尼日尔 – 刚果语族。

努巴语　努巴人既能讲阿拉伯语，同时也保留了本民族的语言。努巴人至少讲 50 种不同的方言，有的部落只能听懂自己所讲的那一种。对这些方言还很难在语言学上进行归纳分析。有人认为，努巴人的语言属于"准班图语"①，即与班图语同样是押头韵的，并且在名词分类上也很相似。

英语　英语是苏丹的通用语言，在知识阶层中广为流行。目

---

①　班图语——即班图语系，非洲的四大语系之一。讲班图语系方言的民族分布在苏丹以南的非洲南半部，包括芳人、杜阿拉人、巴尼亚卢旺达人、巴刚果人、布隆迪人、吉库尤人及斯瓦希里人等，共 8000 多万。该语系中最通行的为斯瓦希里语。

前，苏丹广播电台的对内、对外广播均有英语节目。国内发行有若干英文报刊。由于历史原因，英语的使用在南部地区更为普遍。1898年，英国殖民主义者重返苏丹以后，在竭力限制南方地区使用阿拉伯语的同时，规定英语为苏丹南方的正式语言和学校的教学语言。苏丹独立后，历届政府都曾为消除南北方语言隔阂而努力。但从1955年到1972年，苏丹陷于南北内战，直至60年代末，南方的学校仍以英语作为教学用语。从南北方和解后的第二年（1973年）起，南方的学校开始使用阿拉伯语进行教学，而把英语当作一门外国语教学。

尽管阿拉伯语是苏丹的官方语言，但英语是公认的南部主要语言。英语还是喀土穆大学的主要语言。1969年以前英语还是苏丹北方中学的教学语言。直到1990年，苏丹政府颁布的高等教育新政策规定在所有高等教育机构的教学语言都应该是阿拉伯语。在南方，小学的前两年用当地语言教学。此后到整个中学阶段既可以用英语也可以用阿拉伯语教学。在苏丹人民解放军控制了南方的大部分土地后，南方学校中的阿拉伯语使用就成了政治问题，许多南方人把阿拉伯语看成是北方对南方进行文化控制的一个要素。

混合语　苏丹有好几种混合语，许多人成了名副其实的操多种语言者，他们在家里说流利的本族语，在其他场合说一种或者多种混合语。阿拉伯语是苏丹的首要混合语，因为它是官方语言，也是伊斯兰教语言。朱巴阿拉伯语（亦称混杂阿拉伯语）也在南方的一些城镇中使用。有一段时期这种语言缓慢但稳定地在整个南部地区使用，但一直没有像英语那样被广泛使用。朱巴阿拉伯语在集市中普遍使用，甚至在一些杂居城市的政治演说中使用，北方的苏丹人也能听懂朱巴阿拉伯语。

苏丹还有许多地方性和部落性的语言，但使用人数都很少，一般只有几万人或十几万人，其中使用人数稍多的语言有：邦戈语、迪丁加语、伊尼芒语、卢沃语、莫鲁语、穆尔莱语、塔马语、特加利语、图尔卡拉语等。①

四　宗教及教派

苏丹是一个多宗教并存的国家，伊斯兰教、基督教和非洲原始宗教是苏丹的主要宗教。从历史的角度看，基督教在苏丹有着很深的渊源，这里曾是最古老的基督教传播的地区，历史上也曾建立过基督教的国家并强盛一时。迄今，苏丹南方和北方都有一些活跃的基督教社团，它们有着各自不同的名称。目前，基督徒约占苏丹总人口的 4%，但在南方则占到了总人口的 10% ~ 15%。全国境内大约有数百个教堂、教会学校和基督教中心。在北方，星期五是穆斯林的礼拜日，也是基督徒的休息日，基督徒在星期天还享有 2 小时的祈祷时间。在南方，星期天是礼拜日。

公元 6、7 世纪以后，随着伊斯兰教传入，苏丹北部逐渐伊斯兰化或阿拉伯化了。今天，穆斯林大约占到了全国人口的75%，在苏丹北部、中部地区，及首都喀土穆周围地区，居民几乎都信奉伊斯兰教，因此，伊斯兰教曾被独立后的几届政府定为国教。政府设有专门负责宗教事务的部门。苏丹北部和中部地区遍布清真寺，仅喀土穆市内就有大大小小 400 多座。即便在穷乡僻壤，清真寺也不少见。

苏丹人口中的相当一部分人，尤其是在南方黑人部落地区，人们还依然信奉曾在传统的部落中传播的宗教。这些部落宗教，或传统宗教，其形态并不完全一致，每个部落信奉的神灵是不同的，但基本的特点是相信万物有灵，并崇拜自己的祖先。信奉传统宗教的居民，约占全国人口的 5% ~ 10% 左右，事实上这些居

---

① 参见黄长著主编《各国语言手册》，重庆出版社，2000，第 250 ~ 254 页。

民往往不同程度地同时信奉着伊斯兰教或基督教。

宗教信仰问题是苏丹历次宪法都要规定的一个主要问题。1958年的宪法明确规定伊斯兰教是"国家的官方宗教";1973年的宪法规定"苏丹民主共和国的宗教是伊斯兰教";现行的1998年宪法明显不同于以往的宪法,除了没有指定国家的宗教外,还规定任何人可以自由信仰基督教、传统宗教等已有的宗教,不得强迫其信仰和限制其宗教礼仪。1998年宪法第24条规定:任何人拥有道德和宗教信仰自由的权利,以及在礼拜、教育、实践和仪式中自由表达和传播本人宗教和信仰的权利。不得强迫任何人接受他不相信的信仰或履行他不愿意接受的礼节和崇拜。另外,现行宪法第90条还规定,共和国总统不得颁布任何影响宗教自由的法令。在目前的情况下,选择何种性质的法律和宗教是苏丹各州自己的立法权力,它们可以在这一选择下实行地方管理。因此,从理论上讲,北方各州可以不选择沙里亚法(伊斯兰教法),而南方如果愿意也可以选择沙里亚法(Sharia)。

1. 伊斯兰教

伊斯兰教是公元7世纪以后由来自亚洲阿拉伯半岛的阿拉伯穆斯林传播开来的。到了14世纪初叶,伊斯兰教已在苏丹各种宗教中跃居首位。早在英埃共管时期,英国殖民当局就清楚伊斯兰教是苏丹社会的最主要的组成部分,首次在立法和执法部门中确认了苏丹的伊斯兰特性。1902年,苏丹英埃共管政府宣布训令,宣布成立伊斯兰教法庭,并宣布在上诉法庭、高级法庭和普通法庭中实行沙里亚法即伊斯兰教法。该训令还被载入法令全书中,且在整个共管时期未做变动。喀土穆的戈登学院(Gordon College,喀土穆大学的前身)也设立了一个沙里亚法官培训学校。① 为了

---

① "Law in the Sudan Under the Anglo-Sudan Condominium" in 'The Condominium Remembered, Volume 1: The Making of the Sudanese State', p. 45.

安抚和统治北方，新统治者提升了哈特米亚教派（Khatmiyya）领袖赛义德·阿里·米尔加尼（Sayyid Ali al-Mirghani）和安萨教派（Ansar）领袖赛义德·阿布杜·拉赫曼·马赫迪（Sayyid Abd al-Rahman al-Mahdi）的政治和经济影响力。

苏丹独立后，最初的几届政府都把伊斯兰教定为国家的基本宗教，但苏丹在总体上并不是一个神权国家，而一直是一个世俗性的国家，也并未在全国所有地区强迫实施伊斯兰教法。1983年9月8日，尼迈里政府颁布了著名的"九月法令"，宣布在全国范围内强制实行伊斯兰教法，包括规定偷窃者断手的条规（hudud）。1985年4月6日，苏丹发生军事政变，尼迈里下台。4月11日，苏丹新执政的军事委员会主席达哈卜宣布暂停实行伊斯兰教法。随后，即签署法令，废除前政府执行伊斯兰教法的特别法庭。

1989年6月政变上台并执政迄今的巴希尔政府，虽然延续了尼迈里政府在1983年开创的伊斯兰政治模式，但也做了一些重大改革。巴希尔政府颁布的1998年宪法强调，国家政权永远不会被真主授予个人、家族或团体，宗教不能被用作区别国家公民的手段。随后，苏丹现政府取消了伊斯兰教法在南部的实施，该法只在北方实行。

苏丹北方多设有伊斯兰教法法庭，按照伊斯兰教法受理教民中的案件。在审理和判决时，除国家法律条文规定的以外，其他问题都必须重视伊斯兰法学家的意见。伊斯兰法律在国家的生活中占有极为重要的地位。为了贯彻伊斯兰精神，政府定期举行规模盛大的背诵《古兰经》的大会。高级党、政领导人均曾出席背诵大全。在大中城市中，每到礼拜的时间，各个清真寺宣礼塔上和一些广播站的高音喇叭还会播送《古兰经》，号召穆斯林们进行集体礼拜。在恩图曼，国家建有一所专门的宗教学校恩图曼伊斯兰大学。

苏丹的伊斯兰教属于逊尼派（即正统派），但在国内又分为众多教派，每个教派都有自己的教长。苏丹的主要伊斯兰教教派、教团或组织如下。

安萨教派　安萨教派是苏丹独创的伊斯兰教派，为1881年苏丹抗英民族英雄穆罕默德·艾哈迈德·马赫迪所创立。1898年英国殖民主义者卷土重来，马赫迪国家灭亡，该教派的活动受到压制。第一次世界大战期间，英国政府对该教派进行拉拢，承认了马赫迪的遗腹子阿卜杜·拉赫曼·马赫迪的宗教和政治地位，赐予他杰济腊地区的土地，并贷款给他建立植棉场。1926年，英国授予他黑鹰爵士勋章，以后又授予他维多利亚爵士勋章。1930年以后，他在商业上获得大量利润，成为苏丹最富有的家族和大地主。1945年，他创建乌玛党。1959年3月，阿卜杜·拉赫曼·马赫迪去世，其长子西迪克·马赫迪被公认为他的继承人和安萨教派领袖。1961年，西迪克·马赫迪去世，由其弟哈迪·马赫迪继任安萨教派教长。在军政权执政期间（1958年11月17日至1964年10月下旬），安萨教派曾联合各种反政府力量，发表反政府的联合宣言，要求结束军人专政。经过几次较量，该教派势力大为削弱。军政权下台后，安萨教派遂宣布恢复乌玛党的活动。1970年哈迪·马赫迪死去，其侄子萨迪克·马赫迪成了该教派的实际领袖。该教派据称有几百万信徒，分布在全国，主要集中在西部地区。

哈特米亚教派　哈特米亚教派具有较为久远的历史，据称目前也有几百万人，主要分布在北部地区和东部贝贾地区，其领袖是阿里·米尔加尼。

穆斯林兄弟会、共和国兄弟会　穆斯林兄弟会和共和国兄弟会不是严格意义上的伊斯兰教派，而是一种将政治、军事、宗教融为一体的组织，穆斯林兄弟会1928年始建于埃及，后扩展到苏丹和叙利亚。苏丹的穆斯林兄弟会的信徒主要是知识分子，虽

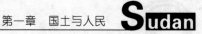

然人数不多，但有一定影响。现领导人是苏丹前任议长哈桑·图拉比博士。苏丹共和国兄弟会领袖是马哈茂德·穆罕默德·塔哈。该派信徒不少，在教育界比较活跃。[①]

苏非教派　苏非教派是伊斯兰教的重要派别之一，在苏丹和其他北非国家都很流行。在苏丹，苏非教派形成许多分支，可称之为教团，主要的苏非教团有：卡迪里亚教团，该教派分裂为一些小教派，各派名称以其领导者的名字来称谓。分别为：谢赫·伊德里斯·瓦德·阿尔巴卜派、雅古巴卜派、阿拉基因派、瓦德·希苏纳派、谢赫·米加什菲派、谢赫·伊巴依德派和谢赫·加利派等。贝达威亚教团，该教派在苏丹没有领导人，信徒分布在一些大城市中，有一些在苏丹最北部的瓦迪哈勒法。萨玛尼亚教团，信徒分布在青、白尼罗河地区，在散纳尔设有支部。沙扎利亚教团，分布在柏柏尔、达米尔和红海山区。伊德里西亚教团，分布在栋古拉、柏柏尔地区。伊斯梅利亚教团，分布在达巴和达尔富尔和科尔多凡地区。

2. 基督教

苏丹基督教徒绝大部分分布在苏丹南方，在北方只有极少数。苏丹的基督教教派有科普特教、天主教和新教。

在苏丹的历史上，基督教的传入要早于伊斯兰教。公元5、6世纪前后，基督教即从北方的埃及和南方的埃塞俄比亚传入努比亚，并一度在努比亚占据统治地位。当时在努比亚的阿勒瓦基督教王国首都索巴一带，就有400座基督教教堂。伊斯兰教从北方传入后，南方基督教国家联合起来对抗伊斯兰势力，一直存在到公元12世纪以后。13、14世纪以后，随着阿拉伯人的大批移入和伊斯兰教的广泛传播，基督教在苏丹的影响逐渐衰落。1898年，英国殖民主义者重返苏丹，英国、美国、意大利等国的传教

---

① 参见杨期锭、丁寒编著《苏丹》，上海辞书出版社，1985，第14~17页。

团体随之陆续进入苏丹南方，进行传教活动，基督教影响开始增长。各教会所采取的"宣传基督教、打击伊斯兰教"的作法，与英国殖民政府所实行的南北方分而治之的政策互相呼应，苏丹南北方的民族与宗教矛盾逐渐积累起来。

苏丹独立后，各国教会在南方一度曾保持势力，但政府在1962 年颁布了传教会法（the Missionary Societies Act），规定了传教士的活动。除了依据部长会议准予的许可证条款外，任何传教会或类似组织的成员都不许在南部从事传教活动。许可证可以附加部长会议认为任何合适的条件，部长会议可以拒绝颁发或更新许可证，也可以废除许可证。该法案强行做出空间限制，并禁止传教会从事除许可证明确规定的任何针对宣称信奉任何宗教、教派或信仰的个人或群体的传教活动。① 1964 年 3 月，苏丹政府采取最后措施，将所有外国传教士驱逐出苏丹。政府认为，外国传教士利用宗教的名义，以鼓励南方省份建立独立政治地位为明确目标，在南方人的思想中传播仇恨、灌输恐惧和憎恶来反对他们的北方同胞，因而危及国家的完整和统一。②

苏丹政府一贯推行伊斯兰化政策，目的是要确立全国的文化统一，但事实上其结果却是扩大了南北差别，加剧了双方的冲突，赋予冲突以宗教因素。苏丹旷日持久的南北内战在一定程度上带上了北方伊斯兰教与南方基督教之间冲突的色彩。而战争痛苦以及暴力屠杀的威胁日益使南方人把基督教视为拯救之源，南

---

① "The Expulsion of Foreign Missionaries and Priests from the Southern Provinces," The Black Book of the Sudan on the Expulsion of the Missionaries from the South Sudan (Verona, Italy: Verona Fathers, 1964), pp. 16 – 17.

　　Francis Mading Deng, Tradition and Modernization: A Challenge for Law Among the Dinka of the Sudan (New Haven and London: Yale University Press, 1971), pp. 235 – 237.

② "Expulsion of the Foreign Missionaries and Priests," pp. 16 – 17.

苏丹人在灾难之际总是祈求上帝保佑。当战争和接二连三的饥荒给社会造成巨大破坏时，基督教的普世主义观念对民众产生了广泛的吸引力，成为将南方联系起来的精神纽带和认同基础，并因此会强化与伊斯兰北方的差异或对立。

在这种背景下，苏丹南方的基督教领袖持有这样的主张：基督教应该被有意识地作为南方现代认同、对抗北方阿拉伯－伊斯兰模式的关键成分加以培养。去教堂做礼拜被作为虔诚行为和政治态度而加以鼓励。对南方人而言，基督教现在是他们反对伊斯兰化和阿拉伯化的宗教和政治武器。从目前的政治和军事态势上来看，作为南部认同核心元素和苏丹历史重要遗产的基督教将会在苏丹复兴。这个曾盛行于北方的宗教享有在历史及现代苏丹宗教文化结构中占据突出位置的合理要求。①

3. 传统宗教（拜物教）

苏丹南方大多数居民都信仰传统宗教，他们崇拜某些动、植物偶像或一些自然现象。如丁卡、努尔等部落认为，牛是世上万物中最神圣的，是他们与祖先灵魂相见的媒介，并且是力量和财富的象征。又如，巴腊人崇拜蛇，他们在家里养蛇，给蛇供上美味佳肴，并且还给每条蛇起上爱称。再如，希鲁克人把尼罗河奉为圣灵，并且相信死人的灵魂或飘荡于空气中，或栖身于树洞里，或投生到动物身上。还有些黑人部落崇拜雷鸣，因为隆隆雷声常常带来雨水，滋润庄稼。苏丹西部的富尔人虽然在名义上是伊斯兰教徒，但是他们仍然崇拜石头和树木。一些与岩石和树木有关的特定地点，被当作圣地。每个信奉原始宗教的部落也都有自己的宗教领袖，他们拥有极大的权力并备受尊崇。这些宗教领袖声称自己刀枪不入，而且还能为他人念咒驱邪，使其也能刀枪

---

① 参见姜恒昆《苏丹内战中的宗教因素》，《西亚非洲》2004年第4期，第34～40页。

不入。他们经常把沙子撒在地上，按其落下时的形状来占卜凶吉，称之为"沙卜"。①

第四节　民俗与节日*

一　民俗

丹是一个国土广袤、南北东西间差异很大的国家，还是一个内陆与海洋二元并存的国家，因而，这个国家的民族文化、风俗习惯与生活方式，恰如一色彩斑斓的百衲图，一多姿多彩的万花筒。在北方，信奉伊斯兰教的地方，民风与民俗是一种将非洲本土因素与外来的阿拉伯因素融合在一起的形态，在中部和南部，则更多地保留了非洲黑人传统文化的特点，而在这个国家西部与西南部的内陆遥远地区，在那巨大开阔的萨赫勒稀树大草原深处，人们长期与外界隔绝，剽悍尚勇的尼罗特丁卡部族黑人的土著文化与宗教，直到今天还保存完整。

苏丹全国虽然有近20个种族集团和数百个民族或部落，但从风俗习惯与民风民俗的异同来看，大体可以分为阿拉伯人、努比亚人、南方黑人、富尔人、贝贾人等几个大的群体。下面即照此分类方式对苏丹的民风民俗情况分别加以介绍。

1. 阿拉伯人的风俗习惯

文面　非洲各民族多有文面之传统，在苏丹，遵从这一习俗的，不仅有苏丹阿拉伯人，亦有努比亚人、努巴人和尼罗特人。

文面在苏丹具有悠久的历史。从考古资料来看，早在古代库

---

① 参见杨期锭、丁寒编著《苏丹》，上海辞书出版社，1985，第18页。

* 本节材料主要源自杨期锭、丁寒编《苏丹》（上海辞书出版社，1985）和赵彦博、王启文著《埃及·苏丹》（军事谊文出版社，1996）两书的相关内容，本书编者做了一些补充和修订。

施王朝时代，苏丹北部的努比亚人已有文面的习俗。部落民用烧红的木炭、铁器或是刀片在儿童的脸上烙出标示本部落特征的痕迹。

从文化史的角度上看，文面是为了在部落械斗中便于识别敌我，也是为了体现部落团结，保存其宗谱和光宗耀祖。不文面的人被视为不重视祖先，人们还认为，用文面可以衡量父母是否肯为本部落"忍痛割爱"，同时也可以让孩子从小就尝到铁与火的滋味，长大后便能英勇善战。随着时间的推移，面纹又逐渐发展成了区别教派和家族的标志，甚至演变成美的象征。

男孩通常在4、5岁时文面，女孩在10岁左右。女孩子为了美貌，不仅都要文面，而且还要在嘴唇周围刺上苔青。面纹的图形和位置，不同的部落或教派各有不同，而同一部落中各个家族的面纹则是大同小异。有的是在两颊上刻画出三条平行的竖道，有的则是画三条平行的横道，还有的是三竖一横。但男女的横道位置有所区别，少数部落的面纹则刻在前额上。

传统服饰　苏丹是一个十分重视保持传统文化的国家。直到今日，苏丹广大居民仍基本上穿着古老的民族服饰。除城市里受过西式教育的知识分子和官员之外，苏丹广大乡村的男人们都穿着阿拉伯式的无领圆筒大长袍，胸围和袖子都很肥大。大袍长到脚踝，正反两面都有胸兜和在侧面开口的大腰兜，可以两面轮换穿。一般人的袍子只把领口开至胸部，钉上纽扣即可，但安萨教派信徒的袍子则要沿领口叠缝一块尖头朝下的三角形布。这种领口的长袍称为"马赫迪式"①，长袍多为白色，也有紫色蓝色的。

苏丹阿拉伯服饰具有非洲的特点。人们或头戴一顶小圆布帽，在帽子上再缠绕一块四码半长的白头巾，有的则只戴布帽不缠头巾。有钱人则喜欢戴一种有黑穗的无边红毡帽，并在帽子上

---

①　这种袍子因伊斯兰教安萨教派第一任教长马赫迪常穿而得名。

面缠上头巾。脚上穿着拖鞋或凉鞋，而手上戴着戒指，也是苏丹男人常见的样子。在城市中，公职人员白天上班时穿着西装，晚上一回到家便长袍加身，头缠围巾。在一些重要的国家节日和宗教节日里，政府高级官员们都身着民族服装出席庆祝活动。

苏丹阿拉伯妇女的着装似乎要开放和自由得多，她们无须像西亚阿拉伯妇女那样蒙面纱或头巾，她们还可穿无袖连衣裙。在公共场合，绝大多数人都是从头到脚踝披裹一条白纱，有些人披的织物是彩色或印花的。妇女们喜欢在手腕、手指和颈项上戴有各种金、银、宝石饰物。受南方黑人文化的影响，苏丹女孩子还喜欢把头发编成一些细辫子垂在脑后和两鬓。

烟熏浴　烟熏浴是阿拉伯妇女专属的享受。烟熏浴时，妇女进入一间点燃檀香木、阿拉伯胶木等香木的房间，在浓烈的香烟中用芝麻油擦拭全身。擦拭完毕后继续熏烤，一直坐到全身出透了汗，被熏得通体芳香。随后，由另一位妇女给她按摩全身，并洒上香水。于是，她的皮肤染上了一层透亮的烟黄色，据说还有助于神经和关节的健康。

饮食　苏丹的阿拉伯人仍保持着传统的吃饭方式，一般习惯用右手抓食，故在饭前饭后都要洗手。左手不抓食，他们将左手称为"不净之手"[①]。苏丹阿拉伯人以高粱、玉米、小麦、牛肉、羊肉、椰枣和各种蔬菜为主食，并且习惯喝加糖的茶和咖啡。他们的开胃饮料是一种用半生的椰枣、高粱和谷子酿成的"苏丹啤酒"。苏丹阿拉伯人以能忍饥挨饿而闻名。一个游牧民在沙漠中赶路时，可以几天不吃东西，可是过后又能一下子吃下三个人的饭量。

问候礼节　两个男朋友相遇，一般是握手问候。假如两人久

---

① "不净之手"——穆斯林极爱清洁，根据宗教风俗，每次便后，都要右手持盛水的器皿，用左手进行清洗，称之为"洗净"。

别重逢，那么双方要各自把自己的头搭到对方的左右肩上并互相拥抱一次，分外亲热者要来回换肩拥抱多次，接着还要握住对方的一只手俯身亲吻。妇女之间的问候方式是互相亲吻对方的面颊。妇女问候自己的男性近亲时，要向男人低下头，让他吻自己的头部，而自己则只吻他的手。

传统医学　苏丹阿拉伯人至今还保留着某些传统的医疗方法。他们治疗创伤的办法是将热化的油脂注入较重的伤口，上面敷盖一层浸透冷油的棉花，然后再将伤口包扎起来。如果有人头部和眼睛发沉，就在头顶和眼窝处拔火罐。人们用杰济腊地区的红赭石矿土的浸泡液治疗腹痛、胃痛和肠绞痛；用红辣椒治疗肺结核；用割破皮肤、往破口处撒砒霜来治疗淋巴结核。

婚俗　男子的结婚年龄在 15 岁以上，女子在 10 岁以上。男子在求婚前，总是想方设法先看看姑娘的相貌和了解一下她的人品。看中后，他就去取悦姑娘的家人，特别是她的母亲。母亲口头允诺后，男方便派人找姑娘的父亲商定婚期和彩礼的数量。男方在婚前只付彩礼的 2/3，剩下的 1/3 待婚后付。姑娘的父亲要送女儿一些陪嫁钱，否则可能会受到女儿的谴责。

传统的新郎结婚礼服比较简单，只穿一件镶边的外衫，手腕上戴一串宝石珠子或金、银手镯，并由一位礼貌周全、子女满堂的妇女为他戴上一只项圈。在大城市，男女双方结婚时也有穿西式礼服的。有条件的家庭在持续数天的婚礼中还要更换西式礼服和民族服装。

婚礼在女方家举行。婚礼持续的天数及规模，根据经济条件不同而互异。一般在第二天要举行新婚后的"朝礼"，新娘要在新郎的陪伴下跳"新娘舞"。新娘时而扭动双臂，全身摇摆转动。为了婚后吉祥如意，婚礼的最后一天早上，新郎新娘还要在双方父母的陪同下，到附近的尼罗河边洗脸洗手，并摘下几枝枣椰树枝带回家。新娘怀孕 7 个月时，丈夫必须设宴招待亲友，以祝愿她平安无恙。假如一个男人的妻子去世了，那么他可以续娶妻子的姐妹，而不必再付彩礼。

2. 努比亚人的风俗习惯

努比亚人以坦率朴实、乐于助人而著称。他们性格勇敢粗犷，也有人形容他们性格颇为暴躁，说他们开会议事时往往人声鼎沸，"十人讲话，一人倾听"，甚至难免动手。他们自尊而富于进取心，并且非常好客。有不少努比亚人因为熟悉尼罗河的水性而成为苏丹最好的船工。还有一些做服务工作的人以整洁和可靠而闻名。

传统服饰 男人一般穿用达摩尔布（一种自织的简单棉织品）缝制的裤子，上身套一件长衫。普通人一般打赤脚，并且不戴帽子，只有上层人物才穿牛皮鞋和戴帽子。妇女们身披长袍，把头发编成很多极细的辫子，让它们垂在背后和两鬓。有人还将辫子垂在前额，并将辫梢用红土粘上，看上去像一根根细管子。努比亚人有文面的传统，其中栋古拉人的面纹是在两颊各画三道垂直线，成"川"型，竖线一直从眼睛下方伸到下颌。

饮食 努比亚人喜欢吃在铁板上烙成的高粱面饼。他们的副食主要是秋葵叶、药豆等蔬菜和牛肉、羊肉。几样东西同炖，炖好后盛放在木碗里。就餐时，一边吃高粱面饼，一边用手指抓肉和菜吃。他们爱饮没有经过过滤和沉淀的河水，认为澄清过的河水不甘甜适口。他们也爱饮用高粱、麦子或椰枣酿制的啤酒。

婚娶 努比亚人喜欢早婚。男女方两家签订婚约后，便择日举行婚礼，并邀请亲朋好友参加。成婚之日，新郎由男女亲友们载歌载舞地欢送到新娘家。新娘的家人盛情款待过来宾后，两家当众写下结婚证书。随后，众人把新郎引向新娘的房间，但是房门锁着，门口还站着一位把住锁扣的"当关者"。新郎必须要给这位"当关者"的手中塞钱之后，他才把门打开，放新郎和陪伴他的人进屋。进到屋内，新娘家的一位妇女手持水瓢向他们身

上洒水。随后，新郎跪下祈祷两次，起身后走到新娘面前，用手触一下她的前额，然后再吻一下自己的手，接着在她的身边坐上15分钟。坐毕，妇女们便把新娘带到另一间屋子里，只留下新郎一个人过夜。第二天黎明，新郎早早出门，从田地里带回高粱秆或其他庄稼秆，用它抽打新娘几下，打完后仍旧回到自己的屋里去。这种仪式要持续7天，但从第二夜以后，他可以邀请新娘和她的一部分女伴在夜晚到他的房间里来，只是过片刻她们还得把新娘送回去。

7天以后，新娘家盛宴款待众位亲友和宾客，并正式把新娘送进新郎的房间。当她进屋时，新郎要向她手中放上一点金子或银子，名曰"开手"。然后，人们将一些谷粒递到他们两人当中的某一位手里，他（她）接过后，便转递给对方，对方接过后又递回来，如此轮流，每人必须递给对方7次。谷粒在最后一次落到谁的手中，谁就将它们抛到对方的脸上。通常人们都是将谷粒先交给新娘，以便让她最后将其抛到新郎的脸上。

在有些地区，新郎第一次进入新娘的房间后，可与她共渡3个小时。然后两人在新娘家人的陪同下一同去尼罗河边，两人用河水洗过脸后，还要互向对方洒水。婚礼后，新郎要根据当初的协议在新娘家住上一个月或一个月以上，然后才能带她回自己的家。一个姑娘出嫁后，至死也不能从嘴里说出丈夫的名字。努比亚人的男孩，都要按伊斯兰教规行割礼。

3. 贝贾人的风俗习惯

尚武、忠诚 贝贾人性情粗犷骁勇，气概豪迈。男人大多数精通剑术，并终日佩剑在身。即使夜晚睡觉时，也是枕剑待旦，预防不测。部落内盛行宗法制，部落首领享有极高的威望和权力。部落成员团结紧密，以诚相待。谁要是欺骗了朋友，那他就会受到众人无情的嘲笑，直到他设法取得了被骗方的原谅为止。人们广为称赞贝贾人品德高尚，心地美好，并具有远见卓识。贝贾人极为好客。有客人路过他们的家园时，必定要为其杀牛宰羊甚至骆驼，热情款待。如果身边一时没有牲畜可杀，他们就杀掉客人的骆驼，然后赔偿给客人更有价值的东西。

饮食 贝贾人爱喝鲜奶或炼乳与高粱面粥混合而成的"奶粥"，也爱吃煮肉和烤肉。他们不喜欢吃蔬菜，只爱吃鲜的或干的棕榈果。他们也不吃鱼、蛋和飞禽，认为吃鱼会掉牙。

牛奶和用高粱酿制的啤酒是他们的主要饮料。男人们大多爱喝不加糖只放姜末的咖啡。他们几乎整日叼着用胶泥做的小烟斗吸烟，甚至连说话时也不取下来。

婚俗 贝贾少女一般要同血缘最近的家族中的男青年结婚。如果她不同意，可以一直拖延不嫁，于是对方便当众宣布不愿娶她，只有这时她才能另找情人。娶亲彩礼的多寡由少女的母亲来决定。求婚者必须将彩礼分送给新娘和她的父母、兄弟姐妹及近亲们，缺一不可。新郎和新娘的父亲必须各给自己的孩子一点结婚喜钱。

婚礼在新娘家特意准备的一所房子内举行，各种仪式要持续一个星期。新婚所用的一切物品，特别是床，都由新娘家准备。婚礼之后，如果新娘过于年轻（有的还不满 10 岁），新郎就把新娘留在娘家住上一至二年以后再接她到自己家去。也有的新郎在婚礼结束以后与新娘同住在她的娘家，直到她生了孩子以后，才带她回到自己的家。哈丹达瓦部落的男子结婚后，必须在岳父家住上一至三年，像对待自己的生父一样孝敬岳父。

女权制遗俗 在阿拉伯穆斯林移居苏丹以前，贝贾人处于女权制社会阶段。他们的家谱按母系计算。人死后，其财产不传给亲生儿子，而是遗留给外甥和外孙。贝贾人皈依伊斯兰教后，虽然其家谱按照穆斯林的习惯改成了按父系计算，但至今仍保留了不少女权制时代遗留下来的风俗，例如：在家庭中，妇女较有地位和权威。她们负责安营扎寨，哺育子女，饲养骆驼，编制席子

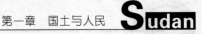

和毛披风等项工作。但她们不管挤牛奶和洗衣服，特别是自己丈夫的衣服。她们认为这两件事很丢脸，因此，挤奶和洗全家的衣服都由男人来做。

如果人们发生了争斗，只要有位妇女进入格斗现场，席地而坐，并摘下头巾，男人们便会立即放下武器，以示对她的尊重。然后请求她盖好头部，返回家中，于是一场纠纷便迎刃而解。男人白天不待在家中，直到日落才归。据说这是为了避免遇上可能前来探望妻子的岳母，或是担心白天在家里难免干预家务，会使妻子不安。晚上回家后，先不进门，而是在屋外先自己动手煮咖啡。

夫妻睡觉的床是用树枝、棕榈叶或枣椰叶垫底，上面在铺盖一张席子做成的。妻子的枕头一般是一个塞满草的皮囊，放在西侧；丈夫的枕头则是一段雕刻的木头，放在东侧。假如妻子睡到了丈夫的位置上，那就说明她对他不满，他应该反省自己做错了哪些事。如果双方的矛盾实在无法调和，妻子就干脆拆掉帐篷，返回娘家。只有当丈夫向她赔礼道歉，并付给她一定的赔偿金之后，她才与他重修于好。男人永远不能从自己口中说出母亲和姐妹的名字。假如有人敢于这样做，则可能导致争吵。

4. 努巴人的风俗习惯

两种续家谱方式　大多数努巴人按父系计算家谱，所有权和遗产随父亲的血统下传。但也有少数努巴人按母系传宗接代，孩子属于母亲所属的氏族，通过舅舅来继承母亲家族的遗产，甚至可以在舅舅家里生活。

角斗　努巴人崇拜力量，认为力量是社会发达兴旺的基础。因此，努巴人青年喜欢角斗，自幼就开始学习这项运动。人们经常举行角斗比赛。冠军是人们崇拜的偶像，能给自己的村庄增辉。他的奖品是一根合欢树枝，人们将树枝烧成灰，装进一只牛角里授予他。一个努巴人青年若是在重要的角斗比赛中榜上无名，那他就娶不到漂亮的姑娘为妻。角斗士去世后，人们为他挖两个墓穴，一个掩埋他的尸体，另一个掩埋他在历次角斗比赛中得到的牛角。角斗的形式不尽相同，有手持长矛和盾牌比赛灵活性的；有挥舞木棒互相猛烈冲击的；还有右手腕戴着两公斤重的铜护腕，迅猛砸击对方头部的。但是后一种比赛非常危险，一经裁判用木棍将两人分开，比赛立即停止。

努巴人虽然已经受到阿拉伯文化的渗透，但他们仍保留了自己古老的习俗。他们视灰烬为神圣之物，是坚韧、刚强和永恒的象征。有些人至今还厌恶穿衣服。妇女有文面和在下唇、鼻翼上戴饰物的习惯。

5. 富尔人及西苏丹部落的风俗习惯

富尔人和达尔富尔地区某些部落如盖麦尔人、塔马人、马萨里特人、比达亚特人、白尔亚特人、白尔格德人和曼多勃人等，被有些人类学家称为半黑人。他们在文化习俗上既有阿拉伯色彩，也有黑人的特征。

服饰 富尔人和达尔富尔地区半黑人部落的男人，一般上身穿肥大袖子、前胸不开襟的衬衣，下身着窄瘦的裤子，头戴小帽，足蹬凉鞋或拖鞋。妇女们喜欢把头发编成一些很细的辫子，用彩色串珠装饰起来。每个部落的妇女都有一种专门的发辫式样，以区别于其他部落。另外，她们还戴有金、银、铜或铁制的各种戒指。

婚俗 富尔人喜欢早婚，法律允许一个男人最多可以娶四个妻子。达尔富尔西部的盖麦尔人、塔马人和马萨里特人的青年男女，每年逐水草在野外放牧，届时过着一年左右的临时的同居生活。如果哪个姑娘为谁怀孕了，那么她就成了他的妻子。但是到了第二年，他们就结束夫妻关系而另寻新欢。

比达亚特人的继承权 当父亲去世后，他的儿子和亲属要轮流将他抬到墓地。安葬完毕，儿子们站成一排，得到起跑信号后便一起向家里跑去，谁最先到家把自己的标枪插进家里的地上，那么他就能继承父亲的全部家产。同时，他们还有按母系继承遗产的习俗。

6. 南方黑人的风俗习惯

南方的黑人无论男女，都保持淳朴、乐天、热爱自由和漠视死亡的性格。虽然他们大部分至今仍过着比较简单的生活，甚至还保留着某些古旧的制度、生活方式及社会传统，但是他们好胜、自尊和品格高尚。随着现代文明的传播，黑人的生活也在开始发生变化。

传统服饰 虽然黑人也像其他民族一样，已有不少人穿上了西式服装，但在广大农牧地区，各部落仍以传统服装为主。希鲁克部落的男女爱穿带披肩的红色长袍，男人的披肩在左，女人的披肩在右。丁卡人也爱穿暗红色或紫红色的长袍。

黑人无论男女，都喜欢戴彩色串珠项链、贝壳串项链、铜、铁、象牙或黑檀木制成的耳环、臂镯、手镯或脚镯。男人比妇女更注重修饰。妇女往往头上包一块头巾，或者根本不包头巾。但是有些部落的男人却在打扮头部上费尽功夫，其中以希鲁克男人的式样繁多的发型最为有趣：他们把头发梳成高高的如同鸡冠、狮鬣般的形状。还有头上戴着用毛发做成的各种形态的"冠子"，并且用灰烬、牛粪尿和粘胶把头发或"冠子"粘固住，上面再插上羽毛，挂上彩色串珠。有的人在头上套一个金属箍，从箍上垂下一条用铁环连成的链子，甩在脑后。一部分黑人妇女将自己的下唇和鼻翼穿透，在透孔上戴上饰品。尼罗特人还有打掉下排门齿的习俗。

文面和文身 有些黑人部落有文面和文身的习俗。有一种说法认为，苏丹北部和中部地区的文面习惯实际上来源于南方黑人。对于黑人来说，面纹、身纹不仅是美的标志，而且还是成年和勇敢的象征。男子到青春期必须举行文面仪式。脸上无纹的人被视为孩子和懦夫，有娶不到姑娘的危险。

各部落的纹型有所不同。努威尔人的纹型是沿前额从一耳边画向另一耳边，共画6道；丁卡人与努尔人类似，但有人超过6道。博尔地区丁卡部落的纹型是在额上刻画3或4个"V"。文面的方法是，用烧红的标枪在脸上按所要求的纹型画出伤口，痊愈后便成面纹。有些人锦上添花，将裂纹染上颜色。

饮食 黑人以高粱、花生、秋葵荚、药豆、甜薯、木薯及牛肉、羊肉、野味、鱼为美味佳肴。他们常常把肉和鱼腌晒起来备冬，并且养蜂采蜜，有的部落还吃青蛙、蛇和蝎子。他们的家常便饭是高粱面稀粥，里面掺上牛奶、肉汁和熟肉块，盛在一个大木碗里，全家围蹲在大木碗周围，用手指当餐具进餐。所有的黑人都认为猴肉、狗肉的味道美于羊肉。他们以猴肉或狗肉款待贵宾，而对贵宾随身的仆从，则只待以羊肉。他们爱喝用高粱酿制的啤酒和烧酒，爱用烟斗吸烟，还有的人把混掺上牛粪灰的烟叶放在嘴里咀嚼。

牛为至宝 牛在很多黑人部落里都有至高无上的地位。人们不仅崇拜牛，把牛当作寄托精神的偶像，而且还把牛视为财富和社会地位的象征。一个人拥有的牛越多，他在部落里的威望和地位就越高，同时也就有资本娶到更多的妻子。丁卡人爱牛胜过其他的一切。每个青年都要举行一次"成年礼"，在这个仪式上，父亲要送给儿子一头公牛。以后朋友们便以这头公牛的名字来称呼他。如果这头牛不幸死去，他会有丧亲之痛。人们总是把牛刷洗得干干净净。雨季时，牧人在牛栏周围点燃牛粪和杂草，为牛驱赶蚊虫。村民举行舞会时，要给牛角和脖子系上响铃，带它们到舞场同乐。人们平时谈话和歌唱的内容，有一大半是关于牛的。

希鲁克人也以牛为骄傲。牛越多，娶的妻妾也就越多，社会地位便也相应地随之上升。谁拥有的牛和妻妾最多，谁就被公认为最有功绩和力量。

婚俗 很多黑人部族的婚娶都与牛有关。一个男人必须先要得到姑娘本人的同意，然后才能去向她的父亲求婚。父亲同意后，他要送上成群的彩礼牛、标枪和成串的珠子。如果姑娘的父亲拒绝了，那么往往是男方将姑娘抢走，逃之夭夭。当然，姑娘未必不同意他抢走自己。

一夫多妻制极为普遍，但每个男人只能根据自己所拥有的牛的头数来决定娶妻的个数。富有的希鲁克首领及显贵们往往娶妻多达 10~20 个。妻子怀孕三个月时要返回娘家居住（也有的部落习惯于新郎在婚礼后留住在女方家，直到妻子生了孩子才带她回到自己的家里）。丈夫们总是盼望妻子能生女孩，因为女孩子长大结婚时，能给他挣来许多彩礼牛。努尔人在婚姻方面没有任何门阀、等级观念，即使是最穷的人也不认为自己低人一等。一个人只要交得出女方家所要的牛和物，就能与任何一家的姑娘结婚。

在丁卡人的部落里，如果婚后数年妻子不育，丈夫有权休妻并索回彩礼牛，但必须把这些牛所生的牛犊中的一大一小留给女方父母。婚后如果女方出走，并带走全部或部分孩子时，男方便可提出离婚。这时，女方的父母就应把当初要的彩礼牛如数退给男方，男方再根据留给女方家孩子的人数来决定留下多少头牛。假如妻子在婚后两年内去世，那么当初娶亲时所付的彩礼牛就由男方与女方的父母平分。

南方有些黑人部落保留了古老的氏族时期的婚俗：父亲死后，他生前所有的妻妾都要转归长子，只有他的生母除外。长子与这些女人所生的孩子，只能算是他本人的兄弟，而不能算作他的子女。同时，长子也继承了父亲的全部财产。

问候与结盟仪式 黑人的一般问候形式是互相握手。丁卡人等在互相致意时，把手伸出来贴在对方的脸上。有些人在欢迎客人时，向客人的掌心吐唾沫，或作出吐唾沫的样子，以示隆重和亲热。当两个人互相结盟的时候，每人先给自己的手放血，然后交给对方用嘴去吮吸；或双方一同将自己的手放在火的上方；或双方用舌头舔着自己的标枪；或各自用手拍打腿部。

社会组织形式　黑人以部落为社会单位，部落首领享有宗法权。其中以希鲁克部族的社会组织形式最为完整严密。他们以"谢赫"（长老）领导的氏族为基本社会单位，各氏族组成由"酋长"领导的部落，然后再由各部落组成部族。实际上，整个部族就是一个小王国，其首领自称"国王"，是整个希鲁克部族的精神和世俗上的最高领袖。他用本部族传统的习俗和制度来实行中央集权的统治，各部落酋长有事必须向他请示和汇报。

拥有至高无上权威的国王，身穿传统的王服，住在法绍达（科多克·）的草屋式王宫里，整个部族的大事由他向省政府上报。如果"国王"去世了，本部族的百姓不准哭泣，只能用沉默表示哀悼。而他的妻子们则要在他咽气后围着他，从喉咙里发出像结婚时那种震颤喉舌的叫声。出殡那天，王族成员和各部落的酋长要杀牛祭奠，并共商选举新王的事宜。但在古代，如果国王表现出健康不佳，就会被立即杀死，以便让健康的人就任新王。新王必须身强力壮，牙齿健全和勇猛善战，否则国家就会衰落。新王加冕仪式在王宫举行。代表国家神灵的雕像尼阿坎和代表王位的一只四腿凳被带到王宫。新王就位时，先把雕像放在凳上片刻，然后拿开，新王立即坐上凳面。据说，尼阿坎的灵魂便在此刻转移到了新王的身上了。随后，人们载歌载舞，以示庆贺。新王不仅继承了前王的所有妻妾，而且还能够得到各部落的富翁们奉献的美女。

苏丹人的衣着比较朴素，尽管受到现代文明的影响，但仍崇尚民族服装。男子多半头缠白巾，身穿长袍；女子则身披白色或其他颜色的薄纱，不戴面罩。苏丹人盛行文面，但今天大多数年轻人对这种独特的标记也不感兴趣了。由于气候炎热，苏丹的饮食比较简单，主食以面包为主，有时还有高粱薄饼；菜肴多生拌，爱吃昆虫，街上常有油炸白蚁和毛虫作为食品出售。苏丹人每日四餐，习惯于餐后饮一杯加糖的红茶。

禁忌与礼仪　苏丹人注重礼节，为人朴实，素以热情好客而闻名于世。苏丹人遇见外来客人，即使不相识者，也总是主动打招呼，热情问候，握手致意。异性之间通常点头微笑致意。外来人可称呼苏丹男子为先生，女子为夫人、女士、小姐等。在社会交往中，如应邀到苏丹人家里做客，应准时，你若以某种理由推辞，对方会感到扫兴，有可能从此和你中断交往。应邀去的客人，进屋之前大多数情况下要脱鞋。苏丹也是一个禁忌颇多的国家，外来人须尽量熟悉和尊重。比如，贝鲁族人忌讳直呼女性的姓名；在南方的一些地区不可随意照相，否则会招来麻烦。

二　节日与庆典

苏丹人民所庆祝或纪念的节日较多，大概可以分为国际性节日、本国的非宗教节日以及宗教性节日三大类。

1. 国际性节日

元旦（1月1日，又是国家独立日）——全国放假一天。城市里主要街道和建筑物均张灯结彩。电台和电视台播放专题庆祝节目。

国际妇女节（3月8日）——不放假。

国际警察节（3月14日）——不放假。

国际劳动节（5月1日）——放假一天。

国际儿童节（6月1日）——不放假。

2. 本国的政治性节日和其他节日

国家独立节（1月1日）——苏丹于1956年1月1日摆脱英国殖民主义的统治，宣布独立。全国放假一天。

救国革命日（6月30日）——1989年6月30日现总统巴希尔发动政变，成立苏丹救国革命指挥委员会。

国家统一日（3月3日）——1972年3月3日，苏丹政府代表和苏丹南部地区代表就南部地区在全国统一的范围内实行地方自治达成协议，从而结束了自1955年8月开始的长达17年的内战，实现了南北方民族团结和国家统一。全国放假一天。

武装部队日（建军节）（8月14日）——苏丹武装部队内部举行庆祝集会和阅兵等活动。

教育节（2月24日）——从1971年2月24日起，苏丹实行教育改革。中学和小学的学制分别有了变化（详见"教育"一节），"教育节"即由来于此。中、小学学生放假一天，大学生不放假。

惠风节（又名"闻风节"）——惠风节是埃及的传统节日，始于古埃及法老时期，至今已有五千年的历史，苏丹人也像埃及人那样过惠风节。该节的日期一般在科普特历的8月中旬，相当于公历的4月中、下旬。据说古代过惠风节时，人们要戴上用洋葱、蒜做成的项链和头饰，围着大树载歌载舞。现代人过惠风节，要吃腌鱼、染成彩色的鸡蛋和生菜，因为人们相信不吃鸡蛋眼球会突出，而生菜则象征着春天的葱绿色。另外，人们还要盛装出游，欢歌狂舞和观赏大自然。届时放假一天。

马赫迪起义胜利纪念日（1月26日）——1885年1月26日马赫迪起义军攻克喀土穆。

3. 宗教性节日

伊斯兰教历[①]元旦——伊斯兰教将穆罕默德于公元622年由

---

① 伊斯兰教历亦称希吉拉历、回历或回回历。以希吉拉为纪元，系纯阴历，供伊斯兰教的宗教活动之用。其纪年方法是：月亮圆缺一次为一个月，十二个月为一年，单月三十日，双月二十九日，不置闰月，全年共三百五十四日。由于伊斯兰教历以日落为一日之始，故教历与公历的换算常有一日之差。

麦加迁徙到麦地那一事，称为"希吉拉"（意为迁徙）。穆罕默德死后，为纪念此事，经第二任哈里发欧麦尔定"希吉拉"为伊斯兰教历纪元，并以该年教历的岁首（公元 622 年 7 月 16 日）为教历纪元元年元旦。由于伊斯兰教历全年只有 354 天，故在与公历对照时无固定日期，届时全国放假一天。

圣纪（伊斯兰教历 3 月 12 日）——圣纪即穆罕默德诞生纪念日。一般认为穆罕默德生于古阿拉伯太阴历象年元月（公元 571 年）3 月 12 日。相传教历 11 年（公元 632 年）3 月 12 日也是穆罕默德逝世的时间，故又称该日为"圣忌"。届时全国放假一天。

穆圣登霄节（伊斯兰教历 7 月 27 日夜）[①]——"登霄"是阿拉伯语"阶梯"或"上升"一词的意译。相传穆罕默德 52 岁时，于教历纪元前一年（公元 621 年）7 月 27 日夜晚由天使吉卜利勒伴同，乘"仙马"从麦加至耶路撒冷，又从那里"登霄"遨游七重天，见过古代众先知及天堂、火狱等，黎明重返麦加。此后，穆斯林每逢该夜多举行礼拜、诵经，以示纪念。届时放假一天。

开斋节（伊斯兰教历 10 月 1 日）——伊斯兰教规定，成年的穆斯林每年于教历 9 月斋戒一个月，其月首以见新月为准。斋月最后一天看月，见月后的次日即教历 10 月 1 日，为开斋节。每逢此日，穆斯林沐浴盛装，举行会礼，互相祝贺。届时全国的穆斯林和北方地区的基督教徒放假 2 天。

宰牲节（伊斯兰教历 12 月 10 日）——又称"古尔邦节"、"中孝节"和"献牲节"。相传先知易卜拉欣夜梦安拉，命他宰杀自己的儿子伊斯玛仪献祭，以考验他对安拉的忠诚。当易卜拉

---

① 关于"穆圣登霄节"的回历日期，另一说为"伊斯兰教历太阴年 7 月 17 日夜"。

欣遵命执行时，安拉又命以羊代替。伊斯兰教根据这一传说，规定每年教历 12 月 10 日宰牲，举行会礼以示纪念。朝觐者①和经济较为富裕的穆斯林要宰牲（羊、骆驼、牛）待客或馈赠。届时全国穆斯林和北方基督教徒放假 5 天，南方基督教徒放假 2 天。

圣诞节（12 月 25 日）——基督教纪念传说中的耶稣诞生的日子。圣经故事中并未提及耶稣的出生日期，但多数教会规定以 12 月 25 日为圣诞节。届时全国基督教徒和南方地区的穆斯林放假 3 天，北方穆斯林放假 1 天。

复活节（3 月 21 日后月圆后的第一个星期日）——基督教纪念"耶稣复活"的节日。该教称耶稣被钉死于十字架后的第三日复活。公元 325 年，该节被定于每年春分月圆后第一个星期日（于 3 月 21 日至 4 月 25 日之间）。届时全国的基督教徒放假 3 天。

---

① 朝觐者又称"哈志"，是伊斯兰教的"五功"之一，在伊斯兰教历 12 月 9 日开始进行。按伊斯兰教义规定，凡身体健康，有经济能力的成年穆斯林，在旅途安全的情况下，一生应去麦加朝拜"天房"一次，包括受戒、巡礼"天房"、奔走于萨法与麦尔卧两山之间、进驻米那山、站阿拉法特山和宰牲等。

第二章

历 史

苏丹位于非洲大陆东北部、尼罗河的上游。在非洲历史上，苏丹这个地方曾享有"非洲历史走廊"之誉。这里曾是古代埃及、南部非洲、地中海及西亚地区诸文明的一个往来交汇之地。据说，古希腊诗人荷马曾这样赞美这个神秘而遥远的世界："那是一个最遥远的国家，是人类最公正的地方，也是诸神最宠爱的地方。"① 确实，在非洲大陆，苏丹这个国家历史之悠久、文化之独特，使得许多历史学家一直对它有特别的兴趣。

第一节　苏丹历史演进基本特点

一　关于"苏丹"、"努比亚"与"库施"

苏丹历史演进的线索是颇为曲折复杂的。在非洲历史上，"苏丹"（Sudan）这个词，就如同"利比亚"、"埃塞俄比亚"等词一样，曾是古代希腊人、罗马人、埃及人对

---

① Dale M. Brown（ed），*African's Glorious Legacy*，Time Life Books，New York，2002，p. 8.

非洲内陆那个巨大而陌生的广大世界的一种泛称，都含有"黑人家园"或"深褐色皮肤的人"的意思。[①] 因而"苏丹"作为一个非洲历史上一个独特的历史文化名词，其所指的范围，是包括今日苏丹共和国所辖范围在内的一个更广大的地区。[②] 事实上，在今日苏丹国土所辖之地，历史上还有两个流行更广泛的概念，一个叫"努比亚"（Nubia），另一个叫"库施"（Kush，或译库什）。

努比亚一词，是古代希腊人对非洲的另一种称呼，也含有"黑人家园"的意思。一些古希腊的历史学家，曾把这片绵延数千公里（从尼罗河第一瀑布到第六瀑布）的广阔世界，及它的独特文化，看成是古代埃及文化的源泉之一。但在过去，努比亚文明却长期被人们忽视，许多人仅仅把它看成是古代埃及文明的一个附属而已。直到 19 世纪 20 年代初，当统治埃及的奥斯曼帝国总督穆罕默德·阿里帕夏的军队远征尼罗河上游地区时，一批一心想要找到传说中的努比亚文明和库施王国的欧洲探险者曾随军而行。在这次行动中，这些探险者的一系列重大发现，及随后持续一个多世纪的考古发掘，才让世界对这块古老土地的文明有了新的认识。

具体说来，努比亚作为一个古代地理名词，主要指非洲东北部尼罗河上游地区，即北起阿斯旺附近的第一瀑布，向南至第六瀑布（杰贝勒盖里以北）、喀土穆并一直延伸到青、白尼罗河之间，东及红海之滨，西接利比亚沙漠的这一广大地区。[③] 而努比

---

① Helen Chapin Metz（ed），*Sudan: a country study*, Federal Research Division, Library of Congress, 1991, p. 8.

② A. J. Arkell, *A Histiry of the Sudan from the Earliest Times to 1821*, Greenwood Press, 1973, p. 1.

③ 努比亚曾被称为"非洲与地中海文明的走廊"。关于它的范围，可以有广义和狭义两种界定。狭义的努比亚，主要是指从尼罗河第一瀑布起至第六瀑布的尼罗河岸地区。广义的努比亚，则把喀土穆以南的青、白尼罗河流域、埃塞俄比亚西部、红海沿岸的广大地区都包括在内。就此来说，历史学家们将努比亚分为上努比亚（埃及努比亚）和下努比亚（苏丹努比亚）（转下页注）

亚作为一个历史文化概念，则主要是用以泛指在上述地区出现的一种非洲古代文明——努比亚文明。创造这一文明的努比亚人（Nubians），是一些"皮肤深褐色"的古代居民，是由居住于此的属黑种人的非洲尼罗特人（Nilotes）、属白种人的含米特人（Hamites）和柏柏尔人（Berbers），在长期的历史过程中融合而成的。而古代努比亚人在尼罗河上游建立起来的那些强盛国家，被当时的埃及人称为"库施"。①

努比亚文明和库施国家持续的时期很长，其存在时期约从公元前3000年开始，一直持续到公元8世纪伊斯兰教传入为止。②这期间，它曾在与北方埃及法老帝国、西亚的亚述帝国、波斯帝国、地中海的罗马帝国的长期战争中几起几落。

应该说，在今日非洲大陆的数十个国家中，苏丹这个国家所拥有的历史，不仅悠久厚重，而且还有着独特的性质与个性。因为说起非洲大陆的历史，就不能不说起作为现代苏丹历史源头的努比亚文明，这一文明曾被古代希腊历史学家称为"埃及文明的源头"。而它的发展巅峰——库施王国，这个曾长期笼罩在重重历史迷雾中的非洲古代王国，在其最强盛的公元前8世纪，不仅征服了北方的埃及，在埃及建立起自己的法老王朝，成为整个尼罗河文明的统治者，而且在它成为埃及第二十五王朝的统治者

（接上页注③）两部分。上努比亚指第一瀑布到第三瀑布之间的地区，相当于今日埃及南部和苏丹北部。下努比亚指第三瀑布到青、白尼罗河之间的地区，相当于今日苏丹的中部与南部。

① 库施（Kush，库什）的形容词是Kushite，译为库希特。今天的东非还存在着这一古老民族的后裔库希特人，他们讲的语言称为库希特语，这是努比亚地区的尼罗特诸民族与埃塞俄比亚地区的闪米特诸民族融合而成的古老语言之一。因而，努比亚人有时也称为库希特人。

② 库施国家于公元4世纪被来自南方的阿克苏姆王国所灭，公元8世纪伊斯兰教传入及大批阿拉伯人移入后，努比亚文化也逐渐失去了自己的独立传统而日益与阿拉伯—伊斯兰文化融合在一起了。

时期，甚至还跨出非洲大陆，远征地中海周边的叙利亚和希腊地区。于是，"努比亚文明对埃及文明的影响"、"埃及和希腊文明中的非洲黑人因素"等命题，也就成了世界史上一个持久的话题。而到了近代，在这块大地上又涌现了让大英帝国都闻风丧胆的非洲民族主义英雄穆罕默德·艾哈迈德·马赫迪，他在19世纪晚期建立的那个强盛一时的苏丹马赫迪伊斯兰国家，曾一度改变了伊斯兰世界屈从于西方的局面。

另外还有一个时常使用的历史文化名词"sultan"，中文也译成"素丹或苏丹"，但有人认为译为"苏尔坦"更合适。这个词，主要是指穆斯林世界中的君主、国王或部落酋长，或是对阿拉伯世界统治者的一种泛称。

· 二　苏丹历史演进的若干特点

世界上每个国家或民族之历史，都有它自己独特的个性与气质。考察苏丹国家历史的漫长进程，下面几个因素也许是值得特别关注的。

首先，苏丹是一个具有非洲黑人传统的国家，其历史与文化在总体上属于古代非洲黑人历史文化的一部分，但因它地处东北非洲的十字路口，称为联结非洲与地中海世界、亚洲的"努比亚走廊"，因而具有多元文化混合的特点。从出土和流传下来的古代埃及与努比亚地区的壁画、雕刻作品来看，努比亚人或库施人（库希特人），皮肤呈黑色或深褐色。非洲史学家们多认为，苏丹的古代居民努比亚人，是一种肤色黯黑的，由尼格罗黑人种族中的尼罗特人与亚非种族中的含米特人、柏柏尔人融合的一种混合型种族。① 从考古发掘材料和古代留传下来的绘画雕刻作品

---

① G. 莫赫塔尔主编《非洲通史》第二卷，中国对外翻译出版公司，1984，第175页。

来看，古代努比亚人的非洲黑人特征是很明显的，他们与北非埃及人有很大的不同。因而，在苏丹古代历史的所谓努比亚文明阶段，它具有更突出的非洲本土特征与黑人属性。但是，由于苏丹位于非洲东北部各种文明交往的十字路口，其北方为埃及、地中海，东面是红海、阿拉伯世界，南方是广大的非洲黑人世界。在这个作为上述文明之纽结或通道的所谓"努比亚走廊"（Nubian Corridor）①，千百年来，这里一直有着复杂的人种迁移与文化交往，它赋予苏丹历史文化一种多元复合的特点。上古时代，北非和地中海居民南迁于此的现象一直存在着，公元 8 ~ 12 世纪后，由于西亚的阿拉伯人持续迁入和伊斯兰教的渗透，这个地区的阿拉伯伊斯兰化日益明显。因而，随着历史的推移，现代的苏丹，事实上成了一个既不是纯粹的非洲黑人国家，也不是一个纯粹的阿拉伯伊斯兰国家，而是一个将非洲黑人传统与北非埃及传统、西亚阿拉伯伊斯兰传统融合在一起的国家。

其次，作为尼罗河上游的非洲国家，苏丹从古迄今的整个历史，既与尼罗河联系在一起，也与尼罗河下游的埃及有着紧密而又复杂的关系。大体说来，自南向北绵延数千公里的尼罗河及两岸之广大世界，以第一瀑布为界，其北方为埃及，南方为努比亚。这两大地区的历史，既有联系，亦有区别。历史上的苏丹，并不是埃及文明的一个从属与配角，它有着自身的历史进程，但是，在它的早期历史阶段，它确实曾被长期笼罩于文明起步更快的北方埃及的巨大阴影之下。② 古代埃及以孟斐斯为界分为北方

---

① G. 莫赫塔尔主编《非洲通史》第二卷，中国对外翻译出版公司，1984，第177 页。

② 约在公元前 3200 年左右，埃及出现了象形文字并逐渐开始流行使用，灌溉农业与中央集权制也发展起来。而在第一瀑布以南的努比亚地区，却依然保持着口头文化和相应的以畜牧或半游牧为主的社会制度，努比亚与埃及的文明差别日益明显，基于互补性的两种文明间的交往也随之发展起来。

的下埃及和南方的上埃及两部分，南方的上埃及，与努比亚的关系一直是十分紧密的。早在公元前 4000 年，努比亚同埃及就有了接触。从公元前 3200 年起的两千年间，埃及各王朝的法老们一次又一次地派遣远征军入侵劫掠尼罗河第一瀑布以南的努比亚，埃及的文明得以传播影响到今日苏丹境内的整个北方地区。但与此同时，具有更多非洲黑人土著文明特征的努比亚文明，也以它自己的方式和内容，影响着北方的入侵者埃及。这种来自南方的影响，在埃及帝国趋于衰落之时尤为明显。同时，原生形态的基督教，也是在公元 5～6 世纪期间，通过北方埃及的科普特传教士或东南方的埃塞俄比亚传教士而传入努比亚地区的，并在苏丹境内广为传播。到了近代，随着 1820 年奥斯曼帝国控制下的埃及军队对苏丹的入侵，在此后的年代里，埃及将其统治有效地扩大到从红海沿岸一直到尼罗河上游地区的广大区域。1820～1885 年的数十年中，埃及的统治给苏丹的政治、经济体制留下了深刻的烙印，加剧了北部苏丹的阿拉伯化或埃及化。1899 年开始的英、埃共管（Anglo-Egyptian condominium），从外部进一步强化了开罗和喀土穆之间的关系，1956 年苏丹获得独立后，埃及继续对苏丹的发展施加着影响。但与此同时，摆脱埃及的影响和控制，也就成了苏丹历史进程中的一个持久内容。

再次，另一个影响苏丹历史的重要因素是基督教文明和阿拉伯－伊斯兰文明。基督教在巴勒斯坦地区产生后，很快传入北非的埃及和埃塞俄比亚，并逐渐传入努比亚地区。公元 6～12 世纪的数百年间，在努比亚地区出现了基督教国家，并一度十分强盛，它给苏丹留下深远的影响。公元 8 世纪以后，伊斯兰教传入努比亚地区，逐渐取代基督教的主导地位。后来，更有大批阿拉伯人或者是从北方沿尼罗河而上，或者是从东部红海渡海而来，陆续移居于苏丹的北部、中部地区，与土著的努比亚人融合成一种新的苏丹阿拉伯人。久而久之，一种具有非洲地域特征的阿拉伯-伊斯兰宗教文化，便日益成为苏丹历史的支配性力量。但是，南方广大地区，却依然长期保留着自己的非洲传统或黑人传统。于是，中世纪以后的苏丹，也就逐渐分化为伊斯兰-阿拉伯世界的北部（包括信奉伊斯兰教的阿拉伯人和黑人各民族）与非伊斯兰教的南部（包括信奉基督教和各种土著宗教的黑人各民族）两大部分。随着南北两部分历史的差异性发展，南北之间的关系，无论是融合交流，还是冲突对抗，都对苏丹历史的进程和内在特性有了持久而根本的影响。① 近代西方殖民时期，英国人通过在两个地区建立不同的行政管理机构而强化了苏丹南北分裂的事实，独立后苏丹的不少领导人也往往把南方的非洲黑人看作外化之地的少数民族，也使这一裂痕呈扩大之势。南方的黑人民族因其社会形态的相对落后及封闭，往往难以主动参与国家的政治、经济和社会生活。

第四，理解苏丹历史的第四个因素是从近代晚期的19世纪80年代到20世纪50年代，70多年英国的殖民统治给苏丹留下了一份影响复杂的政治、经济与文化遗产。即使是到了现在，苏丹作为一个现代国家，它的诸多政治与经济制度，教育与语言，它的社会生活的许多特征，仍然要归因于英国殖民统治留下的这份遗产。

最后，独立后的当代苏丹，既是一个有非洲黑人文明传统的国家，又是一个被归属于中东阿拉伯世界的国家，同时，它还是一个留有许多西方殖民统治遗产的国家。这多重的属性及它们的互动角力，作为一种历史力量，影响了当代苏丹政治与经济、内政与外交许多内容。独立后持续不断的南北间内战与南方的叛乱，西部达尔富尔地区的冲突，以及与东西方大国特别是与美国错综复杂的关系，既是苏丹国家这一多重属性之对立所导致的结

---

① Dustan Wai, *The African-Arab Conflict in the Sudan*, New York：Africana Publishing Company, 1983, p. 28.

果，同时也在相当大的程度上影响了独立后苏丹的历史进程。这些内部的民族冲突与内战，构成了当代苏丹民族与国家统一构建（nation-builting & state-builting）的一个巨大障碍，也滞缓了苏丹社会和经济的发展。

第二节　努比亚文明的兴衰

一　努比亚文明的形成与早期库施王朝

说到埃及文明，就会说到尼罗河，同样，说到苏丹文明，也要从尼罗河说起。但是，尼罗河对埃及和苏丹的历史影响，却是很不一样的，这种不一样，在于尼罗河在埃及和苏丹境内的自然走势与地形结构有着很大的不同。在埃及境内，尼罗河自北向南直泻千里，南北间几乎通行无阻，它似一条水上大动脉，十分有助于上下埃及之统一。但在苏丹境内，尼罗河却是另一番情形，它忽东忽西，大弯大拐，自南而北瀑布成群，起伏跌宕，在其上游更有阿特巴拉河、青尼罗河、白尼罗河汇入，这样相对复杂的河流走势与地形结构，往往造成苏丹历史之地域性分割与民族文化多样性。

从总体上看，尼罗河自南向北穿过苏丹全境，在其南方，阿特巴拉河、青尼罗河、白尼罗河分别从东南和西南的热带高地与热带雨林流淌而来，到达今日苏丹首都喀土穆后汇集在一起，继续向北流去。在青、白尼罗河发源的上游世界，森林广布，植被茂密，而两河之间，则有一片片开阔肥沃的土地和南方草原，它哺育了古代苏丹的南方文明。从喀土穆开始，向北流淌的尼罗河有了另一番景色，它在起伏崎岖的山间蜿蜒行走，跌落成六大瀑布群。在河流弯曲的各瀑布群间，形成的一些冲积平原，则提供了苏丹北部文明产生的温床，而巨大的瀑布群又易造成尼罗河上下游间的封闭与阻隔，并抵挡北方埃及人的入侵。

　　根据考古学研究的成果，在今日埃及南方第一瀑布到苏丹北方第二瀑布的尼罗河河谷，早在旧石器时期就有人类居住。更多的考古研究表明，大约在公元前 8000 年，属于新石器文明的人们已经在苏丹境内尼罗河两岸那些用坚固的泥砖砌成的村子里过着一种定居生活。约从埃及第一王朝开始，努比亚各部族的文明进入自己的发展时期。美国考古学家雷纳斯将这个时期的努比亚文明分成 A 族群、B 族群、C 族群三个时期，其持续的时期约从公元前 3500 ~ 公元前 2100 年。[①]这些早期的居民，是古代努比亚人的祖先，他们的生活以谷物采集和家畜饲养为主，并辅之以打猎和在尼罗河上捕鱼。

　　尽管古代努比亚文明出现的时期很早，但由于缺乏文献记载，现代人对它知之甚少，只是因为埃及人的入侵，关于上努比亚或库施国家的最早的历史记载，才出现在那些记载埃及法老征服掠夺努比亚财富和人口的文献中。一份公元前 3000 年的埃及原始资料，把从第一瀑布开始的称为库施（Cush）的上游地带描述为"苦难之地"。但实际上，那里却是盛产黄金、香料、象牙、珍贵木材、牛羊、兽皮的富饶之地，是一代又一代埃及法老们垂涎的地方。

　　努比亚与北方埃及的文明接触或许出现在相当早的历史时期。历史上，沿尼罗河流域的河谷间，很早就有了人类的迁移，货物的交换。考古获得的骨骼残骸表明，在从新石器时期至今的漫长岁月里，尼罗河上游地区的黑人各种族，柏柏尔人，一直同尼罗河下游直到地中海沿岸的居民，有着复杂的融合交往与持久的杂居生活，因而从人种学或人类学的角度来看，这个地区的人

---

① G. A. Reisner, *The archaeological survery of Nubia*, National Printing Department, Vol. I. Chape 9, Cairo, 1910.

类种群关系是十分复杂的。总体上说，古代的努比亚人，是"以黑人为主体但融合了周围地区各种族的一个古代非洲族群集团"。①

努比亚古代文明的早期代表之一，是约公元前 1800～1500 年间在下努比亚出现的凯尔迈（Karmah）王国。凯尔迈位于尼罗河第三瀑布附近，周围是称为栋古拉的广阔平原，土地平坦而肥沃。凯尔迈可能是古代努比亚人建立的库施国家的第一座都城，因而有些历史学家便将凯尔迈王国称之为在努比亚历史上出现的"第一库施王国"。在这个遗址上发现了巨大的神庙和墓葬群，出土有精制的薄陶器、金属制品、象牙与木制品，巨大的庙宇证明这是一个规模庞大的古代国家的城池，其手工业和城市建筑达到了相当高的水平，并与北方的埃及和周边民族有着商业与贸易往来。当时，埃及似乎已经将其贸易站设到了凯尔迈附近。财富的增长使凯尔迈的部落酋长已经拥有了显赫的权势。

向第一瀑布以南的努比亚地区扩张掠夺木材、黄金、香料、乌木、象牙、树胶、家畜和兽皮及黑人奴隶，一直是古代埃及历史的中心内容之一。据一份埃及征服努比亚的历史资料记载，公元前 2680 年，埃及第四王朝奠基人斯尼弗鲁的军队入侵努比亚第一瀑布和第二瀑布之间的地区，从那里劫掠了 11 万人和 20 万头牛。② 这个数字可能有埃及人夸大其战功的成分，但我们还是可以由此推断当时的努比亚是非洲一个非常发达而富裕的地区，而它的文明成果，也一再地受到北方来的征服者的破坏和摧毁。一些古埃及文献多次记载，在随后的数百年中，埃及法老军队还曾多次入侵努比亚地区，大肆洗劫，给当地文化造成巨大破坏。

---

① Helen Chapin Metz（ed），*Sudan：a country study*，Federal Research Division，Library of Congress，1991，p. 21.
② G. 莫赫塔尔主编《非洲通史》第二卷，中国对外翻译出版公司，1984，第 178 页。

努比亚地区的酋长们则联合起来，共同阻止北方埃及人的入侵，由此加速了努比亚地区早期库施国家的建立。

不过，伴随着劫掠和征服的，也还有不断扩大着的尼罗河上下游间的联系。从公元前 3000 年起，埃及和努比亚间的贸易就不断发展起来。埃及商队把谷物运往库施地区的法拉斯、巴拉纳、米尔吉萨及凯尔迈，返回时又把象牙、薰香、兽皮和玛瑙（一种被当作珍宝和用作箭头的石头）带回阿斯旺，这些带回的东西被船只运到下游地区。埃及商人尤其喜欢黄金和奴隶，奴隶被用作家奴、婢妾和法老军队的士兵。在整个埃及古王国时期，埃及虽然一直都在定期军事征讨库施地区，但直到埃及中王国（the Middle Kingdom，公元前 2100～前 1720）以前，虽然埃及已经沿尼罗河建立了一个庞大的军事堡垒网，但是并未尝试在那里确立长期的存在。这个堡垒网南端一直到达埃及南部的萨姆纳（Samnah），守护着通往努比亚地区名叫瓦瓦特（Wawat）的金矿的运输线。

约公元前 1750 年左右，当埃及第十三王朝衰落时，努比亚人乘机向北方扩张，将势力抵达阿斯旺一带。但不久，约在公元前 1720 年，来自亚洲的希克索斯（Hyksos）游牧民侵入埃及，并定都于阿发利斯，结束了埃及中王国的历史。希克索斯人的入侵阻挠了埃及同库施的联系，并摧毁了尼罗河沿岸的堡垒。当埃及的权力在其新王国时期（the New Kingdom，公元前 1570～前 1100）复兴后，法老阿哈摩斯一世（Ahmose I）再次征服了努比亚地区，并把库施王国合并为埃及的一个由总督统治的行省。虽然埃及对库施的行政控制只到达第四瀑布，但埃及史料所列的附属地区却远及红海沿岸以及逆流而上的青、白尼罗河交汇地区。埃及当局通过征召当地酋长的孩子到法老的宫廷当侍者的办法来确保酋长对其的忠诚。埃及还要求当地的酋长们进贡黄金和奴隶。

埃及新王国的法老们在库施建立了政治控制后，埃及的一些官员、牧师、军人、商人以及技工就开始在库施定居，库施文化的埃及化日益明显。埃及使用的科普特语也在日常活动中广泛使用。库施的上层人物接受了埃及的神灵并建造了神庙，比如供奉太阳神阿蒙（Amon/Amen/Ammon，在埃及司生命和生殖之神）的纳帕塔神庙（Napata，靠近现在的库赖迈）。直到6世纪基督教传入该地区之前，这些寺庙一直是库施地区的官方宗教崇拜中心。甚至当埃及的影响衰落或者屈服于外国统治时，库施的精英们仍把自己看作是真正的埃及文化和宗教价值的守护者。①

从公元前11世纪开始，埃及新王国的权力开始衰弱，不得不允许其国内的分治，并结束了对第二瀑布以南的库施地区的控制。当时，凯尔迈时期的库施国家已经衰亡，关于库施地区在其后300多年的活动情况，由于埃及文献较少提及，目前所知甚少。

二　纳帕塔时期的努比亚文明与库施王朝

从埃及古代文献的记载来看，古代努比亚地区的库施王朝，并不是一个单一的王朝，它其实经历了漫长的兴衰起落的过程。这个过程，从公元前9世纪起，随着一个强大的库施国家的突然兴起，努比亚的历史大体上可以分为北方的纳帕塔王国时期（约公元前800～前300年）和南方的麦罗埃王国时期（约公元前300～公元350年）。

大约在公元10世纪前后，一些来自西部地区沙漠地带的游牧民族入侵了第二瀑布以南地区，他们统一了南方地区各部族，并采用了埃及法老的称号，建立起一个新的库施王朝。这些入侵

---

① Helen Chapin Metz（ed），*Sudan: a country study*, Federal Research Division, Library of Congress, 1991, p.25.

者在尼罗河第四瀑布附近建立起纳帕塔城，成为这个新形成的国家的首都。努比亚历史由此开始了所谓的纳帕塔王朝时期。有些历史学家将这个王国称为努比亚历史上的第二库施国家。

纳帕塔是古代努比亚南北交往的通道，也是通往东部红海的商贸要冲，而周围地区土地肥沃，物产丰富。这个新的国家，使古老的努比亚文明，再次进入繁荣时期。

纳帕塔时期的库施王朝，对已经衰落的北方埃及进行了持续的入侵与征服，并将南方的黑人文化推广到尼罗河下游直至三角洲一带。大约在公元前 750 年，这个新的库施王朝的名叫卡什塔（Kashta）的国王，统帅着大军从尼罗河第四瀑布附近的库施国首都纳帕塔出发，沿着尼罗河远征至第一瀑布和阿斯旺一带，他在那里竖起一块石碑，碑文上写着他的征服之功，并称自己为"上下埃及之王"。

库施国继续北上征服埃及。当时，以崇拜阿蒙神为主的宗教及神职人员，在古代埃及政治生活中有着特殊的地位与权势，而埃及底比斯王朝正经历着激烈的内部权力争夺。底比斯阿蒙神的大女祭司，是埃及法老第 23 王朝老奥索尔康之女，她试图利用库施国王卡什塔的力量巩固自己家族的权势，便与卡什塔结成联盟，并将卡什塔的女儿收做养女。而卡什塔则利用这种关系，使其女儿后来继承了底比斯阿蒙神大女祭司这个圣职。这以后，库施国的首都纳帕塔逐渐成了尼罗河南北方崇拜阿蒙神的宗教中心之一。

以纳帕塔为政治、经济和宗教中心的库施王朝，拥有发达的种植园经济和富裕的金矿，而以牛为主的畜牧业，似乎更为发达。当时，从南方掠获而来的大量黑人奴隶生产着各种商品，这些商品构成了库施国强盛贸易的基础。到卡什塔的继承者平安基（Painkhy，也译为"平安希"、"佩耶"）统治时期，库施王朝征服了整个上埃及地区。公元前 713 ~ 前 712 年，平安基的兄弟沙巴卡（也译为"夏巴卡"）继承王位，将库施国的力量进一步扩张到尼罗河三角洲和地中海沿岸，并最终统一了整个埃及和尼罗河流域。他把首都迁到孟斐斯，作为整个努比亚与埃及的统治者而建立起埃及第 25 王朝，也称为"努比亚人的库施王朝"或"埃塞俄比亚王朝"。①

从公元前 8 世纪初到公元前 7 世纪中叶，这一王朝对埃及的统治长达半个多世纪。历史学家们多认为，在漫长的埃及古代史上，第 25 王朝是一个真正由具有南方黑人传统的努比亚人建立的王朝，它充分显示古代南方的非洲黑人对北方埃及文明的影响力。

库施王朝统治埃及的第 25 王朝时期，努比亚人与来自亚洲西部的入侵者亚述人展开了长期的战争，库施文化的影响由此也扩散到西亚和地中海世界。当时的希腊人就是通过埃及和亚述，而了解到遥远的非洲内陆世界的某些情况的。当时，古希腊的一些旅行家和历史学家，已经对遥远的这个非洲内陆国家有所了解，黑人在当时希腊人的观念中是一个高贵的种族。公元前 674 年，已经称为法老的库施国王塔哈尔卡统领的军队在三角洲地区大败亚述军队，库施国王之威名，远及地中海周围世界。但是，库施王朝对现叙利亚地区的介入导致了埃及同亚述王国的激烈对抗。公元前 671 年，亚述人为报复，再次大举入侵埃及，攻占了下埃及首都孟斐斯，塔哈尔卡联合各方力量做了多次反攻都未能夺回孟斐斯。公元前 664 年，塔哈尔卡去世，其子（一说是其侄子）塔努塔蒙继位，他成了库施王朝统治埃及的最后一位法老。公元前 661 年，亚述人攻占上埃及都城底比斯，许多库施人被杀害或成为亚述人的奴隶，塔努塔蒙被迫将自己的统治领域退

---

① G. 莫赫塔尔主编《非洲通史》第二卷，中国对外翻译出版公司，1984，第 213 页。

回到原来的纳帕塔地区，库施王朝对埃及的统治至此终结。

这以后，库施王朝的力量日益衰落，而重新复兴的埃及第26王朝则不断向南入侵。公元前591年，一支埃及远征军在阿马西斯和波塔姆托两位将领统帅下，联合了希腊人和卡利昂族人组成的雇佣军，远征努比亚地区，攻占并洗劫了库施首都纳帕塔。这些征服者虽然后来撤走了，但库施王朝已经无法在此立足，于是将其国都迁往南方第六瀑布附近更安全的麦罗埃（Meroe）。

三 麦罗埃时期的努比亚文明与库施王朝

与较为干旱酷热的纳帕塔不同，麦罗埃城周围是宽广的草原，气候也较湿润，十分利于农业和畜牧业的发展，加之麦罗埃又处于红海、尼罗河上游以及乍得湖盆地之间商路的中心，这一切，使麦罗埃时期的库施国家进入了另一个繁荣时期。麦罗埃王国可以称为努比亚历史上的第三库施国家。麦罗埃时期的库施国家，是一个摆脱埃及文化的支配性影响而再次显示本土化或努比亚化的时期。努比亚人借用埃及象形文字的字母并加以改造，创造了自己的麦罗埃文字，它共有23个字母符号，其写读顺序与埃及文相反，但到目前为止，麦罗埃文字还不能被现代人解读。

麦罗埃时期，它与当时北方托勒密埃及、地中海世界的希腊、罗马和波斯各文明间也还有着复杂的交往关系。公元前6世纪，西亚兴起了强大的波斯帝国。公元前6世纪末，波斯军队征服了埃及，然后继续向南入侵努比亚地区。从麦罗埃附近发掘出的一个精美的大流士头像雕刻，说明当时波斯人的影响已经深入到努比亚的南方地区。但波斯入侵者遭到库施国家的沉重打击，不得不撤回北方。在此后的几个世纪，迁往第六瀑布附近麦罗埃的库施国家，一方面因为较为远离北方的埃及，文明发展的自主性增强，另一方面，它自己也进一步向南方扩张。在其鼎盛的公元前 3 和前 2 世纪，以麦罗埃为都城的库施国家，将其领土向北扩展到第三瀑布，向南扩展到靠近现喀土穆的索巴（Sawba）甚至更南的地带。

公元前 3 ~ 前 1 世纪，是麦罗埃库施王朝强盛的时期。麦罗埃的统治者有时也自称法老，他们不断向北方发动征服战争。他们也在尼罗河岸边建造了有自己特点的金字塔，供奉自己的神灵，并将其征服战功刻在竖立于北方征服地的石柱上。麦罗埃的王位继承体制并非全是世袭制，国王往往是通过由祭司主持的特别程序选举出来的。那些被认为很杰出的王室女成员也常常成为国王，女王（或太后）常拥有显赫的权力。① 在挑选女王的过程中，女王母亲的作用对女王的顺利继位至关重要。王位一般是在兄弟姊妹间传递，只有在没有同胞可传时才会父子相传。20 世纪初的一系列考古发掘，找到了麦罗埃时期库施王朝的许多宫殿、寺庙和澡堂等遗迹，证明了这个中央集权化的政治体制是怎样使用工匠的技艺以及怎样指挥庞大的劳动力的。

尽管纳帕塔依然是麦罗埃的宗教中心，但库施北部地区却因受到来自尼罗河东部的掠夺成性的游牧民族——布雷米斯（Blemmyes）的压力而最终陷入无序状态。但是，尼罗河却持续给这个地区提供着同地中海世界接触的通道。加之，麦罗埃沿红海海岸一直同阿拉伯和印度商人保持着联系，并且把希腊和印度文化的影响融进了其日常生活。

麦罗埃时期的努比亚文明，有许多重要的成就，它的农业、纺织业，特别是炼铁业已经十分成熟和发达。努比亚人建造了运作良好的灌溉系统给这一地区提供用水，支持着比后来更高的人

---

① Helen Chapin Metz（ed），*Sudan: a country study*，Federal Research Division，Library of Congress，1991，p. 69.

口密度。20 世纪初，考古学家在当年麦罗埃城遗址周围发现了堆积如山的铁渣，并在其周围发掘出大量的炼铁工具和熔炉，以至有的历史学家将麦罗埃称为"非洲的伯明翰"。许多历史学家认为，麦罗埃是当时世界的重要炼铁中心之一，而且，炼铁技术很可能就是由麦罗埃的炼铁作坊向西经过稀树大草原地带，逐渐传入西非和整个南部非洲的。①

到公元前 1 世纪末，随着罗马帝国的崛起并向非洲扩张，库施国家的生存面临着新的外部挑战，努比亚人与罗马帝国的矛盾不断激化。在麦罗埃宫殿遗址中发掘出的一尊罗马独裁者奥古斯都雕像的头，印证了罗马文献中记载的它与这个非洲黑人国家的冲突与战争。公元前 23 年，为了报复库施王朝对上埃及的侵入，罗马驻埃及行政长官佩罗尼乌斯统领一支万人的远征军，南下入侵库施国家。罗马人攻占了库施王朝的宗教圣地纳帕塔，并将其夷为平地。努比亚人奋起抵抗，罗马军队因劳师远袭，损失巨大，两年后不得不与努比亚人签订和约，双方划定边界，罗马人撤出了占领的库施北部地区，但在吉拉美卡建立了军事要塞。

在与罗马人长期的战争中，库施王朝进一步退到了第四瀑布以南的地区，北方埃及传统的影响进一步减弱，而越来越多的南方黑人进入库施境内居住，努比亚文明的黑人特征进一步增强。与此同时，库施王朝与希腊和罗马文明的联系，它的东部红海沿海地区与阿拉伯世界及南方的阿克苏姆王国的联系，却在增加着。据说当时在麦罗埃的宫廷中，有大批的希腊学者担任教师，麦罗埃的国王们崇尚希腊艺术与建筑。在今日喀土穆的博物馆中，保存着一只从麦罗埃出土的中国式鼎，因此历史学家们设想

---

① 也有一些非洲历史学家认为，西非的冶铁技术并不是从外部传入，而是西非黑人民族自己发展起来的。参见刘鸿武著《从部族社会到民族国家——尼日利亚国家发展史纲》，云南大学出版社，2000，第 8 页。

库施王朝可能与远东的印度和中国也有了某种直接或间接的交往。

公元 2 世纪，努巴人（Nubas，也称为诺巴德人 Nobades）占领了库施北部的尼罗河西岸地区。这是一些装备良好的骑着马和骆驼的武士，他们成为向麦罗埃贵族提供保护的雇佣军，并与麦罗埃人通婚，作为军事贵族在麦罗埃人中定居下来。罗马人也曾收买这些努巴武士来减弱努比亚人对罗马北非的侵扰。但是，到公元 2 世纪末 3 世纪初，古老的努比亚文明和库施王朝，却日益受到一个来自非洲大陆内部的强大国家的压迫，这个国家就是在努比亚南方的埃塞俄比亚（过去译作阿比尼西亚）出现的阿克苏姆国家（Axum，在现埃塞俄比亚东部）。大约在公元 350 年，阿克苏姆的军队占领并摧毁了麦罗埃城，库施王朝就此灭亡。库施王国的部分王族及臣民可能向西流亡至达尔富尔地区，并从那里继续进入乍得湖盆地和西非内陆。有些历史学家估计，麦罗埃王朝发达的冶铁技术，及埃及古代文明的某些传统，可能就是以这样的方式传入非洲西部和南部黑人世界的。[①]在西非的豪萨人、约鲁巴人和萨奥人的传说中，普遍存在着他们祖先来自东方的这类说法，可能都与努比亚文明的影响有一定的关系。

四　古代努比亚文化的成就

在非洲史上，努比亚是非洲各文明间的一个十字路口，是古代非洲内部各地区间、非洲大陆与外部世界交往的所谓"努比亚走廊"。因而，努比亚文化既是古代黑非洲土生土长的文化形态，又具有将北非地中海文化与南部非洲黑人文化

---

① G. 莫赫塔尔主编《非洲通史》第二卷，中国对外翻译出版公司，1984，第224 页。

作联结沟通之混合形态。古代的埃及人、波斯人、亚述人、喜克索斯人、希腊人、罗马人，以及后来的基督徒、穆斯林，都曾发现或到达过这个努比亚的黑非洲世界。"不同的文化在这个交叉路口相遇，并汇合在一起"。[①] 这一特殊的历史地位，使努比亚文化显得丰富而独特。它对整个古代非洲文化的成长，实际上起到了一种传承与整合的作用。

　　努比亚史前文化的起源是十分古老的。在遥远的年代，上下尼罗河文化有着内在的统一性，努比亚地区的文化，虽然总体上落后于下游的埃及文化，但也达到了相当的发展水平，而且具有自己的特点并影响到埃及文化。努比亚诸语言，或苏丹诸语言，也称为"库希特语言"，是一种"将整个尼罗河上游地区各种族语言融汇在一起的一种古代语言"，直至今日，在尼罗河上游地区，人们还在使用这一古老的非洲语言。[②] 同时，在撒哈拉以南的非洲大陆古代艺术史上，努比亚艺术（Nubian Art）占有特别的位置。努比亚岩画出现的时间很早，分布广泛。从努比亚沙漠地带，一直到尼罗河第一瀑布，以及南方的青、白尼罗河流域，古代努比亚岩画反映的动植物和人类生活图景，生动而具体。这些岩画所反映的内容和表现的风格，"有着明显的非洲大陆的特点与黑人艺术的特征，它并不是古代埃及文明的边缘传播物"。[③]

　　进入文明发展时期后，努比亚文化分为凯尔迈、纳帕塔和麦罗埃几个依次更替的时期。凯尔迈时期的文化，具有相当的独立性和本土性。与埃及的灌溉性农业有所不同，努比亚地区虽然也有农业，但却主要是以畜牧业特别是养牛业为主。畜牧和半游牧

---

① G. 莫赫塔尔主编《非洲通史》第二卷，中国对外翻译出版公司，1984，第183页。

② H. A. Nordstrom（ed），*Neolithic and A-Group Sites*，London，1972，p. 20.

③ Werner Gillon，*A Short History of African Art*，Penguin Books Ltd，London，1991，p. 55.

的牧业经济，以及发达的商贸往来，构成了古代努比亚文化的经济基础，也是埃及法老垂涎这个地区的主要原因。纳帕塔时期的努比亚文化，因其较为靠近北方，多受埃及文化的影响，它采用古埃及的象形文字，也崇拜埃及人崇拜之阿蒙神。显赫的库施国王，往往也自称法老。库施国的宫殿建筑、宗教寺庙、金字塔，其风格与功能，似乎都有明显的埃及影响的痕迹，不过，若仔细辨别，其实可以看出它与埃及的还是有区别的。古代努比亚的建筑、绘画、雕刻，与较为程序化或格式化了的埃及风格有所不同，它有一种更为自然、粗犷、动感的非洲属性，情感的表达更为热烈和直接。

到麦罗埃时期，随着努比亚地区政治经济的发展，其统治中心的南移，努比亚文化的自主色彩大大增强了。努比亚人在埃及文字的基础上，创造了自己的文字麦罗埃文字（Meroitic script），并因文字的独立而走上了发展自己民族文化的道路。遗憾的是，目前这种古麦罗埃文字还未能释读。与此同时，努比亚的对外交往联系的范围也扩大了。当时，麦罗埃已经成为联结东西部地区的贸易枢纽，由此向西，可以抵达乍得湖而与西非内陆和尼日尔河流域的国家交往，向西南进入非洲热带雨林世界，可以同刚果盆地建立联系，向东南联结埃塞俄比亚高原的阿克苏姆王国，向东则可与红海和印度洋沿岸波斯、印度和阿拉伯地区往来。

到公元前5世纪以后，随着努比亚与外界交往的扩大，努比亚文化中的非洲色彩与东西方色彩也在增加。在麦罗埃城市遗址中，出土了公元前4世纪的古希腊陶器、公元1世纪罗马的镀金酒杯，还有大量的罗马、埃及、波斯的金币。在一座宗教庙宇的遗址上，挖掘出的一个风格秀丽典雅的亭子，似乎是一种来自东方风格的产物。在麦罗埃遗址附近，发现了古代波斯国王大流士的头像雕刻，甚至在离喀土穆不到200公里的一个遗址上，还发现了罗马独裁者奥古斯都的铜铸头像。可以想见，作为非洲与地中海世界、亚洲联系的"走廊",努比亚文化与库施国家在其繁荣与强盛时期,它与外界的文化交往与经济联系,是达到相当高的程度的。

五 基督教努比亚诸王国的兴盛

公元 6 世纪以后,随着罗马帝国的衰落与基督教文明的兴起,地中海与东北非地区的文明格局经历着新的变化。作为"非洲走廊"的努比亚,也再次发生历史走向的重大转折,那就是随着基督教的传入而发生的努比亚文明的基督教化。约在公元 6 世纪中期,在努比亚地区出现了一批信奉基督教的王国,苏丹的古代历史由此进入到所谓的"基督教努比亚时期"。

基督教大约是在公元 5、6 世纪前后,分别从北方埃及(信奉基督教科普特教派)和南方的阿克苏姆(今埃塞俄比亚)及红海沿岸传入努比亚地区的。麦罗埃王国灭亡后,在今日的苏丹境内,逐渐出现了几个地方的王国。北方的诺巴德(Nobates,阿拉伯人称之为努巴),定都法拉斯(Faras,在第二瀑布附近),中部的墨库拉(Muqurra,阿拉伯人称之为马库里亚),定都栋古拉(Dunqulah,在现栋古拉以南 150 公里处),以及南部的阿勒瓦(Alwa,阿拉伯人称为阿洛迪亚),首都为索巴(Sawba,在今喀土穆附近)。依照考古资料,及一些用希腊文和科普特文写作的文献,约公元 540 年,拜占庭帝国女皇西奥多拉(Theodora)派遣以尤利亚诺斯教士为首的传教团,到达努比亚正式传播基督教。不久,诺巴德王国的统治者正式皈依了基督教,并要求其居民信奉。不过在那之前,一些来自埃及的科普特传教士已在努比亚的民间传播基督教一性论教派福音。而在南方地区,来自阿克苏姆的传教士起了更大的作用。

基督教的传入,改变了努比亚文明的基本形态与历史走向。

6世纪晚期以后，古典形态的基督教及希腊－拜占庭帝国在努比亚的影响日益明显。努比亚的王宫竞相效仿拜占庭宫廷风格，大小官员往往拥有希腊化的头衔。基督教与世俗权力形成了复杂的关系。各王国统治者承认埃及科普特大主教在努比亚的精神权威，努比亚建立了七个主教区，科普特大主教指派的教士阶层不仅掌握着努比亚的宗教活动，而且对世俗国王及其政治统治也有很大的影响力。当时，这些基督教王国的王位继承，依然保留着麦罗埃时代母系血统的特点，但王权及王室继承权，往往需要得到教会的认可，而国王则以世俗权力竭力维护教会的利益。

基督教的传入使努比亚与地中海文明的联系再次加强，丰富和拓展了努比亚文化的内容。当时，地处非洲内陆尼罗河上游的努比亚，与遥远的拜占庭帝国和耶路撒冷有了紧密的文化与经贸联系，传播基督福音的希腊语和埃及科普特语在努比亚地区流行起来，另一方面，通过借用希腊文字和科普特文字（它本身也借用希腊文字）改造而成的古努比亚文字也出现了，并且逐渐成为努比亚教堂中的语言。人们用这种古努比亚文字抄录和写作了大量的经文、法律文件和书信。这是一个土著的努比亚文化与外来的拜占庭文化、阿拉伯文化碰撞融合的重要时期，出现了文化繁荣的局面。公元7世纪以后，当北方的埃及被阿拉伯人征服而逐渐伊斯兰化后，基督教以一种原初或古典的形态，在努比亚地区继续存在下来。"直到12世纪时，虽然努比亚地区已经越来越受阿拉伯伊斯兰文化的影响，但民间的努比亚人还在继续使用希腊语和科普特语"。①

公元8、9世纪是努比亚基督教诸王国文化与经济兴盛的时期。上流社会竞相模仿拜占庭贵族生活和艺术，融入了古代努比

---

① Dale M. Brown（ed），*African's Glorious Legacy*，Time Life Books，New York，2002，p. 82.

亚传统成分的古典基督教风格或拜占庭风格的教堂、修道院，广布于努比亚的尼罗河上游两岸。残存迄今的法拉斯大教堂的罗马式建筑、宗教绘画与装饰画，及精美的高脚酒杯、玻璃器皿等圣器，使后人还可依稀感受到源自希腊古典主义的拜占庭建筑艺术和文化式样，当年曾在遥远的非洲内陆，有过怎样的传播之盛况。①

在经济方面，当时的尼罗河两岸种植着小麦、葡萄、椰枣，除供本地之需，还出口到北方埃及和南方的阿克苏姆。努比亚商人们还将大宗的象牙、黄金和铜，通过撒哈拉商路而远销到西非内陆的尼日利亚、加纳等地，或是北上贩运到地中海周围世界。约在公元 836 年，努比亚基督教国王乔治斯一世率领着一支庞大的宗教与外交使团，前往巴格达访问，在整个中东引起轰动。②一些流传下来的科普特文献和拜占庭文献，还记载了许多有关这个遥远的非洲内陆黑人国家财富与文化的神奇故事。

第三节　阿拉伯—伊斯兰文明的传入

一　《巴克特条约》及努比亚人与阿拉伯人的对峙

公元 7 世纪，中东和非洲的国际局势因阿拉伯帝国的兴起再次面临重大转折。公元 641 年，北方的埃及被阿拉伯人征服，埃及和整个北非成为阿拉伯帝国的一部分。阿拉伯人继续向南扩张，与努比亚人发生了冲突。公元 642 年和 652 年，阿拉伯人两次入侵努比亚，他们深入到第三瀑布以南的栋古

---

① M. 埃尔·法西主编《非洲通史》第三卷，中国对外翻译出版公司，1993，第 156 页。

② M. 埃尔·法西主编《非洲通史》第三卷，中国对外翻译出版公司，1993，第 168 页。

拉城，围攻并摧毁了栋古拉大教堂。

面对阿拉伯人的入侵，努比亚人进行了激烈的抵抗，努比亚北部和中部各基督教王国联合起来，形成中央集权的政府抵抗阿拉伯人。结果，阿拉伯人未能像征服埃及那样轻易征服努比亚人。公元651年，作为阿拉伯帝国一部分的驻埃及总督阿卜杜拉·伊本·萨阿德（Abd Allah ibn Saad），与南方的基督教努比亚王国签订了著名的《巴克特条约》（Baqt Treaty）。在世界史上，这是一个具有特别象征意义的国际关系条约，因为它有着成熟的国家间关系的性质。条约规定：阿拉伯人承认并尊重努比亚人继续信奉基督教的权力，阿拉伯人不得进攻努比亚；条约规定两国臣民有权在对方领土内自由旅行和从事贸易，政府当局应对进入本国的另一国公民的安全负责。协议还包括有关一国从另一国引渡逃亡者的条款。此外，协议还规定，作为基督徒的努比亚人应该在其首都栋古拉修建清真寺，以款待来访的穆斯林，并使穆斯林的利益得到保护。①

条约还对两国间的平等贸易往来与商业活动有具体规定，阿拉伯人获得了一些在努比亚地区从事经贸活动的特惠待遇。例如，条款允许阿拉伯人从边界以南阿斯旺的努比亚人手中购买土地；阿拉伯商人可以在努比亚的城镇建立市场以方便粮食和奴隶的交换；阿拉伯技师监管尼罗河以东的采矿业，他们在那里用奴隶来挖掘黄金和翡翠；穆斯林朝觐者可从阿伊达卜（Aydhab）和萨瓦金（Sawakin）乘船渡过红海前往麦加，这些港口还要接纳从印度前往埃及的货船。作为回报，阿拉伯人需要向努比亚人支付购买奴隶的小麦、酒、亚麻布等。

《巴克特条约》后经多次修改，其效力持续的时间长达六、

---

① M. 埃尔·法西主编《非洲通史》第三卷，中国对外翻译出版公司，1993，第155页。

七百年。在整个北非迅速阿拉伯－伊斯兰化的时候，这一条约不仅使努比亚的基督教各王国在非洲大陆继续存在了整整 500 年（公元 7～12 世纪），而且使基督教文明在那以后的六、七个世纪中得以坚持下来。这期间，努比亚与北方埃及的法蒂玛王朝，与拜占庭的基督教世界，都有着复杂的外交、经贸、文化关系。

二 阿拉伯人的渗透与伊斯兰教的传播

公元 8 世纪以后崛起的阿拉伯帝国，与中国的唐王朝一样，已经成为当时世界上最强大的力量，它始终致力于将其影响传播和扩张到埃及以南的非洲大陆，努比亚人不可能长期阻挡这一势头。事实上，由于《巴克特条约》赋予阿拉伯商人在努比亚地区自由贸易的权利，大批的阿拉伯商人从此便借经商之便移居于努比亚地区，并与努比亚人通婚融合。通商和通婚的长期存在，使得经济上更富有的阿拉伯人对于努比亚有着更大的影响力。公元 12 世纪以后，随着阿伯拉人越来越多地渗入，随着伊斯兰教的强势传播，努比亚的黑人文明再次经历了一个重大的转型。13 世纪以后，往昔的教堂或修道院一个又一个地被改造成了清真寺后，那些在许多个世纪捧读《圣经》的努比亚人，开始改宗换教，转化成了信奉安拉的伊斯兰教徒。努比亚文明开始明显地阿拉伯化或伊斯兰化，并最终成为阿拉伯伊斯兰世界的一部分。这一转变的具体过程如何，它是怎样完成的，一直是历史学家特别关注的非洲历史之谜。

总的来看，与尼罗河下游的埃及和北非地区不同，尼罗河上游努比亚地区的阿拉伯－伊斯兰化，是一个十分缓慢的渐进过程。早在伊斯兰教传入之前，努比亚人已经同阿拉伯人有了接触。通过红海和尼罗河河谷，阿拉伯人曾抵达努比亚内地，并移居于此。阿拉伯航海家和商人们还在红海港口从事香料和奴隶贸易，与努比亚人通婚和混居。苏丹北方的努比亚人的阿拉伯化，基本上是以这样的方式逐渐完成的。不过，即便在北方，在相当长的时期中，伊斯兰教的影响依然只限于城市、交通要道和商业中心。

导致努比亚地区基督教国家衰落的一个重要原因，是阿拉伯游牧部落的不断入侵与破坏。这些好战的阿拉伯游牧部落，往往造成定居性的南方的努比亚国家政治瓦解和经济凋敝。

尼罗河流域大多数居民将其宗谱追溯到这一时期移居本地区的阿拉伯部落。甚至那些不讲阿拉伯语的族群也声称他们是阿拉伯先祖的子孙。努比亚的两个最重要的操阿拉伯语的部族是贾阿林人（Jaali）和朱海纳人（Juhayna）。他们的体格都与伊斯兰教传入前的本土人（pre-Islamic population）有着延续性。贾阿林人称他们是先知穆罕默德所属部落的古莱氏人（Quraysh）的后裔。历史上，贾阿林人曾是定居的农民和牧民，或者是尼罗河两岸和杰济腊（Al Jazirah）的定居市民。而游牧的朱海纳人的家族则由包括卡巴比什人（Kababish）、巴卡拉人（Baqqara）和苏克里亚人（Shukriya）在内的部落组成。这些部落都是13世纪后移居到从尼罗河西部的稀树大草原和半荒漠地区再到尼罗河东部的阿比西尼亚丘陵地带广大地区的阿拉伯人的后裔。这两大部族在基督教努比亚王国破碎后形成了一系列的部落，两大部族相互之间以及同邻近的非阿拉伯人之间经常发生冲突。土著民，比如贝贾人（Beja），也会同化居住在他们中间的阿拉伯移民。然而，贝贾人的统治家族后来又通过声称其祖先为阿拉伯人而获得正统性。

三　基督教努比亚的衰落

伊斯兰教在苏丹北部地区的传播与努比亚的逐渐阿拉伯化，是这个时期苏丹北方历史的重要内容。与这个过程同时发生的，则是古老的苏丹努比亚基督教王国的衰落。虽然直到公元 12 世纪，南方的栋古拉基督教王国还有相当的力量。10 世纪时，努比亚国王两次率兵进入埃及，迫使埃及释放被监禁的科普特大主教，并要求减轻受穆斯林统治者迫害的基督教信徒的痛苦。到 12 世纪，基督教努比亚王国不仅保持着政治上的独立，而且还可以为苏丹地区的基督徒甚至是已经伊斯兰化了的北方埃及境内的科普特基督徒提供保护。但是，面对北方伊斯兰势力的逐渐扩张，南方的基督教王国越来越难以维持自己的存在。

1276 年，北方南下的埃及马木鲁克人介入努比亚事务，他们驱逐了栋古拉的在位君主并把象征着努比亚王位的王冠和银十字架交给了努比亚的对手——埃及。当时，由于努比亚贵族常常和阿拉伯宗教长老（shaykhs）的子女联姻，穆斯林后嗣也取得了王室继承者的地位。1315 年，努比亚王室血统的一个穆斯林王子登上了栋古拉国王的宝座。伊斯兰教的扩张和努比亚基督教的衰落相一致，15 世纪努比亚地区十分混乱，社会冲突加剧，尼罗河流域和稀树草原地区的部落为了安全而接受了阿拉伯人的保护。至此，苏丹的基督教王国完全衰落了。

四　伊斯兰化的芬吉王国

16 世纪以后，在苏丹境内兴起了两个信奉伊斯兰教的国家，即北部地区的芬吉王国和西部地区的富尔王国。

1504 年，一个叫做阿玛拉·敦格斯（Amara Dunqas）的黑人自称素丹，在努比亚第三瀑布附近的森纳尔（Sannar）地区建立了芬吉王国。芬吉王国信奉伊斯兰教，国王自称素丹，这是一种界于部落首领制与中央集权之间的黑人素丹制（Black Sultanate）。到 16 世纪中期，芬吉王国控制了从第三瀑布到南方热带雨林广大地区的众多诸侯国和部落地区。

芬吉王国是一个松散的素丹制联邦国家，素丹依靠忠实于他的部落酋长进行治理。作为众多酋长敬奉的宗主，芬吉素丹接受贡品，征收税金并在战时号召各个诸侯提供军队。诸侯国则依靠素丹来解决本地的混乱和纷争。芬吉王国成为北方的阿拉伯人、南方的黑人、东部的阿比尼西亚人之间的一个协调与稳定者。

16 世纪，阿拉伯世界的黑奴贸易还十分兴盛，芬吉素丹作为阿拉伯世界与南方黑人之间的通道，通过参与奴隶贸易而强盛，但它境内的杰济腊地区和南部雨林地区农牧业也比较繁荣。

芬吉王国时期，森纳尔将其属地划分成部落领地，每个领地叫做一个"达尔"（dar，复数为 dur），由素丹授权当地居民耕种。"达尔"也就成为一种民族共同体，居住在同一个达尔的居民逐渐形成了内部的认同感。每个达尔都有一个由素丹任命的酋长（nazir；pl.，nawazir）来管理。酋长们依据惯例管理着达尔，征集税费并向素丹进贡。除了来自达尔的贡品外，素丹还有来自王室领地的丰厚收入。

17 世纪中叶是芬吉王国强盛时期，它击退了南方尼罗特希鲁克人（Nilotic Shilluk）的进犯，并使希鲁克人臣服于芬吉王国。素丹巴迪二世（1642～1681）在位时试图加强森纳尔联邦政府的中央权力。为此，巴迪二世建立了由奴隶士兵组成的常备军，以此摆脱传统贵族和部落酋长的控制。但芬吉贵族和武士们并没能放弃自己的特权。他们曾在 1718 年废黜了在位的素丹，并推举了一个新的国王。18 世纪中叶是芬吉王国的又一短暂扩张期，它挡住了东部阿比尼西亚的入侵，击败了西部富尔人的进攻，并控制了科尔多凡大部分地区。但是持续不断的内战和防卫需求消耗了国家的资源，森纳尔王朝的实力逐渐枯竭。

森纳尔王朝衰落的另一个原因或许是其世袭瓦齐尔（wizier，大臣）的影响力的增长，这些非芬吉的附属部落酋长控制了王室事务。1761 年，曾在战时领导过芬吉军队的维齐尔穆罕默德·阿布·凯拉克（Muhammad Abu al Kaylak）发动宫廷政变，使素丹处于有名无实的地位。森纳尔控制的附属国逐渐减少，到

19世纪初期，各个边远地区不再承认素丹的即便是名存实亡的权力。

五　伊斯兰化的富尔素丹国

与此同时，在西部富尔人地区兴起了富尔素丹国。达尔富尔是富尔人的家园，富尔人由众多部落组成，以骑兵著称，经常同生活在泊尔诺（Borno，尼日尔北部地区）的同胞卡努里人（Kanuri）结盟或敌对。在经过16世纪的一段混乱阶段（期间曾短暂归属泊尔诺）后，富尔人中的凯拉（Keira）部落首领苏莱曼·索龙（Sulayman Solong，1596~1637）成为达尔富尔的首位素丹。苏莱曼宣布伊斯兰教为富尔素丹国的官方宗教，到艾哈迈德·巴克尔（Ahmad Bakr，1682~1722）统治后，富尔地区出现了大规模的改信伊斯兰教运动。艾哈迈德·巴克尔延聘伊斯兰教宣教师，修建清真寺，并迫使其臣民成为穆斯林。18世纪继位的几个素丹巩固了对达尔富尔地区的控制，建都法希尔（Al Fashir），并同芬吉王国争夺科尔多凡地区的控制权。

富尔素丹国的素丹们也从事奴隶贸易，向输往埃及的奴隶贸易征收出口税，并参与输入达尔富尔的奴隶贸易的分红。素丹宫廷的一些奴仆逐渐地取得了显赫的地位，他们因得到素丹的支持而与传统贵族和官员阶层发生冲突，内乱导致富尔素丹国在19世纪趋于衰落。

第四节　奥斯曼埃及的统治与马赫迪起义

一　奥斯曼埃及的统治（1821~1885）

16世纪初，在西亚崛起的奥斯曼帝国逐渐向非洲扩张，并在1517年占领埃及，埃及从此成为奥斯曼帝国的

苏丹

属地。此后的几个世纪，南方苏丹因成为奥斯曼帝国的征服对象，其历史进程也就与作为奥斯曼帝国一部分的埃及有了复杂的关系。

当时，奥斯曼帝国在埃及的最高统治者称为帕夏（Pasha），相当于总督。奥斯曼帝国将埃及划分成好几个州，每个州设置一个直接向帕夏负责的马木鲁克（Mamluks）作为州长进行管理，而帕夏则听命于土耳其宫廷（Porte，la Sublime Porte 的简写，源自古法语，意为"高大的门"，该词被用来特指土耳其苏丹所住宫殿的最高大的门，亦即奥斯曼帝国政府）。而所谓的"马木鲁克"，在阿拉伯语中意为"被占有者"，最初是一些由高加索地区招募的奴隶组成的雇佣军，尔后他们中的一些人擢升为雇佣军的首领，这些人因逐渐拥有世袭兵权而成为埃及各州的实际统治者。

这是一种松散却有效的统治埃及的方式。在奥斯曼统治的大约280年里，有不少于100位帕夏相继统治着埃及。到了18世纪，帕夏的权力变得很弱小，而那些马木鲁克州长们掌握了埃及的真正权力。1898年7月，拿破仑的法国军队征服埃及，马木鲁克军队势力受到很大削弱。1801年，法国军队被奥斯曼帝国和英国联军击败，撤出埃及。奥斯曼帝国虽然恢复了对埃及的统治，但埃及却已经陷入混乱之中。

为了恢复在埃及的统治，1805年，奥斯曼帝国任命埃及新崛起的地方实力人物穆罕默德·阿里（Muhammad Ali）为埃及的新帕夏。1811年，穆罕默德·阿里凭借奥斯曼帝国为其提供的1万多名阿尔巴尼亚人雇佣军，一举镇压了埃及的马木鲁克军阀势力，从而逐渐成为奥斯曼帝国的一个显赫人物。同年，阿里受奥斯曼素丹的请求，派埃及军队前往阿拉伯半岛，镇压瓦哈比教派信徒的起义。这场战争持续了7年。为了替代阿尔巴尼亚士兵，阿里开始在南方的苏丹地区征召苏丹奴隶入伍，并建立自己的埃及军队。

104

为了强化自己的统治，并争夺垄断苏丹的奴隶贸易和资源，阿里加强了对南方苏丹的渗透与控制。当时，苏丹的芬吉王国和富尔素丹国已经衰落，但还维持着自己的独立与主权。1811年，那些被阿里镇压而逃亡到苏丹的马木鲁克，在苏丹北方的栋古拉建立了一个国家，并以此为基地从事奴隶贸易活动。1821年，穆罕默德·阿里要求苏丹森纳尔地区的芬吉王国素丹驱逐马木鲁克势力，被芬吉素丹拒绝。阿里以此为借口，派他的儿子伊斯梅尔和女婿穆德特尔，带领一支4000人的军队兵分两路大举入侵苏丹。在随后一年多的时间里，埃及军队消灭了那里的马木鲁克势力，攻占科尔多凡，芬吉王国的最后一位素丹巴迪四世向阿里投降，苏丹被埃及占领。

阿里虽然是由奥斯曼帝国任命的统治埃及的帕夏，但他并不完全听命于曼斯奥帝国，而是在埃及和苏丹扩张着自己的势力，从1821年起，穆罕默德·阿里以奥斯曼帝国素丹的名义开始统治苏丹。1840年，阿里与奥斯曼帝国发生冲突，在英、俄干涉下被迫签订了《伦敦条约》，条约规定阿里必须从埃及之外撤回军队，虽然保留了在苏丹地区的终身管辖权，但须承认奥斯曼帝国对埃及和苏丹仍拥有宗主权。

阿里对苏丹的统治给苏丹造成巨大破坏，他对苏丹民众征收重税，为寻找埋藏的黄金破坏了许多古代麦罗埃金字塔。此外，他还在苏丹从事规模很大的黑奴贸易，至使居住在肥沃的杰济腊——芬吉素丹国心脏地带的大量居民逃离家园。仅在穆罕默德·阿里占领苏丹不到1年的时间里，就有3万名苏丹奴隶被运往埃及编入埃及军队。他们中的许多人死于疾病和水土不服，以至于埃及只能让所剩的奴隶驻守在苏丹本土。

随着军事占领的日益稳固，埃及人的统治变得温和起来。那些农民和牧民都逐渐返回了杰济腊。埃及人让一个寄生的官僚机构负责苏丹事务，并且指望苏丹能够自我养活。埃及还通过免税方案赢得了一些部落首领和宗教领袖的效忠。埃及士兵和苏丹的杰希迪亚（jahidiyah，意为斗士，指苏丹奴隶士兵）以及从奥斯曼帝国其他地方招募来的雇佣军，守卫着喀土穆、卡萨拉、欧拜伊德以及一些较小的前哨阵地。

埃及人的统治作为一种外部力量，将苏丹地区联结起来。当时，埃及人将苏丹分成若干个省份，省长称为穆迪尔，省以下根据部落领地细分为更小的行政单位，行政官员由省长任命。1835年，喀土穆成为总督的行署所在地，其他许多卫戍重镇也逐渐发展为各自区域的行政中心。在基层，宗教领袖和传统的部落酋长负责管理工作。

19世纪50年代，埃及帕夏修订埃及和苏丹的法律体系，为世俗法庭引进了商法和刑法。这一改变降低了"卡迪"（qadis，伊斯兰法官）的威信，沙里亚法庭被限制在对个人地位和身份的处理上。即便是在这一问题上，沙里亚法庭在苏丹穆斯林的眼中也是缺乏可信度的，因为他们是依据奥斯曼帝国的哈乃斐（Hanafi）教派而不是依据本地更为严格的马立克（Maliki）教派来处理诉讼的。

奥斯曼帝国也鼓励对帝国有利的正统宗教。政府同意实施清真寺修建计划，用开罗的爱资哈尔大学（Al Azhar University）培养出的教师和法官来配备宗教学校和宗教法庭的人员。政府支持传统的哈特米亚教派（Khatmiyyah），因为该教派的领袖倡导宗教同政权的合作。但是苏丹的穆斯林却指责官方确定的正统教派是颓废的，因为它拒绝了许多人的宗教信仰和实践。

19世纪60年代之前，奴隶贸易一直是苏丹最为有利可图的行当，也是埃及在苏丹的利益焦点。政府鼓励通过国家垄断奴隶、象牙和阿拉伯树胶的出口来发展经济。在一些地区，曾为公有的部落领地也变成了宗教领袖的私有财产，并且常常被卖给部落外的买主。

穆罕默德·阿里的继任者阿巴斯一世（Abbas I，1849～1854）和赛义德（Said，1854～1863）都缺乏领导能力，几乎没有关注过苏丹，但伊斯梅尔（Ismail，1863～1879）复兴了埃及在苏丹的利益。1865年，奥斯曼帝国决定将濒临红海的萨瓦金和马萨港归埃及管辖。两年以后，奥斯曼素丹封伊斯梅尔及后继者为"赫迪夫"（khedive，意为伟大的埃米尔）。埃及人驻防于上尼罗省、加扎勒河省和赤道省，并于1874年占领达尔富尔且使其成为埃及的属地。伊斯梅尔任命欧洲人为省督，并派苏丹人到省政府中的重要岗位上任职。在英国的催促下，伊斯梅尔采取行动完全消除了现苏丹北部地区的奴隶贸易。伊斯梅尔还试图建立一支欧洲模式的不再依靠奴隶来补充兵员的新军。然而，这一现代化进程却导致了动荡的出现。军队中发生了兵变，许多苏丹人对在平民居住区设军营并强迫苏丹人在公共工程中劳动极为不满。对奴隶贸易的压制激怒了城市商业阶层和那些富有的巴卡拉（Baqqara，在阿拉伯语中意为养牛人）阿拉伯人，因为他们一直靠贩卖奴隶而非常富有。

奴隶贸易使苏丹南方的历史与北方有了越来越紧密的关系。因为缺乏文献资料，19世纪以前苏丹南方黑人地区的历史情况并不是很清楚。此前有关南方民族的资料主要基于口传历史。根据这些传统的口传历史，尼罗特人，包括丁卡人、努尔人、希鲁克人以及其他种族，大约是在公元10世纪的某个时期进入苏丹南部的。地理障碍使南方人长期未受伊斯兰教的影响，使他们能够保留其社会、文化传统和政治、宗教制度。19世纪的奴隶贸易使南方人同苏丹阿拉伯人有了密切接触，并导致了他们对北方人的深仇大恨。[①] 在15～19世纪的这段时期，主要来自加扎勒

---

① Helen Chapin Metz（ed），*Sudan：a country study*，Federal Research Division，Library of Congress，1991，p. 38.

河地区的部落逐渐迁移到了他们现在的住处。有些部落，比如希鲁克人，形成了中央集权的君主制传统，这使得他们在 19 和 20 世纪面对外部压力时依然能够保持部落的完整性。另一个重要的部落赞德人是在 16 世纪进入南部的，他们建立了本地区最大的国家。18 世纪，能征善战的艾温加拉人（Avungara）进入当地并迅速将其统治强加于组织松散而又软弱的赞德人。艾温加拉人的权力在 19 世纪末英国人到来前一直没有受到大的挑战。

在苏丹漫长的历史上，主要由北方阿拉伯人从事的贩卖黑人奴隶是一个古老的传统。苏丹地区的黑人奴隶多被贩卖到埃及和中东地区。到 19 世纪，当欧洲人在撒哈拉以南非洲的奴隶贸易废除后，阿拉伯人在苏丹地区贩奴活动还在进行。每年有成千上万的南苏丹人遭到抓捕，它破坏了南方的经济生活，也恶化了南北之间的关系。

当时埃及政府直接参与了到苏丹掠获奴隶的活动，甚至一度垄断奴隶贸易。直到 1854 年，埃及政府才结束了对奴隶贸易的参与。1860 年，为了应付来自欧洲的压力，埃及明令禁止奴隶贸易。但是，备有私人军队的奴隶贩子继续从事这一勾当，他们甚至引进现代化的汽船和火器来对付南方的黑人部落。

这时，已经逐渐控制了埃及的英国，也开始将其势力逐渐向苏丹地区渗透。1869 年，英国探险家塞缪尔·贝克爵士（Sir Samuel Baker）被埃及和英国政府任命为赤道省省督，并要求他并吞白尼罗河盆地所有领土和查禁那里的奴隶贸易。1874 年，英国军官查尔斯·乔治·戈登（Charles George Gordon）接替贝克任赤道省省督。戈登到任后，解除了许多奴隶贩子的武装，绞死了一些抗命的人，这样才基本上废除了苏丹地区的奴隶贸易。1877 年，埃及和英国政府任命戈登为苏丹总督，成为苏丹实际的统治者。总督府官员有英国人，也有埃及人和土耳其人。这时，苏丹已经成为英国和埃及共同的统治与掠夺对象。戈登任命一些欧洲探险者为苏丹各省省长，利用当地一些贵族酋长和宗教领袖进行统治，镇压反抗其统治的部落。

二 马赫迪起义（1884~1898）

1869 年，埃及苏伊士运河通航，它成了英国通往印度和远东的经济生命线。为了保护这条水路，英国企图完全控制埃及。1873 年，英国政府迫使埃及接受让英法管理其财政和债务代理权的计划，由此控制了埃及的经济。随后。英国又迫使伊斯梅尔退位，将统治埃及的权力交给他的亲英国的儿子陶菲克（Tawfiq，1877~1892 在位）。

1880 年，因得不到埃及政府的支持，戈登辞去苏丹总督的职务。他的继任者无法延续已经实施的政策，奴隶贸易又泛滥开来。同时，埃及和英国殖民者横征税赋，军队掠夺民众，苏丹境内陷入普遍混乱。

正是在这样的混乱状态下，穆罕默德·艾哈迈德（Muhammad Ahmad）出现了。他结合宗教狂热和个人魅力而成为"法齐尔"（faqir，圣人），并决心驱逐土耳其人和英国人，使伊斯兰教恢复到最初的纯洁。穆罕默德·艾哈迈德出生在苏丹栋古拉一个造船人的家庭，是苏丹伊斯兰教苏非派萨玛尼亚教团领袖穆罕默德·沙里夫的信徒。他曾隐居数年修行，赢得了神秘主义者和导师的声望。1880 年，穆罕默德·艾哈迈德成为萨玛尼亚教团的领袖。

1881 年 8 月，穆罕默德·艾哈迈德领导一些信徒在阿巴岛起义。他宣称自己是"马赫迪"（Mahdi，意为正确道路上的领路人，即伊斯兰信徒所期待的救世主），是由安拉派来拯救众信徒并为先知尔撒的第二次降临开路的使者。穆罕默德·艾哈迈德的传教吸引了越来越多的信徒，他的信徒被称为"安萨尔"（Ansar，辅士），安萨尔（亦称安萨）教派后来成为苏丹本土最有影响力的伊斯兰教派。马赫迪号召回到伊斯兰教初期的基本教义上去，过一种简朴单纯的精神生活。

马赫迪宣布对土耳其发动圣战（jihad），并谴责埃及的征税官，喀土穆的英埃当局把他作为宗教狂热者加以驱逐。为了逃避被捕，马赫迪和其信徒远行到科尔多凡。马赫迪在那里赢得了众多的追随者，尤其是来自巴卡拉阶层的追随者。他在当地的一间避难所里给各教派领袖写了呼吁书，赢得了除亲埃及的哈特米亚教派以外的所有教派的积极支持或中立保证。过去一直从事奴隶贸易的商人和阿拉伯部落也作出了响应，一同集结在马赫迪周围的还有安萨尔首领奥斯曼·迪戈纳（Usman Digna）领导下的哈登德瓦贝贾人（Hadendowa Beja）。

早在 1882 年，用长矛和短剑武装起来的安萨尔在欧拜伊德附近击溃了一支 7000 人的埃及军队并缴获了他们的枪支弹药。取得此役胜利后的马赫迪和信徒包围了欧拜伊德，断了给养的欧拜伊德统治者在 4 个月后被迫投降。拥有 3 万之众的安萨尔又在舍坎（Sheikan，在欧贝伊德附近）击败了埃及的 8000 名援兵。马赫迪随后夺取了达尔富尔，并关押了为赫迪夫服务的奥地利人鲁道夫·斯兰丁（Rudolf Slatin），此人后来成为埃及任命的首任达尔富尔省省长。

马赫迪的安萨尔军队一路前进，而东部贝贾人也开始起义，起义者控制了苏丹大部分地区，危及到了苏丹政府与埃及的联系。为了免于陷入代价高昂的军事干预，英国政府命令埃及军队撤出苏丹。再次履职苏丹总督的戈登负责监督埃及军队、官员及所有外国人撤离苏丹。

1884 年 2 月，戈登到达喀土穆。戈登认为必须阻止马赫迪运动的扩散，他建议英国政府干预，出兵镇压起义。最初，伦敦拒绝了戈登的计划。随着局面的不断恶化，支持戈登的英国人不断增多，英国首相威廉·格莱斯顿（William Gladstone，1868 ~ 1894 年间任英国首相）决定派遣加尼特·约瑟夫·沃尔斯利勋爵（Lord Garnet Joseph Wolseley）指挥援兵前往苏丹。从瓦迪哈勒法（Wadi Halfa）派出的一支陆上"飞速纵队"穿越拜尤达沙漠（Bayyudah）后在阿布科里（Abu Klea）陷入困境。哈登德瓦贝贾人在阿布科里切断了英军的行军线路。当该纵队抵达玛塔玛（Al Matammah）时，水上先遣部队已于1885年1月28日到达喀土穆并发现该城已于两天前陷落。马赫迪军队是在等到洪水退潮后击破了脆弱的河流防御并乘船进入喀土穆的，他们血洗了兵营，将戈登击毙于总督府，并将其首级献于马赫迪的帐中。卡萨拉和森纳尔也很快被马赫迪军队攻占。到1885年底，马赫迪的军队已经开始进入南部地区。除了受印度军队保护的苏瓦金和位于北部边界的瓦迪哈勒法外，整个苏丹已经在马赫迪军队的控制之下。

马赫迪及其安萨尔军队在喀土穆的恩图曼建立了马赫迪王国，推行传统的伊斯兰教法。马赫迪政权是一个具有将伊斯兰宗教运动与苏丹民族主义运动结合起来的政权。马赫迪主张以伊斯兰教来统一苏丹国内各民族，统一南北方，但他认为他领导的运动更多的是一种纯洁伊斯兰教的宗教复兴运动，而不是一种世俗性的政治运动，因此他想在苏丹南北方建立一个统一的伊斯兰国家。马赫迪提出忠诚于他的事业是信徒获得正确信条的前提，告知人们他是"真主派来的救世主，是先知的代表"，并将此作为安萨尔必须信奉的"沙哈达"（shahada，即要求信徒诵读的信条）。他号召人们用行动来捍卫伊斯兰教的理想，信徒可以用参与"吉哈德"（圣战）来代替其宗教义务"哈吉"（hajj，即麦加朝觐）。给国家纳税的形式也改为了"扎卡特"（Zakat，天课，即伊斯兰教徒每年除正常消费开支外，其剩余的财产应按不同的税率缴纳天课），要求南方的黑人也必须信奉伊斯兰教。这些措施引起南方那些并不信奉伊斯兰教的黑人部族民的排斥和反对，也与苏丹境内另一个伊斯兰教派哈特米亚教派发生了冲突。

在攻占喀土穆6个月后，马赫迪死于伤寒病。他挑选的三位继任者开始自称为"哈里发"（Khalifa，继任者）。三位哈里发展开权力之争，1891年阿布杜拉·伊本·穆罕默德在巴卡拉阿拉伯人的帮助下击败了他的对手，成为马赫迪国家的新领袖。阿卜杜拉清除了马赫迪家族的一些成员及马赫迪的许多早期信徒。

阿卜杜拉哈里发把马赫迪王国变成了一个圣战国家，像管军营一样管理国家。沙里亚法庭执行着伊斯兰教法和马赫迪制定的具有法律效力的规则。在巩固了权力后，哈里发设立了行政区划，任命安萨尔（通常都是巴卡拉）作为埃米尔（Amir）去管理几个省份。哈里发还统治着肥沃的杰济腊地区。尽管未能使这一地区恢复其原有的商业繁荣，但哈里发设立了生产军火的工厂并维修河道使其能够航行汽船。

东非地区的国际关系在马赫迪王国统治期间变得十分紧张，因为哈里发一直在履行着通过圣战向全世界扩展伊斯兰革命的义务。例如，哈里发拒绝了埃塞俄比亚皇帝约翰斯四世（Yohannes IV）提出的共同对抗欧洲人的结盟请求。1887年，6万名安萨尔军队入侵埃塞俄比亚，向东一直挺进到了贡德尔（Gonder，埃塞俄比亚西北部城市），获取了许多俘虏和战利品。哈里发在当时还拒绝同埃塞俄比亚缔结和平条约。1889年3月，由皇帝亲率的埃塞俄比亚军队挺进苏丹的卡拉巴特（Qallabat），但在约翰斯四世战死后埃塞俄比亚军队撤出了苏丹。同年，哈里发的将军阿卜杜·拉赫曼·努朱米（Abd al Rahman al Nujumi）入侵埃及，但是英国人领导的埃及军队在图什卡（Tushkah）击败了安萨尔军队。入侵埃及的失败终结了安萨尔战无不胜的神话。1891年比利时人阻挡了安萨尔军队对埃塞俄比亚的征服，而意大利军队于1893年在阿科达特（Akordat，现厄立特里亚境内）击退了安萨尔军队的进攻，迫使安萨尔撤出了埃塞俄比亚。

三 英埃重占苏丹

1892 年，英国人赫伯特·基切纳（Herbert Kitchener，后成为基切纳勋爵）成为埃及军队的指挥官并开始准备重新占领苏丹。英国决定占领苏丹部分是因为国际形势的发展要求英国将苏丹置于其监管之下。19 世纪 90 年代初期，英国、法国和比利时的利益都集中在了尼罗河上游。英国担心其他殖民列强会利用苏丹的不稳定来获取以前附属于埃及的领土。除了这些政治上的考虑外，英国还必须确保对尼罗河的控制，因为这是实施当时英国设计的阿斯旺灌溉大坝计划的前提。

1895 年，英国授权基切纳发起重新占领苏丹的战争。英国为远征提供人力和物力，埃及提供财力。英埃尼罗河远征军共有 2.58 万名官兵，其中 8600 名是英国人。其余的属于埃及军队，其中包括从南苏丹招募的 6 个营。一个武装的河上小舰队护送着这支军队，该舰队还拥有大炮。为了给进攻做好准备，英国在瓦迪哈勒法（Wadi Halfa）设立了指挥部，扩大并加强了萨瓦金周围的防线。战斗在 1896 年 3 月打响。9 月，基切纳占领了栋古拉。然后英国人开始修筑从瓦迪哈勒法到阿布哈迈德（Abu Hamad）的铁路线，用这条与尼罗河平行的铁路线运送部队和给养到柏柏尔（Barbar）。英埃联军在阿布哈迈德发起了猛烈进攻，但在抵达阿特巴拉（Atbarah）并击败那儿的安萨尔军队前并没有遇到像样的抵抗。此役之后，基切纳的军队继续前进并乘船向乌姆杜尔曼（Omdurman，即恩图曼）前进，哈里发在那里做了最后的抵抗。

1898 年 2 月，哈里发率领其 5.2 万人的军队向英埃联军发起了正面进攻，战斗主要是在恩图曼城外的平原上展开的。胜败是没有悬念的，主要是因为英国人拥有先进的武器。在持续 5 小时的战斗中，大约有 1.1 万名安萨尔官兵战死，而英埃联军的死亡人数总共只有 48 人，受伤人数也不超过 400。这场战役标志着持续多年的马赫迪起义运动最终被镇压下去。只有局部的抵抗坚持到一年以后。

四 英埃共管时期（1899～1955）

18 99 年 1 月，在共同镇压了马赫迪起义运动后，英国与埃及签订了《英埃共管苏丹协定》，该协定规定北纬 22°以南的苏丹领土为英埃共管地区，苏丹又重回到英国与埃及共同统治的地位。尽管协定强调了埃及在重占苏丹行动中的贡献，但并没有确定共管双方之间的法律关系，也没有给英国在南方的继续存在提供一个法律依据。英国声称是代表埃及的赫迪夫对被占领土行使权力，但实际上，埃及的统治已只是象征性，苏丹实际上已经成为英国的殖民地。

协定的第二条规定，"苏丹的最高军事和文职指挥应由一人担任，称为苏丹总督。总督由英国政府推荐，通过赫迪夫颁布法令的形式任命，也只能在赫迪夫征得英国政府同意后方可通过法令解除职务。"苏丹总督由一名英国军官担任，通过其在开罗的常设代理机构对英国的外交机构负责。但是在实践中，总督拥有极大的权力，他在喀土穆直接控制着共管政府，共管政府就如同一个殖民管理机构。1899 年，雷金纳德·温盖特爵士（Sir Reginald Wingate）接替基切纳出任苏丹总督。每个省也都有两个稽查员和若干个地区专员协助英国人担任的"穆迪厄"（*mudir*，省长）。最初，几乎所有的管理人员都是由在埃及军队中任职的英国军官。但是从 1901 年开始，英国的文职官员逐渐成为苏丹政治机构的核心力量。埃及人充任中层管理人员，而苏丹人则逐渐获得了低层位置。

在共管初期，总督和省长所行使的管理职权很大。但是在1910 年以后，一个负责所有立法和预算的执行委员会开始辅助总督进行管理。这个由总督领导的执委会有一个稽查长，另外还有几个民事、法律和财政秘书和由总督任命的 2~4 名英国军官。直到 1948 年以前，这个执委会一直控制着苏丹的立法大权。

在恢复秩序和政府的权威之后，英国自己致力于在共管的苏丹创设一个现代政府。法学家们采用了类似于在英属印度殖民地实行的刑法和刑事诉讼法。英国还授权确立了土地占有权规则，争端土地的归属权也因后任政府的准许而做了调整。土地税仍然以征税为基本形式，税额的大小根据土地的灌溉类型、所种枣椰树的数目及畜群的规模等来确定。但税率被固定了，这在苏丹历史上还是第一次。1902 年的民事诉讼法沿用了奥斯曼帝国时期的民法同沙里亚法分离的原则，但也确立了沙里亚法庭作为一个独立运作的司法分支而存在的指导方针。宗教法官和沙里亚法庭的其他官员全由埃及人担任。

英埃共管政府统治苏丹时期，苏丹的政局是比较稳定的，只有一些部族之间的战争、劫掠或短暂的起义，例如 1900 年 1 月、1902~1903 年、1904 年和 1908 年间发生的小规模的马赫迪信奉者的起义。1916 年，阿卜拉拉·苏海尼（Abd Allah al Suhayni）宣称自己是先知尔撒，也发动了一场不成功的圣战。

当时，东北非地区的边界问题变得明显起来。1902 年与埃塞俄比亚签订的条约确定了苏丹东南部同埃塞俄比亚的边界。7 年后，英国与比利时签署条约确定了苏丹南部同比属刚果之间的边界。西部边界的划分问题则难以解决。达尔富尔是英埃共管政权未能迅速恢复管制的唯一一个以前由埃及控制的省份。马赫迪的国家解体后，富尔素丹国的素丹阿里·第纳尔（Ali Dinar）宣布重新收回达尔富尔的统治权（1874 年被埃及人夺走），并承认奥斯曼帝国为其宗主国。英国承认了阿里·第纳尔的地位，条件是他每年都要向埃及的赫迪夫进贡。第一次世界大战爆发后，阿里·第纳尔宣布效忠于奥斯曼帝国，并响应土耳其王室的号召向盟国发起圣战。英国于1914年宣布其为埃及的保护国,并派遣少部分军队同阿里·第纳尔作战。阿里·第纳尔随后在战斗中阵亡。1916年,英国将达尔富尔归并于苏丹,从而终结了富尔人的素丹王国。

英埃共管时期,苏丹殖民地经济有了初步的发展,特别是尼罗河流域定居地区,现代经济已经出现。在共管的前20年里,英国在苏丹北部扩展了电报和铁路线,把北部的重要城镇连接了起来。苏丹港于1906年建成开放,取代萨瓦金作为苏丹最主要的红海出海口。在英国殖民当局推动下,1911年,苏丹政府和私营的苏丹种植园联合企业开始实施"杰济腊计划"(Jezira Scheme),以向英国的纺织业提供高质量的棉花。在森纳尔附近修建的一个灌溉用水坝于1925年完工,使杰济腊的大片土地成为耕地。种植园主用火车将棉花从森纳尔运往苏丹港,然后再用船运往国外。"杰济腊计划"使棉花成为苏丹经济的支柱之一,该地区也成为苏丹人口最稠密的地区。

1922年英国结束了对埃及的保护,准许埃及宣布独立,但并未明确是否给予苏丹同样的地位。埃及的民族主义者和一些苏丹人都认为苏丹应该独立并与埃及合并。但这一要求在与英国的谈判中遭到英国的反对。一些埃及和苏丹的民族主义者在埃及和苏丹发动起义,参加起义的人主张苏丹同埃及联合。1924年11月,苏丹总督兼英国驻埃及司令李·斯达克爵士(Sir Lee Stack)在开罗被暗杀。英国命令所有埃及军队、文职人员及雇员撤离苏丹。1925年,喀土穆组成了4500人的由苏丹人自己指挥的苏丹防卫军(Sudan Defense Force,SDF)以取代埃及军队。

苏丹在20世纪20年代末期和整个30年代处于相对平静状态。在这一时期,英国政府推行间接统治政策,允许英国殖民者通过本土领袖对殖民地进行管理。在苏丹,传统的领袖便是北方乡村的部落首领和地区宗教领袖,在南方是部落酋长。许多苏丹人都认可这些领导，但他们的威信程度却相当不同。英国人最初将司法权力委托给宗教领袖，使他们能够处理当地的争端，然后逐渐允许他们在英国地区专员的监督下管理当地政府。

20 世纪 30 年代，苏丹国家统一构建的民族主义思潮处于逐渐形成之中。一些北方阿拉伯人的政治精英认为英国的间接统治其实是不利于苏丹的政治统一的，因为它一方面加剧了北方阿拉伯人的部落主义，另一方面英国人实施南北封闭分割的政策，制止北方阿拉伯文化和伊斯兰教势力在南方黑人地区的影响，鼓励基督教在南方的发展，开办基督教学校，关闭南方的清真寺和宣讲堂，同时恢复黑人传统习俗，这些都强化了南北差异并在南方培植起对抗北方阿拉伯人的地区势力。间接统治还意味着政府权力的分散化，那些曾在中央政府任职，并且设想国家权力最终会从英国殖民当局向本阶层过渡的苏丹知识精英对此一直十分担心。但是，当时苏丹国内却没有形成全国一致的民族主义与国家观念，北方穆斯林将伊斯兰教同等于国家，不承认南方人的权力，而不同的教派和地方势力，对待英国人间接统治的态度也不一样。这一切为以后苏丹国内的冲突与内战留下了隐患。

五 英国殖民者的南方政策

在苏丹历史上，北方与南方的差异一直是一个根本性的问题，这一状况在英国殖民统治时期并未改变，甚至以新的方式得到了强化。自 1899 年英埃共管到 1956 年苏丹宣布独立的数十年间，苏丹实际上由英国统治，这期间，英国对苏丹南方的统治政策一直摇摆不定。它有时为压制北方阿拉伯人势力，便想让南部从北部分裂出去，与英属东非殖民地合并在一起，它有时又为防止苏丹与埃及合并，作为一种交换条件而迎合北方阿拉伯人统治南方的要求，对南方进行压制。英国也曾实施南北分隔的政策，阻止南北交往，后又主张南北统一成一个新国家。在南方各省（赤道省、加扎勒河省和上尼罗省），英国人在解决部族冲突和查禁奴隶贸易的同时，又曾主要利用传统势力进行间接统治，扶植南方部族首领势力。英国人也曾试图把欧洲的现代技术应用到苏丹不发达的经济与社会生活中，并且在政治上建设一个西式的政治结构来代替苏丹传统制度。在英国这些变化不定的政策背后，始终不变的是维护英国自己的最大利益，虽然成效并不大，但却给独立后的苏丹留下了许多复杂的问题。

总的来说，殖民时期苏丹南方与北方的差异明显增强。一方面，英国认为南方黑人地区较为落后，需要保留传统的制度与生活，让南方一直处于十分封闭和落后的状态中。在埃及统治苏丹时期，北方的阿拉伯商人控制着南方有限的商业活动，北方阿拉伯官僚也在南方行使着主要的政治权力，而英国统治苏丹后，以反对北方阿拉伯在南方从事黑奴贸易为由，限制北方人对南方的控制。另一方面，在南方地区，西方基督教文化的传播却有很大的进展，传教士深入各地，建教堂，办学校和诊所，而这种情况在北方阿拉伯世界却进展不大。此外，南方的黑人部族因过去遭受北方阿拉伯人从事的奴隶贸易的危害，对北方心存恐惧怨恨，故而对英国人的到来比较合作与接受。

最早的传教士是来自意大利维罗纳的神父们，他们在马赫迪起义前就已经在南方完成了建立罗马天主教宗教秩序的使命。在南方活动的其他传教士组织还有来自美国的基督教长老会和英国的传教士协会。上述教会组织之间并没有竞争，这主要是因为他们拥有各自的相互分离的势力范围。最后，共管政府也开始资助让南方人接受教育的教会学校。由于教会学校的毕业生通常都能顺利地获得省级行政事务方面的职位，所以许多北方人把他们看作是英帝国主义的走狗。少数接受过高等教育的南方人都去了英属东非（今肯尼亚、乌干达和坦桑尼亚）的学校而不是去喀土穆工作，南北分裂也因此而加剧。

英国统治苏丹时，曾一度想把苏丹南方并入到英属东非（即肯尼亚和坦桑尼亚殖民地）。英国当局把南方 3 省看作是一个孤立的地区，试图将南方从苏丹的其他地方分离出来。"封锁南北"法令时期，英国人曾禁止苏丹的北方人进入南方或在南方工作。当英国人逐渐取代了南方的阿拉伯管理者并驱逐了阿拉伯商人后，南北间的经济关系更减弱了。英国殖民当局同时阻止伊斯兰教进一步往南方传播，限制南方人穿戴阿拉伯服装和奉行阿拉伯习俗，并鼓励南方黑人恢复因奴隶贸易而衰落的非洲人的风俗习惯和部落生活。1930 年，英国在关于南部苏丹的一份殖民通告中甚至提出，南方 3 省的黑人应被认为是和北方穆斯林明显不同的民族，这一地区要做好最终同英属东非一体化的准备。

南方虽然有发展农牧业的潜力，但英国的分割政策却阻碍着南方经济的发展。当时，英国在苏丹北方和南方的殖民官员也时常发生争斗，北方殖民官员反对将北方资源输往南方，南方的殖民官员则时常不理睬喀土穆的英国总督而直接与英属东非的总督们建立联系。这样，在英国统治苏丹时期，苏丹南北间的关系是复杂而疏远的。

第五节 民族主义运动与走向独立

一 苏丹民族主义的兴起

第一次世界大战后，处于英国与埃及共管状态下的苏丹民族主义运动逐渐高潮起来。但它往往与阿拉伯－伊斯兰复兴联系在一起，得到了北方省份的大力支持。来自北方的苏丹民族主义者反对英国的间接统治，要求在喀土穆建立一个中央集权的民族国家政府并对苏丹南方直接进行管理。民族主义者还认为英国的南方政策是人为地分裂苏丹，它阻挠了苏丹在阿拉伯——伊斯兰化的政治精英领导下的国家统一。

　　然而，具有讽刺意味的是，苏丹第一次现代民族主义运动的领袖并不是北方的阿拉伯人，而是一个南方的黑人穆斯林。1921年，曾在殖民政府中当过军官的信奉伊斯兰教的丁卡人阿里·阿卜杜·拉提夫（Ali Abd al Latif）创立了部族联合社（the United Tribes Society），他号召建立一个由部族和宗教领袖分享国家权力的独立苏丹。三年后，阿里·阿卜杜·拉提夫领导的运动重组为白旗同盟（the White Flag League），利用苏丹总督李·斯达克被暗杀后喀土穆的混乱局面组织群众示威游行。殖民当局逮捕了拉提夫并将其流放埃及，结果引起苏丹军队兵变。但兵变被英国人镇压下去后，苏丹民族主义运动进入了一个停滞时期。

　　20世纪30年代，民族主义再度在苏丹兴起。苏丹民族主义者提出限制英国总督的权力，让苏丹人进入殖民地政府的立法与预算执行委员会的要求。但是，按照英埃共管苏丹的协议，苏丹政治地位的改变需要得到埃及和英国的同意，但英埃双方并未就苏丹的未来地位达成一致意见。英国人还告诉南方人，是他们在保护南方人不受埃及的统治。当时，苏丹的民族主义者担心英埃的摩擦可能会使北苏丹归并于埃及，而南苏丹则并入乌干达和肯尼亚，造成国家的分裂。

　　40年代，苏丹的民族主义者和宗教领袖在苏丹究竟应要求独立还是与埃及合并的问题上出现了分裂。较为激进的民族主义者、伊斯兰哈特米亚教派领袖阿里·米尔加尼（Ali al Mirghani）主张同埃及合并，而伊斯兰安萨尔教派领袖、马赫迪的儿子阿卜杜·拉赫曼·马赫迪（Abd al Rahman al Mahdi）却较为温和，他主张苏丹独立而反对与埃及合并。围绕着这一分歧，他们成为两个对立的民族主义运动的领导人。不久，苏丹穆斯林最主要的教派哈特米亚教派创立了兄弟党（Ashigga），后改名为"民族联合党"（National Unionist Party，NUP），提出了同埃及统一的政治主张。而相对温和的马赫迪支持者却主张通过与英国合作来逐渐获得独立，他们同安萨尔教派的信徒一起创建了"乌玛党"（Umma Party，UP）。它们后来成为独立后长期影响苏丹政治进程的两个信奉伊斯兰教的民族主义政党。

二　曲折的独立之路

苏丹民族主义政党建立后，苏丹民族主义运动也进入关键时期。而第二次世界大战的爆发也加快了这一进程。当时，苏丹东边邻国埃塞俄比亚被意大利占领，苏丹殖民地军队被派往边境作防卫。1940 年夏天，意大利入侵苏丹，占领了卡萨拉。但是，苏丹防卫军在苏丹港阻止了意军的推进。1941 年 1 月，苏丹防卫军扩充为一支 2 万人的军队，重新夺取卡萨拉，并参加了英军在厄立特里亚击溃意军和解放埃塞俄比亚的战斗。一些苏丹部队还为后来英国第八军团在北非的胜利作出了贡献。

战争经历提升了苏丹军队的地位和苏丹人的民族主义意识。1942 年，一些苏丹民族主义知识分子组成民族主义组织"毕业生大会"，向英埃共管政府提交了一份备忘录，要求共管政府承诺战后给予苏丹自治地位，而在此之前还应该先废除阻挠南北往来的"封锁南北"法令，增加苏丹人在殖民政府中担任文职官员的人数。虽然英国总督拒绝接受该备忘录，但同意将英埃共管的间接式殖民统治逐渐过渡为由苏丹人管理的当地政府。当时，担任苏丹执行委员会内务部长的道格拉斯·纽博尔德爵士（Sir Douglas Newbold）建议将来的苏丹建立议会制政府，统一管理南北苏丹。1947 年，英国废除了禁止南北往来的法令。

1948 年，在英国殖民当局主持下，苏丹举行咨询性的立法会议选举，这一行动受到埃及的反对，亲埃及的民族联合党抵制了此次选举。结果是主张通过与英国合作而逐渐独立的乌玛党控制了咨询性的立法会议。1952 年，由乌玛党控制的立法会议与英国进行了自治谈判，并开始为独立后的苏丹制定一部宪法。按照这部宪法，苏丹将实行两院式议会制度，政府由总理及部长会议组成，向议会负责。苏丹新政府可以负责苏丹全境的除军事和外交外的所有事务，军事和外交仍然掌握在总督手里。但是，埃及反对这一政治安排，并提出对苏丹拥有主权，提出除非英军撤出苏伊士运河，否则不会放弃对苏丹主权的要求。

1952 年，埃及军官加麦尔·阿卜杜拉·纳赛尔上校发动政变并推翻了法鲁克君主制。纳赛尔主张将苏丹问题与苏伊士运河脱钩，承认苏丹人拥有自治权利。1953 年 2 月，伦敦和开罗签署了英埃协定，允许苏丹有 3 年的由共管统治到自治政府的过渡期。在这个过渡期内，英埃军队将撤离苏丹。过渡期末期，苏丹将通过国际监督下的公民投票来决定其未来地位。在亲埃及的民族联合党获得 1952 年底议会选举的多数席位后，纳赛尔的让步看起来是明智之举，因为民族联合党主张苏丹与埃及合并。

1954 年 1 月，苏丹自治政府成立，民族联合党领袖伊斯梅尔·阿扎里（Ismail al Azhari）成为自治政府首脑。

三 南北统一下的苏丹独立

在苏丹走向独立的进程中，南北双方在未来独立国家中的地位与关系问题已经变得十分敏感。总体上说，英国的最大利益是让南方分离出去，或成立独立国家，或与英属东非合并，但考虑到北方阿拉伯民族主义者的强烈反对，英国只得放弃了这样的企图，转而接受苏丹南北统一成一个国家，但主张给予南方更多的自主地位。而苏丹南北方的民族主义者也在相互协调，以图建立一个在南北统一基础上的独立苏丹国家。1946 年，主要由北方主导的自治政府通过一个决议，让北方人到南方任职，同时允许南方人到北方就业。后来又取消了禁止穆斯林到南方传教的禁令，并且将阿拉伯语作为南方的官方行政语言。

南方人对自治政府的作法反应强烈，他们指责北方的煽动影响了会议代表，会议听不到支持保留南方独立发展政策的任何声音。一些南北的英国殖民官员也担心北方的做法会导致南方反抗政府。英国殖民当局为此在朱巴（Juba）召开了一次会议，希望减少南方人的忧虑，并承诺独立后的苏丹政府将会保护南方的政治和文化权利。南方人则提出将来苏丹必须实现联邦制以保障南方的权益。

然而，许多南方人还是担心会受到北方人的压制，他们对自治政府强制推行阿拉伯语为官方语言特别不满，因为这剥夺了许多受过教育的讲英语的南方人进入行政部门的机会。事实上，当许多北方人进入自治政府担任文官而南方人却很少有这样的机会时，南方的民族主义者对建立一个和平、统一的独立苏丹国家似乎失去了信心。

1955 年 8 月，南方的一些部队发动了兵变，南方人对北方阿拉伯多数民族的敌意开始浮出水面。南方部队杀死了数百名北方人，包括政府官员、军官和商人。苏丹自治政府很快就镇压了这次兵变，并最终以煽动暴乱为由处死了 70 名南方人。但这一严厉的镇压并没有给南方带来和平，因为一些暴乱者逃往偏僻地区，并不断发动对由阿拉伯人控制的苏丹自治政府的反抗。

面对南方的敌意，阿扎里自治政府一度中断了苏丹的自治进程，甚至希望能够促进同埃及的"尼罗河流域"的统一。然而，与埃及的合并将导致这个未来国家无尽的冲突的现实，最终使阿扎里政府放弃了这一想法。他促使民族联合党改变立场并开始寻求与南方统一下的苏丹独立。1955 年 12 月 19 日，苏丹议会在阿扎里的领导下一致通过了独立宣言。在表示将考虑南方人提出的将来独立国家将实现联邦制的要求而获得南方议员的支持后，阿扎里自治政府于 1956 年 1 月 1 日正式宣布苏丹独立，建立苏丹共和国。阿扎里呼吁外国军队撤离苏丹并要求英埃共管权力在预定日期之前发起全民公决。

第六节　当代苏丹历史进程

一　第一届文官政府（1956~1958）

苏丹是在各个竞争的政党并未就永久性宪法的形式和内容达成一致的情况下实现独立的。事实上，制宪会议只通过了一个称为过渡宪法的文件，决定由 5 名成员组成的最高委员会取代了总督作为国家元首的地位。最高委员会各成员由议会选举产生，而议会又由间接选举产生的参议院和全民选举产生的众议院组成。过渡宪法还将其执行权委托于总理，总理须由众议院提名并经最高委员会批准后方可任职。

虽然是在没有经过冲突的情况下赢得独立的，但苏丹却继承了共管政府遗留的许多问题，其中的首要问题便是行政事务。新政府给离任的英国殖民官员发放了补偿和退休金，一些苏丹人暂时不能替代的英国官员，主要是技术官员和教师，则继续留任。新旧政权的交替是平稳的，几乎没有引起混乱，但南方人对于由北方人取代南方的英国管理者似乎并不欢迎。为了维护南方的利益，南方的政治精英们希望在今后国家最终宪法的制定上，能更多地考虑到南方的利益。虽然南方反对北方对南方的支配，但大多数南方人还是不主张使用暴力手段，他们主张南方获得自治，否则就可能走上分裂的道路。

苏丹议会提出了一些扩大教育、经济和交通等部门的计划。为了实现这些目标，喀土穆需要外国的经济和技术援助，美国最早对此做出了承诺。苏丹政府同美国政府的对话始于 1957 年，美国国会也于 1958 年 7 月批准了一项美国援助协定。华盛顿希望这一协定能够减少苏丹对单一作物（棉花）经济的过分依赖，并有助于苏丹交通和通信设施的发展。

1956 年 2 月，阿扎里总理组成了联合政府，但是他因不断支持世俗政策而同哈特米亚教派疏远了。6 月，一些脱离了民族联合党的哈特米亚成员在米尔加尼的领导下创建了人民民主党（People's Democratic Party，PDP）。乌玛党和人民民主党在议会中携手解散了阿扎里政府。在乌玛党和人民民主党两党及安萨尔和哈特米亚两教派的支持下，阿卜杜拉·哈利勒（Abdullah Khalil）组成了新的联合政府。

哈利勒联合政府面临的主要问题包括如何就永久性宪法问题达成一致、稳定南部、推动经济发展以及改善同埃及的关系。但乌玛党与人民民主党之间的紧张关系却限制了政府解决这些问题的能力。例如，乌玛党设想阿卜杜·拉赫曼·马赫迪可以当选第一届苏丹总统，因此想要商议中的宪法创立总统制政府。舆论也根本不关心国家的经济发展前景。虽然 1956 年棉花大歉收后紧接着的 1957 年是个棉花大丰收年，但苏丹却无法在棉花已经严重过剩的市场上卖到好价钱。这一经济低迷时期耗尽了苏丹的储备，并引发了反对政府强行控制经济的动荡局面。为了克服这些问题并实现国家财政未来发展计划，乌玛党提倡要大量依靠外国援助。但是，人民民主党却反对这一战略，因为这样的经济战略不可避免地会使外国势力进入苏丹。人民民主党的观点反映了1954 年取代纳吉布领导地位的纳赛尔所信奉的阿拉伯民族主义思想。尽管在上述政策上存在较大分歧，但乌玛党和人民民主党的联合却一直持续到该届议会任期结束。而且，两党在议会闭会后都还承诺要在 1958 年的选举中继续保持联合阵线。

在 1958 年的选举中，乌玛党在议会两院中都赢得了相对多数席位，乌玛党同人民民主党联合起来获得了议会的绝对多数席位。而民族联合党则获得了大约 1/4 的席位，其选票主要来自城市居民和从事"杰济腊计划"的民工。南方的选票反映出选民对那些同政府合作者的拒绝，联邦体制内南部实行自治的倡导者取得了选举胜利。南方人对政府接管教会学校及在镇压 1955 年兵变中所采用的措施的怨恨是促成几个与兵变有牵连的候选人胜出的主要因素。

在新议会召开后，哈利勒再次组成乌玛党与人民民主党的联合政府。但是这届政府却面临着许多挑战，宗派主义、腐败和选举丑闻却充斥着议会的讨论，联合政府的权威和行动能力受到很大制约。当时，与美国的关系成为苏丹国内政治派别冲突的一个导火线。1958 年 3 月，哈利勒同美国签署了一项技术援助协定。但这个协定在提交议会批准时，受到民族联合党的反对，而且还有不少人民民主党的议员也表示反对。虽然这个协议最终得以通过，但它激化了议会各党派的矛盾。伴随着棉花出口下降等经济问题的激化，新政府面临着越来越大的压力。由于埃及政府实施禁止从苏丹进口家畜、骆驼和椰枣的政策，北方农牧民陷入困境。所有这一切，在苏丹国内引起了许多反政府的示威游行。埃及指责哈利勒，并暗示埃及可能会支持反对哈利勒政府的政变。与此同时，喀土穆的新闻报道也称乌玛党和民族联合党已就组成新的联合几近达成一致，新的联合将把人民民主党和哈利勒排除在外。

面对可能的政治危机，1958 年 11 月 17 日，哈利勒本人率先发动了一场政变。这是苏丹独立后的第一次军事政变，文官政府被军政府取代。但掌握军政权的并不是哈利勒本人，而是被另外两个军队高级将领易卜拉欣·阿布德（Ibrahim Abboud）和艾哈迈德·阿卜杜·瓦哈卜（Ahmad Abd al Wahab）所控制。

存在仅两年的第一届文官政府结束了，苏丹开始了独立后的首届军政府统治时期。

二 阿布德军政府（1958～1964）

19 58 年政变上台的阿布德军政府废除了 1956 年的过渡宪法，解散了议会，阿布德还以政党都是个人野心家的工具为由，解散了所有的政党。阿布德自任掌握国家军政大权的武装部队最高委员会主席，在最高委员会下设立部长委员会议作为国家的行政管理机构，部长会议的成员是一些同安萨尔教派或哈特米亚教派有来往的军官。阿布德属于哈特米亚教派，而瓦哈卜则是安萨尔教派的成员，属乌玛党支持者。

阿布德任命了一个由首席大法官领导的宪法委员会，负责起草永久性宪法。他还提出要解决同埃及之间的所有争端，包括长期存在的尼罗河地位问题，并决定改变前政府在棉花出口方面不切实际的政策。

在执政的第一年，阿布德政权因苏丹棉花出口扩大而增加了收入，同时在尼罗河水资源问题上与埃及也达成了协议，两国关系因此而改善。1959 年初，安萨尔教派领导人阿卜杜·拉赫曼·马赫迪逝世，他的儿子萨迪克·马赫迪（Sadiq al Mahdi）继任，但两年后他就去世了。他去世后，安萨尔教派因权力之争发生了分裂。

尽管阿布德军政权在早期取得了一些成就，但反对的因素也在不断增多。1959 年，持不同政见的军官曾三次尝试推翻阿布德政府并建立"民众政府"。虽然法庭判处三次政变的领导人终身监禁，但军队中的不满却在增加。苏丹共产党（Sudanese Communist Party，SCP）也是反对军政府的重要力量之一。阿布德政府实际上缺乏有效统治国家的能力，经济发展缓慢。

但直接导致阿布德失败的原因是他的南方政策。军政府大力推进南方社会的阿拉伯化，却压制南方的基督教势力，并在 1962 年 5 月颁布了限制南方基督教势力的《传教士法》。1964

年 2 月，阿布德更下令驱逐南方的外国传教士，镇压南方的宗教
人士，迫害南方国会议员。军政府的作法引起南方人强烈不满，
南方政治家开始产生与阿拉伯人统治的北方分裂的主张。1963
年，南方开始出现反政府的"阿尼亚尼亚运动"（Anya Nya，一
种毒药调配物的名称），其中一些人组织游击队，南方武装反叛
运动战火开始蔓延。不久，一些南方人成立"苏丹非洲人解放
阵线"，提出解放南苏丹，建立一个自由独立的非洲国家，以保
障南方黑人的权利。

三　回归文官政治（1964～1969）

南方问题引起了阿布德政权的危机，喀土穆的大学举行
的抗议受到军政府的镇压，于是导致全国的罢工浪
潮。1964 年，各界罢工领导人组织反政府的"全国专业人士阵
线"（National Front for Professionals），然后又与一些前政权的文
官政治家一起组成了左翼的"全国联合阵线"（United National
Front，UNF），并同持不同政见的军官建立了联系。

在经过数日的导致一些人死亡的骚乱之后，1964 年 10 月，
阿布德军政府倒台，"全国联合阵线"领导人和部队指挥官们选
举高级文官希尔·哈特姆·哈里法（Sirr al-Khatim al-Khalifa）作
为过渡政府总理。由此，苏丹开始了短暂的第二届文官政府执政
时期。

这一临时文官政府是按照 1956 年颁布的过渡宪法运作的，
它试图通过建立一个北方与南方各届联合的政府，结束国家内乱
和民族与宗教冲突。文官政府重新开放党禁，重开议会，召开解
决南北问题的圆桌会议，并定于 1965 年 4 月前举行大选，产生
正式的新政府。临时政府允许包括苏丹共产党在内的所有政党活
动，但临时政府中的 15 个部长中只有 5 个是政党领袖，传统宗
教领袖依然势力强大。哈特姆总理将两个部长职位给了无党派的

南方人士。其余的 8 个给了全国专业人士阵线，其中包括几个苏丹共产党人。

重新开放党禁后，苏丹国内的政党日益活跃，但这些政党其实都有宗教背景或种族背景，或是南北地区政党的背景。在南方地区，出现了两个代表性政党，一个是由威廉·邓（William Deng）和罗马天主教牧师萨图里诺·拉胡尔（Saturino Lahure）领导的 "苏丹非洲民族联盟"（Sudan African National Union，SANU），在难民营和游击队中活动；另一个是由斯坦尼斯洛斯·帕亚萨玛（Stanislaus Payasama）领导的 "南方阵线"（Southern Front，SF），主要在南方各省公开活动，该组织早在阿布德军政权时期就已经在从事地下活动。在政府发起的 1965 年和平协商会议失败后，以威廉·邓为代表的苏丹非洲民族联盟温和派与南方阵线联合参加了议会选举。威廉·邓主张在统一国家范围内南方实行自治，一直在议会中活动。而苏丹非洲民族联盟其他激进的领导人反对威廉·邓的温和主张，他们以乌干达首都坎帕拉为基地组建了流亡的 "阿扎尼亚解放阵线"（Azania Liberation Front）。

政府预定的全国大选时间是 1965 年 3 月，同时还宣布新议会的任务是制定一部新宪法。然而，南方安全环境的恶化使选举在当地无法进行，参选政党在北方先行选举还是一直等到全国各地都可以投票时再进行这一问题上发生分歧。人民民主党和苏丹共产党都担心失去选票，因此想延迟选举，忠于喀土穆的南方政党也抱同样的想法。他们的反对使哈特姆政府被迫辞职。临时性的全国最高委员会下令在所有可以投票的地方进行选举。人民民主党拒绝接受该决定并抵制了这次选举。

1965 年的选举投票人很少，选票上的候选人也很混乱。由安萨尔教派支持的乌玛党赢得了 158 个议会席位中的 75 个，而其同盟民族联合党赢得了 52 个席位。6 月，两党组成了联合政府，乌玛党领袖穆罕默德·艾哈迈德·马哈古卜（Mohammed Ahmed Mahgoub）任总理，而哈特米亚教派支持的民族联合党领袖伊斯梅尔·阿扎里则成为最高委员会的永久主席和国家元首。这样，苏丹正式回复到了文官政府统治下。

马哈古卜文官政府上台后，把解决南方问题和解除共产党权力作为首要任务。在南方，军队发起武装行动，烧毁了许多教堂和民房，关闭了学校，毁坏了庄稼和家畜，引起南方人的恐惧和愤怒。为了实现其第二个目标，马哈古卜成功地使议会通过了取缔共产党的法令，并剥夺了共产党的 11 个席位。

1965 年 10 月，乌玛党和民族联合党同盟由于是由作为总理的马哈古卜还是由作为主席的阿扎里来指导国家的对外关系问题上的不和而崩溃。马哈古卜继续出任了 8 个月的总理，后因议会的不信任表决而于 1966 年 7 月辞职。马哈古卜的辞职导致了乌玛党的分裂。由马哈古卜领导的传统派以伊玛目哈迪·马哈吉卜（Hadi al Mahjub）为精神领袖，成为反对党内的多数派。多数派则声称效忠于伊玛目的外甥、年轻的萨迪克·马赫迪。萨迪克是乌玛党的官方领导，他反对宗教宗派主义。在他的派别和同盟民族联合党的支持下，萨迪克成为联合政府的新总理。

得到议会大多数成员支持的萨迪克政府力图通过发展经济来减少地区差异。萨迪克还试图利用他对南方领导人的个人亲和力来策划同叛者达成和平协定。他还建议通过设立总统和由南方人担任副总统来取代最高委员会，并要求承认南方各省自治。

受过教育的精英分子和部分军人反对萨迪克在政治、经济和社会问题上的渐进主张。左翼学生组织和工会则要求建立社会主义国家。虽然这些反对意见并未得到群众的广泛支持，但他们却代表了一部分很有影响的受过教育的知识分子的主张。1966 年 12 月，由共产党和少数反对政府的部队发动政变，但失败了。政府随后逮捕了许多共产党人和军人。

1967 年 3 月，政府在已经平静了的南方 36 个选区举行了选举。乌玛党萨迪克派赢得了 15 个席位，拥护联邦制的苏丹非洲民族联盟赢得了 10 个席位，民族联合党也赢得了 5 个席位。尽管这一胜利表明了民众对萨迪克的支持，但萨迪克在议会中的地位却因他为了结束内战而给南方人承诺的让步而变得脆弱了。乌玛党传统派也因萨迪克主张通过立宪来保障宗教信仰自由以及他拒绝宣布苏丹为伊斯兰国家而反对他。由于得不到传统派和民族联合党的支持，萨迪克政府倒台。1967 年 5 月，马哈古卜再次成为联合政府的总理，他的内阁中有他自己的乌玛党派成员、民族联合党成员以及人民民主党成员。1967 年 12 月，人民民主党和民族联合党两党在阿扎里的领导下合并成了民主联合党（Democratic Unionist Party，DUP）。

1968 年初，乌玛党内不断扩大的分裂开始威胁到马哈古卜政府的生存。由于占议会多数席位的萨迪克·马赫迪派能够阻挠政府的任何行为，因此马哈古卜解散了议会。但是萨迪克拒绝承认总理行为的合法性。结果是喀土穆出现了两个同时运作的政府：一个在国会大楼内集会，另一个在国会大楼的草坪上集会。双方都宣称自己代表着人民的立法意志。军队领导要求最高法庭判定到底哪一方拥有发布命令的权力。法庭支持解散马哈古卜政府，并决定在 4 月份举行新的选举。

在随后的选举中，民主联合党赢得了国会 218 个席位中的 101 个，但没有任何一个政党可以达到议会多数。乌玛党传统派获得了 36 个席位，萨迪克派获得了 30 个，南方的苏丹非洲民族联盟和南方阵线两党获得了 25 个。苏丹共产党总书记阿卜德·哈里克·马哈吉卜（Abd al Khaliq Mahjub）也赢得了 1 个席位。由于大选中的重大挫折，萨迪克丧失了自己作为乌玛党传统派竞争对手的地位。

由于没有达到议会多数，民主联合党决定同乌玛党传统派联合组阁。乌玛党传统派得到了总理及 4 个部长职位，穆罕默德·艾哈默德·马哈古卜出任总理。联合政府的施政纲要包括改组政府部门，同阿拉伯世界建立密切联系以及重新努力发展经济，尤其是南方各省的经济。马哈古卜政府还接受了前苏联的军事、技术及经济援助。萨迪克·马赫迪的派别组成了一个很小的议会反对派。当反对派拒绝参与完成已经延期了 10 年的宪法草案时，政府以查封其报纸并禁止亲萨迪克分子在喀土穆举行示威游行来进行报复。

1968 年末，乌玛党两派同意支持安萨尔教派伊玛目哈迪·马赫迪参加 1969 年的总统竞选。民主联合党同时宣布阿扎里也将竞选总统。共产党和其他左翼分子团结起来支持前大法官巴比克尔·阿瓦达拉（Babikr Awadallah）竞选总统。他们把阿瓦达拉法官当作同盟是因为他曾否决了政府将共产党定为非法组织的要求。

文官政府持久的混乱和无效能，引起了越来越多的不满。1969 年 5 月 25 日，以加法尔·穆罕默德·尼迈里（Jaafar Mohammad al Nimeiri）为首的几个自称为自由军官运动的年轻军官发动军事政变并夺取了政权，改国名为苏丹民主共和国。尼迈里称，由于文官政府决策无能而低效，不能真正解决国家的经济和地方问题，也无力制定一部国家的永久宪法，因而必须由一个强有力的政权来取代。

存在四年多的第二届文官政府结束了，苏丹进入第二届军人政权统治时期。

四　尼迈里时代（1969～1985）

1. 革命指挥委员会

尼迈里军人集团是一些自称为自由军官的民族主义者，他们希望仿效埃及纳赛尔等人以革命的方式改造国家，并与苏丹共产党关系紧密。政变军人组成了一个 10 人革命指挥委员会（Revolutionary Command Council，RCC），其成员包括前大法官阿瓦达拉等，在尼迈里任主席的领导下集体行使着国家权力。革命指挥委员会宣布在苏丹建立一个独立自主的和社会主义的"民主共和国"，推行"阿拉伯社会主义"。革命指挥委员会的第一个行动是停止实行过渡宪法和禁止政党活动。革命指挥委员会还对许多工业、商业和银行实行了国有化。此外，尼迈里下令逮捕了 63 个文职政治家并迫使一些高级军官退役。

前大法官阿瓦达拉被任命为总理，组成革命指挥委员会领导下的新政府。阿瓦达拉力图改变人们对新政权是政变建立的军事独裁统治的看法，他的内阁有 21 个成员，其中包括 3 个革命指挥委员会军官（主席尼迈里出任国防部长，另外两人分别任国内安全部和通信部部长）、9 个共产党人［当时内阁中两个南方人之一的约翰·加朗（John Garang），先任供给部长后改任南方事务部长］，以及自我宣称为马克思主义者的其他成员。由于革命指挥委员会缺乏政治和管理经验，因此共产党人在制定政府政策和计划的过程中起到了重大作用。尽管具有影响力的只是苏丹共产党中的个别人，但革命指挥委员会仍然宣称同苏联的合作良好。

1969 年 11 月，在宣称没有共产党的援助现政权将无法维持后，阿瓦达拉失去了其总理职务。尼迈里接替他出任已经在很大程度上成为文官政府的总理，他同时还兼任着国家元首。阿瓦达拉仍然是苏丹共产党副主席，同时保留了外交部长之职；他还是政府同左翼组织联系的主要纽带。

安萨尔教派领导的保守力量给革命指挥委员会造成了极大的威胁。伊玛目哈迪·马赫迪撤出了其在阿巴岛的据点（在靠近喀土穆的尼罗河上），因为他认定政府已经决定要镇压安萨尔运动。这位教长要求政府回归民主，剥夺共产党的权力以及结束革命指挥委员会的统治。1970 年 3 月，敌对的安萨尔群众阻挠尼迈里登上阿巴岛同教长对话。随后发生了政府军队同 3 万安萨尔成员之间的战斗。在安萨尔对最后通牒不加理睬后，武装部队在空中力量的支援下向阿巴岛发起了进攻。大约有 3000 人死于这次战斗。教长本人逃离后在试图越过苏丹与埃塞俄比亚边界时被杀。政府将萨迪克·马赫迪（教长的侄子）流放到埃及，纳赛尔承诺要好好看管他，阻止他继承他叔父而作为安萨尔运动的领袖。

在镇压了这次保守力量的反抗后，革命指挥委员会通过逐步停止共产党在政府中的参与来集中巩固其政治机构。这一战略在共产党内部引发了一场争论。总书记哈里克·马哈吉卜领导的正统派要求成立人民阵线政府并允许共产党作为平等伙伴参与其中。而民族共产党一派则主张同政府进行合作。

在军队镇压了阿巴岛的安萨尔运动后不久，尼迈里与苏丹共产党的关系也开始恶化，他开始镇压苏丹共产党。1971 年 3 月，他下令流放苏丹共产党书记阿卜德·哈里克·马哈吉卜，后又将其软禁在家中。尼迈里将共产党控制的工会置于政府的管理之下，还禁止与共产党有过联系的学生、妇女及职业团体的活动。1971 年底，尼迈里宣布计划组建名为苏丹社会主义联盟（Sudan Socialist Union，SSU）的全国政治组织，该组织将替代包括苏丹共产党在内的所有政党。在此之后，政府逮捕了苏丹共产党的领导人。

苏丹共产党虽然在这次清洗中损失很大，但仍保留着一些未受破坏的秘密组织，他们于 1971 年 7 月 19 日发动了一场针对尼迈里的政变。政变策划者在希沙姆·阿塔少校（Hisham al Atta）领导下，突袭了在总统府开会的尼迈里和革命指挥委员会，逮捕了他们及一些亲尼迈里的军官。阿塔指定了一个 7 人革命委员会行使政府之职，共产党占据了其中的主要位置。然而政变发生 3

天以后，忠于尼迈里的军队猛攻总统府，解救了尼迈里并逮捕了阿塔和其同伙。尼迈里指责共产党策划了政变，下令逮捕了数百名共产党人和军队中的持不同政见者。政府随后处死了其中的一些人，其余的则被关进监狱。

在苏丹共产党鼓动的政变中幸存的尼迈里仍然重申其建立社会主义国家的诺言。1971 年 8 月颁布的临时宪法将苏丹定为社会主义民主国家，并以政府总统的形式取代了革命指挥委员会。9 月，尼迈里在全民投票中当选为国家总统，任期 6 年。苏丹形式上回归到文官政府下，但实质上还是一个军人控制的国家。1972 年 1 月，尼迈里宣布成立"苏丹社会主义联盟"，他担任联盟总书记。

2. 尼迈里时期的南方问题

苏丹南部的内战爆发于 1950 年代。1955 年 8 月 18 日，由南方人组成的部队赤道兵团（Equatoria Corps）在托里特（Torit）发动兵变。遭到镇压后，不愿向苏丹政府投降的许多兵变者带着武器躲藏了起来，这就是第一次南苏丹战争的开端。至 60 年代末期，内战已经使大约 50 万人丧生。成千上万的南方人躲藏在丛林中或者逃亡到邻国的难民营。

到 1969 年，南方游击组织已经发展了他们同国外的联系，获得了武器供给。例如，以色列就替南方的游击组织阿尼亚尼亚（Anya Nya）训练新兵，并经埃塞俄比亚和乌干达给南方游击组织运送武器。苏丹南方毗邻刚果等大湖地区国家，阿尼亚尼亚便利用从中东、西欧和北美的海外流亡团体那里募集到的金钱，从刚果的叛乱者和国际军火商手中购买武器。南方游击组织也从政府军手中缴获了一些武器、装备和供给品。

在南方，阿尼亚尼亚控制了广大的乡村，而政府军则占领着主要城镇。游击队可以随意从遥远的营地发起行动，但由于力量太弱和分散而不能在任何一个地区占据明显优势。据估计，当时阿尼亚尼亚的军事人员大约在 5000～10000 人之间。

这期间，苏丹政府得到了苏联的军火支持。1968 年 8 月苏丹与苏联签订了一个价值 100 万～150 万美元的军火协议，包括 T－55 坦克、运输机和战斗机。在此期间，苏丹还从埃及获得了苏制武器，其中的绝大多数都配置给了空军。1969 年年底，苏联又给苏丹运送了数量不详的 85 毫米口径的防空机枪、16 架米格 21 战斗机和 5 架安东诺夫 24 运输机。在此后的两年里，苏联向苏丹交付了大批装备，包括 T－54 和 T－55 坦克，以及 BTR－40 和 BTR－152 轻型装甲车。外部力量的介入使苏丹南北冲突演变成更大规模的内战。

进入 1970 年代后，南方的反政府武装进一步扩大。1971 年，约瑟夫·拉古（Joseph Lagu）宣布成立一个更广泛的"南苏丹解放运动"（Southern Sudan Liberation Movement，英文缩写为 SSLM）。拉古得到了阿尼亚尼亚领导人的有力支持，几乎所有的南方流亡政治家也都支持这个南苏丹解放运动。SSLM 建立了一个遍布南部各地的组织体系，但真正的权力仍然由以拉古为首的阿尼亚尼亚掌握着。

尼迈里军政府上台后，一直试图结束南方的战乱状态。他认为可以通过给南部自治的地位和发展南方经济来终止战争并使南方稳定。1971 年 10 月，尼迈里政府与 SSLM 建立了联系。在多次磋商后，双方的代表团于 1972 年 2 月在埃塞俄比亚首都亚的斯亚贝巴举行了会谈。最初，双方的意见相去甚远。南方人要求建立一个联邦国家，南方拥有独立的政府和军队，只有在面临外部威胁时南方的政府和军队才可归联邦总统领导和指挥，这是喀土穆的中央政府决不能同意的。尽管分歧很大，但在埃塞俄比亚皇帝海尔·塞拉西（Haile Selassie）的调停下，双方最终还是达成了重要的《亚的斯亚贝巴协定》。

《亚的斯亚贝巴协定》保证给予南方自治（南方由赤道、加扎勒河和上尼罗 3 省组成），南方地区设立自己的政府，其总统由苏丹国家总统任命，但须经由选举产生的南方地区议会的推荐。南方的高级执行委员会或内阁由南方总统任命，负责除防卫、外交、货币金融、经济社会规划、地区关系等之外的其他所有事务，而上述重大事务则由有南方人参加的国家政府来负责。由包括阿尼亚尼亚老兵在内的南方人组成了一个 1.2 万人的苏丹军队南方司令部，其军官中南方人和北方人各占一半。协定还承认阿拉伯语为苏丹的官方语言，英语为南方的首要语言，要在南方的行政部门和学校中使用。

虽然许多南苏丹解放运动领导人都反对这个协定，但拉古认可了其条款，双方均同意停火。中央政府颁布了使协定合法化的法令，并设立了一个国际休战酬劳金以确保南方返乡难民的安居。喀土穆还宣布实施自 1955 年以来的首次特赦。1972 年 3 月 27 日，双方正式签署了《亚的斯亚贝巴协定》，从而结束了长达 17 年的南方内战，这个日子后来被定为国家统一日。

3. 动荡的政治进程

尼迈里政府与南方的和解引起了北方阿拉伯保守势力的不满。在解决了南方问题后，尼迈里政府尝试着修复与北方穆斯林宗教团体的关系。尼迈里重申伊斯兰教在国家中的特殊地位，释放了一些在押的宗教人士。政府许诺实行倾向于农村的地方分权，这受到了安萨尔教派的欢迎。然而尼迈里与宗教保守团体的关系一直比较紧张，这些团体后来在国外组成了由萨迪克·马赫迪为领导的民族战线。

苏丹自 1956 年独立以来，由于政局动荡、各种政治力量分歧巨大，历届文官和军政府都未能制定出一部永久宪法。尼迈里决定完成这一政治使命来巩固他的统治地位。1972 年 8 月，尼迈里召开了国家制宪会议，以起草一部永久宪法。为了顺利实现这一目的，他解散原来的内阁，组成了一个由制宪会议成员为主的新内阁，而将那些曾反对他解决南方问题的或者被认为属于亲埃及派别的人排除在内阁之外。

1973 年 5 月，制宪会议公布了宪法草案。这一草案规定继续实行总统内阁制，承认苏丹社会主义联盟为唯一认可的政治组织，并支持南部地方自治。草案还规定由选举者在苏丹社会主义联盟认可的候选人名单中选出共有 250 个席位的人民议会（People's Assembly）议员。尽管仍然认可伊斯兰教是苏丹的官方宗教，但草案也承认基督教是许多苏丹公民的信仰。1974 年 5 月，通过投票选出了 125 名议员；与苏丹社会主义联盟有关的职业和专业团体指派了 100 名；其余的 25 名则由总统本人直接任命。

然而，苏丹经济在尼迈里政府时期却一直停滞不前，国内各派政治力量的矛盾也并未从根本上解决。1973 年和 1974 年发生了数起针对尼迈里的未遂政变，穆斯林和左翼学生举行了反对政府的罢工。局势的动荡促使尼迈里政府采取了高压政策，1974 年 9 月，尼迈里宣布国家进入紧急状态，清洗苏丹社会主义联盟，并大肆逮捕持不同政见者。尼迈里还用效忠自己的军人替换了一些内阁成员。

1974 年，反对尼迈里的力量联合成立了民族阵线。民族阵线主要由乌玛党萨迪克派、民族联合党、伊斯兰宪章阵线（Islamic Charter Front）及伊斯兰激进运动穆斯林兄弟会组成。1976 年 7 月，民族阵线发动一场未遂政变，政府军在喀土穆杀死了 700 多名叛乱分子，逮捕了包括著名宗教领袖在内的数十个持不同政见者。虽然经历了这次动荡，但尼迈里在 1977 年的选举中再次当选为总统，任期 6 年。

4. 民族和解努力的失败

1976 年未遂政变后，尼迈里和其反对者都采取了比较温和的政策，以寻求国家和民族的和解。1977 年初，政府代表同民族阵线在伦敦举行会谈，并安排了尼迈里同萨迪克在苏丹港会谈。在这次被称为"民族和解"的会谈中，两位领导人签订了一个"八点协议"，尼迈里同意给予反对派政治合法地位，而萨迪克则同意解散民族阵线。协议还同意恢复公民的自由权利，释放政治犯，重申苏丹的不结盟对外政策，并允诺改革地方政府。随后，尼迈里政府释放了大约1000名在押者，并给萨迪克以特赦。尼迈里的苏丹社会主义联盟表示认可其他政党的地位，而萨迪克放弃了多党制政见，要求他的追随者在一党制政体中工作。

民族和解的第一次尝试出现在1978年2月的人民议会选举中。尼迈里批准流亡回来的原乌玛党、民主联合党及穆斯林兄弟会成员作为独立候选人参加选举。这些独立候选人赢得了304个席位中的140席。选举使官方的尼迈里苏丹社会主义联盟失去对议会的绝对控制，当时，许多人对尼迈里建立民主政体的努力大加称赞。然而，人民议会的选举却标志着更大政治危机的开端。苏丹社会主义联盟的许多候选人因未能当选而对选举结果不满，反对派则加大了对尼迈里军政府的批评，为巩固政权，尼迈里加强了对反对派的控制。

1980年代初，苏丹南方局势再次动荡起来。为了分化和控制南方日益增大的权力，1983年6月5日，尼迈里重新划定全国的行政区划，他把南方地区重新划分为原来的赤道、加扎勒河和上尼罗三个省，取消南方自治地位，规定南方各省属中央政府管辖。结果引起南方强烈不满，南方的战乱再起。在南方出现了反政府组织苏丹人民解放运动（Sudanese People's Liberation Movement，英文简称SPLM）组织，并建立了自己的武装——苏丹人民解放军（Sudanese People's Liberation Army，英文简称SPLA）。

短短几月后的1983年9月，尼迈里又宣布在苏丹强制实施伊斯兰教法（沙里亚法，sharia）。这个被称为"九月法令"的粗暴法令，引起了世俗化穆斯林和以非穆斯林为主体的南方人的极大愤慨。苏丹人民解放运动（SPLM）公开谴责实施伊斯兰教法，谴责宗教法庭做出的死刑及断手判决。与此同时，南部的安全形势已经十分恶化，1983 年底，内战重新全面爆发。

南方内战与国内政治危机交织在一起。1985 年初，首都喀土穆爆发了示威与大罢工，示威者抗议食品和油价上涨。这次大罢工使整个国家陷入瘫痪状态，当时正在美国访问的尼迈里已经无法控制国内局势。

五　达哈卜过渡军政府（1985 年 4 月～1986 年 6 月）

19 85 年 4 月 6 日，一个由阿布德·拉赫曼·苏瓦尔·达哈卜（Abd al Rahman Suwar adh Dhahab）中将领导的军官组织推翻了尼迈里政权，尼迈里前往埃及避难。达哈卜改国名为苏丹共和国，成立了一个 15 人的过渡军事委员会统治苏丹。在执政的最初几周内，过渡军事委员会宣布中止 1973 年尼迈里军政府制定的宪法，解散国会、尼迈里的苏丹社会主义联盟、秘密警察组织，释放了考伯尔（Kober）监狱的数百名政治犯。达哈卜允诺 12 个月后举行大选成立文官政府，还政于民，通过谈判结束南方内战。达哈卜的过渡军政府得到较广泛的支持，但是这个军人领导集团却无力解决国家面临的众多复杂问题。

达哈卜推翻尼迈里政权而执政时，国家经济已经陷入危机，社会矛盾丛生。当时，苏丹所欠外债高达 90 亿美元。绝大多数工厂开工率不足 50%，农业出口下降至 1960 年的 50%，严重的饥荒更威胁着南部和西部的广大地区。由国际货币基金组织和世界银行资助的工农业项目仍然停留在计划阶段。

达哈卜过渡军政府没有能力短期内解决这些复杂的问题。国际货币基金组织提出通过实施经济与货币紧缩措施来改善苏丹经济的建设,但没有被过渡军政府接受。于是国际货币基金组织停止了对苏丹的援助并宣布苏丹经济处于崩溃边缘。随后,达哈卜过渡军政府和阿拉伯经济与社会发展基金(Arab Fund for Economic and Social Development)关于该组织在 25 年中向苏丹投资 60 亿美元的谈判也未取得成果。得不到国际金融组织的扶持,过渡军政府又没有控制货币供给量的能力,结果出现了严重通货膨胀,国家经济形势日益严峻。

在南方问题上,达哈卜试图用温和的办法来解决。他先宣布政府单方面停火、表示愿与苏丹人民解放阵线进行直接谈判,特赦反叛分子。过渡军事委员会承认南方需要特殊的发展,并提议召开全国会议讨论南方问题。然而,达哈卜过渡军政权拒绝在南方废除沙里亚法,使苏丹人民解放阵线领导人约翰·加朗认为政府缺乏诚意。

尽管存在着隔阂,但双方还是愿意继续为和平解决南方问题共同努力。1986 年 3 月,苏丹政府同苏丹人民解放阵线达成了《科卡达姆宣言》(Koka Dam Declaration),该宣言号召建立一个消除种族主义、部族主义、宗教宗派主义以及所有歧视和不平等根源的苏丹国家。宣言还要求废除沙里亚法并召开制宪会议。除了民主联合党和全国伊斯兰阵线外,《科卡达姆宣言》得到了苏丹各政党和组织的支持。为了避免同民主联合党及全国伊斯兰阵线的冲突,达哈卜决定将沙里亚法问题留给新的文官政府去处理。其间,苏丹人民解放阵线一直保持着对苏丹政府的军事压力,尤其是在南方三省。

1985 年 4 月底,过渡军政府与苏丹国内主要政治组织全国职业联盟(Alliance of Professional)和工会进行谈判,随后组成了由贾祖里·达法拉博士(Dr. Gazuli Dafalla)领导的文官内阁。

这个从属于过渡军政府的内阁的职能是处理政府的日常事务和为大选做准备。虽然内阁中有 3 名来自新组建的南苏丹政治协会（Southern Sudanese Political Association）的南方成员，但它还是没有赢得大多数南方人的支持，因为南方人仍然认为过渡军事委员会的政策只是尼迈里的翻版，苏丹仍然是一个分裂的国家。

达哈卜宣布全国将进行大选的决定后，在苏丹国内出现了数十个政党，表示有意参加全国大选。这些政党和政治观点与政策主张各不相同。有的忠于革命的社会主义，有的支持伊斯兰主义。在信奉伊斯兰主义的政党中，全国伊斯兰阵线势力较大，它秉承了伊斯兰宪章阵线（Islamic Charter Front）的宗旨，致力于传播穆斯林兄弟会的思想与主张。在关于沙里亚法、南方内战及国家的未来方向等问题上，各党的分歧十分严重。

1986 年 4 月，达哈卜过渡军政府批准已经承诺的全国大选。结果，由萨迪克·马赫迪领导的乌玛党成为第一大党，赢得了 99 个席位，由哈特米亚教派（Khatmiyyah）领袖穆罕穆德·乌斯曼·米尔加尼（Muhammad Uthman al Mirghani）领导的民主联合党赢得 64 个席位，哈桑·阿卜杜拉·图拉比博士（Dr. Hassan Abd Allah at Turabi）领导的全国伊斯兰阵线赢得 51 个席位。来自南部、努巴山区和红海沿岸山区的地区政党获得少数席位。

六　萨迪克政府（1986 年 6 月～1989 年 6 月）

大选之后的 1986 年 6 月，萨迪克·马赫迪领导的乌玛党与民主联合党、全国伊斯兰阵线及 4 个南方政党组成了联合政府，萨迪克·马赫迪出任联合政府总理，苏丹又再次回归到文官政府统治下。

这是苏丹独立后的第三届文官政府。但新的文官联合政府在许多问题上不断发生争吵。1988 年 11 月，联合政府中的民主联合党代表与南方苏丹人民解放运动在亚的斯亚贝巴签署了一个和解协定，内容包括停火条件、在南方冻结沙里亚法、解除紧急状态和废除同外国达成的政治军事条约等。双方还提议召开制宪会议决定苏丹的政治未来。全国伊斯兰阵线对于这个协定中关于在南方停止沙里亚法的规定不满，反对这个协定。由于联合政府不支持这个协定，民主联合党退出了联合政府。

1989 年 3 月 11 日，萨迪克·马赫迪重新组成由乌玛党、民主联合党、南方各小政党以及工会在内的新政府。萨迪克表示新政府将执行 1988 年民主联合党同苏丹人民解放运动达成的协定，从而结束南方内战。他还允诺通过动员政府资源来为饥荒地区提供食物救济，减少政府的国际债务，维护国家的统一。

七　巴希尔时代的开始（1989 年 6 月~）

19 89 年 6 月 30 日，苏丹再次发生军事政变，以奥马尔·哈桑·艾哈迈德·巴希尔（Umar Hassan Ahmad al Bashir）上校为首的一伙军人，在苏丹全国伊斯兰阵线支持下发动"救国革命"，推翻了萨迪克政府，成立了一个由 15 人组成的救国革命指挥委员会（Revolutionary Command Council for National Salvation）。

这是苏丹独立后的第三届军人政府。

巴希尔执政后，实行党禁，取缔了包括苏丹全国伊斯兰阵线在内的一切政党活动，实行严格的新闻控制，禁止一切非官方的新闻机构活动。1991 年 1 月，巴希尔政府宣布除南方外，全国实行伊斯兰法，以《古兰经》和《圣训》作为国家政治、经济、社会生活各方面的基础。

随着巴希尔军政府的建立，苏丹历史进入到一个新的时期。

第七节　重要历史人物

什塔（Kashta） 古代苏丹库施王国的国王。大约在公元前750年，他统帅库施军队从尼罗河第四瀑布附近的库施国首都纳帕塔出发，沿着尼罗河远征至第一瀑布和阿斯旺一带，他在那时竖立起一块石碑，记载他的征战之功，并自称为上下埃及之王。

沙巴卡（Shabak） 古代苏丹库施王国的国王。约在公元前713～前712年，他将库施王国的势力扩张到尼罗河三角洲一带。他统一了整个埃及和努比亚地区，迁都孟斐斯，建立起古代埃及的第25王朝，史称努比亚人的库施王朝。

阿玛拉·敦格斯（Amara Dunqas，约公元1480～1516） 古代苏丹伊斯兰芬吉王国的首任国王。约在公元1504年，敦格斯在第三瀑布附近的森纳尔（Sannar）地区建立了芬吉王国。芬吉王国信奉伊斯兰教，国王自称素丹，这是一种界于部落首领制与中央集权之间的黑人素丹制（Black Sultanate）。到16世纪中期，芬吉王国控制了第三瀑布到南方热带雨林的广大地区。

苏莱曼·索龙（Sulayman Solong，约公元1596～1637） 苏丹富尔人凯拉（Keira）部落首领，建立达尔富尔素丹国，成为素丹。他在位期间，推行伊斯兰教，将伊斯兰教变为富尔素丹国的官方宗教，并与芬吉王国争夺科尔多凡地区的控制权。

赛义德·伊斯梅尔（Said Ismail，公元1863～1879在位） 19世纪中期奥斯曼帝国属下的苏丹统治者，称为赫迪夫（Khedv，意为伟大的埃米尔）。他任命欧洲人为省督，废除了苏丹北方地区阿拉伯人从事的奴隶贸易，并建立了西式新军。

穆罕默德·马赫迪（Muhammad Mahdi，约1844～1885） 苏丹民族英雄，反英武装起义领袖。原名穆罕默德·艾哈迈德

（Muhammad Ahmad）。出生于栋古拉（Dongola）的船工家庭。早年受正统伊斯兰教育。曾在白尼罗河阿巴岛（Abal）和科尔多凡等地传教。1881 年 6 月自称马赫迪（救世主），声称受命于神。8 月在阿巴岛宣布"圣战"，发动起义，提出国家独立，反对异教徒和英埃统治的主张。同月 12 日首战告捷，旋即转移西部卡迪尔山区。1883 年初起义扩大至苏丹西部和南部。同年击败英国将领希克斯统领下的埃军 8000 人。1885 年攻占喀土穆，击毙总督戈登，解放苏丹，统一分散的部落，创建马赫迪国家，定都恩图曼。同年 6 月逝世。

伊斯梅尔·阿扎里（Ismail al Azhari） 苏丹总理（1954～1956 在任）、民族联合党（National Unionist Party，NUP）领袖。1902 年生于恩图曼。曾先后在喀土穆的戈登学院和贝鲁特的美国大学接受教育，1940 年任苏丹大学毕业生大会主席。1943 年组织"阿希加"（Ashigga）即兄弟党，反对英国所提出的苏丹自治建议。1952 年任民族联合党主席。1953 年民族联合党在选举中获得压倒性胜利，阿扎里于 1954 年 1 月出任苏丹自治政府总理。1956 年 1 月苏丹独立后当选为第一任总理。同年 7 月在众议院两党斗争中被迫下台。1958 年军政权上台后曾因进行反政府活动于 1961 年 7 月被捕，1962 年 1 月获释。1964 年阿扎里重新担任民族联合党领袖，1965 年 6 月任苏丹最高委员会主席。1969 年 5 月 25 日苏丹发生军事政变，阿扎里被推翻下台。

易卜拉欣·阿布德（Ibrahim Abboud） 苏丹共和国武装部队最高委员会主席（1958～1964 年在任）。1958 年 11 月 17 日，时任苏丹军队高级将领的阿布德发动军事政变，建立由军官组成的武装部队最高委员会进行统治。阿布德军政府在发展国家经济方面取得一定成就，但他用武力镇压南方游击队以及在南方推行阿拉伯语和伊斯兰教的同化政策，遭到南方民众强烈反对。1962 年 10 月，南方学校普遍罢课，大量居民逃往边境地区，引起国内政局动荡。1964 年 10 月，喀土穆大学生举行抗议政府南方政策的示威游行，阿布德政府被迫辞职。阿布德曾于 1964 年 1 月访问中国。

加法尔·尼迈里（Gaafar Mohamed el-Nimeiri） 苏丹总统（1971～1985 年在任）。1930 年 1 月 1 日出生于苏丹恩图曼市。1952 年苏丹军事学院毕业后，曾先后担任南方军区供给参谋、步兵营副营长，为"自由军官组织"领导人，多次参加推翻苏丹前政权的活动。1965 年毕业于美国堪萨斯州莱文沃斯堡陆军军官学院。1967 年任托里特市军区司令，后任东部格贝特步兵学校副校长。1969 年 5 月，尼迈里为首的军人发动政变推翻阿扎里文官政府，尼迈里任革命指挥委员会主席兼国防部长和武装部队总司令。同年 10 月又兼任总理。1970 年 3 月挫败萨迪克·马赫迪右翼叛乱。1971 年 7 月发生共产党人组织的政变，尼迈里曾被逮捕，3 天后即被解救。同年 9 月公民投票，他又以 98.6% 的绝对多数票当选为总统。1972 年 1 月，尼迈里宣布成立"苏丹社会主义联盟"，自任总书记。同年 3 月，尼迈里政府与南方反政府武装签订了《亚的斯亚贝巴协定》，从而结束了长达 17 年的南方内战。尼迈里任职初期推行政府主导经济的所谓"社会主义"经济政策，计划将苏丹变成非洲粮仓。他是第一个支持埃及总统萨达特与以色列媾和的伊斯兰国家领袖，他试图推行伊斯兰法律，但遭到了世俗化穆斯林和以非穆斯林为主体的南方人的反对，并导致内战重新爆发。尼迈里统治期间发生过多次未遂政变。1985 年 4 月 6 日，乘尼迈里访问美国之机，达哈卜将军领导的军人发动政变推翻他的政权。尼迈里流亡国外。

阿布德·拉赫曼·苏瓦尔·达哈卜（Abd al Rahman Suwar adh Dhahab） 中将、苏丹过渡军事委员会主席。1985 年 4 月 6 日时任苏丹武装部队总司令的达哈卜发动政变推翻尼迈里政权，并改国名为苏丹共和国。随后成立由他领导的过渡军事委员会，宣布中止宪法、解散国会和尼迈里领导的苏丹社会主义联盟及秘密警察组织，释放了政治犯。达哈卜的过渡军政府得到了较为广泛的支持，但受当时苏丹严重的经济危机、南北内战等问题的困扰而政绩有限。1986 年大选后，达哈卜实践诺言，将政权交给了民选的萨迪克·马赫迪政府。

第三章

政　　治

　　苏丹是一个位于非洲大陆十字路口的发展中国家，其国家形态与政治制度独立以来经历了复杂的演变过程。从 1956 年苏丹独立以来的半个多世纪，苏丹经历了三届文官政府统治时期（分别为 1956～1958 年、1964～1969 年、1985～1989 年）和三届军人政府统治时期（分别为 1958～1964 年、1969～1985 年、1989～迄今）的交替过程。总体上说，频繁的政权更替与动荡的政局，使当代苏丹的国家体制与政治结构较复杂多变。

　　2005 年 7 月 9 日，苏丹政府与约翰·加朗领导的南方反政府武装根据达成的和平协定，颁布了"2005 年过渡宪法"，这也是苏丹独立以来的第五部宪法。按照这部宪法的规定，苏丹是一个实行议会联邦制和总统制的共和制国家，国家最高元首和政府首脑为总统。至此，苏丹独立后的政治体制经历了长期变动之后，随着内战的结束，也大体上稳定下来。不过，苏丹国家政治体制依然存在一些不确定的因素。当代苏丹国家政治进程与政治体制之所以曲折而复杂，是因为它与大多数年轻的非洲国家一样，自独立后便面临着民族国家统一构建与国民政治文化的塑造问题，面临着复杂而意义重大的年轻国家国民精神文化塑造与国家认同感培养的使命。① 它必须由传统的封闭分割的部族或部落型社会转化为具有内在凝聚力和向心力的现代民族国家,而这一构建现代民族国家的政治一体化进程不可能在短期内完成。② 同时,由于苏丹又是一个地跨北部非洲与南部非洲的种族与文化复杂的国家,而它的当代政治进程始终受着如下因素的制约和影响。③

第一,苏丹是一个有着非洲土著文明传统的国家。历史上的努比亚文明与库施王国形成的国家体制与政治遗产,对以后苏丹国家的政治进程有着持久的影响。第二,历史上苏丹长期与北方埃及有紧密关系,使苏丹古代的政治体制具有类似埃及法老制度的中央集权与专制政治的色彩。第三,公元5、6世纪后传入的原初形态的基督教,也在苏丹政治生活与民族关系结构中,留下了自己的历史痕迹。第四,在南部苏丹和西部达尔富尔内陆深处,传统的部族政治与部落酋长制,一直存在于苏丹的政治演进过程中。第五,公元8、9世纪以后,阿拉伯—伊斯兰文化传入北部苏丹,那以后阿拉伯伊斯兰因素逐渐成为苏丹国家政治的主导力量而延续至今。第六,因历史环境而形成的涉及种族、民族、宗教、语言等诸多因素的南北差异和矛盾,构成了苏丹当代国家统一构建的一个根本性障碍。第七,近代以后,苏丹成为西方殖民地,英国殖民统治和西方政治遗产,作为一种外来力量,对独立以来苏丹国家政治发展进程也有重要影响。

① 参见刘鸿武《非洲文化的现代复兴与民族国家文化重构》,天津《历史教学》1993年第10期。
② 参见刘鸿武《撒哈拉以南非洲民族国家统一构建进程》,中国社会科学院西亚非洲研究所《西亚非洲》2002年第2期;刘鸿武著《从部族社会到民族国家–尼日利亚国家发展史纲》,云南大学出版社,2002。
③ Dustan Wai, *The African-Arab Conflict in the Sudan*, New York:Africana Publishing Company, 1983, p. 5.

上述这些复杂的政治、文化、宗教因素，或相互对峙，或相互渗透，使得苏丹国家形态与政治体制的发展，具有一种介于北部非洲与撒哈拉以南非洲的过渡性特点。

第一节 政体与国家机构

一 独立前的政治遗产

苏丹是非洲文明古国，古代库施王国时期，形成了中央集权的奴隶制国家制度，并受到北方埃及法老制度的影响。在库施王国时期，北部苏丹已经开始了早期的民族整合，国家形态的基础得以初步奠定，这是苏丹这个国家得以在非洲大陆形成的重要历史因素。后来，在中部地区又出现了基督教王国。公元 640 年，阿拉伯人征服埃及后继续向南方的苏丹扩张，公元 651 年，阿拉伯人与苏丹基督教王国签订《巴克特条约》(Baqt Treaty)，允许苏丹基督教国家保持原有的政治结构与宗教信仰。15、16 世纪，在尼罗河上游地区建立的芬吉王国和富尔王国，是政教合一的伊斯兰教国家，统治者自称素丹。

18 世纪以后，作为当时奥斯曼帝国一部分的北方埃及马木鲁克王朝控制了苏丹，将喀土穆建成统治苏丹的总督府，加速了苏丹的阿拉伯化或伊斯兰化。19 世纪 80 年代建立的马赫迪国家也是政教合一政权。1899 年，英国与埃及在开罗签订关于共同管辖苏丹的协定，苏丹变成了英国与埃及的共管国，实际上成了英国总督统治下的殖民地。英国在苏丹建立了殖民总督府和司法、行政制度，在地方上还建立了相应的行政管理机构。这期间，西方政治制度及国家形态，政党制度及相应的政治文化与政治思想，在苏丹得到一定程度的传播。

第二次世界大战结束后，苏丹民族解放运动持续高涨，出现了一些民族主义的政党组织，在英国主导下，具有咨询性质的殖民地立法会议也建立起来，各种民族主义政党开始在苏丹出现，并在 1953 年建立了自治政府。1956 年 1 月 1 日苏丹宣布独立，并通过大选产生了苏丹第一届文官政府，建立了议会共和制的国家——苏丹共和国。

二 独立后政体的演变

1956~1958 年的苏丹第一届文官政府时期，实行的是议会共和制下的内阁制，国家最高领导人是内阁总理，在政治体制上大体上移植了欧洲特别是宗主国英国的政治制度，包括一部具有现代政治特征的共和国宪法，建立了初具形态的议会制度、政党制度和文官制度。当时，苏丹已经出现竞争性的政党和政治组织。在独立后的首次选举中，第一届政府以民族联合党为主体组成，内阁总理由民族联合党主席阿扎里担任。两个月后，政府改组，让出 4 个部长职位给乌玛党和人民民主党。同年 7 月，乌玛党和人民民主党联合倒阁，改由乌玛党总书记阿卜杜拉·哈利勒组阁。1958 年 3 月，苏丹举行大选，乌玛党和人民民主党组成联合内阁。

但是，从西方移植这种竞争性的政党政治与议会制度，在当时的苏丹这样的非洲国家，实际上一开始就因为缺乏足够的历史文化基础与政治条件而显得十分脆弱。这个新生的国家，在实行西式文官政治与议会政党制度的头三年中，政局动荡，各政党相互倾轧，内阁改组频繁，终于在 1958 年 11 月 17 日发生了第一次军人政变。

在以后的数十年间，苏丹政治体制在军人政权与文官政府之间交替，政党与议会的作用时断时续，伊斯兰宗教力量与南方部族政治，也以不同的方式影响着国家的政治进程与政体演变。苏丹的政治进程既与宗教文化的冲突有复杂关系，也与当时国际关系中的冷战背景相联系。独立之初的苏丹乌玛党政府，执行亲西方的外交政策。1958年3月，哈利勒政府与美国签订了《经济和技术援助协定》，这种与西方结盟的政策，加剧了苏丹国内的社会与民族矛盾，出现了声势浩大的反政府运动。1958年11月17日，乌玛党为挽救政治危机，自己策划发动了军事政变，由军人集团夺取了政权，组成了以阿布德为首的苏丹武装部队最高委员会，作为国家的最高权力机关。政变后的政府实权掌握在亲乌玛党的陆军副总司令艾哈迈德·阿卜杜·瓦哈布等人的手中，苏丹进入第一届军人政权时期。

　　然而，动荡的政局并未因军人政权的建立而稳定下来。瓦哈布政权的亲美政策引起了北部军区司令阿卜杜勒·拉希姆·沙南和东部军区司令毛希丁·艾哈迈德·阿卜杜拉·萨阿德等民族主义军官的不满。不到半年，他们在1959年3月再次发动政变，驱逐了瓦哈布等人，改组了武装部队最高委员会。新的权力集团经过一番争夺，具有亲西方色彩的哈桑·贝希尔·纳斯尔代替了瓦哈布，升为陆军副总司令兼参谋长。当时，那些有着民族主义倾向的军官一再地准备发动新的政变，5月，沙南和毛希丁等民族主义的军官与哈桑的矛盾尖锐化，沙南与毛希丁准备调动军队迫使哈桑下台，由于参加策动政变的一名高级军官马格布尔·阿明的出卖，这次政变没有成功，大批参与政变的军官被解职。11月，那些被解职的军官利用各阶层民众和各政党的反政府浪潮再次发动了政变，结果再度失败。在经过了这一系列的政变斗争后，军人的力量日益成为国家政治生活中的主导力量，而中下级军官与高级军官之间，在兵营中的高级军官与在政府中身居要职的高级军官之间，矛盾也日趋尖锐和复杂起来。

　　20世纪50年代末，代表安萨尔教派的乌玛党为了借助军人的力量保存实力，曾支持军人集团上台执政。但乌玛党这一做法的结果却适得其反。1959年3月政变后，属于乌玛党的瓦哈布集团被逐出政府，乌玛党在军队中的力量也大大削弱，不仅失去了对军政权的控制，而且遭到军政权的限制和打击。

在军人执政期间，国内各党派同军政权之间的矛盾不断激化。1964 年 10 月下旬，全国爆发了大规模的反对军政权运动，推翻了阿布德的军政权统治，无党派人士和各党派组成了以中间力量为主的过渡政府。1965 年 4～6 月，苏丹北部六省举行制宪议会大选（南部三省由于政治原因抵制大选）。选举结果，乌玛党和民族联合党在制宪议会的 173 个席位中分别获得了 75 席和 54 席。6 月 10 日，制宪议会举行会议，选出了由 5 人组成的新一届"国家最高委员会"，同时由乌玛党的政治局执行委员穆罕默德·艾哈迈德·马哈古卜担任总理。1965 年 6 月 14 日，乌玛党和民族联合党为主的新政府组成，苏丹进入了独立后的第二届文官政府统治时期，继续实行议会共和制度。

但军队并不愿意轻易退出国家权力中心。1969 年 5 月 25 日，尼迈里为首的一批年轻军官成功地发动了军事政变，并上台执政，苏丹由此开始了更漫长的第二届军人政权时期。尼迈里将国家改名为苏丹民主共和国，组成以军人为核心的革命指挥委员会和内阁。随后，尼迈里进行了对国家体制与政治制度加以变革的"组织革命"，宣布举行总统选举，建立人民议会，制定永久宪法。1969 年 9 月，按照新宪法规定，苏丹举行总统大选，尼迈里当选总统，并兼任总理。从此，从形式上看，苏丹成为一个实行总统议会制的国家。1977 年 5 月 24 日，尼迈里再次当选总统，任期 6 年。

不过，尼迈里虽然形式上是共和国总统，但当时苏丹实际上是一个军人独裁统治的国家。在尼迈里统治时期，苏丹政治的军人色彩和极端倾向进一步发展。尼迈里军人政权的性质，其实是与苏丹古老的集权体制联系在一起的。但是，这一政治体制虽然可以借助强力维持社会的刚性稳定，却无法有效地推进经济与社会的发展。

与多数非洲国家一样，进入 20 世纪 70 年代末 80 年代初以后，苏丹社会经济长期陷入停滞状态，民众生活日益贫困，各种社会矛盾与民族宗教矛盾迭起，政府改组频繁。各方面反对活动加剧，并发生了多次未遂政变。在南方地区，更出现了反对政府的军事武装行动。

1985 年 4 月 6 日，武装部队总司令阿布德·拉赫曼·苏瓦尔·达哈卜发动军事政变上台，改国名为苏丹共和国。在同一天，还宣布中止宪法，免除总统、第一副总统、副总统、各部部长、各地区长官和各省省长的职务，解散苏丹人民议会。4 月 9 日，达哈卜宣布成立由他本人为主席的 15 人过渡军事委员会，以行使过渡时期的国家最高统治权和立法权。委员会宣布"恢复各种表现形式的民主和多党制，反对一党制"，并许诺一年内组织大选建立一个文官政府。4 月 22 日，苏丹文官过渡政府成立，其任务是为在今后 12 个月内举行自由选举做准备。被选出的 15 名政府成员各有 5 名分别由工会、政党联盟和军方提名。总理由苏丹全国医生联合会主席达法拉·贾祖利博士担任，副总理由南方政治联盟领导人塞缪尔·阿鲁·布勒担任。过渡军事委员会保留对政府行动的否决权。4 月 18 日，达哈卜宣布法令，废除前总统尼迈里于 1983 年 6 月颁布的将南方自治区分割为三个直属中央管辖的行政地区的命令。21 日，以詹姆斯·洛罗·西里西奥少将为首的苏丹南方最高过渡执委会成立。该执委会在过渡时期内由苏丹武装部队司令部控制。5 月 25 日，南方三区的 7 名代表组成统一的地方政府。该政府由最高过渡执委会主持工作。原南方三区的军区司令兼最高过渡执委会的成员仍旧保留行政职务。原南方三区改为"行政区"，每一个行政区设一名负责行政、财政和劳务的高级专员。

1986 年 5 月 15 日，苏丹成立了新一届文官政府，这也是苏丹独立建国以来的第三届文官政府。根据大选结果，以乌玛党和民主联合党为主，吸收少数小党派联合组阁，乌玛党主席萨迪克·马赫迪任总理。各执政党派入阁人数根据其在议会中席位多少协商决定。这期间，苏丹实行的是议会制下的内阁总理制，内阁总理由议会中的多数党或政党联盟的领袖担任，行使国家的最高行政权，立法权则由议会掌握。

三 独立以来的宪法

苏丹作为一个年轻的非洲国家，继承了英国殖民统治时期遗留下来的现代宪政制度的遗产，历届文官和军人政府，为巩固自己的统治，一直把决定国家政治基础的宪法的制定放在一个突出的位置上。自独立起，苏丹已先后制定过五部宪法。但是，由于受国家政治发展内在因素的制约，宪法的制定和实施，往往受人为因素的影响，稳定性差，各部宪法间的传承关系也较为复杂多变，特别是在军人执政时期，宪法对国家政治生活的实质性规定与影响，其实是很有限的。

1955 年宪法 第二次世界大战结束后，苏丹民族独立运动便日益高涨起来。殖民宗主国英国为了控制苏丹民族运动的发展进程和走向，开始在殖民地建立自治政府和议会。1953 年，苏丹宣布自治，并开始为未来独立国家制定一部宪法。1955 年 12 月，苏丹议会通过了临时宪法。这是苏丹现代史上第一部宪法，它是在英国殖民政府的影响下制定的，具有明显的英国式政治制度的色彩。根据这部临时宪法，苏丹将实行议会共和制，建立国家最高委员会、参议院、众议院、部长会议等机构。国家的最高权力机构是国家最高委员会，与参议院和众议院共同行使立法权，部长会议则行使政府内阁的职能。国家最高委员会可以根据众议院提出的人选任命总理；根据总理的提名任命各部部长；根据部长会议的建议和议会的批准，任命最高审计长、最高首席法官和宗教大法官；同部长会议协商，任命选举委员会。国家最高委员会还具有赦免权、对武装部队的最高统帅权，等等。同时宪法规定，由总理和部长组成的部长会议，是苏丹最高行政机构。总理必须是议会中多数党的领袖。部长人数规定为 10～15 人，其中两人必须保留给南方代表。部长会议向议会负责。苏丹立法机构由国家最高委员会、参众两院联合组成。参议院和众议院每届任期三年。众议院必要时可以提前解散。苏丹司法机构自成独立系统，向国家最高委员会负责。

1958 年第一次军事政变发生后，苏丹由军人集团统治，1955 年的临时宪法被废除，国家最高委员会被解散。其后，军人集团颁布一项法令规定，苏丹武装部队最高委员会是苏丹最高权力机构，它具有全部立法、司法和行政权，并对武装部队具有最高统帅权。1963 年，成立了中央会议作为咨询机构。1964 年 10 月，军政权被推翻后，过渡政府宣布将实施经过修改的 1955 年的临时宪法。1965 年 6 月，苏丹制宪议会成立，宣布将制定新宪法。

1973 年宪法 1973 年 4 月 11 日由苏丹人民议会通过。5 月 8 日，经尼迈里总统批准，称为"永久宪法"。该宪法规定：苏丹共和国改为苏丹民主共和国，是一个"民主、社会主义和统一的共和国"、是"阿拉伯和非洲两个实体的一部分"。新宪法还规定，一方面，"伊斯兰教法和习惯是立法的基础"，同时，"国家对各种宗教信仰者一视同仁"。宪法还肯定了苏丹南方的自治权利。宪法规定，苏丹社会主义联盟是国家唯一的政治组织。总统是国家元首，由社会主义联盟提出候选人，经全民选举产生，任期 6 年，可连选连任。总统担负执行权，是人民武装部队和治安部队的最高统帅。总统任免副总统、总理、部长、军官、外交使节、法官、总检察长等；签订和批准条约。总统有权给予免刑或减刑、宣布紧急状态，总统享有豁免权。这部宪法是苏丹独立后制定和实行的首部宪法。1985 年 4 月苏瓦尔·达哈卜将军执政后，宣布废止该部宪法。

1985 年宪法 1973 年宪法被中止后，1985 年 10 月苏丹政府颁布了过渡性的临时宪法。1986 年 4 月 26 日，苏丹通过大选成立制宪议会（Constituent Assembly）。根据"临时宪法"规定，制宪议会每届任期 4 年，产生永久宪法后将改为国民议会，拥有 264 名议员，其中乌玛党占 99 席，民主联合党占 63 席，全国伊斯兰阵线 51 席，苏丹民族党 8 席，苏丹共产党 3 席。南方政党和无党派人士 21 席。制宪议会的主要职权是制定并通过永久宪法草案。在其第一次会议上选举最高委员会主席和委员，作为集体的国家元首；从制宪议会议员中选举总理；监督政府，通过国家预算，决定国家政策。议长穆罕默德·易卜拉欣·哈利勒。

苏丹共和国最高宪政权力机构为最高委员会（Council of State）。1985 年 10 月颁布的苏丹过渡性临时宪法规定，苏丹最高委员会主席和委员在制宪议会第一次会议上选举产生。最高委员会同制宪议会一起组成立法机构。最高委员会由主席和 4 名委员组成，集体构成国家元首。艾哈迈德·阿里·米尔加尼 1986 年 4 月当选为最高委员会主席。该宪法于 1989 年 6 月 30 日废止。

1998 年宪法 巴希尔执政后宣布冻结 1985 年制定的宪法。在全国委员会正式建立后制定并通过公民投票表决通过了永久宪法，即 1998 年宪法。1998 年 6 月 30 日，苏丹颁布并实行了该宪法。按照该宪法的规定，苏丹是一个共和联邦制国家，国家政治权力分别由总统、议会（一院制）、最高司法委员会行使；总统是国家主权的最高代表，是军队最高统帅，总统拥有立法、司法、行政的最高裁决权；总统由全民选举产生，任期五年，可连选连任一次；国民大会是国家的立法机构，行使国家立法权和行政监督权，议会设议长；国家实行三级行政管理制度，依次为联邦政府（不设内阁总理）、州政府和地方各级政府；最高司法委员会是国家司法机构，下设最高法院和总检察院，分设首席大法官和总检察长。宪法还规定苏丹是多种族、多文化、多宗教国家，奉行国民言论和结社自由及政治协商等原则，承认宗教平等、信仰自由，南北方公民与义务平等，并奉行独立、开放和不干涉别国内政的外交政策。

2005 年临时宪法 2005 年 7 月 9 日，巴希尔总统和第一副总统约翰·加朗在喀土穆的一个庆典上联合签署了一部临时宪法。整体而言，苏丹临时宪法主要是依据 1998 年宪法和《全面和平协定》（Comprehensive Peace Agreement，包括 2002 年后政府同苏丹人民解放运动之间达成的《权力分享协议》等 8 个协议和协定）而制定的，因此 1998 年宪法和《全面和平协定》中的许多条款都被完整保留。

根据新宪法，苏丹是一个民主、分权、多文化、多种族、多民族、多宗教和多语言的议会联邦制主权国家；新宪法是苏丹的最高法律，完全取代自 1989 年政变以来的几经修订而成的 1998 年宪法（巴希尔将军就是依据这部宪法于 2000 年再次当选为总统的），南苏丹临时宪法和各州宪法的制定不得与苏丹临时宪法相抵触；国家的立法基础为习惯法和伊斯兰法（南方除外），保持国家统一，以及基于多种族、多宗教和多文化的多样性原则；两院制议会（国民大会和由各州派两名代表组成的州参议会）是国家的立法机构，每届任期五年，两院单独或联合行使国家立法权和行政监督权；苏丹实行从全国统一政府（即联邦政府）、南方自治政府、州政府到地方各级政府的四级分权行政管理体制。

这部新宪法同样赋予总统极大的权力，总统集国家元首、政府首脑和军队统帅于一身。总统由全国大选直接选出，每 5 年举行一次总统选举，但任何人连任总统最多不能超过两届。此外，临时宪法还突出强调了苏丹的比较独特的总统制：由总统和两个副总统（一个为北方人，另一个为南方人）组成，而且总统和

第一副总统只能由北方人和南方人分别担任——若当选总统为北
方人，则第一副总统必须由南方人担任（同时也是南方政府主
席），反之亦然；在实行或取消紧急状态、宣战、议会的召集、
延期或解散，以及重要的人事任免等重大问题上，第一副总统拥
有较大的制衡权。① 按照新宪法，原定于 2005 年举行的总统和
议会选举将推迟到 4 年以后（即 2009 年）举行，但是并未对巴
希尔总统此前的任期是否属于连任两届的情况做出明确说明。

除对国家的基本问题作出规定外，新宪法还包括一个权利和
自由法案，该法案在理论上保证全体苏丹人民，不论种族、文
化、性别、语言或宗教信仰，在法律面前一律平等。但是，总统
却几乎被赋予了法律诉讼方面的完全豁免，国会议员也享有类似
层次的保护，除非该特权被 2/3 以上的议会赞成票所剥夺。国家
成立一个专门用以支持、应用和执行新宪法的宪法法院，该法院
独立于政府和其他司法机构而运行。可是，宪法法院法官的任免
却由总统（经过同副总统协商）决定，这样就确保了总统在国
家机构中的首要地位。

四 现行的国家机构

对 当代苏丹政治体制性质，有些学者强调它的军人政权
与伊斯兰属性，有的则又认为在当代非洲，苏丹是一
个较多地具有民主色彩的国家，甚至认为，"就政治文化而言，
苏丹在阿拉伯世界和非洲国家中可列为民主国家之列"。② 这些
看法其实部分地反映出当代苏丹政治状态的复杂与矛盾性。总的
来看，独立后苏丹的国家制度与政治体制，具有一种混合与过渡

---

① 见《苏丹临时国家宪法草案》（Draft of the Sudan Interim National Consititution）第 58 条第 2 款、第 62 条和第 63 条第 1 款。
② John O. Voll（ed），*Sudan：State and Society in Crisis*，Indiana University Press，1991，p. 6.

的特点。它既有一个来自西方现代民主政治影响的宪法与议会政体，有竞争性的政党制度与文官制度，但是受苏丹传统文化与伊斯兰政治的影响，以及不发达国家经济与社会条件的制约，西式的民主政治体制其实往往只是一个外壳或形式，军人政权与个人集权政治，其实是苏丹政治生活的基础与核心。而苏丹复杂的宗教与民族结构，北方与南方发展上的差异，也从根本上制约着当代苏丹的政治进程。事实上，在过去50多年中，苏丹大多数时间都是在军人政权统治下渡过的。

苏丹独立之初，实行的是议会内阁制，总理为国家元首和政府首脑，在以后的各届文官政府时期，也都大体如此。而苏丹现行国家机构开始于1989年6月建立的巴希尔政府。10多年来，苏丹的国家机构与政府体制也经历了几次复杂的变化，总的趋势是在军人政权统治下，国家的政治体制逐渐从议会内阁总理制向联邦总统制过渡，由禁止政党活动向开放政党活动过渡。

巴希尔是在1989年6月30日通过军事政变上台的。巴希尔的上台使苏丹开始进入第三届军人政权统治时期。巴希尔军政府宣布在全国范围内实行伊斯兰法，解散议会、内阁及地方政府，冻结了1985年制定的过渡宪法。同时，实行党禁，取缔所有政党（包括苏丹全国伊斯兰阵线），停止一切非官方新闻机构的活动。为稳定国内局势，巴希尔政权以结束南方战争、实现国内和平和发展经济为施政纲领。1989年9、10月召开全国和平对话会议，讨论如何实现南方和平。

1990年8月召开讨论政治制度的全国大会，决定建立人民代表大会制度作为国家新的政治体制。1991年4月，召开全国政治制度会议，通过《全国政治活动宪章》，作为各阶级各派人士遵循的共同纲领。同年2月，成立苏丹联邦政府①，各州尤其

---

① 下设9个州（南方设3个州），1994年改为26个州（南方为10个州）。

是南方各州具有很大的自治机能。1992 年 1 月，成立全国过渡委员会（即过渡议会），逐步实施"还政于民"。1993 年 10 月，原救国革命指挥委员会自行解散，巴希尔改任总统，重组内阁，不再设总理。从此，苏丹成为一个实行联邦共和制和总统制的国家。

值得注意的是，1991 年，巴希尔宣布在全国范围内（南方部分省除外）实行伊斯兰法（即沙里亚法），以《古兰经》和圣训作为制定政治、经济、社会生活方针和政策的准则，并对法律和司法进行改革。这以后，苏丹国家政治体制中的伊斯兰宗教色彩逐渐浓厚起来。

为了使自己的统治合法化，巴希尔宣布进行全国大选。1996年 3 月中旬至 22 日，苏丹举行总统直接选举，结果巴希尔获得75.7% 的选票，连任总统，4 月 1 日宣誓就职，苏丹在形式上回归到了民选政府。与此同时，巴希尔宣布组成 400 人的国民大会（即议会），原全国伊斯兰阵线领导人哈桑·图拉比出任议长。4月 20 日，宣布成立 27 人新内阁。

1998 年 6 月巴希尔政府颁布的宪法赋予了总统极大的权力。按照该宪法的规定，苏丹是一个共和联邦制国家，国家政治权力分别由总统、议会、最高司法委员会行使，总统是国家主权的最高代表，是军队最高统帅，总统拥有立法、司法、行政的最高裁决权，联邦政府不设总理。同年年底，政府制定并通过了《政治结社组织法》，约 30 个党派注册成为合法政党。这样，从政治形式上看，苏丹再次回归到允许多党存在的民主政治状态。2000 年12 月，苏丹举行了总统选举，巴希尔总统再次获得连任。

2005 年 7 月，依照《全面和平协定》，特别是《苏丹临时宪法》的规定，苏丹联邦政府改组为苏丹全国统一政府（National Unity Government），南北政治力量在新政府中的分配比例为北方占 70%，南方占 30%，具体的分配情况是：全国大会党占 52%（49% 为北方人，3% 为南方人），苏丹人民解放运动占 28%（21% 为南方人，7%

为北方人），北方其他政治力量占 14%，南方其他政治力量占 6%。

总统为全国统一政府的首脑，巴希尔仍然为总统，加朗出任第一副总统［加朗飞机失事后由萨尔瓦·吉尔（Salva Kiir）继任］，塔哈任副总统。新政府所设部门和职位有：总统助理、农林部、动物和资源部、内阁事务部、文化、青年和体育部、国防部、教育部、能源和矿产部、环境和城市发展部、联邦政府部、财政和计划部、外交部、外贸部、卫生部、高等教育部、人道主义事务部、工业部、信息与通讯部、内务部、国际合作部、投资部、司法部、劳工与人力资源部、议会事务部、总统部、宗教事务部、旅游部、运输部、水资源部、总检察长、央行行长、驻美代办以及驻联合国永久代表等。

与此同时，南方成立了自治的南苏丹政府，首府设在伦贝克，下辖南方 10 州。加朗（后为萨尔瓦·吉尔）任南苏丹政府总统兼苏丹人民解放军总司令。有关政治力量在南苏丹政府中所占比例为：苏丹人民解放运动占 70%，全国大会党占 15%，南方其他政治力量占 15%。

此外，为了在全国统一政府中给苏丹人民解放运动腾出部长位置，巴希尔总统还用原联邦政府的一些部长接替了北方一些州的州长，其中就包括对东部红海州和卡萨拉州州长的更换，而此举引起了东部人民的不满，并成为东部反政府武装"东部阵线"进行政治动员的一个口实。

第二节　立法机构

一　立法机构演变

独立伊始，苏丹实行了议会民主制。至 1958 年，尽管苏丹国内政局动荡，各主要政党竞争激烈，内阁频繁改组，但议会民主体制没有改变。这一时期的立法大权主要集中于议会。1958 年 11 月 17 日苏丹发生了军事政变，军人集团夺取了政权，组成了苏丹武装部队最高委员会，作为国家的最高权力机关，苏丹实行军人专政。1964 年 10 月下旬，阿布德军政权统治被推翻，1965 年 2 月，第一届过渡政府改组。1965 年 6 月 10 日，制宪议会举行会议，选出了国家最高委员会的五个委员。1965 年 6 月 14 日以乌玛党和民族联合党为主的新政府成立后，苏丹又恢复议会民主制。1969 年 5 月 25 日，军事政变后尼迈里上台。1971 年尼迈里进行了"组织革命"，即选举总统，建立人民议会，制定永久宪法。

1972～1985 年，人民议会（people's Assembly）是苏丹国家的立法机构。根据宪法和议会组织法规定，人民议会和共和国总统共同参与立法。总统、总理、部长、议员均可提出法律草案，经人民议会通过，由共和国总统签署生效。共和国总统签订和批准的条约，在通知人民议会以后，方具法律效力。人民议会的主要职权是确定发展总计划，通过国家预算，颁布法律，对国家执行机构和各企业、事业单位进行监督，对总理和各部部长的工作提出质询。在 2/3 的议员投不信任票时，总理或部长必须辞职。如议会中 2/3 议员认为总统的政策有损于公共利益，则可要求总统向议会作出解释。人民议会每届任期 4 年。如果总统认为公共利益和形势需要，经同议长协商后，可解散议会，并重新进行选举；新议会在选出一年内，总统不得将其解散。议长、副议长等领导人的产生须由总统提名，议会党团通过。第五届议会是 1982 年 2 月产生的，共有议员 153 人，其中 15 名由总统任命，其余的来自各省、各群众团体和苏丹社会主义联盟，议长为伊兹丁·赛义德。当时的苏丹人民议会是阿拉伯社会主义联盟和各国议会联盟成员。1983 年 10 月，苏丹当选为各国议会联盟理事会主席国。1985 年 4 月，苏丹政府更迭，过渡军事委员会主席达

苏丹

哈卜宣布解散苏丹人民议会。

从 1986 年 5 月至 1989 年 6 月，"最高委员会"是苏丹共和国的最高宪政权力机构。最高委员会经制宪议会选举产生，同制宪议会一起组成立法机构。最高委员会由 5 人组成，设一位主席和 4 名委员，实行集体领导，投票通过决议，集体组成国家元首。5 名成员对外享受国家元首礼遇。1986 年 4 月，艾哈迈德·阿里·米尔加尼当选为最高委员会主席。

1989 年巴希尔政府执政以来，国民大会（National Assembly）一直是最高立法机构，行使国家立法和监督权。巴希尔政权主张按照伊斯兰早期提倡的协商原则，在不分阶级、党派、教派和民族以及思想多元化的基础上建立新的政治体制，即"代表大会和人民委员会"制度，实行人人平等、民主协商、人民参政的原则。此制度旨在取代多党政治，消除部落纷争，同时保留思想多元化，便于实施"人民民主"。

1992 年 1 月国民大会取代临时国民大会正式成立，同年 2～6 月全国各地完成基层选举，产生村级人民委员会和乡级委员会，1993 年建立县级委员会，1994 年建立州级委员会。1996 年 3 月在国民大会直选中选出 265 名议员，连同当年 1 月在执政党全国代表大会党内部选出的 125 名议员及巴希尔总统任命的 10 名南方议员，于同年 4 月 1 日组成了 400 人的议会，议员任期为 4 年。哈桑·图拉比当选为国民大会主席（即议长）。

1998 年颁布的宪法规定，国民大会为苏丹国家立法机构，通过直接、间接、特别选举或总统任命的方式产生，每届议会任期 4 年；75% 的议员按照人口比例从各地区直选产生，25% 从妇女、职业、社团等法定专门组织中间接选出；如果因国家安全等重大原因而使某地区或组织的议员选举无法举行，则由总统直接为其指派议员；议长由第一次议员大会选举产生，每届任期同样为 4 年。2000 年 5 月 6 日，苏丹总统巴希尔宣布解除图拉比的议长职务。2000 年 12 月,苏丹举行了议会选举,组成了 360 人的国民大会(其中 355 名为全国代表大会党成员),艾哈迈德·易卜拉欣·塔希尔当选为议长。2001 年 2 月 5 日,艾哈迈德·易卜拉欣·塔希尔再次当选为新一届议会的议长。

二 立法机构设置

2005 年临时宪法颁布后,苏丹的立法机制发生了重大变化,即由一院制议会变为两院制议会。此外,南苏丹和全国 26 州也拥有自己的议会。简言之,苏丹现行的立法机制为"两院三级"议会制度,两院是指作为国家最高立法机构的国民大会和州委员会,三级是指苏丹的议会既有全国层面的国民大会、州委员会和地方层面的议会,同时还有介于二者之间的南苏丹议会(Southern Sudan Assembly)。

1. **国民大会**(National Assembly)

按照《全国选举法》和各地区的人口比例,通过公开、公正和自由的直接选举出的议员组成国民大会,每届任期 5 年。在 2009 年大选之前的过渡阶段,国民大会将由总统(经过与第一副总统的协商)任命的 450 名代表组成,其中北方占总数的 70%,南方占 30%。[①] 国家总统、副总统、内阁成员,南苏丹的总统、部长和议会议员,以及各州的州长、部长和州议会议员都不得兼任国民大会议员,州委员会代表也不得兼任国民大会议员。国民大会召开会议的法定人数为不少于全体成员的 1/3,但在议案的最后表决阶段,或者议长(由第一次会议选举产生)认为某个议程特别重要的情况下,则出席会议的成员不得少于半

[①] 具体分配如下:全国大会党占 52%(北方人为 49%,南方人为 3%),苏丹人民解放运动占 28%(南方人为 21%,北方人为 7%),北方其他政治力量占 14%,南方其他政治力量占 6%。见 2005 年《苏丹临时宪法》第 117 条第 1 款。

数。除特殊情况外，决议在国民大会的通过只需简单多数赞成票即可。国民大会设在恩图曼，但如果议长认为必要，也可在其他地方召开会议。

国民大会的主要职责有：第一，代表民众意愿，维护国家统一，行使国家立法职责，监督国家行政工作及促进政府的地方分权体制；第二，修宪，核准对《全面和平协定》的修改，先行讨论总统在国民大会的发言或书面致词，审批全国资源和收入的年度分配方案，讨论并表决被总统否决了的法案①，颁布《南苏丹全民公决法》，批准战争或停战声明，批准实行或停止紧急状态声明及弹劾总统和第一副总统；第三，接收其他全国性立法，审批与国家和社会有关的计划、纲要和政策，审批国家年度预算，审批州委员会通过的议案，批准国际条约、协定和协议，监督国家行政工作，对关乎公众利益的问题做出决议，要求并听取内阁做出的工作报告，对内阁成员的工作进行询问，以及建议总统免去失去其信任的内阁成员的职务等。

2. 州委员会（Council of States）

共有 52 名委员，是由各州议会按照《全国选举法》和全国选举委员会规定的程序选举产生的，每州选出 2 名代表。州委员会的每届任期也是 5 年。此外，州委员会还有 2 名由阿巴伊地区（Abyei Area）选派的观察员。根据 2005 年《苏丹临时宪法》第 117 条第 2 款的规定，在目前的过渡阶段，各州在州委员会委员均由总统（经过与两位副总统的协商）任命，其中南方 10 州的委员须经南苏丹政府主席的推荐。同国民大会一样，国家、南苏丹和各州的行政首脑以及三级议会的议员也不得兼任州委员会委

---

① 根据 2005 年《苏丹临时宪法》第 108 条的规定，总统须得在 30 日内对国会通过的法案做出批准或否决决定，逾期则该法案自动生效。若法案遭到总统否决，国会两院将再次对该法案进行讨论和表决，若被两院 2/3 的票数再次通过，则该法案无须总统的批准而自动生效。

员。州委员会召开会议的法定人数为不少于全体成员的1/2。除特殊情况外，决议在州委员会的通过只需简单多数的赞成票。州委员会设在喀土穆，但在议长（由第一次会议选举产生）的决定或多数委员的要求下，也可以在南苏丹的或任何一个州的首府召开会议。

州委员会的主要职责是：就政府的地方分权体制和权力下放问题展开立法，审批国民大会批准的议案，就分权和权力下放问题给各级政府提供指导性决议和指示，批准宪法法院法官的任命（须2/3的赞成票），批准不以"沙里亚法"为依据的全国性立法（须2/3的赞成票），监督国家重建和发展资金的运用，对全国石油委员会提交的争议问题做出裁决，要求州长或有关部长对分权和权力下放问题做出陈述等。

此外，南苏丹议会和各州议会的组成、运作及职能将分别由南苏丹临时宪法和各州宪法确定。根据临时宪法第176条的规定，过渡阶段的南苏丹议会由170名议员组成，具体分配情况为：苏丹人民解放运动占70%，全国大会党占15%，南方其他政治力量占15%。

第三节 司法机构

一 司法制度的二元性

苏丹现行的司法制度是历史演变的结果，它由伊斯兰教法、英国殖民统治时期植入的英国法律、苏丹土著部落传统习惯法等众多因素混杂而成。在英国殖民地时代以前，苏丹的司法管理权由宗教界和世俗统治者分享。在北方，大多数案件由称为"卡迪"（qadi）的伊斯兰法官审理，这些法官由逊尼派伊斯兰法律学校培养。但是，针对政府的犯罪则由国家统治者亲自审理，当然统治者在做出判决时，往往要听取他的宗教法律顾问、即沙里亚法专家"大穆夫提"（grand mufti）的建议。

在穆斯林占主体的居住区，结婚、离婚、遗产和家庭纠纷等涉及个人身份的案件由沙里亚法庭做出判决。而在南方部落地区，传统的部落习惯法则支配着类似案件的审理，不过这些习惯法已经受到沙里亚法和英国司法制度的影响。地方法庭通常由酋长或首领来负责。除了审判涉及居民个人权益的案件外，宗教法庭和传统法庭审理诸如土地所有权、放牧权以及其他部族之间纠纷的案件。

虽然伊斯兰教法是苏丹法律制度的基础，但英国的殖民统治也给苏丹留下了一笔影响广泛的法律遗产，而它与伊斯兰教法的关系也一直较为复杂。殖民地时期，英国司法判例在苏丹司法实践中往往有重要影响，加之大多数苏丹律师和法官也是由英国培养的，因此在现实生活中，对苏丹法律最重要的影响还是来自英国。1956年独立后，苏丹有过多次关于是否需要改革或者废除继承自英国的法律体制的讨论。在尼迈里和自由军官运动（Free Officers' Movement）发动针对民选文官政府的政变之时，苏丹正在组建一个司法制度修改委员会。把埃及的纳赛尔政府当作榜样的尼迈里政府解散了这个委员会，并组成了一个由12名埃及法学家指导的新的司法制度修改委员会。

1970年，尼迈里政府的司法制度修改委员会公布了一部新的《民法》。这部《民法》共有917条，大部分仿自埃及1949年的《民法》，但以其他阿拉伯国家的民法为基础对其做了轻微的改动。1971年苏丹又公布了《商法》和《刑法》。

对于苏丹1970年代初的这次司法体制调整，苏丹国内是有争议的，一方面，有人认为这种重大变动忽视了原有的法律和习惯，另一方面，改革直接照搬了埃及司法制度及其法律术语与概念，但缺乏对这些术语和概念作准确的司法解释和运用。同时，缺乏合格的法律教育体制和人才培训。反对这次司法制度修改的人还认为，苏丹的刑法原来是以英国式的判例法，但现代以埃及刑法取代，而埃及的刑法主要是对法国法律体制的移植，这是欧洲大陆法系的，与英国式的判例法是两种司法体制，结果造成苏丹司法制度的混乱。1971 年，发生针对尼迈里的未遂政变，而尼迈里政府与埃及的关系也开始冷却，于是，苏丹司法部组建了一个苏丹律师委员会来重新检查以埃及法典为基础的苏丹各法典。1973 年，尼迈里政府废除了这些法典，使苏丹的法制基础重新回到了 1970 年以前的习惯法原则。

1976 年，苏丹再次发生针对尼迈里政府的未遂政变，政变被镇压后，尼迈里开始在这个国家执行日益严厉的伊斯兰宗教法律制度，他同宗教政党达成一项称为"民族和解"的政治协议（详见第一章）。其中对国家司法制度影响重大的变动，是他同意了穆斯林兄弟会的要求，即以伊斯兰教法作为苏丹国家法律的基础，并于 1977 年组成了一个负责修订苏丹法律以使其符合沙里亚法的特别委员会。穆斯林兄弟会的秘书长哈桑·图拉比被尼迈里任命为该委员会的主席。

苏丹的非穆斯林民众，特别是南方人抵制了这个委员会，虽然委员会中有两人来自南方，但并未参与实质性活动。在穆斯林兄弟会主导下，该委员会总共起草了 7 个议案提交给苏丹立法机构国民大会。其中的"禁酒法案"（Liquor Prohibition Bill）禁止酒的生产、出售、广告以及穆斯林中的公众饮酒行为。另一个"扎卡特（天课）基金立法法案"（Zakat Fund Legislative Bill）要求强行在穆斯林中征税，以便设立一个同政府账目分开管理的社会福利基金。"司法决定来源法案"（Sources of Judicial Decisions Bill）还要求废除原有民事诉讼法中允许法官在没有伊斯兰教法明文规定的情况下适用"平等与良知"概念的条款，规定必须以《古兰经》或以先知穆罕默德的言行作审理案件的基础。其中最引起争议的，是图拉比委员会要求实行沙里亚法中的"固定刑法"（hudud），并禁止收取贷款利息。

这些法案实际上使当时苏丹的司法制度带上了浓厚的伊斯兰色彩。1981 年 11 月，穆斯林兄弟会秘书长图拉比被尼迈里政府任命为总检察长后，苏丹司法体制的伊斯兰化进一步得到强化。1983 年 9 月，尼迈里颁布了被称为"九月法令"的若干个法令。"九月法令"的重要性，在于它是一部规定在苏丹全面实施伊斯兰法的法律。同年 11 月，人民议会在没有经过立法辩论的情况下批准了几项有利于在全国推行沙里亚法的议案。除了上文提及的"司法决定来源法案"外，被批准的法案还有一个以"固定刑法"（hudud）为基础的新刑法。

尼迈里政府强制推行伊斯兰教法的行为引起了那些具有世俗化观念的穆斯林的不满，更引起非穆斯林南方人的强烈反抗。当时，一些拒绝使用沙里亚法的法官被草草解职，接替他们的是些没有法律培训经验但却对执行诸如"偷窃者断手"之类法律很有热情的人。当时，苏丹的司法体制越来越严厉和偏执，这引起了一些较温和而虔诚的穆斯林的反对，其中包括 1885 年打败英军的马赫迪起义领袖的曾孙萨迪克·马赫迪。1985 年初，图拉比辞去了总检察长之职，随后被逮捕。1985 年 4 月，尼迈里政府在一场政变中垮台，严酷的处罚随之停止，但是后来的各届政府却并没有完全废除"九月法令"的基本内容，达哈卜将军的过渡军政府和萨迪克的民主政府都表明支持沙里亚法，但是也谴责了尼迈里政府的严酷作法。

以后的许多年，彻底废除 1983 年"九月法令"成为南方反政府武装"苏丹人民解放运动"和其他政治组织的一个主要目标，该运动声称在这一目标实现之前将拒绝结束南方的反抗。1989 年初，举步维艰的萨迪克表示他愿意考虑废除有争议的法律，但马上引起图拉比领导的"全国伊斯兰阵线"的反对，他们退出了萨迪克的联合政府以示抗议。尽管如此，萨迪克政府还是提出将于 1989 年 7 月 1 日废除"九月法令"，并同苏丹人民解放运动领导人举行会谈，以图和平解决苏丹内战。

1989 年 6 月 30 日，在萨迪克政府预定对"九月法令"的废除举行表决前 24 小时，苏丹再次发生了军事政变，随后建立了巴希尔领导的新政府。对于实施多年的伊斯兰教法，巴希尔政府有所犹豫，最初他提出暂时冻结这些伊斯兰教法，但私下里却暗示法官们沙里亚法优于世俗法律。随后，巴希尔政府再次起用起草 1983 年"九月法令"的图拉比，让他负责起草一部以伊斯兰原则为基础的新法律。

1991 年 1 月巴希尔颁布了这部新法令，规定在苏丹北部使用伊斯兰教法，但南方三省可以例外。围绕着要否实行伊斯兰教法，成为此后苏丹国内政治斗争特别是南北方冲突的一个焦点。

二 司法制度的演变

20 世纪 60、70 年代，苏丹的司法由相互独立的两个部分组成：首席大法官主导的民事部分和首席伊斯兰大法官（"卡迪"）主导的沙里亚法部分。民事法庭审理所有的刑事和绝大多数民事案件，而由经过伊斯兰法培训的宗教法官组成的沙里亚法庭则裁定诸如遗产、婚姻和家庭关系等穆斯林个人事务问题。根据强化民事和沙里亚法庭的 1980 年总统令，苏丹设立了一个最高上诉法院，取代了以前的最高法院和首席"卡迪"办公室。起初，法官被要求将民法和沙里亚法当作一部法典来适用，但是自 1983 年以后，最高上诉法院以及所有下级法院都被要求只能适用伊斯兰教法。1983 年 8 月，成立了一个选拔法官的专门委员会，以改革司法机构，重新任命法官，并且重新审订和修改司法制度和法律。

1985 年尼迈里被推翻后，法院停止在刑事案件中适用严酷的"固定刑法"（hudud）惩罚。每个省或地区都有自己的上诉法院、高级法院和地方法院。重大犯罪案件由省级法官发布专门命令召集 3 名地方法官组成高级法院来审理。地方法官分一等、二等和三等，各自拥有相应等级的刑事裁判权。通常由地方法官提议警察机关对案件是否要起诉，决定案件是否应该进行审理（以及指控什么罪和在何种级别下审理），并常常在实践中充当被告的法律顾问。

1989 年上台执政的巴希尔政府对国家的司法体制作了一些变革，按照政府颁布的法令，国家司法部门在理论上被认为是独立的机构，其任务是解释和维护宪法和法律，保证宪法所规定的权利和自由，对违法行为提出起诉等。但在事实上，苏丹的司法部门是听命于军政府的机构，明显的例证是军政府对司法实践的干涉。例如，1989 年 7 月巴希尔领导的"救国革命指挥委员会"（RCC-NS）颁布的第三号法令就授权总统可以任命和解除任何法官。根据这一法令，巴希尔解除了数十个法官，因为这些法官在判决中未有效地采用沙里亚法。而这些法官的位置被全国伊斯兰阵线的支持者所取代。最大的一次司法人员变动发生在 1990 年 9 月，当时有 70 名法官被解职。

特别法庭的设立也是一个干涉司法实践的典型例子。特别法庭是"救国革命指挥委员会"于 1989 年 11 月设立的，参与特别法庭的法官既有文官也有军人。特别法庭调查和审理了范围广大的违法行为，处理了一些主要与"救国革命指挥委员会"（RCC-NS）颁布的紧急状态法有关的案件，尤其是安全和腐败问题。对腐败问题，特别法庭最初调查的是对萨迪克政府官员的指控，但是自 1990 年后开始处理有关挪用公款、外币走私和黑市暴利等案件。

1998 年宪法颁布后，苏丹设立了作为最高司法机构的由首席大法官领导的联邦法院和最高司法委员会；基本的司法机构则由高级法院、上诉法院和一审法院组成；检察院的职责是维护公平和正义、保护公私财产以及给国家和公民提供法律建议和援助；此外，国家还设有专门捍卫和执行宪法的宪法法院，其首席法官和成员均由总统直接任命。

2004 年 8 月，巴希尔政府在全国设新一届最高司法委员会，下设最高法院和总检察院。民事司法由根据民事司法条例组建的高等法院和上诉法院负责。民事司法的范围是受理除有特别法律规定以外的一切案件，以正义、公平、良心为准绳。民事司法的程序按民事司法条例执行。属于穆斯林个人事务方面的民事问题由伊斯兰法院受理。伊斯兰法院是上诉法庭的"沙里亚法"（即伊斯兰教法）分庭。"沙里亚法"分庭庭长是宗教大法官。"沙里亚法"分庭用伊斯兰宗教法规来解决继承、婚姻、家庭关系、慈善、信托等问题。

刑事司法由根据刑法典组建的高级法院、中级法院和地区法院负责。重大刑事案件由高级法院审判。高级法院由一名院长和两名法官组成，有权判处死刑。如不服高级法院的裁决，可向院长上诉。高级法院的所有裁定、判定都要由院长批准。最高军事法庭庭长有权判处死刑。首席法官有权把应由他批准的案件提交给刑事上诉法庭。刑事上诉法庭由一名庭长、两名一审地区法官组成，他们之中必须有一名是高级法院的法官。

较轻的刑事案件由中级法院审理。该法院由三名地区法官组成。地区法院也可审理较轻的刑事案件。地区法院由一名地区法官或几个非法律专业的地区官员组成。在设有高级法院巡回法庭的州内，由高级法院法官行使上诉、审判管辖权，在未设高级法院巡回法庭的州内，由州法官行使上诉、审判管辖权。刑事司法的大部分条例被规定在苏丹刑事法典中。

三 司法部门的设置

根据 2005 年临时宪法的规定，苏丹的司法机构由专门的宪法法院和国家司法机构组成。

1. 宪法法院

由 9 名资深、独立和无党派的法官组成，独立于国家的其他司法机构或法庭，并且不受任何政治干涉。宪法法院的院长由总统（经过与第一副总统协商）直接任命，法官也由总统（经过与副总统协商）任命，但须经全国司法服务委员会（National Judicial Service Commission）的推荐，并且要得到州委员会 2/3 的赞成票。院长和法官的任期均为 10 年，并且可以延长。任何法官也必须由总统根据院长的建议发布命令，并且得到州委员会 2/3 的赞成票后才可解除。

宪法法院的主要职责是：第一，维护、应用和执行国家临时宪法、南苏丹临时宪法和各州宪法，其决定具有最终约束力。具体包括应总统、全国政府、南苏丹政府、各州政府和国会两院之邀，对宪法和法律规定做出解释，就政府、司法部门和个人的有关国家宪法和北方各州宪法的争端做出裁决，针对南苏丹最高法院有关南苏丹临时宪法和南部各州宪法的判决的上诉做出裁决，以及保护人权和公民的基本自由。第二，对与各级宪法相违背的立法做出裁定，及对各级政府和组织之间的涉及宪法的争端做出判决。第三，对总统、两位副总统、两位议长及全国和南苏丹最高法院法官的刑事裁判权。第四，给总统及与宪法有关的问题提供观点。

2. 司法机构的构成

苏丹的司法机构由全国司法服务委员会、三级审判机构（法院）和公诉机构（检察院）构成。全国司法服务委员会是由总统在同副总统们协商后建立的，负责国家司法的全面管理，以及三级审判机构之间关系的协调。国家司法界的最高领袖即"苏丹共和国首席大法官"既是国家最高法院的院长，也是全国司法服务委员会的主席。

三级审判机构包括全国性审判机构、南苏丹审判机构和各州审判机构。全国性审判机构包括国家最高法院、国家上诉法院和依据苏丹临时宪法和国家法律成立的其他国家法院或法庭。其中最高法院的主要职责是对关乎国家法律（而不是南苏丹和各州法律）的民事和刑事案件，以及其他任何法庭做出的死刑判决进行复核，另外还负责对宪法法院法官的刑事裁决权；南苏丹审判机构包括南苏丹最高法院、南苏丹上诉法院和依据南苏丹临时宪法和南苏丹法律成立的其他法院或法庭。其中南苏丹最高法院在整个南方地区享有终审权，同时，就南苏丹而言，兼有类似于苏丹宪法法院的各项裁决权；各州的审判机构由具有民事和刑事裁决权的法院及上诉法院组成，其对刑事和民事（包括穆斯林个人事务方面的）案件的审理与 2005 年前的情况并没有什么不同，但是民事和刑事的诉讼程序则由国家立法机构依据宪法和国家其他法律确定。

检察院隶属于国家司法部，检察长的权力由司法部长授予，主要负责向全国统一政府提供法律事务方面的建议。由检察长领导的公诉人和法律顾问的任务是给国家提供法律建议，代表国家提起诉讼，提出法律改革建议，保护公私权利，为公民提供法律建议和法律援助。

第四节　政党与团体

一　政党制度的演变

苏丹的现代政党最早出现在英国殖民统治时期。独立之初的第一届文官政府，是由当时的政党竞选产生的。但在随后的几十年中，苏丹多次发生军事政变。在军人执政期间，政党或者被禁止活动，或者名存实亡。而在文官政府执政时期，政党又进入国家政治生活中发挥作用。

1989 年巴希尔政变之前，苏丹注册的政党有 45 个。巴希尔上台后，禁止了所有政党的活动，逮捕了包括已被免职的萨迪克·马赫迪总理在内的一些政治领袖。但是，这些政党在国外或反政府武装控制的南部地区仍保存着各自的组织。事实上，一些政党仍在喀土穆和其他城市半公开地活动着，而支持巴希尔的"全国伊斯兰阵线"作为惟一合法存在的政党一直公开活动。当时，决定苏丹重大内政外交事务的是一个由政变高级军官和"全国伊斯兰阵线"要员组成的 40 人联合会议，而这个联合会议由穆斯林兄弟会控制着。此外，内阁中有好几个部长也是全国伊斯兰阵线的成员。但是，除了"全国伊斯兰阵线"外，那些被禁止的政党都不与军政府合作。

为取得政权的合法性，巴希尔领导的"救国革命指挥委员会"（RCC-NS）与各个反对党成员接触，邀请反对党派代表参加 1989 年秋天在喀土穆举行的全国对话会议。大多数政党都派出了代表，但苏丹南部最重要的反政府组织"苏丹人民解放运动"（SPLM）却未派人出席会议。全国对话会议的成果十分有限，因为"救国革命指挥委员会"控制着会议议程，也不允许任何指责其统治的言论。1990 年代初期，巴希尔政府的党禁政策并未有明显松动，而国内最重要的政党，即萨迪克·马赫迪领导的乌玛党一直没有同"救国革命指挥委员会"接触，它通过自己的出版物宣称那些同"救国革命指挥委员会"接触的人与乌玛党无关。而另一个重要政党民主联合党则开除了两个未经授权就同政府接触的成员。

与此同时，苏丹被禁止的各政党逐渐协调并形成了一个以反对巴希尔军政权为宗旨的共同战略。1990 年初，北方最重要的政党乌玛党和民主联合党，与南方最重要的政党苏丹人民解放运动结成"民族民主联盟"（National Democratic Alliance，简称 NDA），它最初是一个流亡组织，多数领导人居住在开罗。联盟内的乌玛党和其他政党有权使用苏丹人民解放运动控制地区的无线电发射设备。随后，一些被"救国革命指挥委员会"（RCC-NS）解除职务的高级军官也参与这一组织的活动，包括法希·艾哈迈德·阿里中将，他是巴希尔政变前的苏丹武装部队总司令。1991 年 1 月，民族民主联盟提议建立以推翻巴希尔政权为目的的流亡政府。阿里将军被任命为流亡政府主席，加朗为副主席。1991 年 3 月，民族民主联盟在埃塞俄比亚召开了有军官、职业联盟、工会和苏丹共产党代表参加的大会，共同商讨组建民族政府的主张。

　　整个 90 年代，在党禁政策下苏丹的许多政党仍然在进行地下活动，或流亡国外。在北方，所有的政党其实都与伊斯兰教有密切关系，许多政党就是以宗教组织的形式出现的，其中安萨尔教派、哈特米亚教派和穆斯林兄弟会是三个最为重要的教派或组织。当然也有一些世俗性政党，如早期建立的苏丹共产党、阿拉伯复兴社会党（Arab Socialist Resurrection Party，即 Baath），还有一些成立于 80、90 年代，但是，这些世俗性政党在苏丹政治生活中影响力一直是比较小的。

　　巴希尔政府于 1999 年 1 月 1 日开始实施开放党禁的《政治结社组织法》，允许党派注册后活动。

二　重要政党与政治组织

　　至 2005 年底，苏丹有 30 多个正式注册活动的政党，其中最重要的是"全国大会党"，它其实是 1989 年巴希尔政变后军政府控制的执政党。

1. 全国大会党（National Congress）

　　前身为全国伊斯兰阵线，1998 年起用此名，自 1989 年政变以来一直是苏丹的执政党。尽管它是自 1999 年初以后合法活动的许多政治组织中的一个组织，但全国大会党至今仍然是苏丹占绝对优势的政党。该党牢固地控制着除反政府武装占领地区外的全国所有地区，并努力将军队置于自己的支配之下。1999 年 10 月该党召开首次代表大会，巴希尔总统任全国大会党主席，曾是全国伊斯兰阵线领袖的哈桑·图拉比任该党总书记（又译秘书长），然而，他在与巴希尔的权力争夺中处于下风。2000 年 5 月，图拉比被全国大会党开除，于是他重新组建了自己的政党"全国人民大会党"（Popular National Congress）。2004 年 3 月，图拉比及其支持者被控阴谋推翻现政府，全国人民大会党随之被取缔。2005 年 11 月，全国大会党召开第二届党代会，巴希尔总统连任党主席，塔哈、纳菲阿、里亚克三人为副主席。

2. 乌玛党（Umma Party）

初建于 1945 年，当时，苏丹重要的民族主义组织"毕业生大会"的多数人主张苏丹同埃及建立联合政府，而该组织的少数派在安萨尔教派第二任教长阿卜杜勒·拉赫曼·马赫迪领导下，反对同埃及合并，并与"毕业生大会"决裂，于 1945 年 1 月 28 日另组成乌玛党。因此，乌玛党成员多为安萨尔教派信徒，他们主要来自苏丹西部达尔富尔和科尔多凡的农村地区。乌玛党还有一个青年组织，名叫"安萨尔青年"。乌玛党的党纲要点是：建立一个发达的伊斯兰社会；伊斯兰教是文化和行动的准则；阿拉伯主义是文明的特征；通过计划经济、富足、公理和直言来实现社会主义；同非洲各国团结一致解放非洲；消灭种族歧视。乌玛党对内主张复兴伊斯兰教，赞成实施伊斯兰法，强调苏丹境内各民族团结，反对分离；对外主张遵循不结盟政策，主张加强阿拉伯团结，奉行睦邻友好政策，强调苏丹的阿拉伯、非洲和伊斯兰属性，表示重视在不结盟原则基础上发展同美国等西方国家的关系，主张在平等基础上同埃及保持特殊关系。

苏丹独立前，乌玛党对英国殖民当局态度暧昧。1948 年 8

月，乌玛党在立法议会的选举中获胜，使英国得以继续维持对苏丹的殖民统治。1953 年 11 月，立法议会再度选举，乌玛党失败。1956 年苏丹独立后，乌玛党参加了以民族联合党为主的联合政府。同年 7 月，它利用民族联合党分裂的机会，联合从该党分裂出来的人民民主党上台执政。1958 年 11 月 17 日，乌玛党通过军队内部的代理人发动军事政变，将政权移交阿布德军人集团，此后该党被禁止活动。1964 年 10 月军政府垮台，乌玛党恢复活动并在过渡政府中占一个部长席位。1965 年 6 月，乌玛党在制宪议会选举中获胜，联合民族联合党组织了新政府。1966 年、1967 年萨迪克·马赫迪出任总理。

1969 年尼迈里执政后该党和其他政党一样被禁止活动。1970 年萨迪克·马赫迪成为乌玛党的领袖和安萨尔教派的精神领袖后不久，安萨尔教派和尼迈里政府发生了冲突，大约有3000 名安萨尔教徒死于这次冲突。1970 年 3 月，1975 年 9 月和1976 年 7 月乌玛党以及以乌玛党为首的教派势力联合组成"民族阵线"，一再发动军事政变，但均告失败。1977 年同尼迈里和解，9 月 27 日，萨迪克·马赫迪等人及一些流亡在国外的反对党人士相继回国。1978 年萨迪克被任命为苏丹社会主义联盟政治局委员。由于尼迈里支持埃及——以色列和谈和对萨达特的支持，萨迪克辞去了苏丹社会主义联盟政治局的职务，于 1979 年2 月中旬重新加入反对派。1986 年 2 月召开第一次党代会。1986 年 4 月制宪议会选举中获 99 席，成为第一大党，其领袖萨迪克·马赫迪在 1986 ~ 1989 年再度出任政府总理。

尽管萨迪克谴责尼迈里利用宗教情感为政治服务，但乌玛党是一个致力于在苏丹实现其政治主张的伊斯兰政党。萨迪克从未反对沙里亚法成为国家的法律，但他却反对尼迈里政府颁布的"九月法令"。因此，在 1986 年成为政府总理后，他并不主张在苏丹废除沙里亚法。由于未能认识到非穆斯林对沙里亚法的憎恶，萨迪克同全国伊斯兰阵线领袖图拉比合作为苏丹起草了伊斯兰性质的法律。当他意识到结束内战和保留沙里亚法是两个不可调和的政治目标时，公众已经对政府失去了信任，这就为军队干涉政治创造了条件。

1989 年巴希尔上台后取缔政党活动。萨迪克留居北喀土穆住所。以达伊姆总书记为首的乌玛党领导班子流亡国外，从事反政府活动，参加"民族民主联盟"的各种会议。该党曾于 1994 年 2 月、1995 年 6 月先后在英国的伦敦、厄立特里亚的阿斯马拉同参加"民族民主联盟"的其他政党会晤，商讨反对现政府及解决南方问题等事宜。1996 年萨迪克逃往国外，成为流亡国外的民族民主联盟的骨干。在 2000 年 11 月经过与政府的几次秘密谈判后，萨迪克离开民族民主联盟回到喀土穆，但拒绝进入政府。萨迪克在乌玛党中的地位也未受到挑战。2002 年 7 月，由穆巴拉克·法德鲁·马赫迪领导的"改革革新派"脱离萨迪克的"主流派"，与全国大会党达成协议，开始参政，穆巴拉克被任命为总统助理，但 2004 年 10 月又被解职。

3. 全国伊斯兰阵线（National Islamic Front）

成立于 1985 年 5 月 9 日。总书记为哈桑·图拉比，副总书记为阿里·奥斯曼·塔哈（Ali Osman Taha）。前身是苏丹穆斯林兄弟会①中的一派，早期以"伊斯兰宪章阵线"名义活动，其领导人哈桑·图拉比于 1978 年起任苏丹社会主义联盟政治局委

---

① 穆斯林兄弟会（伊斯兰宪章阵线）：1928 年成立于埃及，原来的宗旨是抵御西方文化对伊斯兰的邪恶影响，后来发展成为一个强大的政治运动，其影响逐步扩展到包括苏丹在内的一些阿拉伯国家。1975 年 9 月和 1976 年 7 月，穆斯林兄弟会均参加了"民族阵线"（见"乌玛党"和"联合民主党"）所发动的未遂武装政变。1983 年 9 月，苏丹尼迈里政府宣布实施"伊斯兰法"，得到穆斯林兄弟会的支持。这个组织在知识界、各大学的教师和学生中较有影响，其中心地为恩图曼伊斯兰大学。

员和国家总检察长。1983 年积极推动和支持尼迈里实施伊斯兰法。1985 年全国伊斯兰阵线正式成立后,于 1986 年 4 月的制宪议会选举中获 51 个议席,居第三位,成为议会第一大反对党。1987 年同乌玛党组成联合政府,图拉比任副总理。1989 年 6 月 30 日支持巴希尔军人集团发动"救国革命",尔后全国伊斯兰阵线名义上被当局解散,实际上则变为执政的全国大会党,主要领导人图拉比成为"救国革命"进程的总设计师和导师,其副手塔哈于 1995 年出任外交部长。2000 年 5 月 6 日,苏丹总统巴希尔宣布解除图拉比的议长及全国人民大会党总书记职务,关闭该党总部和在 26 个州的分部。

全国伊斯兰阵线对内主张按《古兰经》、《圣训》的精神和规定制定法律和政策,强调实施伊斯兰法的必要性,主张保障苏丹境内各民族信仰和言论自由,维护穆斯林和非穆斯林的权利;振兴民族经济,消灭高利贷、垄断和剥削,实行社会公正;实现国家统一,反对南方分离,实行联邦制和非中央集权制的政治管理。对外维护民族独立,不屈服于外国压力,不同大国结盟,抵制它们的文化和经济影响;加强同非洲邻国和阿拉伯、伊斯兰各国关系;重视伊斯兰意识形态,主张加强伊斯兰力量国际团结。伊斯兰阵线在知识分子、学生及经济界具有较广泛的影响,目前它的成员基本控制政府机关、外交、教育、新闻、司法等部门和妇女、学生、青年等群众团体。

4. 民主联合党(Democratic Unionist Party)

1967 年 12 月由原民族联合党和原人民民主党合并组成,主席是穆罕默德·奥斯曼·米尔加尼,曾主张苏丹同埃及合并,在知识分子中有一定影响。1969～1985 年尼迈里统治时期,该党拒不同尼迈里和解,一直处于地下状态。1969 年 5 月尼迈里执政后,该党还联合民主党同乌玛党、穆斯林兄弟会等党派联合组成反尼迈里的"民族阵线"。1979 年 2 月,该党谴责戴维营协议和反对尼迈里与萨达特接近，苏丹的"民族和解"遂告破裂，该党则继续进行反对尼迈里政权活动。1986年4月大选中获得63席，成为第二大党，与乌玛党组成联合政府。1988年5月同乌玛党和伊斯兰阵线组成三党联合政府，12月因不满两党伊斯兰主张退出政府。1989年以后被禁止活动，米尔加尼等党的领导人流亡国外，积极参加"民族民主联盟"反政府活动，1995年6月阿斯马拉会议上米尔加尼当选为"民族民主联盟"总指挥部总指挥。目前，代表民主联合党在政府注册登记的是谢里夫·辛迪领导的"辛迪派"。其部分成员在联邦政府中担任部长职位。该党以苏丹伊斯兰教哈特米亚教派为基础，代表苏丹中小资产阶级利益。

5. 苏丹共产党（The Communist Party of Sudan）

苏丹共产党的前身是1944年在开罗成立的、名为苏丹民族解放运动的一个马克思主义小组。1946年8月16日，苏丹民族解放运动在苏丹正式建党，原称"苏丹民族解放运动"，1951年改名为苏丹共产党。总书记为穆罕默德·易卜拉欣·努古德（Mohammed Ibrahim Nogud）。长期以来，苏丹共产党一直处于地下活动或半公开活动状态。建党初期，它曾经明确提出争取苏丹完全独立的要求；既反对英国的控制，也反对埃及对苏丹的吞并。1949年3月，在苏丹共产党的领导和影响下，苏丹工会联合会和学生联合会相继成立。1953年，为了团结更多的爱国进步人士进行反帝和争取民主的斗争，苏丹共产党成立了"反帝国主义阵线"的外围组织。1956年，苏丹共产党举行了第三次全国代表大会，通过了党的纲领。1958年军人集团发动政变，苏丹共产党受到很大摧残，大批中央领导干部被捕入狱。1964年10月阿布德军政权垮台后该党曾参加临时政府，同年11月该党召开特别会议，苏丹共产党分裂为两个党，一个是以艾哈迈德·夏米为首的苏丹共产党，另一个是以哈里克·马哈吉卜为首的苏丹共产党。尼迈里执政后，以马哈吉卜为首的共产党于1971 年 7 月 19 日参与推翻现政权的军事政变未遂后遭到镇压，总书记马哈吉卜被处死，部分人流亡国外。1978 年 4 月，苏丹大赦了包括总书记努古德在内的苏丹共产党领导人。1985 年 2 月，该党呼吁南方苏丹人民解放运动同北方力量共同组成反尼迈里联盟。1985 年 4 月苏丹共产党取得合法地位，1986 年 4 月该党参加大选获 3 席。1989 年以后积极参加"民族民主联盟"的反政府活动，其驻外代表政治局委员伊扎丁·阿里·阿米尔及中央委员蒂贾尼·塔伊卜经常参加国外反对党代表会议，塔伊卜在1995 年 6 月阿斯马拉会议上当选为民族民主联盟总指挥部成员。该党目前强烈主张推翻现政府，呼吁国际社会对苏丹现政府实施经济制裁。为联合加朗集团共同反对现政府，在南方问题上表示不反对南部人民自决。

6. 苏丹人民解放运动（Sudanese People's Liberation Movement，SPLM）

南方最主要的反政府组织，成立于 1983 年 7 月 13 日，并组建了自己的武装组织苏丹人民解放军（Sudan People's Liberation Army，SPLA）。约翰·加朗上校是这两个组织的最高领袖。为了减少敌意，这个组织喜欢自称为 SPLM，以便让外界认同它是一个政治组织而不是一个军事组织。虽然 SPLM 中有人仍赞成南方的完全独立，但 SPLM 自称是为民主和联邦的苏丹而战，并接受在统一国家内实行南方自治作为同政府谈判的原则。2002 年 10 月，SPLM 曾与政府达成一个停火协议，但到 2003 年初，SPLM 已经控制了苏丹南部和西南部的大部分地区，并且作为民族民主联盟统一指挥结构的一个组成部分，同政府军在中部和东南部各省作战。

作为一支武装力量，2002 年初 SPLA 同苏丹人民防卫军（Sudan People's Defence Force，简称 SPDF）合并后实力大增。

苏丹

SPDF 的领导人是里耶克·米夏尔（Riek Machar），他在和政府谈判后曾于 1997 年 4 月背叛了 SPLM。当时他被政府任命为总统助理和南方各州协调委员会的主席，但他在政府中的真正权力却受到了极大限制。1999 年，米夏尔及其支持者同政府的关系恶化，不久他就离开喀土穆，而他的追随者也开始同政府交战。最后，米夏尔决定 SPDF 重新同 SPLA 合并。

重新合并具有重要的意义，因为 SPDF 主要由努尔人组成，而 SPLA 则主要是丁卡人。二者的联合扩大了反政府力量的活动范围，也增强了他们的作战能力。但是，两派之间的种族分歧使合并很难长期维持。因为早在 1991 年，SPDF 与 SPLA 就发生过族际冲突，这种冲突可能破坏双方的合作。①

2005 年 1 月，苏丹政府与 SPLM 达成和平协定，结束了长达 21 年的内战，SPLM 将加入苏丹全国民族团结过渡政府，不仅在喀土穆的中央政治机构中发挥作用，而且还作为半自治的权力机构——南方政府，管理南苏丹的政治、经济和军事事务。2005 年 7 月 9 日，SPLM 领导人约翰·加朗出任苏丹全国民族团结政府第一副总统兼南方政府主席。但 3 周后的 7 月 30 日，加朗因飞机失事在从乌干达回国途中遇难，随后，南方政府主席由 SPLM 副主席萨瓦克·吉尔继任。

7. 民族民主联盟

1989 政变后，苏丹除自行解散的全国伊斯兰阵线外的其他各政党都转入地下，各党领导人被软禁在国内或流亡国外从事反

---

① 1991 年 8 月 SPLM 内部发生意见分歧并发展到组织分裂。里耶克·米夏尔派在纳绥尔县召开会议，主张南方脱离北方独立。该派被称为纳绥尔派，自称苏丹南方独立运动（South Sudan Independent Movement），其部队 SPDF 主要在靠近埃塞俄比亚边界地区活动。同年 9 月，加朗派在托里特县开会（加朗派因此也被称为托里特派），其武装部队 SPLA 当时主要在同乌干达边界接壤的地带活动。

政府活动。前总统尼迈里和民主联合党领袖穆罕默德·奥斯曼·米尔加尼(Muhammad Osman El-mirghani)等人联合苏丹主要反对党的南方加朗集团组成"民族民主联盟"(The National Democratic Alliance,简称 NDA),受到西方国家和某些阿拉伯国家和周边国家的支持,在国外从事反政府活动。1992 年初,NDA 伦敦会议通过行动宪章。1995 年 6 月,NDA 在厄立特里亚首都阿斯马拉召开"命运问题会议",商讨反政府事宜,决定成立总指挥部,推选民主联合党主席穆罕默德·奥斯曼·米尔加尼为总指挥,乌玛党总书记奥玛尔·努尔·达伊姆(Omar Nour El-daaim)、苏丹人民解放运动领导人约翰·加朗(John Garang)及苏丹共产党中央委员蒂贾尼·塔伊卜等人为总指挥部成员。总指挥部下设执行局,由 5 人组成。

虽然 NDA 是苏丹各反政府组织的联合性组织,但除了共同反对巴希尔政府外,NDA 的各成员并没有其他的结盟理由。因此,NDA 内部如苏丹人民解放运动等南方世俗组织同民主联合党等北方伊斯兰组织之间也存在着相当大的分歧。苏丹政府充分利用 NDA 内部的这些分歧和长期不和,分别同 NDA 的各个成员进行秘密谈判。1999 年末,苏丹政府在同 NDA 的北方主要成员乌玛党领袖萨迪克·马赫迪的直接谈判中取得了重大成功,萨迪克随后离开 NDA,结束流亡重返苏丹。

2005 年 1 月,NDA 同苏丹政府签署了和解协定,允许 NDA 返回喀土穆。然而,NDA 领导人米尔加尼却决定继续在开罗流亡,他声称 NDA 将不加入全国过渡政府。

8. 苏丹复兴社会党 (Baath Party of Sudan)

一个相对较小的政党,它在泛阿拉伯复兴社会党分裂为亲伊拉克派和亲叙利亚派时坚定地站在伊拉克复兴社会党一边。苏丹阿拉伯复兴社会党一直致力于苏丹同埃及或利比亚的统一,它把这个目标看作是将所有操阿拉伯语的国家统一成一个国家的第一步。然而，苏丹复兴社会党在意识形态上对这两个国家的现政权的怀疑使其目标得不到积极的政治支持。尼迈里和巴希尔政权对苏丹复兴社会党交替使用宽容和迫害的政策。例如，巴希尔执政后，其领导的"救国革命指挥委员会"（RCC-NS）在1990年夏天逮捕了25名复兴社会党成员。大概是因为苏丹在海湾战争期间支持伊拉克的缘故，从1990年底开始，巴希尔政府又放松了对苏丹复兴社会党的限制。

9. 民族救国力量联盟

成立于1985年4月6日军事政变发生后，由苏丹数10个专业工会和乌玛党、共产党、联合民主党、纳赛尔式阿拉伯社会主义组织、阿拉伯复兴社会党、穆斯林兄弟会的萨迪克·阿卜杜拉·马吉德派和伊斯兰社会主义党联合组成。该联盟主张民主和建立多党制。

10. 苏丹社会主义人民阵线

成立于1980年，总部设在利比亚首都的黎波里。阵线成员是从在利比亚和叙利亚两个国家的苏丹人以及逃亡国外的苏丹人当中招募的。"阵线"在利比亚设有两个大训练营，对其成员进行军事训练。

11. 苏丹工会总联合会

1971年"7·19"政变失败后，尼迈里下令解散旧工联，整顿工会组织。现苏丹工联成立于1973年，会员总数有100万人。苏丹工联是工人群众组织。它要求工人在各机构中发挥先锋作用；要求国家增加基本商品的生产和进口，降低消费品价格；根据工资水平，重新考虑个人的所得税；帮助工人改善住房条件；允许工人参与国家财政预算的制订工作等。在对外政策方面，苏丹工联支持巴勒斯坦和阿拉伯人民反对以色列侵略的正义斗争，呼吁阿拉伯国家加强团结，坚持反帝、反殖、反霸斗争，谴责苏联对阿富汗的干涉，支持南部非洲人民的解放斗争。工联同阿拉伯工联、非洲工联以及南斯拉夫、罗马尼亚、埃及、加纳的工会组织有较多来往。

12. 苏丹妇女联合会

原苏丹妇女联合会成立于 1952 年，在 1958 年被军政府取缔，1964 年 10 月军政府下台后恢复活动。尼迈里执政后，于 1971 年 5 月下令解散原妇联，进行改组。妇联有 1000 多个基层组织，会员约 50 万。苏丹妇联致力于提高妇女的社会地位；加强妇女的文化教育；保护儿童健康成长；反对歧视妇女，努力使更多的妇女参与国家的政治、经济和社会活动，并加强同世界争取进步的妇女组织，特别是阿拉伯、非洲和一些友好国家的妇女组织的团结。

苏丹妇联除了参加全国性的集会、游行以外，还专门组织讲演会和文娱晚会，以配合政府的各项工作；并将社会福利工作当作它的重要日常工作之一。近年来，苏丹妇联各级组织依靠募捐，在全国 10 多个城市里办起了 200 多个幼儿园、100 多个扫盲班，并且建立了一些妇女手工业劳动训练中心。1970 年代以来，苏丹妇联曾访问过包括中国在内的一些国家，发展同友好国家妇女组织的关系。1975 年 4 月，派出代表团出席在科威特召开的阿拉伯海湾妇女区域性会议；同年 6 月，派代表团出席在墨西哥举行的联合国国际妇女年世界会议；8 月，中国对外友协接待了苏丹妇女代表团。

13. 苏丹青年联合会

1969 年 5 月后成立，包括青联和所属的童子军、辅导员、少先队及体育执行支部。青联成员约 200 万人。16～35 岁公民，都可以加入青联。

14. 苏丹农民联合会

1976 年 5 月成立，是农民的群众组织，致力于提高农民的经济与社会地位；在国家发展计划范围内，发展生产，提高农民的生活水平。

15. 苏丹全国团结友好和平委员会

1973 年 10 月成立，下设团结、友好、和平三个委员会，直属苏丹社会主义联盟外事委员会领导。其主要任务是：加强与世界和平运动和反侵略运动的联系；建立苏丹与友好国家之间的友好协会，并指导其活动。

三　重要政治人物

马尔·哈桑·艾哈迈德·巴希尔（Omer Hassan Ahmed al-beshir）　1944 年 1 月 1 日出生于苏丹北部尼罗河省的一个农民家庭。1960 年高中毕业后考入瓦迪西纳军事学院，1966 年毕业后先后在西部军区、空降部队和第八独立步兵旅服役。曾获苏丹指挥参谋学院军事学硕士学位及马来西亚国家军事学院硕士学位。巴希尔在 1989 年 6 月 30 日发动军事政变前任第八独立步兵旅准将旅长，政变成功后任救国革命指挥委员会主席，兼总理、国防部长和武装部队总司令，并晋升为中将。1993 年 10 月改任总统，1996 年 3 月在大选中当选连任，2001 年 1 月再次当选总统。曾于 1990 年 11 月和 1995 年 9 月访华。

哈桑·图拉比（Hassan El-Turabi）　1932 年 2 月 1 日生于苏丹卡萨拉省图拉比地区。毕业于喀土穆大学法律系。1957 年获伦敦大学法学硕士学位。1964 年获巴黎索邦大学法学博士学位后回国在喀土穆大学任教，同年 10 月出任苏丹穆斯林兄弟会总书记。1969 年起因参加反对尼迈里总统的活动而多次被捕入狱。1977 年与政府和解。1978 年出任国家法律审查委员会委员、执政党苏丹社会主义联盟（社盟）政治局委员及该党新闻与外事助理总书记。1979 年起任全国总检察长。1980 年当选为社盟经济社会事务部副书记。1983 年任尼迈里总统法律顾问、总统外交政策助理。1985 年 3 月被指控犯有"阴谋推翻政府罪"而再次入狱，同年 4 月尼迈里政权被军事政变推翻后获释，5 月在全国伊斯兰阵线成立大会上被推举为总书记。1991 年起出任阿拉伯、伊斯兰人民大会秘书长。1996 年 3 月当选全国议会议员，4 月 1 日在全国议会第一次会议上当选为国民大会主席（即议长）。2000 年 5 月 6 日，苏丹总统巴希尔宣布解除图拉比的议长职务。此后两度被捕（2001 年 2 月和 2004 年 3 月），政治影响力也日渐衰弱。

约翰·加朗（John Garang）　1945 年 6 月 23 日生于苏丹南方丁卡族之乡——博尔的一个富裕家庭。从龙贝克中学毕业后，赴美国依阿华州的格雷内尔学院学习。1970 年参加当时苏丹南方反政府武装组织"阿尼亚尼亚"，并到以色列接受军事训练。1972 年亚的斯亚贝巴协议签署后参加苏丹正规军，获上尉军衔。随后去美国接受经济学家和军官的双重培训，先在佐治亚州的本宁堡军事学院攻读两年，然后又在依阿华大学攻读四年，并在那里获得博士学位。1983 年 5 月，博尔驻军哗变后，政府派他前去平定，他遂携妻儿加入南方反政府军事力量并成了统帅，同年 7 月组建"苏丹人民解放军"，并成为其头号领导。2005 年 1 月南方反政府武装同政府达成和平协定，组成苏丹民族团结政府，同年 7 月 9 日，加朗出任苏丹民族团结政府第一副总统兼南方政府主席。同年 8 月 1 日，加朗在从乌干达回国的途中因飞机失事遇难。

阿里·奥斯曼·穆罕默德·塔哈（Ali Osman Mohammed Taha）　苏丹现任副总统。1985 年全国伊斯兰阵线成立后，任该组织副总书记。1989 年军事政变后进入国家领导层，1995 年任苏丹外长，1998 年 3 月大选中被任命为第一副总统。2005 年 7 月民族团结政府组建后，塔哈由第一副总统变为副总统，成为总统巴希尔和第一副总统加朗（后为萨尔瓦·吉尔）之下的第三号人物。塔哈与苏丹伊斯兰运动和伊斯兰教组织一直保持着密切的联系。

萨迪克·马赫迪（Sadip al-Mahdi） 19 世纪 80 年代领军打败英国的马赫迪的曾孙（great grandson），他是安萨尔教派的世袭继承人，是乌玛党传统力量的核心，曾两度出任政府总理，在不稳定的 1985～1989 年期间执掌政权。1996 年喀土穆法院逮捕令下达后，他逃往国外，是流亡国外的民族民主联盟（NDA）积极分子。在 2000 年经过与政府的几次秘密谈判后离开民族民主联盟，回到喀土穆，但拒绝加入到政府组织中。

第五节　南方内战与民族国家构建问题

一　南方问题的由来与演变

苏丹是一个南北地域纵跨数千公里的非洲大陆，其民族与种族，历史与文化，兼有北部非洲与南部非洲的双重属性。大体说来，苏丹北部是阿拉伯非洲的一部分，主要是阿拉伯人，苏丹南部则是更多地具有撒哈拉以南非洲黑人历史文化的特性。尽管在以往漫长的历史进程上，苏丹南北间已经有了紧密的经济文化往来，尼罗河也作为一条历史大动脉将苏丹南北联结在一起，而事实上南方的许多黑人早已经同北方的苏丹阿拉伯人一样成为信奉伊斯兰教的穆斯林，但南北间的差异一直是明显存在着的。① 历史上，苏丹国家的政治权力多由北方的阿拉伯人控制，这使得南北间一直存在着种种矛盾。

独立后的苏丹，影响国家政治生活的一个重大事件就是持

---

① Dustan Wai, *The African-Arab Conflict in the Sudan*, New York：Africana Publishing Company, 1983, p. 2.

续半个多世纪的南北内战及西部达尔富尔地区冲突。这些在中央政府和地方反政府武装之间持久的冲突，不仅使这个国家长期处于一种半分裂状态，给苏丹人民带来深重灾难，也给国家政治生活造成广泛而持久的影响。在某种意义上，当代苏丹的国家发展与政治进程，都是围绕着这些国内战争而展开和演变的。

苏丹的南北内战大体上可分为两个阶段：1955～1972年为第一阶段，也称为第一次内战；1983年至2005年初为第二阶段，也称第二次内战或新内战。总体上讲，内战以政府及其拥护者为一方，反政府力量为另一方，但反政府一方中有着为数众多的不同派别。"阿尼亚尼亚"运动和苏丹人民解放运动分别是两次内战中最主要的反政府力量。

独立以后的苏丹之所以长期陷于内战，是由一系列复杂和变换着的因素促成的。这些直接或间接引起内战与冲突的因素包括，非洲黑人民族和阿拉伯民族在种族和宗教认同方面的差异与文化隔阂；不同种族与民族对土地、牲畜、水、石油等国家财富与资源的控制与争夺。此外，在苏丹，居住在尼罗河中心流域的民众虽然人口数量少，但往往在国家政治经济生活中拥有支配性地位，他们与散布在边远偏僻地区那些虽然人口数量众多但力量却比较弱小的居民之间，也一直有矛盾和冲突。值得注意的是，苏丹内战之所以旷日持久，是因为反政府力量内部经常发生内乱，各派力量分化结盟及冲突使内战形势更加复杂多变。这种反政府力量内部的冲突，在拥有丰富石油资源的南部地区尤为突出。最初的冲突只是苏丹人民解放军（SPLA）内部丁卡人同努尔人的争执，后来，这一对立被政府作为分而治之策略的一部分而加以利用。SPLA同流亡国外的北方政党的结盟使苏丹内战超出了传统的南北对抗的范围。此外，某些邻国的参与，国际社会的介入，也给苏丹内战增添了许多不确定因素。

二　第一次内战（1955～1972）

内战在苏丹正式独立的前一年就已经开始了。1955 年 8
月，当国家权力从英国人手中准备转移到主要是北方
人的管理者手中时，驻扎在南部托里特的赤道兵团因听到他们要
被换防到北方的消息而发动了兵变。英国急忙从喀土穆空运了
8000 名军人进行镇压。镇压虽然成功了，但这只是个开始，参
与兵变的幸存者有的越过边界逃往邻国，大多数则拿着武器躲进
丛林从事游击战。

1956 年 1 月 1 日，苏丹获得独立。独立之初，控制喀土穆
中央政府的北方阿拉伯人，在埃及总统纳赛尔（Gamal Abdel
Nasser）领导的泛阿拉伯运动的支持下，外交上执行亲埃及的政
策，内政上则主张加快整个国家的阿拉伯伊斯兰进程，借助于政
府的力量，在苏丹南方推行伊斯兰教和阿拉伯化。喀土穆中央政
府在独立之初就驱逐了在苏丹的西方基督教传教士，占领和收管
了南部的所有基督教会学校，在南方强制实行伊斯兰教规定的星
期五休息日（作伊斯兰诵经活动）和星期日工作日等。这些伊
斯兰 – 阿拉伯化政策引起了那些信奉基督教的南方人的极大不满
和强烈反对。因此，苏丹独立时，叛乱状态已经在进行之中，并
在随后的几个月内迅速发展为内战。[①]

1958 年，苏丹的第一个军人政权易卜拉欣·阿布德（Ibrahim
Abboud）军政权（1958～1964）上台。阿布德政府在全国实行
军事独裁统治，在南方更是实行高压政策，到处搜寻“反政府
势力”和“危险分子”并进行严厉打击。为了镇压南方的武装
反抗，军政府在 1963 年一举杀害了包括妇女儿童在内的 600 多

---

① Milton Viorst, "Sudan's Islamic Experiment: Fundamentalism in Power", 'Foreign Affairs', 1995, Volume 74, Number 3 (May/June), pp. 52–53.

名南方人，逮捕了 100 多人，在上尼罗省和赤道省有 300 多个村庄，包括 5000 多户人家的房屋被放火烧毁。南方各省笼罩着一片恐怖气氛。[①]

军政府的这些做法导致了第一次内战的全面爆发。1963年，驻扎在南部城市朱巴（Juba）的一支原政府军事部队发动了反政府叛乱，揭开了苏丹南北内战的帷幕，不久，南方各反政府武装组织形成了一个松散的自称为"阿尼亚尼亚"（Anyanya，当地一种能致人于死亡的植物名称）的分离组织，这一组织开始对北方的政府军正式开战。这些冲突在接下来的两年逐步升温，并因 1965 年 7 月政府军对南部最大城市朱巴和瓦乌（Wau）平民的大屠杀而达到高峰。随着 1967 年托里特区的大屠杀和政府空军在南部的大规模使用，冲突再次达到高峰。

在 1963～1972 年间，南部大多数地区被阿尼亚尼亚和其盟友约瑟夫·拉古（Joseph Lagu，1970 年成为阿尼亚尼亚的领导人）领导的南部苏丹解放运动（Southern Sudan Liberation Movement，简称 SSLM）及安戈雷·加登（Aggrey Jaden）和威廉·邓（William Deng）领导的苏丹非洲民族联盟（Sudan African National Union，简称 SANU）所攻占。这些组织寻求南部同喀土穆的彻底独立，认为在独立之时黑人从未被考虑过。继任的北方政府则用残酷的镇压和加速南部伊斯兰－阿拉伯化进程来回应他们的要求。

1964 年 10 月，阿布德专制政权被推翻，继任政权是以希尔·哈提姆·哈里法（Sirr al-Khatim al-Khalifa）为总理的过渡政府。哈里法是一个无党派教育家，有着丰富的南方经验和对南方问题的同情心。他一改前政府的高压政策，确认南北传统

---

① 宗实编著《苏丹》，世界知识出版社，1965，第 89～90 页。

与文化的差别不能以暴力解决，并倡导南北和谈。在哈里法的艰苦努力下，南北圆桌会议于 1965 年召开。然而，由于当时能左右苏丹形势的北方政党忙于竞选争权，无心和谈，加之南方各派意见不一，尤其是阿尼亚尼亚未被邀请参加谈判，因此圆桌会议及其后续的 12 人委员会的和谈并未取得任何实质性成果。

1965 年大选上台的民族联合党（National Unionist Party）[①]、乌玛党（Umma Party）和穆斯林兄弟会（Muslim Brotherhood）联合政府继续奉行对南方的歧视和高压政策，认为在南方进行的战争是反对分裂企图的战争。联合政府不惜大肆举借外债为派往南方的军队增加军饷、扩充军备，决心彻底消灭南部"叛乱分子"。1969 年 5 月，北方各政党发表联合声明，称已就宪法问题达成协议：苏丹宪法即为伊斯兰教法；永久宪法将于 6 个月内颁布。该声明立即激起全国人民的反对和声讨，为尼迈里（Gaafar Mohammed Nimeri）的政变上台打下了基础。[②]

1969 年 10 月，尼迈里建立了包括南方人在内的民主共和国政府。新政府阻止了伊斯兰教法的颁布，取缔了北方政党，为南北和解扫清了障碍。1971 年 11 月 9 日，尼迈里政府开始同阿尼亚尼亚领导人约瑟夫·拉古（Joseph Lagu）在亚的斯亚贝巴举行秘密谈判。由于双方都有诚意，1972 年 2 月 16 日，秘密谈判转为正式谈判。2 月 27 日，尼迈里同拉古签署了《亚的斯亚贝巴协定》（Addis Ababa Accord）。协定准予南部组成一个在苏丹民主共和国范围内享有自治权利的地区，在内部事务上实行自

---

① 民族联合党成立于 1952 年，1956 年和 1965 年两次参加苏丹联合政府。1967年同人民民主党合并组成目前仍为苏丹北方两大流亡反对党之一的民主联合党（Democratic Unionist Party，简称 DUP）。乌玛党为另一反对党。

② 参见杨灏城、朱克柔主编《民族冲突和宗教争端》，人民出版社，1996，第334 页。

治，并答应让南方人在中央政府中发挥更大作用。长达 17 年的第一次内战基本结束了，但内战让苏丹付出了可怕的代价。50 多万南方人死于战争，南部遭到了极大的破坏。北方也因战争而付出了高昂的经济代价。① 自此，苏丹人民享受了 11 年的不稳定和平。

三 第二次内战 (1983～2005)

1. 新内战的爆发

1972 年《亚的斯亚贝巴协定》(the Addis Ababa Accord) 同意南部实行区域自治，给苏丹创造了一个持续到 1983 年的不稳定和平时期。然而，在这 11 年的时间里，加法尔·尼迈里总统的军政府逐步撕碎了该协议的条款并把苏丹重新引入了内战的深渊。

引发新内战的原因很多，除了旧有的南北种族、宗教积怨外，南部石油的发现和沙里亚法 (Sharia) 的实施是最重要和最直接的原因。为了支配南部的石油，尼迈里于 1983 年 6 月颁布了对南部实施"重新划分"的"六·五法令"：废除南方自治政府，把南部分为三个中央直辖区，重新划分南北分界以把 1981 年发现储有石油的本提乌地区 (Bentiu) 并入北方。尽管沙里亚法的实施是苏丹政府一贯推行的伊斯兰 - 阿拉伯化政策的核心内容，但与苏丹的土地争夺也不无关系。从 1970 年代中期开始的大规模机械化农场运动给苏丹制造了数量巨大的流离失所者，这些丧失了土地和牧场的国内难民没有别的选择，只好流向城市。这些流浪到城市里居无定所的人被称为"沙摩挲"(Shamasa, 意为"只有太阳没有屋檐的人")，他们的数量快速膨胀，城市

---

① Pierre Arbanieh, "Mas'alat Janub as-Sudan: Ila Ayna?" *Sawt al-Mashreq* (Beirut), Dec. 1983.

治安恶化，犯罪不断增长，这导致尼迈里于 1983 年 9 月颁布了《九月法令》，再次实行伊斯兰法，包括臭名昭著的偷窃者断手条规（hudud）。① 尼迈里政府的高压政策使社会矛盾不断激化，内乱在国家四处蔓延开来，1983 年苏丹内战再次大规模爆发，并一直持续至 2005 年。

2. 新内战的进程

苏丹人民解放运动（SPLM）及其武装派别苏丹人民解放军（Sudan People's Liberation Army，SPLA）领导了新的起义。1983 年 5 月，苏丹政府派遣约翰·加朗（John Garang）中校前往南方镇压博尔（Bor）的一支 500 名官兵部队的兵变，这些官兵拒不执行调往北方的换防命令。加朗不是去结束兵变，而是鼓励其他驻军兵变，他自己成了对抗喀土穆政府的叛乱首领。加朗于 7 月组建了他的武装部队——苏丹人民解放军，同政府展开军事对抗。

1985 年推翻尼迈里后，贾祖利·达法拉（Gezouly Dafaalla，1985.4~1986.4 任总理）领导的过渡政府废除了尼迈里总统 1983 年的政令并提出了一些以南北和解为目标的重要建议，但是新政府并没有废除尼迈里政权推行沙里亚法的"九月法令"。1986 年 5 月，上任伊始的民选总理、乌玛党领袖萨迪克·马赫迪（Sadiq al-Mahdi）立即同 SPLA 举行和平谈判。同年，SPLA 和其他一些政党在埃塞俄比亚会谈并达成了科卡达姆协议（Koka Dam Agreement），协议要求废除伊斯兰法并召开制宪会议。科卡达姆协议得到了乌玛党的认可，但遭到了联合政府内的民主联合党和在野的全国伊斯兰阵线（the National Islamic Front，英文简称为 NIF）的抵制。

---

① Mohamed Suliman, *Civil War in Sudan: The Impact of Ecological Degradation*, Institute for African Alternatives UK, Environment and Conflicts Project (1995).

　　然而，在成功复兴了同"杰拉巴"（Jellaba）① 和西部巴卡拉人（Baggara）② 的马赫迪式联盟后，乌玛党领袖新任总理萨迪克·马赫迪（Sadiq al-Mahdi）很快就放弃了科卡达姆协议。他还从利比亚和伊拉克获得了大量的武器。在恢复元气和对穆拉哈林阿拉伯民兵（the Murahaleen Arab militias）进行了武装后，萨迪克于 1987 年宣布实行国家紧急状态，开始了对南方的战争。

　　1988 年 11 月，苏丹人民解放军（SPLA）和民主联合党（DUP）达成了一项和平计划——"十一月协定"（the November Accords），原则同意废除苏丹同埃及和利比亚的军事协定，终止伊斯兰法，结束萨迪克于 1987 年实行的国家紧急状态并实现停火。"十一月协定"得到了广大人民的拥护，但却受到了萨迪克的抵制。面对民众的巨大压力（包括对其本人的谴责），萨迪克转而寻求全国伊斯兰阵线（NIF）的支持。他重组了新的联合政府，把民主联合党（DUP）排除在新政府之外。但是，由于缺乏政治上的一致，军队已经相信进行战争是无益的。1989 年 2 月，军队向萨迪克发出最后通牒：除非能够推进和平并在一周内解散民兵，否则军队将插手政治。最终，萨迪克屈服了——全国伊斯兰阵线（NIF）离开政府，而民主联合党（DUP）重返政府。政府重新开始同 SPLA 谈判，并于 5 月实现了停火。

　　随后的制宪国民代表大会同意冻结伊斯兰法，制宪会议召开

---

①　杰拉巴指城市化了的苏丹阿拉伯商业阶层，他们是古阿拉伯商人的后裔，现为苏丹最富有的阶层，遍布苏丹全国并进入了苏丹的一些邻国。杰拉巴在苏丹的近现代历史上有着相当大的政治和经济影响。

②　巴卡拉人是在达尔富尔（Darfur）和科尔多凡（Kurdufan）地区从事游牧生活的一些阿拉伯人，他们有着和丁卡人在北加扎勒河（Bahr al Ghazal）和南科尔多凡争夺牧场的传统。

的日期被确定为 1989 年 9 月 18 日。按计划，萨迪克将在 7 月 4 日同加朗在亚的斯亚贝巴举行会晤，可这一会晤却再也未能实现。1989 年 6 月 30 日夺权的巴希尔军人政府拒绝接受民主联合党同苏丹人民解放军达成的和平协定，声称它愿意同 SPLA 举行没有前提条件的谈判。1989 年 8 月和 12 月的谈判几乎没有取得任何进展。SPLA 控制了赤道省（Equatoria）、加扎勒河省（Bahr al Ghazal）和上尼罗省（Upper Nile）的大片土地并在达尔富尔省（Darfur）、科尔多凡省（Kordofan）和青尼罗省（Blue Nile）的南部活动。政府军则控制着南部的许多城镇，包括朱巴（Juba）、瓦乌（Wau）和马拉卡勒（Malakal）三市。5 月份的非正式停火也被打破了，此后战斗一直持续不断。

在巴希尔新政权彻底解决"南部问题"的决定中，全国伊斯兰阵线（NIF）的以伊斯兰"圣战"为名发动全面战争的主张成了唯一的指导思想。拥有尖端武器和伊斯兰高昂士气的政府军队对"无神论者和异教徒"发动了残酷的"圣战"。从 1991 年开始，政府军队向南方展开了猛烈攻势。不久，失去埃塞俄比亚门格斯图（Mengistu Haile Mariam）政权支持的南部苏丹的抵抗运动被孤立并几近失败。更为重要的是，SPLM 的力量受到了内部冲突的极大破坏。到 1992 年后半年，随着南方两个派别之间爆发的全面战争，南部的"被解放地区"一分为二。到 1993 年底，南部的军事力量被严重削弱，其社会经济也陷于全面混乱。①

3. 苏丹人民解放军的分裂

1991 年丁卡人约翰·加朗和努尔人里耶克·米夏尔（Riek Machar）之间的分歧导致了苏丹人民解放运动和苏丹人民解放军内部的分裂，分裂的结果是苏丹人民解放军联合派即米夏尔领导

---

① *Mideast Newswire*, Jan. 15, 1994, at http://www.cmep.com.

的纳绥尔派（Nasir）和苏丹人民解放军主流派即加朗领导的托里特派（Torit）的出现。纳绥尔派号召南部独立，放弃建立统一的世俗苏丹的所有抱负。尽管纳绥尔派没有使加朗落马，但他们却成功地复兴了南部自治必须优先于苏丹统一的原则。1992 年 9 月，威廉·巴尼（William Nyuon Bany）组成了第二个反政府派别；1993 年 2 月，前苏丹人民解放军副总司令和 SPLM 副主席丁卡人克鲁比诺·可沃宁·博尔（Kerubino Kuonyin Bol）组成了第三个反政府派别。1993 年 4 月 5 日，这三个反政府派别在肯尼亚内罗毕的一个新闻发布会上宣布合并为苏丹人民解放军联合派（SPLA United）。不久，纳绥尔派在米夏尔的领导下又完成了由苏丹人民解放军联合派到南部苏丹独立运动（the Southern Sudan Independence Movement，英文简称为 SSIM）的重组。1991 ~ 1993 年，托里特派和纳绥尔派之间的冲突不断，数千人因此而丧生，30 多万人沦为难民。①

　　1995 年，在加朗派取得重大胜利后，米夏尔一度曾考虑要同加朗派重新合并，但 1996 年加朗派遭受政府军重创后，米夏尔及克鲁比诺随即同政府议和并达成了《和平政治宪章》。1997 年，苏丹独立运动（SSIM）合并其他 6 个派别组成了拯救民主团结阵线（the United Salvation Democratic Front，英文简称为 USDF）并建立了其武装力量南部苏丹防卫军（the South Sudan Defense Force，英文简称为 SSDF）。1997 年 4 月，拯救民主团结阵线各派同政府达成了《苏丹和平协议》，并成立了监督协议实施的南方各州协调委员会。1998 年，巴希尔总统任命米夏尔为该协调委员会主席，克鲁比诺为副主席，巩固了他们之间的联

---

① Adar K. G., New Regionalism and Conflict Resolution: The Case of the Intergovernmental Authority on Development in Sudan, *African Journal on Conflict Resolution*, 2000, 1 (2): p. 51.

盟，强化了至少是临时反对苏丹人民解放军（SPLA）及其联盟的"巴希尔—米夏尔—博尔"三驾马车。

导致南方不统一的因素有好几个。在意识形态上，加朗集团从一开始就作为一个追求泛苏丹革命的地方解放运动而发展，对他的许多早期支持者而言，革命的目标过于激进。而里耶克·米夏尔（Ryek Machar）领导的不同政见派别则坚持最早的目标——南部自治——并指责加朗"与阿拉伯反对组织有瓜葛"[1]；部族竞争也起了一定作用，因为加朗及其主要助手属于苏丹的最大非洲部族——丁卡族（Dinka），米夏尔和其他的反对者指责苏丹人民解放军内部的"丁卡人统治"；政府的政治策略使情况更加糟糕，因为图拉比的离间战略成功地在南方人中间制造了不和。先是加朗与米夏尔，之后又是米夏尔的高级军官兰姆·安考（Lam Akol）同米夏尔分裂并单独同喀土穆签署了和平协定；反抗运动领导人之间的个性差异也一直阻挠着实现南方统一和建立反喀土穆联合阵线的努力。1997年，米夏尔在纳绥尔派中的权威受到了一个南方军官的挑战，这个军官是米夏尔的同乡鲍里诺·马特布（Paulino Mateb）旅长。据报道，双方的追随者在上尼罗省地区甚至在喀土穆发生了激烈的武装冲突。个性差异还导致了拯救民主团结阵线（USDF）领袖米夏尔和加扎勒河派领导人劳伦斯·卢奥（Lawrence Lual）之间的分裂。卢奥是在1998年克鲁比诺接受了喀土穆给予的行政职务后接替其加扎勒河派司令职务的。[2]派别内部的分歧和南部苏丹防卫军（SSDF）集团内的个人野心还导致了1999年米夏尔同SSDF其他指挥官之间的紧张关系，尤其是同上尼罗（Upper Nile）军队的戈登·孔

① Telephone interview with David Chend, director for foreign affairs of the Ryek Machar faction, Nairobi, Nov. 12, 1994.
② Horn of Africa Bulletin 1998, Uganda Supports US Attack, 10（4）（July-August），p. 28.

（Gordon Kong）、埃塞俄比亚边界地区纳绥尔派的盖特维克·盖特考特（Gatwick Gatkout）及琼莱（Jonglei）军队的盖特维克·迪尔（Gatwick Dhel）之间的紧张关系。①

4. 反政府联盟的分化

巴希尔上台后宣布禁止政党活动。全国伊斯兰阵线（NIF）也公开宣布停止活动，但其主要成员多出任了巴希尔政府的要职。其他政党则转入地下，其领导人或被软禁或流亡国外。

1995 年，国内的和流亡国外的组织在阿斯马拉召开会议，成立了以米尔加尼为首的 NDA 总指挥部，加朗为总指挥部成员之一。这一发展开辟了内战的东北战线，使内战成了中心和外围的冲突而不仅仅是南北冲突。SPLA、DUP 和乌玛党是组成 NDA 的重要组织，此外还有一些较小的政党和北方的民族组织。同样是在 1997 年，政府在"内部和平"（Peace from Within）的旗帜下同米夏尔领导的反政府派别签署了一系列协定。这些协定包括喀土穆（即《苏丹和平协议》）、努巴山区（Nuba Mountains）和法绍达（Fashoda）三个协定，结束了政府同重要的反政府派别之间的军事冲突。这些派别的许多领导人都迁往喀土穆，他们在中央政府中担任一些边缘职务或协同政府同 SPLA 作战。苏丹的这些重大结盟变化已经模糊了冲突的传统南北对抗特点。

1996 年 12 月 18 日，苏丹政府军的两个旅和来自邻国厄立特里亚的 1500 名反政府武装分子在苏丹东部卡萨拉省（Kassala）发生了激烈的军事对抗。这一对抗标志着反政府武装在东部开辟了新的战线，因此成了政府和反政府力量在内战中的

---

① Horn of Africa Bulletin 1999, Machar Faces Ouster Attempt, 11（3）（May-June）, p. 34.

转折点。随后，南线的 SPLA 在 1997 年初向政府军发起了一次重大反击，重获失地并彻底改变了双方的力量平衡。至此，两线作战且在军事上失利的苏丹政府被迫同苏丹人民解放军开始真正的谈判，苏丹和平因此出现了转机。

当然，引起结盟变化的最重要的事件莫过于在同巴希尔的权力之争中失败的图拉比的"倒戈"。2000 年 5 月 6 日，巴希尔解除了图拉比的全国伊斯兰阵线（NIF）总书记职务，并关闭了 NIF 总部和在 6 个州的分部，图拉比随后组建了自己的"全国人民大会党"（Popular National Congress，简称 PNC）。2001 年 2 月 12 日，图拉比在日内瓦同 SPLM 签署了一份谅解备忘录（Memorandum of Understanding），约定双方合作通过和平途径推翻巴希尔政权。备忘录还承认南方拥有自治的权利。虽然该备忘录的现实意义并不大，但它却有着巨大的隐含意义：首先，通过谅解备忘录的签署，政变前在国家议会中拥有过席位的所有传统政党都认为应该推翻现政权，也正式认可了南方的自治权利。其次，这样巨大的立场转变深刻地冲击了伊斯兰狂热者的"圣战"思想基础。尽管图拉比随后即遭逮捕，但 PNC 追随者的活动非常活跃，在高校学生当中的影响尤其巨大。他们是苏丹政治斗争中的一支坚实的力量，对苏丹的未来走向必将起到显著的影响。

四　艰难的和平进程与内战的结束

苏丹的和平进程始于 1993 年初。在政府间发展组织（Intergovernmental Authority for Development，英文简称为 IGAD）的倡导下，政府同 SPLA 于 2 月 22~23 日在乌干达举行了首次谈判；4 月 26 日，和谈在尼日利亚首都阿布贾（Abuja）继续进行，但并未取得任何成果。1994 年 5 月，IGAD 提出了以建立世俗国家、废除伊斯兰法和政教分离为前提的

《原则宣言》（Declaration of Principles）。该宣言确定了全面和公正的和平解决国内问题的基本原则，即地区同国家的关系、权力和财富的分配以及南部的自治权利，并规定就南方自决问题举行公民投票表决。虽然双方都表示接受这一宣言，但缺乏诚意的政府方并没有立即签署该宣言。

1997 年 10 月底，政府在军事失利的情况下被迫签署了IGAD 的 1994 年《原则宣言》并同 SPLA 在肯尼亚首都内罗毕举行第二轮和谈。1998 年 5 月，政府同 SPLA 在内罗毕就对南部自治举行公决达成了协议。7 月，政府同 SPLA 宣布在加扎勒河地区停火以便于救助 120 万南方饥民的人道主义物资的运输。8月，和谈因在南方的范围问题和政教分离问题上无法达成共识而破裂。1999 年 7 月，埃及—利比亚联合倡议出炉，号召苏丹建立临时政府、分配权力、改革宪法并举行新的选举。8 月，SPLA响应埃及和利比亚的倡议，在利比亚首都的黎波里宣布他们同意与政府举行直接谈判并停止内战。

2000 年 2 月，政府同包括 SPLA 在内的反政府力量在肯尼亚首都内罗毕重开和谈。然而双方在为期 6 天的谈判中未达成任何协议。SPLA 称双方在自治及地方与国家的关系等问题上未能达成协议。2001 年 6 月，民族民主联盟（NDA）同意埃及—利比亚和平倡议，但宣称依然寻求政教分离原则和南方自决权利。7月，政府接受利比亚和埃及倡导的和平建议，但巴希尔不久又宣布拒绝政教分离和国家分裂，和谈再次陷入僵局。9 月 6 日，美国总统布什宣布介入苏丹和平，并任命约翰·丹佛斯（John Danforth）为苏丹问题特使。美国的参与给和谈注入了新的活力，和平解决这个漫长冲突的希望出现了曙光。

2002 年 7 月，苏丹政府和反政府武装在肯尼亚的马查科斯城（Machkos）达成了一个突破性的框架协议——《马查科斯协议》（Machakos Protocol），该协议准予南部在 6 年过渡期后举行全民公决其是否独立，协议还免除了伊斯兰法在南部的施行。作为回报，南方将允许政府（在南部以外地区）继续实施伊斯兰法。接下来的谈判继续进行，但僵局不断出现，直到 2003 年 8 月双方才在权力和资源分配问题上打破了僵局。9 月 25 日，在苏丹副总统阿里·奥斯曼·塔哈（Ali Uthman Taha）同约翰·加朗（John Garang）进行了为期 3 周的谈判后，过渡时期安全问题协议终于在内罗毕附近的奈瓦沙（Naivasha）签署。10 月 22 日，美国国务卿科林·鲍威尔在奈瓦沙同塔哈和加朗会晤后称双方承诺在 12 月底将签署一个结束内战的全面协定。此后不久布什发出邀请，希望双方能在美国举行全面协定的签署仪式。2004 年年初，塔哈同加朗在奈瓦沙的谈判已经解决了权力分配、首都喀土穆的地位及青尼罗河南部（Southern Blue Nile）、努巴山区（Nuba Mountains）和阿巴伊（Abyei）三个争端地区的前途等问题外的大多数与安全协议和财富分配相关的问题。

在国际社会和苏丹政府的共同努力下，2005 年 1 月 9 日，苏丹第一副总统阿里·奥斯曼·塔哈与主要的反政府武装"苏丹人民解放运动"的主席约翰·加朗共同签署了一项全面和平协议。作为见证，肯尼亚和乌干达总统也在和平协议上签了字，从而结束了当代非洲大陆延续时间最长的内战。诚如当时的联合国秘书长安南所说："苏丹南北方之间再次实现和平，这让我激动不已……许多人早些时候曾怀疑南北之间达成协议是否有用，但现在该协议已产生了积极的影响。"欧盟的执行机构欧盟委员会称这一协议的签署是"该地区取得的一次重大突破，并相信此举还将促进该地区进一步稳定"。①

2005 年 7 月，苏丹民族团结政府成立，巴希尔任总统，南方武装领导人加朗任第一副总统兼南方政府主席。持续了 20 多

---

① 《国际社会欢迎苏丹和平协议》，载 2005 年 1 月 11 日《参考消息》第 2 版。

年的第二次内战终于结束。这是苏丹当代政治进程的一大进步，将对苏丹国家未来的发展产生重要影响。

第六节　达尔富尔冲突

到 2005 年初，苏丹政府与南部反政府武装达成了和平协议，给南方带来了和平希望，但发生在这个国家东部的冲突，特别是西南部的达尔富尔冲突并未得到解决，苏丹实现国内完全和平与稳定仍有一段十分艰难的路要走。

一　达尔富尔冲突的由来与性质

苏 丹是个民族结构复杂的国家，独立以来民族矛盾一直比较尖锐，其中发生在西南部的达尔富尔冲突影响最大。达尔富尔问题由来已久，它与民族矛盾、宗教矛盾、中央与地方的政治经济矛盾都有复杂的关系，更与该地区因生态环境恶化和人口增长所引发的对自然资源的争夺有关。达尔富尔州毗邻利比亚、乍得和中非共和国，面积相当于法国国土面积，人口达400 多万。虽然种族各异的达尔富尔人主要是穆斯林，但超过40％的达尔富尔人却不是纯粹的阿拉伯人，在许多时候，达尔富尔人觉得同其西部邻国乍得的某些民族有更紧密的历史文化关系和情感上的亲近感，而与北方的喀土穆阿拉伯人中央政权却要疏远得多。达尔富尔地处苏丹内陆深处，交通闭塞，经济落后，独立后苏丹中央政府长期疲于应付南部反政府武装的军事进攻，也无力对达尔富尔州进行有效的行政管理和经济开发，因此该地区成了苏丹最不发达的边穷地区。

20 世纪 60、70 年代，苏丹西部地区发生严重的旱灾，达尔富尔州北部地区荒漠化不断加剧，难以维持生计的牧民纷纷向该州南部地区迁徙，与当地居民争抢有限的水、草资源，经常引发部落仇杀，安全局势日趋恶化。① 此外，乍得反政府武装对达尔富尔州的渗透也加剧了当地的紧张局势。在过去的 10 多年里，达尔富尔地区西部一直主要由当地及来自乍得的反政府武装团伙摆布。达尔富尔陷入战乱之后，那些持有枪支、杀人越货的小股武装的数目更是有增无减。

2001 年 8 月，"达尔富尔解放运动"（Darfur Liberation Movement）成立，后更名为"苏丹解放运动"（Sudan Liberation Movement）。该组织主张达尔富尔州实行自治，取消在该州推行伊斯兰法典，并要求与政府分享权力和资源。为此，它成立了武装组织苏丹解放军（Sudan Liberation Army，英文简称为 SLA）并联合各部落"叛乱"武装，于 2003 年 2 月开始对苏丹政府的正规军和阿拉伯民兵武装发动有组织的袭击行动。

主要由扎加瓦人、马萨里特人和富尔人等黑非洲人组成的苏丹解放军声称，他们的行动是对被称为"坚杰维德"的阿拉伯游牧部落袭击非洲人村落的反应，而苏丹政府未能保护这些村落。阿拉伯人部落和黑人部落之间的传统对抗被近年来双方对草场的争夺所激化，而这些草场业已受到多年来一直扩大的沙漠化的不断吞噬。在更广泛的意义上，苏丹解放军声称，他们之所以拿起武器是为了使广阔而又贫瘠的达尔富尔地区能够得到国家资源中的合理配额，同时也是为了寻求结束该地区在政治上的边缘化地位。苏丹解放军和达尔富尔的另一个反政府组织"正义与平等运动"（Justice and Equality Movement，简称 JEM）同政府支持的武装力量之间进行了数月的低烈度武装冲突后，双方的战斗于 2003 年末升级。

除了有关反政府武装同政府军之间冲突的报道日渐增多外，

---

① 有关情况可参见姜恒昆、刘鸿武《种族认同还是资源争夺——苏丹达尔富尔地区冲突根源探析》，《西亚非洲》2005 年第 5 期。

关于"坚杰维德"民兵组织袭击该地区平民的报道也迅速增多。"政府间发展组织"关于该地区的报告认为,对平民的袭击是苏丹政府决定武装"坚杰维德"并以其为代理人镇压达尔富尔暴动的直接后果。"坚杰维德"袭击的扩大使整个地区陷于恐怖之中,也导致了大量的人员伤亡。冲突还导致许多人逃离家园,造成了被联合国称为世界上最严重的大规模人道主义危机。

事实上,达尔富尔地区的居民大都是穆斯林,因此宗教或种族问题并不是导致达尔富尔与中央政府发生冲突的根本原因。达尔富尔问题的真正根源在于贫穷落后,解决问题的关键在于发展当地经济。苏丹政府必须认真关注包括富尔人(Fur)、扎戈瓦人(Zaghawa)、马萨雷特人(Massaleit)和西部其他非洲民族在内的达尔富尔地区各部族人民的生存和发展,因为对达尔富尔各族人民的关注不仅可以反映出政府对北部三地区和南部局势的态度,而且还可以反映出政府对东部贝贾人(Beja)和北部努比亚人(Nubians)的态度。政府在达尔富尔地区进行的大规模军事行动不仅造成平民死亡的巨大代价,更加深着彼此间的怨恨。

达尔富尔危机的爆发,说明在当代苏丹这样的非洲国家,一直存在着一个根本性的问题,即中央政府对于落后民族或边远地区的经济社会发展问题的忽视。如果那些边远落后地区的民族长期感受到他们的权益不被重视甚至被边缘化,那么地区动乱和内战总是难以从根本上消除的。事实上,旷日持久的南方战争、达尔富尔危机和东部反政府武装"东部阵线"的崛起,都与社会经济发展的不平衡和社会公正问题的恶化有关。

二 解决达尔富尔冲突的国际努力

2003年9月,苏丹政府与苏丹解放运动在乍得首都恩贾梅纳(Ndjamena)举行秘密谈判并签署了为期6周的停火协议。根据协议,阿卜克尔及其领导的苏丹解放运动必须切实保障停火协议在达尔富尔州 5 个"叛乱"地区得到执行，双方停火从三天后开始实施，并开始交换战俘和就签署永久和平协议进行谈判。一旦双方签署永久和平协议，反政府武装必须在两周内交出武器，政府方面也将从达尔富尔州撤出"非正规军"，只保留正式军队在当地驻防。

12 月，政府同 SLA 在乍得就永久和平协议举行谈判，但谈判因双方在设立达尔富尔自治州和确定石油收入分配比例等问题上无法达成一致而破裂。乍得调停者认为谈判破裂的原因是 SLA 抬高了谈判条件，但 SLA 则认为乍得调停者对喀土穆政府过于偏袒，坚持强调和谈要有国际观察员到场，要保护平民和保证人道主义救援通道的安全畅通以及由国际观察员对未来的停火进行监督。此外，SLA 还建议应将达尔富尔问题谈判包含在"政府间发展组织"（IGAD，伊加特）主持的苏丹政府同 SPLA 的谈判之内，并要求联合国组成专门的委员会调查发生在达尔富尔的大屠杀。另外，作为动乱参与者的达尔富尔第二大反政府组织"正义与平等运动"和当地的阿拉伯民兵组织未被纳入达尔富尔问题的和谈之中。正义与平等运动自 2003 年 2 月起在达尔富尔州西部进行反政府武装活动，并与"苏丹解放运动"携手共同打击政府军。该组织也主张达尔富尔州自治，并要求与政府分享权力和资源。阿拉伯民兵组织被指控犯有重大的人权罪行，包括对数千人的屠杀和使成千上万人成为难民。

12 月和谈破裂后，发生在达尔富尔三州的战斗和阿拉伯民兵组织的袭击不断升级。仅 12 月就有大约 3 万人为躲避民兵袭击而越境逃往相邻的乍得，使乍得的难民（大多数是妇女和儿童）数字上升到了 9.5 万。2004 年 1 月，政府军对达尔富尔反政府武装控制地区进行的大规模轰炸更使难民数量猛增。

有报道指出，"坚杰维德"民兵骑马和乘车闯入村庄，他们偷盗财物，毁坏庄稼，焚烧房屋并杀死男人。此外还有对蓄意强暴（有时候还绑架）妇女的大量而持续的报道，这些妇女是在遭到袭击的村子里被"坚杰维德"民兵抓住的。据报道，"坚杰维德"的军事行为至 2005 年初仍在持续（虽然规模是比较有限的），而且袭击范围更广了。据这些报道的估计，达尔富尔地区多达 25% 的村庄遭到了"坚杰维德"的袭击。报道还表明，该地区遭到了普遍破坏，中西部遭受的破坏尤为严重。除了使大约 3 万~5 万人丧命外，冲突还造成了很多人的流离失所，至少有 120 万人（还有估计认为这一数字高达 200 万）为躲避"坚杰维德"的袭击而逃离家园并进入了设在达尔富尔地区和相邻的乍得的难民营。这一情况催发了一个总额为 6 亿美元的紧急救援行动，但该行动并未阻止死亡率的上升。据 2004 年 9 月的估计，在为难民和内部的无家可归者设置的营地里，每月的死亡人数大约在 1 万左右。

2004 年 7 月和 9 月，安理会先后通过第 1556 号和 1564 号决议，决定对冲突各方实施武器禁运，成立国际调查委员会调查达尔富尔地区侵犯人权现象。

据联合国 2005 年 3 月的统计数字，在过去 18 个月中，苏丹达尔富尔地区另有 18 万人间接死于冲突（因疾病和营养不良等致死）。[①] 2005 年 3 月，安理会先后通过第 1591 号和 1593 号决议，除实施武器禁运外，对相关责任人实施旅行限制和冻结资产等制裁并将达尔富尔问题交由国际刑事法院处理。尽管联合国和非盟等国际组织、美英等西方国家以及尼日利亚、利比亚、乍得和埃及等非洲国家一直都在为结束冲突做着努力（包括调停、威胁制裁和派遣维和部队等），并且冲突双方经过多次谈判后于 2006 年 5 月 5 日达成了《达尔富尔和平协定》（未得到"正义与

---

① 关于达尔富尔冲突的详细进程和伤亡情况可参见：http://en. wikipedia. org/wiki/Darfur_ conflict。

平等运动"的承认），先后约有 7000 名非洲联盟成员国维和人员参与了在达尔富尔的维和行动。但整个达尔富尔地区 3 州的局面仍然动荡不定。

因达尔富尔局势一直未能改善，安理会在 2006 年 8 月通过 1706 号决议，提出要由联合国维和部队取代非洲联盟在达尔富尔的维和行动，但未能得到苏丹政府的同意。同年 11 月，联合国秘书长安南提出联合国分三阶段向非盟维和部队提供支援的计划，即"安南三阶段方案"。该方案的最后阶段要在达尔富尔地区部署一支由联合国和非洲联盟部队混合组成的 2 万人的部队。

2007 年 4 月 23 日，达尔富尔地区过渡权力机构在喀土穆启动，并举行了首次会议，落实《达尔富尔和平协定》的工作进入实质性阶段。

2007 年 7 月 31 日，主要由于中国的劝说与协调，联合国安理会最终达成了得到苏丹政府同意的 1769 号决议，决定向达尔富尔地区派遣由联合国与非洲联盟共同组成的约 2.6 万人的混合维和部队。随后非洲联盟和有关各国，以及达尔富尔地区的七个反政府组织的代表，在坦桑尼亚的阿鲁沙召开达尔富尔问题国际会议，为落实安理会相关决议作出进一步的努力。从根本上说，达尔富尔问题是一个如何实现经济发展与社会公正的问题，只有在达尔富尔地区及整个苏丹实现持续的经济复兴，及相应的各种族间民族间的社会和睦，才有可能使达尔富尔问题从根本上得到公正、合理、妥善的解决。

第四章

经　　济

　　苏丹是一个经济不发达的非洲国家，经济发展的基础薄弱。独立以来，因长期内战与地区冲突，加之种种人为因素的干扰，国家经济走过了 30 多年曲折的道路，直到上世纪 90 年代初期，苏丹还是一个十分贫穷的国家。

　　1989 年巴希尔政府执政以来，苏丹政府采取了种种推进国家经济发展的新措施。1997 年，苏丹开始实施在国际货币基金组织支持下的经济改革，增强市场活力和对外经济开放程度，加之石油经济作为一个新的经济部门的出现，苏丹经济开始进入到一个较好发展时期。近 6 年来，苏丹经济保持了年均大约 6% 的增长速度，汇率稳定，通货膨胀率不断降低，社会生活趋于稳定。2003 年 4 月，世界银行宣布苏丹是近年来非洲经济发展最为成功的国家之一。

　　2005 年初，持续了 20 多年的第二次内战结束，苏丹国内实现了国内和平，除达尔富尔问题依然困扰着这个国家外，苏丹已经获得了一个难得的经济与社会发展国内外环境，更加上石油经济迅速崛起的有力拉动，2005 年苏丹经济年增长率达到了 8%，而 2006 年这一数字有望达到两位数[1]，这使得苏丹成为非洲大

---

　　① 法新社略土穆 2006 年 11 月 2 日电《对华贸易振兴苏丹经济》。

陆经济增长最快的国家之一。目前，苏丹经济与社会正进入一个新的发展时期。

第一节　经济发展概述

一　经济发展简史

1. 古代经济发展情况

丹所在的尼罗河流域，在古代非洲文明史上，是一个较早进入人类经济开发的地区，根据考古提供的资料，早在公元前四、五千年以前，苏丹尼罗河流域一带的居民已经形成了渔猎和采集经济生活。到新石器时代后期，这里的人们开始饲养一些动物并种植作物。公元前 3000 ~ 公元前 800 年，今日苏丹境内的古代努比亚人开始使用金属和石器工具并从事农牧业生产。公元前 750 年，努比亚人重新统一后建立了强大的奴隶制国家——库施国。公元 1 ~ 3 世纪是库施国的全盛时期，农业和手工业因为铁器的使用而有重大发展。首都麦罗埃是当时地中海以南最大的炼铁中心，被西方考古学家称为"古代非洲的伯明翰"。麦罗埃也是当时的重要贸易中心和交通要冲。库施国与北方埃及经济关系密切，并经红海而与地中海和亚洲地区建立了贸易关系。此外，古代努比亚人还与西非内陆的黑人部族有经济往来。

公元 3 ~ 12 世纪的基督教努比亚时期，苏丹与北方的埃及、东部的阿克苏姆王国及红海对面的中东国家的经贸往来有进一步发展，苏丹的木材、黄金和香料被阿拉伯商人销往中东。公元 8 世纪以后，阿拉伯商人的商贸活动导致伊斯兰教在苏丹的强有力传播，并最终促成了努比亚文明的伊斯兰化。到 16 世纪，苏丹出现了两个强大的信奉伊斯兰教的国家，在这些国家里有着发达的灌溉农业和手工业，文化也达到了较高的水平。当时，阿拉伯化的苏丹封建贵族们占有肥沃的土地，由农奴和奴隶耕种。

2. 近代殖民地经济

1821～1885年是奥斯曼土耳其与埃及共同统治苏丹时期，苏丹这个国家的现代领土与疆界也是这个时期形成的。这两百多万平方公里的富裕土地，有着丰富的资源和重要的经济价值。1821年，为掠夺苏丹丰富的资源和垄断奴隶贸易，奥斯曼帝国在埃及的统治者穆罕默德·阿里入侵苏丹，阿里的入侵造成苏丹的伊斯兰古代王国的灭亡，同时也使苏丹与北方埃及和整个奥斯曼帝国的经济联系有了增强。与此同时，英国也开始对苏丹的财富和土地虎视眈眈。1899年，英、埃在开罗签订关于共同管辖苏丹的协定。苏丹变成了英、埃控制下的殖民地，成为英国纺织业原料供应地和商品倾销市场。

1899～1956年是英国与埃及共同统治苏丹时期，即所谓的"英埃共管"时期，但实际上苏丹已经日渐沦为英国的殖民地。英国殖民政府开始培植苏丹的现代经济，苏丹与英国的经济联系建立了起来。当时，英国人扶植马赫迪起义领导人的儿子阿卜杜·拉赫曼·马赫迪（Abdel Rahman），承认阿卜杜·拉赫曼为安萨尔教派的领袖，让他接受政府的津贴，从事商业活动和对外贸易，希望通过这样的方式让安萨尔教派远离政治。1908年殖民当局将白尼罗河阿巴岛（Aba Island）的土地，及其他一些土地赐给阿卜杜·拉赫曼。到1936年，阿卜杜·拉赫曼的年收入约在1.5万～4万英镑之间，并在阿巴岛上雇用了一支4500人的军队。[1] 这些财富是主张追求经济和现代的所谓苏丹"新马赫迪主义"兴起的基础，也是苏丹现代民族经济开始起步的一个

---

[1] Niblock, Tim (1987) *Class and Power in Sudan: The Dynamics of Sudanese Politics, 1898 - 1985*. Albany: SUNY. p. 51.

标志。后来形成的温和而有世俗色彩的苏丹民族主义政党乌玛党，便是在这样的基础上发展起来的。1956 年苏丹的民族主义者之所以放弃与埃及合并而自行独立建国，一个重要原因是苏丹的民族主义和工商业者担心埃及会控制苏丹经济。

英、埃共管时期，殖民政府在苏丹发展初步的灌溉农业，并开始修建现代铁路系统。殖民政府的投资主要集中在几个特定领域，比如兴建了作为灌溉工程附加项目的轧棉和油籽加工工厂。"二战"期间，共管政府还发展了数量有限的旱地机械化耕作农业。战后，殖民政府还在 1946～1950 年和 1951～1955 年分别实施了两个殖民地经济计划，以拓宽苏丹的经济基础。但两个计划因缺少有经验的工作人员和足够的物资而成效不大。当时，苏丹的一些民营和私营农场主经济也初步形成，并扩大了灌溉农业经济，一些手工制造业也开始发展，但是较大的私营工业企业主要涉及 3 个领域，即肉类加工、水泥和酿酒等，它们多是在 1949～1952 年兴建的。1956 年苏丹独立时，殖民地留下的经济遗产主要集中在两个项目上，一个是巨大的杰济腊灌溉工程，另一个是苏丹铁路系统。

3. 独立后经济的曲折发展

苏丹独立后，国民经济体系逐渐建立起来，社会经济有了较大发展。但经济进程并不是一帆风顺的。新政府直到 1960 年才开始尝试制订一个国家经济发展计划。从那时起，政府制订了 3 个发展计划，但没有任何一个计划得到彻底执行。第一个计划是 1961～1970 年的"经济社会发展十年计划"，该计划原定始于 1960 年底，但是直到 1962 年 9 月才被正式批准，比计划开始之日晚了一年多。这个十年计划准备投资 5.65 亿苏丹镑，这一数目在当时相当于 16 亿美元。私营投资被指望达到整个投资的 40%。不幸的是该计划的目标过于野心勃勃，而政府却没有几个有经验的筹划者。这个计划并未得到贯彻执行，事实上计划的执行要依靠每年制订的投资计划来完成，而所需投资则要依靠政府的发展预算。原本不属于最初计划的项目也不时混入计划。投资数目在计划实施的最初几年是很大的，因此到计划中期，一些主要的项目就已完成，包括喀什姆齐尔巴赫（Khashm al Qirbah）和玛纳齐尔（Manaqil）两个灌溉工程、以原址为基础的一个制糖厂、琼莱（Al Junayd）灌溉工程和罗塞利斯（Roseires）水坝等。

伴随着 20 世纪 60 年代的发展，资金短缺成为经济计划难以为继的普遍原因。政府的经常性支出大大超出了收入，这部分是因为南方内战的激化，而外国投资也不断减少。计划初期充足的外汇储备被耗尽了，政府采取的方法是财政赤字和举借外债。

尽管存在着严重的财政问题，但第一个十年计划仍然有明显的经济成就。苏丹平均国民所得从 1960 年的 86 美元增至计划末期的 104 美元。60 年代末期，政府开始实施新一轮的"五年计划"（1968～1972）。不幸的是，1969 年 5 月发生了尼迈里军事政变，这一经济计划自然夭折。军事政变上台的尼迈里政府，其经济政策表现出较明显的向左转和集权式倾向，它实施了一个自己的"经济和社会发展五年计划"（1970～1974），依靠苏联计划人员帮助制订的这个计划，企图通过"社会主义的"经济方式实现尼迈里"五月革命"的主要目标——建立独立的国民经济、稳步实现繁荣及更进一步发展文化、教育和公共医疗卫生服务事业。

然而，持续的内战使尼迈里的理想计划事实上也往往束之高阁。在计划的头两年，政府的支出一直较少，因为钱都用于战争了。1972 年初战争停止后，政府开始考虑经济发展问题，并认为原来的计划规模太小且对交通重视不够，便于 1973 年制订了"临时行动纲要"，把计划期限扩大到了 1976 年。新纲要以政府主导经济，加速国有化，重点发展交通，实施了几个大型农业和工业消费项目。为此，政府公共投资从原计划 2.15 亿苏丹镑增至 4.63 亿苏丹镑，私人的投资最初计划为 1.70 亿苏丹镑，但国有化运动阻碍了私人投资，只有少量私人投资进入国家不会接管的服务业、房地产业、传统农业和手工业领域，而外国私人投资则增长很少。

在实施"临时行动纲要"的 1973 到 1977 年，尼迈里政府的年度支出增长到了 10 亿苏丹镑。政府启动了数个灌溉工程，建立了许多工厂，把从喀土穆到苏丹港的公路变成了柏油路并开始挖掘琼莱运河。尼迈里时期苏丹经济的增长，一个重要原因是它得到了来自沙特阿拉伯、科威特的大量资金，美国和欧共体国家也提供了可观的外援。此外，来自世界银行的贷款，挪威、南斯拉夫、中国等国家的援助也成为推动苏丹经济的动力。当时的苏丹，一度被期待成为阿拉伯世界的"面包篮子"。在非洲，苏丹有着丰富的农牧业资源和可耕地，但必须有足够的灌溉用水。1959 年，苏丹与埃及曾达成一个《尼罗河水分配协定》，苏丹可以获得每年 185 亿立方的水份额，但实际上苏丹一直没有获得这样的份额。

20 世纪 70 年代，美国雪弗龙海外石油公司（Chevron Overseas Petroleum Corporation）在苏丹科尔多凡省和加扎勒河省交界处发现了石油，它为苏丹经济带来了希望。同时，琼莱运河项目也提前实施了，该项目计划不仅要给北苏丹和埃及供水，而且还要改善运河区内的尼罗特人的生活。新的和大的农业项目，如基纳纳（Kinanah）的食糖项目和拉哈德（Rahad）的棉花项目也在实施。尤其是在 1972 年 3 月结束现南北内战的《亚的斯亚贝巴协定》签订后，南方民众也对国家经济有了希望。

然而，这种政府主导下的经济发展成效并不理想，政府过于庞大的计划及开支引起越来越严重的财政赤字，政府债务剧增。1977 年初，尼迈里政府公布了新一期"经济和社会发展六年计划"（1977～1982）。计划目标和规划同样做得很大，但事实上苏丹经济形势已在恶化，这突出表现为通货膨胀不断攀升。1978财政年度，苏丹的经济没有任何增长，而政府财政赤字却在持续增长。同时，外债压力越来越重，苏丹已无力支付到期债务和利息。六年计划实际上已经被放弃了。

20世纪整个80年代是非洲经济"失去的10年"，苏丹也是如此。这期间，苏丹经历着急剧的政治和经济动荡，1983年南方内战烽火再起，且变得更加惨烈，每天高达上千万苏丹镑的战争费用使国家经济如雪上加霜。曾是农牧业高产地的萨赫勒地区和南苏丹，却又旱灾连年，来自南方和周边国家厄立特里亚、埃塞俄比亚、乌干达、乍得的难民都加重了苏丹的预算负担。而苏丹政府拒绝国际人道主义机构援助的做法更加重了国家的经济灾难。

1983年10月，尼迈里政府宣布了一个为期3年的公共投资计划，但1985年4月尼迈里政府被推翻，苏丹经济陷入徘徊状态。过渡军政府及随后民选产生的萨迪克·马赫迪联合政府在解决苏丹经济问题方面进展不大。1987年8月，萨迪克政府发起了一个经济复兴计划，但一年后的1988年10月，在国际货币基金组织安排下，苏丹又制订了另一个为期3年的经济复兴计划。复兴计划旨在改革贸易政策、调整汇率、减少预算赤字和津贴，鼓励出口和私有化等。但是，因为国家经济管理不善，加之自然灾害和南方内战，执行情况并不理想。此外，由于南方苏丹人民解放军的袭扰，雪弗龙公司停止了石油勘探和生产，琼莱运河的挖掘工程也陷于停顿。

1989年巴希尔政府自执政以来，先后实施了《挽救经济三年计划》（1990～1992）、《十年全面发展战略计划》（1993～2002）等一系列经济改革措施，使经济形势有所好转，但经济困境并未明显摆脱。1993年，国际货币基金组织把苏丹列为无力偿债和不宜提供贷款的国家，并停止其会员国的投票权。

为摆脱经济困境，90 年代中期以来，巴希尔政府开始实施新的改革措施，包括减少政府干预，推进私有化，鼓励外国投资，发展农业，促进出口等。同时，按照国际货币基金组织的要求，巴希尔政府也开始实行财经紧缩政策，并利用石油出口带动经济复苏。这些措施，终于使苏丹经济逐渐好转。1998 年和1999 年，苏丹政府按期偿还了国际货币基金组织贷款，于 2000年恢复了会员国投票权。①

目前，苏丹已逐渐摆脱在国际事务中的孤立地位，在国内努力推行自由化经济改革，并加入了国际石油出口国俱乐部。2003年以后，苏丹财政出现盈余，国家的经济信誉度也在提升。苏丹货币苏丹第纳尔的汇率也逐渐稳定，美元兑换第纳尔的汇率由2003 年的 1 美元兑换 260 第纳尔，变为 2006 年 2 月 1 美元兑换230 第纳尔。②

二 发展水平与基本结构

1. 经济发展总体现状

关于目前苏丹国家的经济发展水平，由于各种数据来源不一，苏丹官方公布情况又往往不规范，因而分析起来较为困难。但从总体上来看，苏丹目前还是一个经济较为落后的农业国。全国 80% 的劳动力从事农业生产，39% 的国内生产总值（GDP）来自农业，但是大多数农民都靠天吃饭，极易受到干旱的影响。长期的内战和国内冲突，疲软的世界农产品价格等因素，使苏丹大多数人长期处于贫困状况。不过，2002 年以来，苏丹经济进入一个较好的增长时期，经济发展前景还是较为乐观的。

---

① See: http://www.chinaql.org/qqzl/gggk/FEIZ/qqzl-feiz-sudan.asp
② 苏丹银行 2006 年 2 月公布的官方外汇牌价。

2004 年，苏丹的国内生产总值比 2003 年增长 6.4%，这个增长速度在非洲是比较高的。2004 年，苏丹人均 GDP 为 560 美元，在非洲属中等水平。[①]

近年，苏丹政府在国际货币基金组织协助下进行经济结构调整与改革，已经取得一些成效，加之受新兴石油工业的带动，苏丹实际 GDP 增长保持了较好的势头，石油产量的增加提升了工业产值和出口额，并吸引外资流入。随着一些重大项目的实施，如 2003 年动工的麦罗维大坝工程，杰伊利电力项目等，苏丹经济投资增长加快。外资大量进入苏丹石油工业，同时还流入电力工业和制造业。政府提供的金融数据表明，2002 年以来，国内投资明显活跃，需求扩大。2002 年降雨量超过上一年，农业收成好于往年，根据苏丹农业部提供的资料，2001～2002 年苏丹粮食产量达到 670 万吨，为 20 世纪 90 年代以来的最高。农业丰收以及海湾阿拉伯国家恢复对苏丹牛羊肉的进口，都扩大了苏丹非石油产品的出口。近年来，苏丹进口也有缓慢的增长，2002 年增长 4.9%，2003 年为 5.4%，2004 年则增长了近 8%。[②]

2. 目前的基本经济指标

2004 年，苏丹国家经济发展的若干基本指标如下[③]：

国内生产总值：192 亿美元（2005 年估计）；

国内生产总值实际增长率：6.4%（2004 年估计）；

人均 GDP：560 美元（2004 年估计）；

GDP 部门构成：农业：39%；工业：18%；服务业：43%

---

① *Africa South of the Sahara 2005*, 34th edn, Europa Publications (Taylor & Francis Group), London and New York, 2005, p. 230.

② *Africa South of the Sahara 2005*, 34th edn, Europa Publications (Taylor & Francis Group), London and New York, 2005, p. 231.

③ *Africa South of the Sahara 2005*, 34th edn, Europa Publications (Taylor & Francis Group), London and New York, 2005, p. 230.

（2002 年估计）；

通货膨胀率：9.0%（2004 年估计）；

劳动力人数：1100 万（1996 年估计）；

劳动力职业分布：农业：80%；工商业：7%；政府部门：13%（1998 年估计）；

失业率：18.7%（2002 年估计）；

预算：收入：14 亿美元；

支出：16 亿美元（含 3.04 亿美元的资本支出）（2001 年估计）；

主要工业部门：石油、轧棉、纺织、水泥、食用油、食糖、鞋业、炼油、制药、汽车装配等。

工业生产增长率：8.5%（1999 年估计）；

电力生产：23.89 亿千瓦时（2001 年数据）；

电力生产构成：化石燃料：52.1%；水电：47.9%；（2001 年数据）；

电力消费：22.22 亿千瓦时（2001 年数据）；

石油生产：325000 桶/天（2004 年估计）；

石油耗量：50000 桶/天（2001 年估计）；

石油出口：无数据；

石油输入：无数据；

石油探明储量：20 亿桶（2005 年 1 月）；

天然气探明储量：850 亿立方米（2006 年 1 月数据）；

农产品：棉花、花生、高粱、粟、小麦、阿拉伯树胶、甘蔗、木薯、芒果、番木瓜果、香蕉、甜薯、芝麻、羊、家畜等。

出口：39 亿美元（2004 年估计）；

出口产品：石油产品、棉花、芝麻、牲畜、花生、阿拉伯树胶、蔗糖。

出口伙伴：中国（53.3%）、日本（13.4%）、南非（4.9%）、

沙特阿拉伯（4.7%）（2002 年数据）；

进口：32 亿美元（2004 年估计）；

进口产品：粮食、制成品、炼油和运输设备、药品、纺织品、小麦等。

进口伙伴：中国（20.1%）、沙特阿拉伯（7.5%）、印度（5.6%）、英国（5.4%）、德国（5.4%）、印尼（4.7%）、澳大利亚（4%）（2002 年数据）。

外债：172 亿美元（2004 年底估计），还本付息率：4%。

接受经济援助：1.72 亿美元（2001 年数据）；

汇率（苏丹镑/1 美元）：230.50（2006 年 2 月）、257.8（2004 年）、260.98（2003 年）、263.31（2002 年）、257.8（2001 年）、252.55（1999 年）。

3. 国民经济结构基本形态

苏丹的国民经济结构总体上具有传统经济与现代经济混合的特点。从三大产业的结构比例来看，主要以传统生产方式支撑的农业占国家 GDP 构成的39%，工业占国家 GDP 的18%，服务业占国家 GDP 的43%。服务业所占比重虽然比较高，但实际上与大多数非洲国家一样，苏丹服务业的现代化水平是很低的，它吸收的劳动力也很有限。

目前苏丹全国劳动力约为 1100 万，其中 80% 集中于传统性的农业，工商业只雇用了 7% 的劳动力，政府部门雇用的劳动力为 13% 左右。由此可见苏丹经济的传统属性是十分明显的。事实上，与许多非洲国家一样，近年来由于人口的快速增长，经济结构调整等原因，苏丹的失业问题十分严重，2002 年全国失业率高达 18% 左右。而通货膨胀率也达到了 8% 左右。[1]

---

[1] Abdel Salam Sidahmed and Alsir Sidahmed, Sudan, Routledge Curzon (Taylor & Francis Group), London and New York, 2005, p. 184.

就苏丹农业经济的传统性来说,主要表现为农业生产受到气候条件与自然因素的严重制约,有限灌溉工程也因保养不足而作用不大。因此苏丹农业生产的波动性很大,易受自然灾害的影响。南部内战和达尔富尔地区的长期冲突都使这些地区农业条件破坏严重。

农业生产还受到了交通网不足的影响。由于交通设施的严重不足,农业产品特别是粮食经常无法从盈余地区运送到严重短缺地区。棉花是苏丹最主要的传统经济作物和第一大出口创汇商品,但20世纪90年代末由于棉花价格低下,种植面积减少,其重要性明显下降。1996年,芝麻成为第一大农业出口创汇商品,出口量增加较快,但随后便处于衰退之中,2003年的芝麻出口值仅为7500万美元,为1995年以来的最低水平。近年,苏丹增长最快的部门是畜牧业,目前苏丹的家畜已经在海湾地区(尤其是沙特阿拉伯)的市场中站稳了脚跟,并吸引了许多国家投资。

虽然苏丹仍然是以农业经济为主的国家,但石油工业的发展正在改变着国家的经济和出口结构。1999年8月,长达1640公里的石油输出管道开通以后,苏丹的石油生产得以快速增长。石油产量,2000年为18.5万桶/日,2002年为25万桶/日,2003年为28万桶/日,2004年提升到32万桶/日,2005年的产量比2004年进一步增长15%左右,日产接近40万桶[1],而2006年估计将达到50万桶。如果石油生产工业中的外国公司可以成功实现其发展目标,2007年预期年产量可以提高40%,即接近75万桶/日。

石油工业的快速发展,给苏丹经济注入了极大活力,其影响

---

① Abdel Salam Sidahmed and Alsir Sidahmed, *Sudan*, Routledge Curzon (Taylor & Francis Group), London and New York, 2005, p. 182.

是多方面的，包括外国投资明显增长，工业部门增长加快，政府的财政状况明显改善。当然，最重要的变化表现在苏丹的贸易方面，石油现在已是最主要的出口商品，其收入估计已占 2004 年全部出口收入的 83%。同时，苏丹的出口总收入也有了迅速增长，估计 2004 年的出口总收入比 1998 年增长 6.5 倍。[①] 石油工业的发展结束了苏丹对进口石油产品的依赖，与石油相关的工业设施也已开始发展，最明显的例子就是喀土穆以北杰伊利（al-Jeili）炼油厂和发电站的修建。可以预计，随着石油工业及出口收入的增加，苏丹的国民经济结构将进入一个新的调整与变革时期。

三 基本经济制度及其演化

1. 巴希尔执政前的经济制度

独立后的苏丹，国家的经济具有一般发展中国家混合型经济的特点。20 世纪 60 年代前期，表现出一定的亲西方市场经济倾向，但国家对经济生活的影响和干预一开始就存在。尼迈里时期，苏丹曾想搞中央集权的"社会主义"，国家和政府对经济的控制与支配明显增强，但结果造成经济长期停顿，最终导致统治苏丹 16 年的强权人物尼迈里下台。

1989 年 10 月，苏丹政府召开"拯救经济大会"，确定要优先发展农业的经济调整政策，会后制订了《拯救经济三年计划》（1990~1992），其后又制订了《经济发展战略纲要》（1993~2002）。随后，苏丹政府采取一系列重要措施，如紧缩行政开支、提高税收、增加出口等。1990 年，苏丹政府制定了《鼓励投资法》，给予外国在苏丹投资较多的优惠，以吸引外资。同时

---

① *Africa South of the Sahara 2005*, 34th edn, Europa Publications（Taylor & Francis Group），London and New York，2005，p. 233.

大力鼓励发展私营经济，对国有企业逐步实行私有化。1991年5月发行新货币，冻结公民存款一年。

尽管苏丹的经济发展在整个80年代都呈现迟滞状态，加之内战的爆发、西方公司的撤离和援助的停止，使苏丹经济陷入重重困难，并成为世界最贫困的国家之一，但在冷战结束之前，苏丹政府的经济发展努力也取得了一定的成效，逐步建立和发展了某些工业，特别是轻纺和农产品加工工业较有成就。冷战结束后，随着国际环境的变化，特别是经济全球化的冲击，苏丹政府开始积极应对全球化的挑战，制定出了力促国内经济发展的相应政策。

2. 巴希尔执政以来的经济制度演化

1992年，苏丹政府开始对国家经济制度与结构作重大调整，提出一系列改革措施，这些措施包括：①改革过去国有企业过重的经济，向私有化经济过渡；②实施新的金融制度，放弃苏丹镑，改用新货币苏丹第纳尔，同时放开美元与苏丹镑的兑换比价；③放开物价，特别是农产品价格，逐步取消政府对石油产品、煤气、面包和食糖等商品的补贴；④确定最低工资线，对政府机关人员实行月奖制度及对公民实行福利补贴制度。⑤开放国内投资市场，鼓励外国投资。这些措施逐渐发挥作用，1994/1995年度由于降水丰沛，谷物产量大大好于往年，超出正常年景39%。

但是，从90年代初期起，苏丹政府执行支持国际宗教激进主义的外交政策，这给它与国际社会的关系，包括与美国、周边邻国的关系都带来严重危害。以美国为首的西方国家对苏丹实施某种程度的遏制政策，1993年8月，国际货币基金组织借口苏丹负债过多又无偿还能力，停止苏丹会员国投票权。西方国家纷纷停止对苏丹的经援，国际社会对苏丹的援助逐步减少，使苏丹所获外援占国家财政预算的比例由尼迈里执政时期的70%降至

1999 年的 3%。1994 年苏丹接受国际社会对苏丹境内难民的援助由原来的 1 亿美元减少到 700 万美元。1995 年苏丹同部分邻国如埃及、埃塞俄比亚、厄立特里亚、乌干达等双边关系恶化。南方战乱加剧。这种状况使苏丹经济在 90 年代中期一度陷入困境，改革措施成效也大为受损。

1996 年以后，苏丹政府逐渐调整了对外政策，同时继续加强国内经济改革，同年 6 月，政府大幅度上调石油产品价格，导致各类商品尤其是食品、电费等上涨 50%。1995/1996 年度，农业收成基本维持前一年水平。1996 年 12 月 19 日，苏丹议会通过 1997 年财政预算案，主要目标是稳定和恢复经济平衡，创造较好的经济运作环境，实现公平价值观，改善人民生活，力争到 1997 年底将 150% 的通膨率降至 70%，实现经济 5% 的增长率。苏丹政府实行财政紧缩政策，严格控制开支，减少货币发行量，重点扶植优先发展的战略项目，从而使经济滑坡得以控制，经济平稳发展。1997 年国内生产总值增长率达到 5.5%。2000 年增至 7.2%，2004 年则为 6.4%，2005 年估计将达 7.1 左右。[1]

苏丹 1995～2001 年主要经济状况见表 4-1。

苏丹的经济改革计划一直都在继续着。收支与财政状况在 2004 年由于石油收入的增加得以改善，但是，外国石油公司利润的分配和投资的回收等非商品项下的巨额还贷，以及石油工程服务费用的支付，苏丹往来账户仍呈赤字状态，苏丹经济在预测期内将以平均 5% 的速度增长，苏丹财政赤字继续存在，但与 GDP 的比率会下降。[2]

2002 年以来，苏丹政府采取积极灵活务实的内外政策，稳定

---

① *Africa South of the Sahara 2005*, 34th edn, Europa Publications (Taylor & Francis Group), London and New York, 2005, p. 231.

② http://sd. mofcom. gov. cn/article/200303/20030300073921_ 1. xml

苏丹

表 4 – 1 1995 ~ 2001 年苏丹主要经济指标统计

单位：美元

	1995 年度	1998	2000	2001
GDP	约 12.1 亿	79 亿	123 亿	123 亿
人均 GDP	—		350	346
GDP 增长率	3.5%		7.2%	5.7%
外贸总额	—		29.272 亿	31 亿
进 口	—		11.932 亿	17 亿
出 口	—		17.34 亿	14 亿
货币汇率 (/美元)	452 苏丹镑	161.20 苏丹镑	257 第纳尔*	261 第纳尔
通货膨胀率	83.2%	19.3%	10%	7.8%
外 债	—	—	164 亿	205 亿
外汇储备	—	—	4 亿	4 亿

资料来源：中国驻苏丹大使馆经商处网站（http：//sd.mofcom.gov.cn），2003 年 1 月 15 日；

根据《2001 年经济季评》和网站资料整理而成，见 http：//www.6532.net/world/economy/sd.html。

说明：＊原货币苏丹镑于 1999 年 3 月宣布取消。1 美元 = 261 苏丹第纳尔，1 第纳尔 = 10 苏丹镑。

局势，发展经济，改善人民生活水平；加快经济改革步伐，加速私有化进程，改善投资环境；欢迎西方国家的公司参与苏丹石油等领域的能源开发和经济建设；把协调与国际及地区金融组织的关系摆在经济工作的重要位置。苏丹还积极参与东南非共同市场和大阿拉伯自由贸易区等地区经济组织的活动，并正在申请加入WTO。苏丹政治局势从波动走向平稳，经济发展则呈现出前所未有的良好态势，保持较高增长，受到一致好评。苏丹政府《2001 ~ 2010 年十年行动计划纲要》提出要使 GDP 年增长率达到 7% ~ 7.5%，到 2010 年使农业占 GDP 的 38%，工业达到25%，服务业保持在 35% 左右。但苏丹的基础设施薄弱，投资环境差，外债居高不下，对外支付困难，要走出经济困境还需时日。其经济发展在今后很长一段时间将取决于石油工业的发展，以期增加财政收入和吸引外国投资，带动相关产业以及各项基础设施的建设和发展。

2002～2003 年，苏丹采取了强势的经济改革计划，保持宏观经济的稳定，并加大改革的力度，采用现代化的宏观调控机制。在这一计划下，苏丹采取了间接货币管理、广义货币目标控制和使用控制浮动汇率系统；加强了非石油收支管理，建立石油收入储备金账户（OSA）以及制订中期预算等，这一系列的经济改革措施有助于加强苏丹的经济稳定。2002 年实际 GDP 比 2001 年预计增长的 6% 略为减少，为 5.5%，这是因为迟来的雨水影响了农业收成，以及基础设施瓶颈限制（特别是电力生产）降低了制造业的生产力。2003 年实际 GDP 在石油升势的带动下，达到增长 5.8% 以上。2003 年石油增长放缓，从 2002 年的 24.7% 降到 13.8%。2002 年通胀率上升到 8.6%，反映出 2002 年初财政扩张政策和下半年外汇大量流入。外贸收支逆差从 2001 年占 GDP 的 10.7% 降到 2002 年的 6.8%，2003 年上半年增加到 7.7%，反映出进口急速增长（主要是机械和运输设备）以及服务费和收入支付的增加。大量私人资本的流入，包括外国直接投资将继续维持收支逆差。2003 年上半年可用外汇储备达到 4.15 亿美元，2002 年为 2.43 亿美元，而 2001 年仅为 4500 万美元。

苏丹继续保持较低财政预算赤字，2002 年为 GDP 的 0.9%，2003 年仍维持这一比率（1997～2001 年平均为 0.8%），保持低赤字是采取了控制支出和增加石油收入等措施。加强税收的措施正在实施，包括减少免税税目、改革直接赋税体系等。2002 年年中石油储备金账户建立，这是专用的油价平准基金，主要用于储存高于基准油价的石油收入，支出低于基准油价的差额。2002 年由于私人资本流入急增，广义货币增长加速，达到 30.3%。苏丹银行 2002 年底和 2003 年初进行了调控，将广义货币年增长率降到 22%。[①] 同时，苏丹保持着相对开放的贸易体系，平均关税率为 22.7%（2003 年初取消进口国防税后）。

目前，苏丹正在进行加入世贸组织的谈判，苏丹政府预计到 2007 年将可以完成入世谈判。

四　近年的经济改革成效与存在问题

20 世纪 90 年代后期以来，苏丹政府实施了一系列的经济调整与改革措施，取得了较为明显的成效。这些措施大体上集中在以下方面。

1. 执行 IMF 改革计划

苏丹政府的经济政策与决策方法，在过去几年有一些重要而意义深远的变化。1997 年，由于严重的财政危机，苏丹曾被国际货币基金组织终止成员国资格，面对困境，巴希尔政府从 1997 年起，在国际货币基金组织协助下开始制订一个全面的经济改革和结构调整计划。计划包括为稳定宏观经济环境（尤其是降低失控的通货膨胀）、巩固境外账户以及通过私有化，加快经济自由化和市场化改革来促进经济增长。计划还寻求改革银行系统，实行贸易自由化及对投资和外汇控制的全面修正。在计划宣布之后，一些外国观察家对该计划有相当大的怀疑，他们多认为苏丹缺乏控制力和执行改革计划所需的能力。然而，事实却并非如此。虽然该计划在一些结构调整和经济自由化方面进展缓慢，但国际货币基金组织（IMF）在其第四次磋商会议后的年度文章中对苏丹政府坚持改革进程进行了表扬，同时要求苏丹政府加速改革步伐。

总的来说，改革计划使苏丹经济状况有了很大改善，通货膨

---

① 国际货币基金组织对苏丹经济评估报告。See：http：//sd. mofcom. gov. cn/article/200401/20040100169121_ 1. xml

胀率由 1995 年的 80% 多下降到 2001 年的 10% 以内，流通实现了稳定，财政账目已经接近平衡，经济也连续几年产生了令人钦佩的实际增长。外国投资有了很大的增长，银行调解能力也在苏丹中央银行放松严厉的信贷分配规则后有了很大改进。

2005 年初和平协定开始执行后，苏丹经济的发展前景变得更为明朗，经济调整计划也获得了一个较理想的国内外环境。但是，由于长期积累的经济问题，战争破坏的后遗症也难以短期克服，苏丹经济全面复兴尚待时日。腐败问题仍然十分普遍，巨大的国家债务问题依然没有解决，对石油和农业这两个不稳定的经济部门的严重依赖，使苏丹经济的基础十分脆弱的状态还未根本改变。

2. 通过改革巩固政府财政

近年苏丹政府经济政策的一个重要方面是对国家财政状况的调整。苏丹长期处于预算赤字困境中，军费开支毫无节制，政府的浪费也十分严重。上世纪 90 年代，官方公布的数字表明军费开支占政府总开支的 1/4，而非官方的估计数字则高达总开支的 1/2。国有企业的存在也增大了公共开支数目，虽然大多数这类开支是预算外的。战争引起的混乱还破坏了国家的税收征稽体制，税收总量也因多年的忽视和腐败一直难以增大。

1997 年以来，作为改革计划的一个部分，政府实行了一些强化财政管理与决策能力的措施。包括要求国家财政和国民经济部门加强对中央政府和地方政府开支账目的管理与清算。采用更为严格和合理的开支管理措施，在减少和控制公共部门的工资增长、削减财政津贴的同时，提高教育和其他公共服务开支，以提升国家经济发展潜力。2004 年，苏丹政府财政总收入达到846 亿苏丹镑，总支出则为 769 亿苏丹镑，财政结余达 77 亿苏丹镑。国家总体财政状况的明显改善主要得益于石油收入的增加，2004 年苏丹政府财政收入中，税收为 286 亿多苏丹镑，税

收外收入为 560 多亿苏丹镑，其中石油收入占了税收外收入的
90% 以上（详见表 4 - 2）。

表 4 - 2   2004 年苏丹收入和支出情况

单位：亿苏丹镑

总收入	846.8	总支出	769.0
税收	286.3	资本项目支出	195.8
税收外收入	560.4	经常项目支出	573.2
石油收入	513.7	收支差额	77.7
石油外收入	46.7	占 GDP 百分比	1.6

资料来源：The Economist Intelligence Unit, Country Profile 2005：Sudan, p. 38.

　　近年来，苏丹政府开始逐步放松对公共开支的严格控制，这
主要是因为较高的石油价格和石油生产的持续收入给国家总收入
提供了巨大的支持，使政府没有必要严格控制开支的增长。较高
的经济增长速度还促进了政府的税收，更进一步巩固了其财政地
位。虽然资料并不全面，但伦敦经济情报部门（Economist
Intelligence Unit）的估计认为，2001 ~ 2004 年苏丹政府开支的平
均增长率超过了 20%，即便考虑到同期苏丹有平均 8% 的通货膨
胀率，这几年苏丹政府的公共开支增长速度还是相当高的。然
而，与开支相比，苏丹国家的收入增长更为强劲，2001 ~ 2004
年的平均增长率接近 30%。事实上，根据伦敦经济情报部门的
估计，2004 年苏丹的总收入是 2000 年的 2.5 倍，这的确是一个
十分显著的变化。由于有了这些重大的变化，苏丹政府的财政赤
字已经很小了，尽管开支在不断增长，但财政赤字却保持在不足
GDP 的 1%。2004 年苏丹政府甚至有了一些财政盈余，这是 25
年来的首次盈余。

　　2005 年初苏丹南方内战的结束与国家和平的到来，为经济
发展提供了新的希望，但短期内和平计划的实施反而会增加政府

的公共开支。苏丹国家财政和国民经济部已经通告国际货币基金组织（IMF），苏丹赤字在短期内将增大。为执行和平协定有关内容，国家文职人员数量会增加，文职人员的工资增加 50%，军费开支在短期内不会明显减少。由于政府决定不再增加税收，因此财政问题对于苏丹政府正在实施的经济改革计划可能会是一个主要的挑战。

3. 伊斯兰原则指导下的货币政策

目前影响苏丹经济正常发展的一个不确定因素，就是 1989 年政变上台后的巴希尔政府实施的所谓"伊斯兰经济政策"。其核心是禁止银行和私人金融企业收取利息，因为收利息被等同于邪恶的高利贷。虽然这一严厉做法实际上并未完全得到遵守，但它确实给这个国家的经济增加了一个来自政治和宗教方面的非理性干预。结果是 1990～1996 年的平均通货膨胀率超过了 100%，1996 年更是高达 130%。1997 年 IMF 起草其调整计划时，控制货币增长被确定为主要的变量之一。在 IMF 的压力下，苏丹政府答应废除原先允许中央银行为政府和国有企业提供大范围低成本信贷的资质。伴随着中央政府财政赤字的减少，这一政策强化了政府对货币流通的管理，2001 年通膨率降低到了 10%，并一直保持了下来。

4. 扩大信贷，推进私营经济

IMF 提出的苏丹经济改革计划要求改善和扩大银行对私营经济的货款和金融支持。1996～1999 年间，商业银行给私营经济的实际贷款明显下降，这成为苏丹经济恢复的一大障碍。为了解决这种情况，苏丹银行于 2000 年实行一系列改革，目的是要强化商业银行的经济作用，提高它的商业性质，同时还加强了对银行的监管。最重要的变化是政府放松了过去严格的信贷分配规则。加之受到石油收入的推动，商业银行给私营经济的贷款迅速增多，2000 年增加了 64%，2001 年增加了 41%，2002 年增加了

67%，2003 年增加了 57%。2004 年的增长步伐仍然很快，根据 IMF 的最新资料，仅前 8 个月就增加了 53%。商业银行对私人贷款的快速增长，成为近年苏丹经济复兴发展的重要动力，但目前人们已经开始担心如此快速的金融扩张政策可能引起新一轮的通货膨胀问题。

5. 实施私有化，吸引外国投资

巴希尔政府上台后，开始寻求国家经济的市场化与私有化改革。这一过程始于 90 年代初。1992 年，苏丹政府颁布了"国有企业私有化法案"（Privatisation of State Corporations Act），该法案确定实施私有化改造的基本原则，并首先选择了 190 家政府控制的国有企业加以出售。在私有化改革的第一阶段（1993～1995），只售出了 17 家国有企业，私有化计划进展缓慢。原计划出售的包括国家电力公司（National Electricity Company）和苏丹航空公司（Sudan Airways）在内的几家重要国有企业都未能售出。1995 年以来，一些较小的国有企业相继售出，如阿特巴拉水泥厂（Atbala Cement Factory）、苏丹免税区公司（Sudan Duty-Free Zone Company）、苏丹桥梁和公路有限公司（Sudan Bridges and Road Corporation）等。

私有化改革步伐缓慢的原因，一是政府高级官员缺乏专业知识和实施能力，对于国有企业出售过程中复杂的企业资产评估没有经验和知识，往往造成严重的国家财产流失，而许多国有企业本已负债累累，私人企业和国外公司对购买这些负债企业心存疑虑，他们并不想承担巨额的国有企业债务。另外，一些有影响的工会也对私有化计划持反对态度，它们认为如果新的经营者寻求以商业利润为目的来经营国有企业，则国有资产被剥夺必然会导致大规模的失业。政府官员也担心私有化后物价会上涨，而私有化后的企业必然要以获取利润为根本，这会使他们失去获得特别资金的权利。此外，紧随私有化计划的是对腐败的打击，有些政府官员被指控有索贿行为，而那些与政府高官有联系的人则据称是以大大低于其真实价值的价格购得了国有资产。

尽管如此，90 年代实施的私有化改革，还是使苏丹经济进入一个较正轨的发展时期，特别是新的企业开始出现，投资环境的改变也使外国资本开始进入苏丹，吸引外国资本也取得了明显的成效。其中最显著的是苏丹电信公司（Sudan Telecommunications Company，简称 SudaTel）的成立。这家公司是作为首家公私合营企业于 1994 年开始运营的。公司自成立以来，推进了苏丹固定和移动电话网的稳步扩大，成功地吸引了来自国内外市场的投资。固定和移动电信业也引入公开竞争机制，一些外国公司通过投标获得了被认为市场前景看好的苏丹电信股份。近年来，外国投资者还在苏丹石油工业的发展、尼罗河上游建设、修建包括石油管道在内的工业基础设施，以及诸如杰伊利炼油厂等下游地区设施的建设中发挥了重大作用。政府成功地为水电业吸引了外国投资，苏丹第一个独立的电力工程也于 2004 年底开始投入生产，其他一些电力工程也计划在以后几年投产。

早在上世纪 90 年代初，苏丹政府就颁布了《鼓励投资法》，同时在中央政府中专门设立投资部，积极鼓励本国公民和外国企业投资于苏丹经济。2003 年苏丹政府与南方反政府武装达成和平协议，国家经济建设的总体环境大为改观，于是苏丹政府又在原《鼓励投资法》的基础上，重新修订并颁布了《投资鼓励条例》，这部条例对于国家的经济发展战略和投资政策有了明确的规定，提出许多优惠条件和保障措施。这一鼓励投资的条例对于外来融资和投资资本的再输出有详细的规定，并将电力和采矿、制造业、农林园艺、畜产品加工、交通运输与电信、服务业、旅游业、文化产业作为国家投资的重点行业，向外资开放并给予优惠政策。

根据苏丹银行的数据，苏丹吸收外国直接投资的数量逐年增加，2002 年为 7.13 亿美元，2003 年进一步提高到 13 亿美元。

2004 年上半年, 苏丹官方公布吸收外国直接投资为 7 亿美元。
近年来, 在整个东北非地区, 苏丹是利用外资最多的国家之一。
比如, 虽然埃及的经济总量约为苏丹的三倍, 但 2001 ~ 2003 年
间, 埃及获得的年平均外国直接投资额为 4.6 亿美元, 苏丹则为
8.8 亿美元 (见表 4 - 3)。

表 4 - 3 苏丹、埃及的外国直接投资比较

单位: 亿美元

国　　家	2001 年	2002 年	2003 年	2004 年 1 ~ 6 月
苏　　丹	5.74	7.13	13.49	7.07
埃　　及	5.10	6.47	2.37	无数据

资料来源: 根据苏丹银行和埃及中央银行 2005 年年报整理。

近年来苏丹吸收的外国投资除用于基础设施及相关项目外,
最主要的集中于石油工业领域。中国、马来西亚和印度都是苏丹
外国资本的主要来源, 中国和马来西亚不仅投资于苏丹石油工
业, 而且也进入石油工业以外的其他投资领域。

第二节　农牧业

一　农业

从 GDP 所占份额及就业人口来看, 农业目前还是苏丹
最大的经济部门。苏丹官方公布的数据一直滞后, 按
英国经济情报部门估计, 2004 年苏丹农业 (包括牧业和林业)
占 GDP 的比重接近 40%, 而工业 (包括石油) 仅占 18%。根据
IMF 的估计, 在石油能够出口以前, 农业为苏丹提供了 80% 的
出口收入, 并且为苏丹劳动力人口提供了 2/3 的就业岗位。此

外，目前苏丹许多地区还存在着传统游牧业，在南方，游牧经济及落后的靠天吃饭的传统农业，还是主要的农业生产方式。在北方地区，由青、白尼罗河和阿特巴拉河提供水源的大型灌溉农业工程和机械化，已经占居主导地位。

1. 雨水浇灌农业

2003 年，苏丹全国可耕地总面积约为 8400 万公顷，灌溉农业用地约为 200 多万公顷。灌溉农业分为雨水浇灌和河水浇灌等类型。雨水浇灌农业区主要集中于青尼罗河流域的达马津、库斯提和加达里夫等地区。由于降雨量较高，南方的农业种植通常有两季：第一季种于 4 月收于 6 月；第二季种于 7 月，11 月开始收获。北方的雨季集中于 7、8 月份，也是从 11 月开始收获。据估计，90 年代初期，雨水浇灌农业耕地总共有 1120 万费丹（约 470 万公顷）之多。①

依靠降雨耕作的农业可分为传统和现代两大类。大多数苏丹农民都从事传统的雨水耕作。除了这些传统的农民外，苏丹自 1944 年以来设立了一个巨大的现代雨水浇灌农业部门，当时的英、埃共管政府发起了一个耕种加达里夫地区黏土地的工程，主要目的是满足英国的东非殖民地（今肯尼亚、坦桑尼亚和乌干达）的驻军用粮。1945～1953 年间，平均每年耕种大约 6000 公顷土地，耕作是在共管政府同分得工程中土地的农民之间达成的一个佃农耕种协议指导下进行的，种植的主要作物是高粱。然而，这样的土地经营方式管理成本高，因此，政府于 1954 年开始鼓励私营经济在该地区经营机械化耕作。1956 年苏丹独立后仍然持续着这一政策。同时，苏丹政府在新方法的指导下，建立了几个国营农场来进行生产方法的试验和研究。但是，研究活动因人员和资金问题而成效不大。

---

① 1 费丹等于 0.42 公顷，等于 6.3 市亩。

私营经济具有更大的活力。到 1960 年，机械化耕作已经扩展到了中央黏土平原的其他地区。政府将大块土地分成了每份 420 公顷（后来在有些地区扩大到了 630 公顷）的小块耕地。一半的小块耕地出租给了私营农场主，另外一半则作为休耕地。4年后，早先的出租地就成了休耕地，而邻近的休耕地则成为这些农场主的新的租赁地。当对土地的需求快于土地划分时，工程界限以外的土地也被个体经营者所占有。4 年制租赁被证明是不受欢迎的，因为这意味着对土地开垦的投资只能是每 4 年才有一次。很显然，在休耕地被耕种的同时，许多本该休耕的土地仍被耕种着。到 1968 年，有 75 万公顷的土地被耕种，估计其中的 20 多万公顷未经政府授权。但是根据新近的资料，苏丹的平均农业生产增长率却由 1965 ~ 1980 年的 2.9% 下降到了 1980 ~ 1987 年的 0.8%。1991 ~ 1992 年期间，苏丹有大约 730 万公顷的耕地用来种植粮食作物，雨水耕地占了其中的 78%（约为 570 万公顷），而灌溉耕地仅占 22%（约为 160 万公顷）。

1968 年，为了扩大经营者基数和推广能更有效控制土地分配、作物及耕作的方法，政府组建了机械化耕作公司，该公司是一个隶属于农业和自然资源部的自治机构。1968 ~ 1978 年期间，国际开发协会（IDA）先后 3 次向苏丹政府提供贷款，使机械化耕作公司能够为个体农民和农业合作组提供技术援助、垦荒和农机贷款以及销售援助。机械化耕作公司还成了国营农场的经营者。

到 1970 年代末，大约有 220 万公顷的土地被分配给了机械化农场，另有 42 万多公顷的土地未经官方划分而被私自占有。总共约有 190 万公顷的土地从未进行过耕作。70% 以上的官方分配土地由私人经营。私人公司也开始加入土地经营，一些土地被分配给了私人公司。国营农场获得了政府分配土地的 7.5%。机械化耕作公司 – 国际开发协会的工程占有了政府分配土地总数的 15%。机械化耕作比例最大的省份是卡萨拉省（43%），其次是北方省（32%），上尼罗省占20%。机械化耕作还通过努巴山区的小规模经营的农场主的安排而进入了南科尔多凡省。机械化耕作公司还被建议在南科尔多凡省的其他地区和南达尔富尔省使用农业机械设备。

只有少数作物可以在黏土地区耕种，高粱、芝麻和棉花就是其中最主要的几种。1980年代初期，高粱的平均种植面积约为总耕种面积的80%。芝麻和短丝棉也可成功种植，但种植面积相对较少，芝麻种植面积约为总面积的15%，棉花约为5%。由于持续的高粱种植和缺少轮作，土壤肥力正在不断下降。虽然产量明显在下降，但是由于整个黏土地区差异巨大的气候条件和不可靠的产量数据，因此要对产量下降的趋势作出确定性结论还为时尚早。

2. 水利工程灌溉农业

苏丹的现代灌溉农业主要是利用尼罗河及其支流的河水进行灌溉，并修建了许多灌溉水库工程。尼罗河及其支流给93%的灌溉农业提供了水源，其中青尼罗河提供了大约67%。自流灌溉是主要的灌溉方式，但1/3的灌溉地区需要水泵提灌。虽然灌溉用水在不断增多，但目前苏丹每年所用尼罗河水大约只有140亿立方米。在这方面，一个重要问题是苏丹必须与埃及在使用尼罗河河水方面达成共享协议并合作开发。早在1959年苏丹和埃及就签订了《尼罗河水资源条约》（Nile Waters Treaty），该条约允许苏丹每年使用185亿立方的尼罗河水。苏丹大约93%的灌溉地区都曾是政府修建和管理的国有工程，只有7%属于私营者。近年来，苏丹政府开始实施农业灌溉工程的私有化计划。

许多世纪以来，苏丹一直都以传统的方式利用境内尼罗河上涨的河水灌溉农田。这些传统灌溉方法，如古老的桔槔（shaduf)①

---

① 桔槔是古代埃及、苏丹等地的一种井上汲水工具，是架在水边的杠杆，一端挂水桶，一端坠大石块。

和水车，依然是农民抽水的工具，不过，现代机械化抽水正在被广泛利用。现代商业灌溉种植的最初尝试，是利用苏丹东部发源于埃塞俄比亚的喀什河（Qash River）和巴拉卡河（Baraka River）两河的河水，用来灌溉种植在三角洲上的棉花。19 世纪 60 年代末，埃及统治者已经在苏丹开始使用这一工程，1880 年代马赫迪起义期间陷入停顿。1896 年，陶卡尔地区的巴拉卡三角洲的灌溉种植重新开始，但是喀什三角洲的种植却一直到第一次世界大战后才重新开始。1924 ~ 1926 年间，共管政府在喀什三角洲上挖掘运河引水灌溉，但巴拉卡三角洲的运河因为沙尘暴而未能完成。20 世纪 40 ~ 70 年代，苏丹政府实施了许多土地灌溉工程。但直到 80 年代，上述三角洲每年仍只能种植一季作物，靠两河的河水进行灌溉。

苏丹最重要的浇灌工程是位于喀土穆以南的青、白尼罗河之间的杰济腊工程（Gezira Scheme）。这一地区比较平坦并向西北平缓倾斜，可以进行自流灌溉，而且土壤是肥沃的黏土，十分适于灌溉。这个工程始于 1911 年，当时一家叫做"苏丹种植辛迪加"（Sudan Plantations Syndicate）的英国公司发现这一地区适宜种植棉花，得到英国政府的贷款支持后，这家公司于 1913 年在森纳尔的青尼罗河上修筑水坝。"一战"期间，工程一度中断，直到 1925 年才完工。工程主要是为英国纺织工业提供棉花。工程受到 1929 年苏丹和埃及所达成的协定的限制，该协定限定了埃及与苏丹在干季的用水量。杰济腊工程于 1931 年扩大到了 45 万公顷，尽管 1950 年代又增加了 1 万多公顷，但 45 万公顷在当时已达到了用可用水进行灌溉的极限。1950 年，杰济腊工程被国有化，由作为政府企业的苏丹杰济腊理事会经营。1959 年苏丹同埃及达成的协定大大地提高了苏丹的尼罗河水份额。1960 年代完成了杰济腊工程西侧的玛纳齐勒扩展工程（Manaqil Extension），到 1990 年该扩展工程的灌溉面积已达 40 万公顷。

玛纳齐勒工程和原有的 46 万公顷的杰济腊工程一起占了苏丹灌溉土地总面积的一半。

1960 年代初期，因埃及修建阿斯旺大坝，在苏丹境内被淹没地形成努比亚湖（埃及境内称为纳赛尔湖），为此，苏丹政府实施了一个安置被淹没家园居民的计划。为了给这些居民提供农田，苏丹政府在阿特巴拉河上修建了海什姆吉尔巴水坝（Khashm al Qirbah Dam），并利用阿特巴拉河水修建了新哈勒法（New Halfa）灌溉工程。这个工程位于卡萨拉西部，设计的灌溉面积是 16.4 万公顷农田。这也是苏丹境内唯一一个没有利用青、白尼罗河水的大型灌溉工程。工程完成后，苏丹农民开始在这里种植商业性作物如棉花、花生、小麦和甘蔗。随后，苏丹政府又在这里修建了一个设计年产量 6 万吨的糖厂。新哈勒法工程建成后，灌溉土地达到了 20 万公顷，但这个工程面临的最大问题是因为它位于沙尘严重地区，极易形成淤积而影响排水，水的盐分也增加很快。到 1970 年代，水库蓄水量便萎缩了 40%，已经无法提供足够的工程灌溉用水。

1966 年，苏丹开始建设拉海德河（Rahad River）灌溉工程（位于青尼罗河支流拉海德河以东），为此先修建了鲁赛里斯水坝（Roseires Dam），1971 年水坝完成装机发电。拉海德河经过水坝注入青尼罗河下游，初期计划为 6.3 万公顷浇灌农田，1977 年开始灌溉土地。1988 年 5 月，世界银行为拉海德工程和其他灌溉工程提供了额外贷款。拉海德工程的用水通过鲁赛里斯电厂提供的电力所带动的水泵由青尼罗河中抽取，然后经由 80 公里长的水渠注入拉海德河（途中用地下通道穿过青尼罗河的另一条支流丁德尔河）。渠水在一个拦河坝上游注入拉海德河，拦河坝将两个源头的河水汇聚起来后转入拉海德工程的灌溉干渠。灌溉是自流的，但不是平地漫灌，而是修渠沟灌，这样可以更好地使用灌溉机器。

苏丹是一个位于热带沙漠边缘地带的国家，水利是农业生存的关键。早在 1920 年代，喀土穆省的私营灌溉工程已经开始用柴油水泵进行灌溉，这些工程主要在尼罗河两岸，为首都地区提供蔬菜、水果和其他食物。1937 年，英、埃共管当局在喀土穆以南的杰贝勒奥利亚（Jabal al Awliya）处的白尼罗河上修筑了水坝，这个水坝用来在每年的 8 月到来年 4 月的水位下降期调剂给埃及的供水。沿河约 800 公里的牧地和耕地被淹没了。共管政府因此修建了 7 个水泵提灌工程，为当地居民提供了一个季节性游牧选择，这些工程的部分资金由埃及政府提供。这些灌溉工程最终被证明是成功的，它们使苏丹的棉花和高粱有了盈余，并激励私营企业去修建新的灌溉工程。

　　1950 年代以来，政府修建了许多大的抽水工程，这些工程大多在青尼罗河上，其中有青尼罗河右岸、杰济腊工程以东的朱奈德（Junayd）工程。这个灌溉面积约为 3.6 万公顷的工程于 1955 年开始运转，给该地区的游牧民提供了新的生计选择。朱奈德工程种植棉花、甘蔗。1962 年，政府修建了一家加工甘蔗的糖厂（年产量为 6 万吨）。1970 年代初，日本援助的苏吉（Suki）工程在森纳尔以上的青尼罗河上建成，主要加工棉花、高粱和油料作物。1970 年代中期，政府在森纳尔附近修建了第二个约 2 万公顷土地的灌溉工程，用来种植棉花、甘蔗、花生。一个年产量为 11 万吨的糖厂于 1976 年建成投产。这一时期，其他一些较小的青尼罗河灌溉工程还给苏丹增加了超过 8 万公顷的灌溉土地。

　　1970 年代，随着食糖消费和进口的快速增长，苏丹又在白尼罗河的库斯提地区修建了两个大的抽水灌溉甘蔗种植园。一个是 1975 年的哈加尔阿萨拉亚食糖工程（Hajar Asalaya Sugar Project），可灌溉面积约为 7.6 万公顷的土地，年产约为 11 万吨的糖厂也于 1977 年建成。另一个是 1981 年建成的拥有 1.62 万公顷灌溉面积的基纳纳食糖工程（Kinanah Sugar Project），它的灌溉潜力可达到 3.3 万公顷。基纳纳工程是世界上最大的制糖和精炼工程之一，1985～1986 年时的年产量已经超过了 33 万吨。这个工程是 1971 年首次提出的，一直受到资金短缺和成本不断增大问题的困扰，1973 年估计的工程成本总额为 1.13 亿美元，但是到 1981 年糖厂正式生产时总投资已经超过了 7.50 亿美元。

基纳纳食糖工程是一个合资企业，由苏丹政府、科威特、沙特阿拉伯、阿拉伯投资公司（Arab Investment Company）、苏丹开发公司（Sudan Development Corporation）、基纳纳有限公司（Kinanah Limited）、美国农业国际开发署（AAAID）和当地的一些苏丹银行共同投资修建。最初试产时的产量为 2 万吨。1984～1985 年产季的总产量提高到了 20 万吨。1989 年，苏丹的蔗糖产量达到了 40 万吨。

3. 主要农作物

据苏丹《新闻报》1983 年 4 月 25 日的报道，苏丹的可耕地为 2 亿费丹（相当于 8400 万公顷），但常年耕种的农田仅为 1760 万费丹（约合 740 万公顷），可耕地利用率仅为 15%。1993～1994 年度粮食总产量为 500 万吨，2002 年粮食总产量为 670 万吨，仍不能自给。农作物主要有高粱、谷子、玉米和小麦；经济作物主要有棉花、花生、芝麻、阿拉伯胶、甘蔗，经济作物在农业生产中占重要地位，占 2003 年出口额的 66%。苏丹还盛产香蕉、柚子、西瓜等水果，可供出口。苏丹有森林 5600 万公顷，天然牧场 24 万平方公里，淡水水域 200 万公顷，畜牧业资源更是高居阿拉伯国家首位。[①]

（1）粮食作物。

苏丹的主要粮食作物是高粱和谷子，这两种粮食除供应农村

---

① http://xyf.mofcom.gov.cn/article/200305/20030500090449_1.xml.

人口食用外，每年还有少量出口。高粱是苏丹人民的主要食粮，全国各地都有高粱种植区，但最主要的产地在尼罗河流域和苏丹东部。小米（谷子脱壳）也是苏丹人民的重要食粮，主要产区在科尔多凡地区、达尔富尔地区和东部地区的雨浇地。当地居民常用谷子酿制啤酒。

苏丹独立后，在政府倡导下，小麦和水稻也逐渐成为重要的粮食作物。独立初期，苏丹的小麦产量很少，不够城市人口食用，1960年代每年进口小麦8万~9万吨，价值200多万苏丹镑。苏丹从1970年代起种植小麦，主要种植区在杰济腊地区、尼罗省、卡萨拉省。同时，在南部加扎勒地区的阿韦勒也开始试种水稻。1972年，在中国水稻专家组和苏丹农业研究所的共同努力下，在杰济腊农场试种水稻，并获得丰收。1975年，杰济腊农场共种植水稻1.6万费丹。另外，苏丹中部的白尼罗河省、南部上尼罗河地区和赤道地区也种植水稻。油料作物也是苏丹的主要农产品，主要种植品种是花生和芝麻，其产量的一半供出口。此外，苏丹还有玉米、大麦、番薯、马铃薯和木薯等粮食作物。

（2）经济作物。

苏丹经济作物主要有棉花、花生、芝麻、阿拉伯胶、甘蔗。

棉花　棉花是苏丹农业的核心，1990年代曾是苏丹经济的四大支柱之一，在石油经济之外，苏丹的大部分外汇是靠出口棉花换取的。1990年代中期，苏丹棉花种植面积为18.5万公顷，棉花年产量为10万~15万吨。棉区主要分布在尼罗河两岸，其中青、白尼罗河之间杰济腊三角地带的产量占总产量的70%，苏丹长绒棉产量仅次于埃及，居世界第二。苏丹棉花90%以上用于出口，但近年来由于产量减少，出口下降。苏丹棉花的主要出口国为泰国、意大利、南斯拉夫、日本和中国。

1960 年代，苏丹棉花每年种植面积约 100 万费丹①，约占每年耕种面积的 1/6。苏丹棉花的单位面积产量，平均每费丹 3.4 坎塔尔②，约合每市亩产籽棉 152 市斤。在机械化种植园中，每费丹产 4.4 坎塔尔，约合每市亩产籽棉 197 市斤。采用传统生产方式的雨浇地，每费丹只产 1.1 坎塔尔，约合每市亩产籽棉 49 市斤。苏丹生产的长纤维棉花占 80%，短纤维棉花占 20%。1960 年代，苏丹棉花产值约占农产品总产值的 1/3。1962 年，苏丹的棉花出口值为 4855 万镑③，占出口总值的 65.4%。苏丹棉花 90% 以上用于出口。2001 年，苏丹全国种植棉花 15 万公顷，总产量 27.5 万包④，2004 年，种植棉花 20 万公顷，总产量 40 万包（详见表 4 - 4）。

表 4 - 4　1997 ~ 2005 年棉花生产、销售及出口情况

年　度	1997/98	1998/99	1999/00	2000/01	2001/02	2002/03	2003/04	2004/05
面积（公顷）	26.5	15	23	24	15	18	18	20
产量（千克/公顷）	32.9	32.7	27.6	32.4	39.9	52.7	42.3	43.5
总产量（包）	40	22.5	24	34	27.5	37.5	35	40
国内销售（包）	6	6	6	9	4.5	4.5	2	2
出口（包）	30	20	23	25	22.5	30	37.50	32.5

数据来源：US Department of Agricultrue, Foreign Agricultural Service, 2005。

阿拉伯树胶　苏丹盛产阿拉伯树胶，20 世纪 90 年代末，苏丹阿拉伯树胶的年产量为 4 万吨，占当时世界需求的 85%。

花生　花生在苏丹有悠久的种植历史，是重要的出口产品。苏丹花生的品种很多，最具代表性的属西非品种。苏丹的主要生

---

① 1962/63 年度棉花播种面积为 106.6 万费丹，其中长纤维棉花播种面积占 2/3 以上，见苏丹财政经济部：《1962 年苏丹经济概况》，第 92 页。

② 1 坎塔尔 = 312 磅 = 283 市斤。

③ 苏丹财政经济部：《1962 年苏丹经济概况》，第 46 页。

④ 1 包为 480 磅。

产区有科尔多凡地区、努巴山区、西赤道省的沙土壤地区、北部的人工灌溉地区、鲁塞里斯地区以及南方地区。花生产量居阿拉伯国家之首,在世界上仅次于美国、印度和阿根廷。

芝麻 芝麻种植在苏丹国民经济中占重要地位。苏丹芝麻有红、白两个品种。红芝麻的主要产区在科尔多凡地区,白芝麻的主要产区在卡萨拉省南部的加达里夫和迈法宰地区、青尼罗河省的方加县以及上尼罗河地区等地。芝麻往往与玉米、高粱等作物套种。芝麻既是苏丹的重要出口产品,也是国内榨制食油的原料。苏丹人不仅喜食芝麻油,有时还用它涂抹脸部和身躯。另外,它还是油漆工业和制皂工业的原料。苏丹芝麻产量在阿拉伯和非洲各国中居第一位,出口量占世界的一半左右。

甘蔗 虽然食糖在苏丹人民的日常生活中占有非常重要的地位,但长期以来食糖必须依赖大量进口。为改变这种局面,政府在积极营建制糖厂的同时,也大力发展甘蔗生产,为发展中的制糖工业提供原料。全国主要的甘蔗种植区分布在杰济腊省、青尼罗省、卡萨拉省和南部地区。1980/81 年度,全国甘蔗产量达 250万吨,1981/82 年度为 333 万吨,1982/83 年度为 397.8 万吨。

另外,苏丹还有咖啡、麻、茶叶及烟草等经济作物。

1990～1996 年苏丹主要农作物产量见表 4－5。

1997～2003 年苏丹主要农作物种植面积及产量见表 4－6。

表 4－5　1990～1996 年主要农作物产量

单位:万吨

年　度	1990/91	1991/92	1992/93	1993/94	1994/95	1996
小　麦	68.6	89.5	45.3	47.5	52	55
高　粱	120	370	260	238.6	364.8	410.4
棉　花	44.3	47	—	21	—	10.6
阿拉伯树胶	6	4	4	2	3.6	—

资料来源:赵国忠主编《简明西亚北非百科全书》,中国社科出版社,2000,720 页。

表 4 – 6 **1997 ~ 2003 年主要农作物种植面积及产量**

单位：种植面积为千公顷，单产量为千克/英亩，总产量为万吨

	1997	1998	1999	2000	2001	2002	2003
高粱							
种植面积	532.9	631.1	452.9	419.4	419.5	500.3	708.1
单产量	548.3	678.8	518.1	419.4	593.1	564.7	732.7
总产量	292.2	428.4	518.1	419.4	248.8	282.5	518.8
谷子							
种植面积	282.6	276.2	239.3	219.9	220	243.7	257
单产量	227.5	241.5	208.5	218.7	219.5	238.4	305.1
总产量	64.3	66.7	49.9	48.1	48.3	58.1	18.4
花生(带壳)							
种植面积	153.1	138.6	151.4	146.2	146	135	190
单产量	720.7	559.5	691.1	647.6	684.9	938.4	631.6
总产量	110.4	77.6	104.7	94.7	100	126.7	20
芝麻							
种植面积	158.1	140.4	217.4	188	190	117.4	85
单产量	177.7	186.6	151.3	162.2	157.9	103.9	382.4
总产量	28.1	26.2	32.9	28.2	30	12.2	32.5
小麦							
种植面积	32.9	27.7	9.2	12	13.7	11.5	15
单产量	1949.7	1931.4	2326.6	2522.5	2439.4	2138.5	2213.3
总产量	64.2	53.5	21.4	30.3	33.4	24.6	33.2
阿拉伯树胶							
总产量	2.5	1.8	1.8	2.8	*	*	*

说明：＊无数据。

资料来源：The Economist Intelligence Unit, Country Profile 2005：Sudan, p. 69。

（3）蔬菜和水果。

苏丹人日常食用的蔬菜有：菜豆、鸡豆、洋葱、埃及豆、马铃薯、茄子、西红柿、秋葵荚、豌豆、胡萝卜、南瓜、辣椒、大蒜及卷心菜等。水果主要有柑橘、柠檬、西瓜、甜瓜、香蕉和芒果等。苏丹还种植椰枣、香蕉和柚子等水果，其中有一部分用来

出口。近年来，苏丹也在试种咖啡。

2000~2002 年部分农作物、蔬菜和水果的产量见表 4-7。

表 4-7　2000~2002 年部分农作物、蔬菜和水果的产量

单位：万吨

	2000	2001	2002
小麦	21.4	30.3	24.7
大米（水稻）	0.8	1.1	1.6
玉米	5.3	5.3	6
小米（谷子）	49.6	57.8	61.8*
高粱	266.6	447	293.1*
马铃薯+	1.5	1.6	1.6
木薯+	1	1	1
山药+	13.5	13.7	13.7
甘蔗	498.2	550.3	550+
干豆荚	3.1	5	5+
干蚕豆	13.1	8.9	9+
其他豆类	9.1	10.1	10.2
带壳花生	94.7	99	126.7
葵花籽	0.4	0.4	1
芝麻	28.2	26.2	26.9
香瓜籽	3+	4+	4.6
棉花籽	9.5+	14.8	11.1
西红柿	65.4*	70.7	70+
南瓜+	6.7	6.8	6.8
茄子	22.7	22.7	23+
干洋葱+	5.8	5.9	5.9
蒜+	1.7	1.7	1.8
香瓜+	2.7	2.7	2.8
西瓜+	14.2	14.3	14.4
椰枣	33.2	33.2	33+
橘子+	1.7	1.8	1.8
柠檬与酸橙+	6	6.1	6.2
葡萄与柚子+	6.6	6.7	6.8
芒果	19.2	19.3	19.4+
香蕉+	7.2	7.3	7.4

说明：*非官方数字，+世界粮农组织估计数。因资料来源不同，各表数字存在差异。

资料来源：*Africa South of Sahara 2005*, Europa Publications, 34th Edition, 2004, p. 1108。

4. 土地所有制

历史上，苏丹的土地制度在南北方有所不同，在北方阿拉伯人或信奉伊斯兰教的部落地区，土地在名义上都为真主所有，不允许买卖，但土地的买卖却一直存在着。富有的阿拉伯贵族和伊斯兰长老往往占有大量的土地。而在南方黑人部落地区，土地一般归部落集体所有，定期分配给部落成员使用。英国殖民时期，土地私有化获得发展，出现了一些经营性农业企业，土地买卖逐渐成为普遍现象。长期以来，苏丹的土地登记制度规定，通过土地登记制度，任何个人、企业或政府可以有权拥有一块土地。但所有经过登记注册的土地，名义上都归国家所有，但国家可以依据惯例和习俗，将其所有权委托给使用人。独立后第一届文官政府也推行土地私有化政策。1970 年的《未注册土地法》还规定，所有荒地、森林和未注册土地也都为政府所有。此后，苏丹政府都贯彻着这一土地政策。1973 年颁布的苏丹宪法也首次明确规定，土地可以买卖，所有权也可以继承，但到 1985 年这一制度被废止，全国的土地在名义上都属国家所有。

苏丹现代农业部门所使用的大多数土地为政府所有，政府把这些土地出租给国营承租者（如杰济腊工程）或私营企业（如大多数大规模机械化雨水农业经营者）。然而，在 1980 年代末期，大面积的牧地和耕地依照惯例土地为集体所有，这些法律虽有地域差异，但都遵循一个宽泛的类似模式。在农业社区，对荒地的耕种权被授予荒地的开垦者。这类土地的使用权可以传给子孙，但通常不能出售或转让给他人。虽然在加扎勒河、上尼罗和东、西赤道等州闲置地的使用权可为其他的开垦人所有，但其他地区的闲置地使用权却不能属于他人。

苏丹是一个传统游牧经济的国家，林场与牧草虽然政府宣称拥有所有权，但游牧社区土地使用权的情况却是比较复杂的。因为畜牧经济涉及一些特殊的公共权利的利用和占有问题，包括草场的公有权、水域和牧地的可通行权、农地上生长的草的利用权（除非被占有者割倒和堆积）以及作物秸秆的利用权（除非是同样的处理）等。在西部萨凡纳地区（Savanna），自然生长的哈沙卜树林（hashab）经过政府登记可为私人所有，但是，用作家庭燃料的枯木和刚出土的草芽却是公有的。对从事畜牧业者极为关键的水，如果是闲置着的，大家都可以使用，但是已挖水井和同其相连的水槽属于私人财产，挖掘者可以四季拥有其所有权。在北苏丹，特别是萨凡纳西部地区（即部分达尔富尔和科尔多凡地区），因人口和牲畜数量增长，土地和牧场资源日益紧张，违反土地惯例法和种族之间争夺土地权事件不断增多。政府的调节能力往往不足，对土地和牧场的争夺正是引发达尔富尔地区冲突的主要原因之一。

5. 经营与耕作方式

苏丹的土地曾经全部归国家所有，但随着 1970 年代后期非国有化的推行，政府开始将土地出售给个人。苏丹农业的经营方式分国营农场、合作社、私营耕作区和个体农民几种。

国营农场　国营农场由国家农业部门直接管理经营，由政府投资并派员负责领导工作。农场还拥有一定数量的固定工作人员。关于生产，由农业部或有关单位提出意见，产品由国家统一安排。

合作社　合作社是由一些农户集股组成，并联合经营的组织。经国家批准后，合作社租用国家的土地，并交纳地税。一般每个合作社都有管理委员会，并设有总管和会计。所种农作物的种类及比例，均由国家统一规定。收入分配时，除去公共积累后，余下的按股分配。社员常常雇用临时工进行劳动。

私营耕作区　私营耕作区即私人开办的农场。有些私人先向国家申请租地，国家批准后拨给土地，由其交纳地皮税。私营农场种植的农作物的品种由国家指定。锄草、收获、脱粒等工作全部依靠雇工。收获后的产品由苏丹农业银行收购，如农业银行不收购时，则允许私人自由出售。

个体农民 苏丹有很多不固定在某一块土地上进行农耕的个体农民，他们过着流动的耕作生活，经常迁居。其耕种土地随迁移住处而变换，待收获后，又转移到其他地区进行耕种。这种情形在苏丹西部和南部较多，有时是某块土地由整个村庄（或部落）集体掌握，每一户、每个人都有权耕种，如果村里的人迁移，土地便可归他人使用。这种农耕形式实际上是个人或集体流动使用国家的土地自种自收。

农业的耕作方式主要分为流动性耕作方式和轮作制方式。在水资源丰富的平原地区维持着传统的耕作法。播种后不再管理和关心耕作周期，只等收获。一直等到土地肥力丧失后再迁移至其他地区。这一耕作方式主要盛行于南部地区。在灌溉农业区主要实行轮作制。在有灌溉条件的大型农场和农业区，人们在每年播种时，专门留取一定的休耕地以恢复地力，而且随着苏丹现代农场的建立和机耕面积的增加，这种耕作方法逐渐被广泛采用。

苏丹的农田大概可分为两种，一种是雨浇地，约占全部耕地面积的85%；另一种是水利灌溉地，约占耕地面积的15%。雨浇地主要分布在北纬10°到15°的苏丹中部和雨量丰富的苏丹南部，主要种植粮食作物和短纤维棉花。在这些地区，农业生产依靠雨水灌溉，传统的落后生产方式占统治地位，在卡萨拉省和青尼罗河部分地区，已开始采用少量机器耕种。

灌溉地分为三种。一种是依靠青尼罗河和喀什河一年一度涨水灌溉的土地。另一种是用抽水机将青尼罗河水引入高地进行常年灌溉的土地。第三种是重力引水灌溉的土地。这类灌溉地是在坡度适宜的土地上开凿渠道，将水坝中储蓄的水引入农田进行常年灌溉。

在苏丹的青尼罗河冲积地带和卡萨拉省的喀什河流域，已经建立了数以千计的大中小型的主要种植长纤维棉花的农场和果园。其中一些大中型植棉场，拥有较大规模的灌溉系统，采用现代化机耕方法。国营杰济腊农场是苏丹规模最大原引水灌溉工程农场。这个农场开凿的灌溉总干渠长 320 多公里，支渠长 3200 多公里。塞纳尔水坝的水引入渠道，能常年灌溉那里的 180 万费丹土地。

苏丹政府认为，农业是苏丹国民经济的支柱，是其他经济部门赖以发展的核心。因此政府优先发展农业，努力增加粮食生产，力求改变以棉为主的单一经济。近年来，苏丹依靠大量外援、外债和私人投资，兴建了一些现代化农业项目。实际上，苏丹的粮食仍不能全部自给，成为国家经济发展的长期掣肘的因素。政府采取了一些经济改革措施，包括改造生产组织关系和分配制度，并重建某些农业机构。

二　畜牧业、林业和渔业

1. 畜牧业

苏丹的畜牧业传统悠久，其发达程度居非洲前列，在苏丹经济中也一直占重要地位。除了北部极干旱及国土最南端采采蝇（tsetse-fly）繁衍的一些地区外，畜牧业几乎遍及苏丹全境。目前苏丹的畜牧业大多还是传统的生产方式。苏丹有广阔的天然牧场，总面积达 24 万平方公里，其中固定草地和放牧场约有 5714 万费丹，占全国总面积的 9.5%。苏丹畜牧业有较大的发展潜力，主要的牧区有：北部和西部阿拉伯人等游牧部落的牧区、南部尼罗河牧区、从北纬 13°以北至苏丹埃及边界沿尼罗河两岸的河滨半牧区以及东部贝贾人的牧区。苏丹的牧民约占全国人口的 15%，半牧民占 25%。到 1980 年代，苏丹的畜牧业产值已约占国内生产总值的 10%。[①] 畜牧业产品出口值占外汇收入的 5% 强。肉、皮、毛等畜产品除供国内消费外，还有相当数量出口。

　　苏丹畜牧业以牛为主，其次是绵羊和山羊，其他依次是骆驼、驴、马和家禽，因地区差异而有不同。北部气候干燥，荒凉缺水，只有沙漠中的绿洲和尼罗河两岸可供放牧，适于养殖骆驼和耐干渴的牲畜。中部地区雨量适中，水草丰富且牧场面积广阔，是苏丹最主要的放牧区及南北方牧民的汇聚地，北方枯草期和南方采采蝇泛滥时，这一地区成为所有牧民理想的放牧之地。南部雨量充足，气候适宜，草足水丰。白尼罗河两岸是理想的牧场，适于放牧和养殖牛和不耐干渴的羊群。

　　苏丹的牛主要有两种：巴卡拉牛和尼罗特牛。巴卡拉牛和它的两个亚变种约占全国总数的 80%。这一种类的牛主要分布在萨凡纳地区的西部，少数则远在从上尼罗省到卡萨拉省的东部地区。尼罗特牛约占全国总数的 20%，主要分布在赤道省东南部没有采采蝇的丘陵和平原地区，以及加扎勒河省和上尼罗省采采蝇不流行的地区。

　　历史上，苏丹曾周期性的流行牛瘟，限制了牛的数量的增长，到 1930 年苏丹估计总共有牛 200 万头。给牛接种疫苗的计划始于 1930 年，接下来几十年的大规模接种使牛的数量猛增，到 1970 年时已达 1200 万头。在游牧民生活的广阔区域（大约有 0.8 亿～1 亿公顷），养牛业不仅是一种经济活动，也成为一种受人尊重的社会和文化形态，牛群规模的增长能给人带来可观的经济收入，可用于交换粮食，卖给当地的消费者，甚至出口。牛还被用作婚嫁的聘礼，尼罗特人还拿牛作祭品。在把牛作为财富标准的社会体制中，养牛者的社会地位和权势往往是与其饲养的

_____

① 　英国《中东与北非年鉴》，1986 年，第 692 页。

牛的数量联系在一起的。

苏丹的游牧部落都饲养尼罗特牛，这是一种长着长角、体形高大的牛。游牧民根据雨季的变化，逐水草而牧，但游牧范围通常不超过 150～160 公里。多数巴卡拉牛属于巴卡拉阿拉伯人。虽然众多的巴卡拉人都是游牧民，但是至少从 1990 年代初开始巴卡拉人有了定居基地，它们也在定居地上种植一些农作物。在雨季，这些务农的巴卡拉人、他们的亲戚或代理人赶着牛群沿传统的移动路线向北迁移；当旱季来临时，他们又向南迁往阿拉伯河（Bahr al Arab）地区。两个方向迁移的总路程大约有 400 公里。

近年来，由于政府在巴卡拉人地区扩大耕种面积，发展机械化雨水农业，以及人口增长对土地压力等因素，巴卡拉人的牧地面积正在减少。但受传统文化的影响，巴卡拉人依然饲养大量的牛群，结果出现了过量饲养和牧场衰退现象。1990 年代持久而严重的干旱使苏丹牧民不得不将大量尼罗特牛宰杀。许多以放牧为生的游牧民家族，失去了所有牲畜，不得不迁往"三镇"（恩图曼、喀土穆和北喀土穆）寻找生计。

绵羊主要集中在比较干旱的达尔富尔和科尔多凡地区，这些地区的地势通常要比牧牛地区高。苏丹饲养的羊有好几个品种，较重要的是所谓的"沙漠绵羊"，这种绵羊不仅有好的重量，而且产奶量也大。此外，北方省饲养的绵羊也不少，但大多数都是圈养的。饲料是来自灌溉农场的秸秆和河渠边的植被。

山羊主要有 3 个品种，即沙漠山羊、努比亚山羊和尼罗特山羊，它们遍布北方沙漠以南的所有地区。山羊主要由定居农民饲养，以生产羊奶和羊肉为饲养目的。山羊肉虽然没有绵羊肉受欢迎，但却是农民食物的一个组成部分。山羊奶是蛋白质的主要来源，许多城里人也饲养着少量产奶的山羊。

骆驼大量集中在北达尔富尔、北科尔多凡和南北方省的沙漠和半沙漠地区。骆驼几乎全为游牧民和半游牧民所有，对他们而言，骆驼是首选的运输工具。骆驼还是重要的产奶和产肉的牲畜。在游牧社会里，拥有一定数量的骆驼是威望形成的一个重要条件。

由于饲养方法落后和部分地区受到采采蝇的危害，1990 年代以前苏丹的畜牧业发展速度并不很快。1996～1997 年度全国牲畜存栏数为：牛 2350 万头，绵羊 2340 万只，山羊 1690 万只，骆驼 295 万峰。尽管如此，苏丹的畜产品资源在阿拉伯国家中仍名列第一，在非洲国家中名列第二（仅次于埃塞俄比亚）。据联合国粮农组织估算，2000 年苏丹全国畜禽存栏数为：牛 3500 万头，绵羊 4250 万只，山羊 3750 万只，骆驼 315 万峰。1997～2003 年苏丹家畜禽数见表 4 – 8。

表 4 – 8　苏丹家畜禽数

单位：万头

	1997	1998	1999	2000	2001	2002	2003 *
骆驼	293.6	297.4	303.1	310.8	320.3	334.2	330
牛	3310.3	3458.4	3582.5	3709.3	3832.5	3818.3	3832.5
鸡	3700	3625.6	3658.6	3646.5	3682	3700	3700
绵羊	3983.5	4236.3	4480.2	4609.5	4704.3	4813.6	4700
山羊	3603.7	3649.8	3734.6	3854.8	3995.2	4148.5	4200

说明：＊为粮农组织估计数。

资料来源：The Economist Intelligence Unit, Country Profile 2005：Sudan, p. 70。

近年来，畜牧业在苏丹农业经济中的地位不断上升，畜产品在非石油出口中已经替代经济作物而成为增长最快的出口品。由于受到了政府的鼓励，家畜生产，尤其是骆驼、山羊、绵羊和牛的生产已经呈现出强劲的增长势头。苏丹的大多数畜产品都销往国外,因为海湾国家(特别是沙特阿拉伯)的市场正在呈现出对苏丹畜产品的极大需求。但 2000 年沙特阿拉伯爆发"里夫特谷热"(Rift Valley Fever)疾病,严重地影响了苏丹的畜产品出口。使苏丹畜产品出口收入从 1999 年的 1.39 亿美元下降到了 2000 年的 0.75 亿美元和 2001 年的 0.15 亿美元。2001 年末,大多数海湾国家已经解除了对苏丹肉产品的进口限制,因此畜牧业在 2002 年出现了强劲的反弹。2002 年苏丹中央银行的资料显示,2002 年畜产品总销售额为 1.17 亿美元,在非石油的出口部门中占据着极为重要的地位。2003 年的畜产品出口收入仍保持在 1 亿美元左右,而 2004 年的出口总额则接近于 1.5 亿美元。

近年苏丹畜禽鱼肉、奶、蛋、皮产量见表 4 - 9。

表 4 - 9   动物和奶制品产量

单位:万吨

	1997	1998	1999	2000	2001	2002	2003
肉　类	60.6	63.2	63.9	66.4	73.9	74	69.8
牛　奶	443.6	465.5	480	485.1	488.7	491.1	505.6
禽　肉	2.8	2.9	3.0	3.0	3.1	3.1	3.1
蛋　类	4.1	4.2	4.4	4.5	4.6	4.6	4.7
鱼　肉	5	5.2	5.3	n/a	n/a	n/a	n/a
牛　皮	4.8	5.0	5.3	5.5	5.6	5.6	5.6

资料来源:The Economist Intelligence Unit, Country Profile 2005:Sudan, p.70。

2000 ~ 2002 年苏丹畜禽产品产量见表 4 - 10。

2. 林业经济

1970 年代中期,苏丹林业部门曾公布过一个估计数据,认为苏丹的森林总面积为 58.4 万平方公里,占领土总面积的 24.6%,但据联合国粮农组织 1970 年代末的估计,苏丹的森林和林地总面积约为 91.5 万平方公里,约占领土面积的 38.5%。其

表 4 – 10 部分畜禽业产品产量

单位：万吨

	2000	2001	2002
牛肉和小牛肉 *	29.6	32	32.5
羊肉和羊羔肉 *	14.3	14.4	14.4
山羊肉	11.8	11.8 *	11.8 *
鸡、鸭、鹅肉 *	3	3	3
其他肉类 *	7.8	8	8
牛奶 *	312.	316.8	321.6
绵羊奶	46.2	46.3 *	46.3
山羊奶	124.5	125 *	129.5
黄油和酥油 *	1.6	1.6	1.6
奶酪 *	15	15.2	15.2
鸡蛋 *	4.5	4.6	4.7
涂有油脂的羊毛 *	4.6	4.6	4.6
刷净的羊毛 *	2.3	2.4	2.4
牛皮 *	5.5	5.6	5.6
绵羊皮 *	2.2	2.3	2.3
山羊皮 *	2.3	2.3	2.3

说明：* 为世界粮农组织估算数字。

资料来源：Africa South of Sahara 2005，Europa Publications，34th Edition，2004，p. 1115。

中 3/4 集中在热带草原和热带雨林气候带的中部和南部，1/4 在干旱和半干旱地区的北部。到 2003 年，苏丹全国的森林面积约 5800 万公顷，国土森林覆盖率已经下降到约 23.3%。

苏丹的林业经济分为两部分，一是传统的林木和木炭生产，二是现代木料加工工业，木料加工业一直为政府所有。苏丹林业经济的支柱是阿拉伯树胶，主要集中于萨凡纳等地，苏丹阿拉伯树胶产量长期占居世界供应量的 80%。阿拉伯树胶无毒、不生热、无污染、无气味，是一种价值极高的木材产品，被广泛运用到工业和生活领域，产品包括胶水（如邮票背胶）、泡沫塑料稳定器、药品食品赋形剂等。1980 年代后期，苏丹年生产 4 万多吨阿拉伯树胶，并通过阿拉伯树胶公司上市，阿拉伯树胶成为仅次于棉花的第二大出口产品，约占总出口的 11%。但是，1980年代和 1990 年代持久的干旱使苏丹的阿拉伯树胶产量受到很大影响（详见表 4 - 11）。

表 4 - 11　阿拉伯树胶产量

单位：万吨

1993	1994	1995	1996	1997	1998	1999	2000
2.4	2.7	2.5	2.5	2.5	1.8	1.8	2.8

资料来源：IMF, Sudan-Recent Economic Developments（March, 1997）。

苏丹城乡居民生活燃料主要依赖木材，包括木炭产品。随着人口增加，对木材燃料的需求不断上升。同时，从 20 世纪以来，在发展大规模雨水耕作农业的过程中，中北部苏丹大量的林地被开垦为耕地。虽然北部的这些森林的主要价值被认为是防止土地的沙漠化，但它们还是当地牧民的燃料来源。持续的人口压力已经导致了森林的加速破坏，这一点在萨赫勒地区（Sahel，非洲撒哈拉沙漠边缘稀树草原地带）表现得尤为突出，因为木炭仍然是萨赫勒地区最主要的燃料。北方边缘地区的林地还因发展机械化农业的发展而锐减，这导致撒哈拉沙漠以每年 10 公里的速度稳步向南侵蚀。

据联合国粮农组织（FAO）的估计，1980 年代，苏丹森林覆盖面积以每年 1.1% 的速度在减少，1990 年代平均每年减少0.8%，这远远高于世界森林面积的平均递减水平。

苏丹森林资源主要集中于更潮湿的南部。南部拥有 20 多万平方公里的以落叶阔叶林为主的森林，但是至今在很大程度上仍未被开发利用。这个地区有一些由政府控制的工厂，加工的木材品种包括做家具用的桃花心木，修筑铁路、做家具和建筑用的其他硬木。由于技术落后，苏丹的木材生产并不能满足国内需求，差不多80%的国内需求要依靠进口。

苏丹政府于1970年代开始实施森林保护工程。1975年苏丹政府首批确定的国家保护林面积有1.6万公顷的阔叶林和500~600公顷的软木林，绝大多数在南部，包括柚木群、地势较高的伊玛通山脉上的珍奇松树等。灌溉农业区的桉树群也被作为防风林和燃材加以保护。森林保护已经被逐步扩大，到1970年代中期，被保护的森林面积已经超过1.3万平方公里。1980年代，苏丹建立国家公园和禁猎区，对森林和林地保护也起到了一定作用，目前这样的保护区已达5.4万平方公里。近年来，由于人口增加，城市居民对木炭的需求量增长很快，萨赫勒地带的阿拉伯胶树林也已被大量用作木炭，森林砍伐和破坏严重。为了改进林业保护和管理政策及解决土地利用问题，政府从1990年代初开始实行林业资源保护工程，并得到了几个国际开发机构的共同资助。

2000~2002年苏丹圆木砍伐情况见表4-12。

表4-12 圆材砍伐情况

单位：万方

	2000	2001	2002
锯木、板材和枕木	12.3	12.3	12.3
其他工业用材	205	205	205
燃材	1668	1687.1	1706.8
总 计	1885.3	1904.4	1924.1

资料来源：根据世界粮农组织（FAO）2004年报告整理。

3. 渔业经济

苏丹境内有不少湖泊与湿地,尼罗河南方流域及红海沿岸也有渔业经济。总体上说,渔业在苏丹是一个传统的行业,与许多居民生活相关。苏丹的大宗捕鱼来自淡水资源。南方的苏德 (Sudd) 湿地和尼罗河给苏丹提供了丰富的渔业资源,尤其是尼罗河中的河鲈。渔民以传统方式捕获鱼产品后在当地和城市出售。在努比亚湖和红海,已经有现代化的捕渔业。1990 年代苏丹的捕鱼量稳步增长,据苏丹农林部的估计,全国的总捕鱼量从 1991 年的 3.3 万吨增长到了 2003 年的 6.8 万吨。

2000~2002 年苏丹渔业产量见表 4–13。

表 4–13　渔业产量

单位:万吨

	2000	2001	2002
捕获量	5.3*	5.8	5.8
尼罗河罗非鱼	1.8*	2.0	2.0
其他淡水鱼	3	3.3	3.3
海水鱼	0.49*	0.49	0.49
水产养殖	0.1	0.1	0.16
总　　计	5.4*	5.9	5.96

说明:*为世界粮农组织估计数。
数据来源:根据世界粮农组织 2004 年报告整理。

苏丹人在尼罗河上捕鱼已有数千年历史,迄今,尼罗河还是苏丹主要的鱼类来源。苏丹已在尼罗河及其支流上筑坝修建不少的湖泊和水库,包括白尼罗河上长达 180 公里的努比亚湖,青尼罗河上的鲁赛里斯水坝和森纳尔水坝,白尼罗河上的杰贝勒奥利亚水坝,阿特巴拉河上的海什姆吉尔拜水坝等。这些湖泊和水库提供着优质的淡水鱼。努比亚湖是 1960 年代逐渐形成的,湖周

围的居民此前并没有捕鱼经验，渔业生产是政府渔业部门对努比
亚湖的资源所进行的首次重大商业开发。一家私营公司也于
1973 年开始在努比亚湖经营渔业。努比亚湖每年的鱼产量估计
在 5000 吨左右。1970 年代中后期，在中国的援助下，苏丹在瓦
迪哈勒法修建了一个冷冻厂和一个冷藏厂。中国还给苏丹提供了
35 艘两吨级的渔船、许多运输艇以及其他的捕鱼设备。苏丹还
在喀土穆和阿特巴拉修建了一些冷冻厂来储藏经铁路从瓦迪哈勒
法运来的鱼。尽管运输过程中也在使用冰块，但在天气较热的几
个月里损失还是不少。

　　南苏丹是潜力最大的淡水鱼生产地，其庞大的河流网和苏德
区（Sudd）每年可产 10 万～30 万吨淡水鱼。关于南苏丹实际产
量的统计资料目前仍不得而知。这些淡水鱼主要被当地消费了，只
有数量有限的干鱼和咸鱼出口到刚果（金），那里的需求量很大。

　　苏丹的第二大鱼类生产地是红海沿岸水域，但开发程度相对
较低。1970 年代末的鱼、贝（包括珍珠贝）类和其他海底生物
的总产量大约为 500 吨。1978 年，英国海外开发部同苏丹渔业
部门启动了一个联合项目，通过制造捕鱼用的船只、引擎和其他
设备来提高鱼产量。这个项目还包括在萨瓦金建造一个制冰厂，
为当地渔民的捕鱼提供冰块。这个项目于 1982 年提前完成，使
红海沿岸水域的鱼年产量达到了 2000 吨。据估计，该水域最终
可能实现 5000 吨的年产量。

第三节　工业

　　苏丹虽有较丰富的矿产资源，但现代工业特别是制造业
一直较为落后。目前主要的工业部门有石油、食品加
工、纺织、皮革、制糖、榨油、水泥、机械修配等。由于财政困
难、外汇和电力短缺、通胀严重，1990 年代全国近一半工厂经

常处于停产或半停产状态，很多工厂生产开工能力不足 30%。苏丹矿物的开发程度比较低，除食盐能满足本国需要并有一部分出口外，其他矿物只有少量开采。

苏丹工业布局不均衡，除石油业外大部分工业集中在北喀土穆周围地区。在苏丹的工业部门中，食品加工工业（制糖、榨油和水果蔬菜加工业）较为发达，其产值曾占工业总产值的一半，职工人数占工业职工总数的 2/5，纺织业则是次于食品工业的第二大部门。

近年来，依靠外国贷款或投资，苏丹政府调整了工业结构，鼓励私有化，开辟了五个经济自由区，制定了新的投资法以吸引外国投资，实施对国外独资、合资企业 5 年不交税等优惠政策，工业发展成效明显。除石油工业崛起迅速外，政府还重点兴建了规模较大的水泥厂、制糖厂、纺织厂、纸烟厂、酿酒厂、罐头厂和纸板厂，其中大部分工厂已投入生产。在石油产业的强劲带动下，工业总产值增长较快，1997 年苏丹工业产值占国民生产总值的 14%；2001 年已提升到 21%。工业特别是制造业的发展，带动苏丹经济在进入新世纪后逐渐步入明显增长阶段。

一　制造业

英埃共管时期，现代制造业几乎没有得到殖民政府的鼓励。英国统治苏丹的经济目标是通过扩大棉花等初级产品的生产为英国提供工业原料，以此扩大英国制成品的输入。不过，修建了规模巨大的杰济腊工程后，随着棉花种植业的扩大，推动了苏丹现代轧棉厂的出现，1930 年代，在苏丹已经出现了 20 多家现代纺织厂，棉籽油加工业也附带发展起来，少量的采矿业和水泥厂也相继出现。"二战"期间，小型的进口替代工业出现了，包括肥皂制造、汽水和其他一些日用品生产。大战结束后，这些进口替代工业在同进口产品的竞争中夭折了。外国私人资本只向几个较大的企业投资，这些企业都是在 1949～1952 年投产的，包括一家肉类加工厂、一家水泥厂和一家酿酒厂。总之，苏丹独立以前，殖民主义者在苏丹几乎没有建立起有规模的现代工业，直到独立时，苏丹的工业总产值仅占国民生产总值的 2%。

独立后的苏丹政府曾推行鼓励和支持私人企业发展的工业政策。为了推动这一进程，苏丹政府 1956 年和 1958 年，先后颁布了《优惠企业（特许）法》和《优惠工业（特许）法》，鼓励国内外的私人投资，为工业发展提供了许多优惠条件，如减免营业税和盈利所得税，减少原料进口税，降低铁路运输费，给予聘请外国技术人员的入境方便等。1956～1960 年，苏丹工业固定投资共计为 828.4 万苏丹镑，占苏丹 5 年内全部固定投资的 5.1%。[①] 当时，苏丹政府对企业中的外国股份所占份额也未加任何限制。但是，由于当时苏丹经济的落后状态，私人资本有限，外国投资也很少，苏丹政府认为不可能靠私人资本来推动对国民经济有重大影响的制造业，由政府来主导国民经济的观点逐渐占据了主导地位。

苏丹政府创建的首个国营企业是 1961 年投产的制革厂，1962 年又建成了一个制糖厂。同年，苏丹政府组建工业发展公司（Industrial Development Corporation，IDC）来经营政府的工厂。在整个 1960 年代，政府还兴建了其他一些企业，包括第二制糖厂、两家水果蔬菜罐头厂、一家枣椰加工厂、一家洋葱干加工厂、一家牛奶加工厂和一家纸板厂。在此期间，私营经济的投资也在稳步推进，这导致了私营的纺织、制鞋、肥皂、饮料和面粉等企业的发展。其他私营企业还包括印刷厂和传统的油料加工厂。最大的私营企业是 1964 年开工的苏丹港炼油厂，这个工厂

---

① 《1955/56——1959/60 年度的苏丹国民收入》，第 27 页。五年全部固定投资为 1.59816 亿苏丹镑。

是由外国人投资和建造的。1960 年代,苏丹私营企业中一半以上的投资都来自国外,可见独立之初苏丹经济的私营化和市场化程度还是明显的。

但 1969 年政变上台的尼迈里军政府,试图改变苏丹经济的这一基本走向。新政府开始实施将国民经济直接掌握到政府手中的一系列政策,政府一方面迅速扩大对制造业的参与,尽管制造业中的私人所有权仍然存在着,另一方面对许多重要的私营企业实施了国有化。仅在 1970 年和 1971 年,苏丹政府就对 30 多家重要的私营企业实行了国有化。然而,为了应对由国有化导致的外国私人投资的锐减,尼迈里于 1972 年宣布,私人资本将再次获得优惠待遇。政府还通过了《1972 年工业发展和促进投资法》(Development and Promotion of Industrial Investment Act of 1972),该法令甚至包括了一些比政变前的立法更为宽松的条款。

由于国家经济仍然依赖于私人资本和来自发达国家的投资,苏丹政府在 1974 年的一项工业投资修正案中进一步具体了对这类资本的优惠待遇,同时还补充了反对任意进行企业国有化的条款。此外,政府还在 1972 年解除了早些时候对一些企业实施的国有化,并以政府–私人联合所有权的形式把它们归还给了原先的业主。这些被归还的企业中最大的一家是巴塔鞋业公司(Bata Shoe Company),该公司是 1978 年改造为联合公司后被归还的,其中巴塔持有 51% 的股权,政府持有 49% 的股权。这类企业中最成功的要数比塔尔集团公司(Bittar Group),它是 1990 年代初苏丹最大的企业。比塔尔集团公司始建于 1920 年代,1969 年被国有化,1973 年被归还,有着多样化的产品,范围从植物油出口一直到小麦、食糖和杀虫剂的进口。

在整个 20 世纪的 70 年代和 80 年代上半期,尼迈里政府不断建立新的公共企业,有些是国有的,有些是同私人合建的,有些则有外国政府尤其是阿拉伯产油国的参与。这些新企业中包括

3 个制糖厂、2 个制革厂、1 个面粉厂和 20 多个纺织厂。在喀土穆城南兴建的化肥厂是同美国合资的企业，该厂于 1986 年开工，是苏丹的第一家化肥厂。私人投资，尤其是对纺织业的投资仍然持续不断。但是经济发展进程却并不理想，比如 1970 年代的布料年产量是 3 亿米，但到 1985 年产量却下降了一半。1988 年，纺织工业只发挥了其 1/4 的功能。这些数字反映了内战、缺乏购买维持机器运转配件的硬通货以及债务危机对苏丹工业的影响。

自独立以来，苏丹在建立现代制造业的过程中一直都在强调农产品加工和进口替代工业。粮食、饮料和服装的生产在制造业总产量中占有很大的比重。主要的进口替代工业包括水泥、药品和干电池的生产，玻璃瓶制造、石油加工以及化肥生产。1980年代末，苏丹现代制造业（包括矿业）在 GDP 中所占的比例约为 7% ~8%，而 1956 年则仅为 2%。制造业中的就业岗位也由1956 年的大约 9000 个增加到 1977 年的 18.5 万个（包括政府企业中的雇员）。由于受到市场规模、较高的个人平均所得、更好的交通、电力设施、方便的金融和政府服务等因素的吸引，差不多 3/4 的大规模现代制造业都位于喀土穆。

然而，进口替代战略的效果并不理想。一直到 1970 年代末期，制造业总产量并未达到预期的目标，1980 年代更是持续下降。虽然某些部门的总产量因为新设备的使用而得到了提高，但是自给自足的目标却一直没有实现。国内及进口原材料的缺乏、电力的不足、运输的迟滞、配件的缺乏、合格管理人员和技术工人的缺少及临时劳动力的不足等因素一直阻碍着制造业的效率提高和产量增加。特别是熟练的技术和管理人员向海湾国家的流失严重地影响了苏丹制造业的发展。1980 年代，许多工厂都在设计产量之下运转，其产量甚至达不到生产潜力的一半。有些情况下，产量低下还与项目的不合理规划有关。例如，1980 年代苏丹政府在北部州库赖迈（Kuraymah）建立了一批国有的罐头厂，但发现当地并没有足够的加工原料与作物。喀土穆城南的巴巴努萨（Babanusah）牛奶加工厂也存在着类似的规划不合理问题。

1975～1981 年工业生产状况见表 4－14。

表 4－14   1975～1981 年工业生产情况

品　　名	1975/76	1976/77	1977/78	1978/79	1979/80	1980/81
水泥（千吨）	157.7	178.3	132.1	185	173.3	149.8
面粉（千吨）	237.3	266.8	275	269.7	243.3	256.5
糖（千吨）	113.9	138.7	138.2	119.6	129.8	207.6
香皂（千吨）	3	2.6	2.6	2.5	3.1	2.9
肥皂（千吨）	40.1	48.1	46.1	43.2	52	53.4
啤酒（千吨）	9579.1	8788.4	8288.7	7690.4	—	—
香烟（千吨）	849.9	728.1	819.5	1115	1065.1	1100.9
鞋（百万双）	14.4	12.4	13.6	13.6	9.6	8.9
植物油（千吨）	78.1	70.1	73.4	72.8	82.5	69.2
纺织品（百万码）	—	90.5	74.9	92.5	86.5	62.7
纱（千吨）	—	9.4	9.5	10.9	11.2	9.3

资料来源：英国《经济季评－苏丹》，1983 年第 2 期，第 17 页。

苏丹的电力与交通落后是制约经济发展的长期问题，1990年代这方面的情况更为突出。90 年代，苏丹制造业增长缓慢，按 1997 年苏丹工业部估计，纺织公司设计产量的利用率仅为10%，尽管当地可以提供高质量的棉花。

近年来，苏丹工业的发展形势出现好转迹象。根据官方的一项统计资料，苏丹 1999～2003 年制造业的年均增长率达到了7%，增长过程是明显的。这一增长是巴希尔政府实行经济改革计划的结果，经济改革提供了一个较为稳定的国家宏观经济环境，并放松了对外汇和贸易的限制，同时鼓励外国与私人的投资。由于实施了银行金融领域的改革，增加了对私人企业的贷款和扶持，也使制造业得以提升。此外，近年石油出口工业的快速发展也促进了制造业的增长，苏丹政府可以利用石油外汇来进口那些生产者以前根本无法得到的关键性设备。

近年苏丹工业发展明显的部门包括食品加工业，尤其是制糖业。根据苏丹糖业公司和主要的国内生产者科纳纳（Kenana）的统计，近 10 年苏丹食糖的产量增长迅速，从 1994 年的每年43 万吨增长到 2003 年的 73 万吨。精制食糖的产量现在已经超出了国内需求，使苏丹成为阿拉伯世界唯一的食糖净出口国。此外，苏丹还在吉阿德市（Jiad City）的工业区发展了一个小型的汽车工业。其他小型的制造业包括药品、电器、水泥、饮料和面粉制造。尽管政府一再声称制造业已在复苏的边缘，但苏丹的纺织业却一直处于低迷状态。纺织业能够给当地的棉花和纱线生产增加重要的价值，不仅能够满足国内的需求（从而结束苏丹对昂贵的进口纺织品的依赖），而且能够提供少量的出口。相对于其他制造业而言，纺织品制造是劳动力密集型和资金基础更好的工业部门。然而，总产量却一直达不到政府期待的水平，2002年，政府给大约 80 家纺织厂提出的年产量是 3 亿码，但 2003 年的实际产量仅为 0.5 亿码。

1997～1999 年苏丹主要工业产品产量见表 4 – 15。

表 4 – 15 1997～1999 年主要工业产品年产量

	1997 年	1998 年	1999 年
糖（万吨）	50.0	61.0	62.2
水泥（万吨）	28.8	20.6	26.8
植物油（万吨）	9.0	12.0	10.0
织物（万码）	3600.0	2600.0	5500.0
香烟（吨）	11.0	38.0	122.0
鞋（万双）	2400.0	3300.0	4800.0
软饮料（万打）	2300.0	1700.0	1800
轮胎（万件）	60.0	20.7	17.3
面粉（万吨）	32.4	31.0	53.2

资料来源：英国《经济季评 – 苏丹》，2001 年第 4 期，第 42 页。

1996～2000 年苏丹主要工业产品产量见表 4 - 16。

表 4 - 16   1996～2000 年制造业产品产量

	1996	1997	1998	1999	2000
糖(千吨)	459	500	610	664	662
纺织品(百万码)	18.1	26.0	9.4	10.6	8.1
水泥(千吨)	239	296	206	266	161
面粉(千吨)	360	324	310	532	600
植物油(千吨)	118	90	120	100	120
香烟(百万支)	2	3	3	5.1	2.6
鞋(百万双)	9	24	46	48	50
轮胎(千只)	198	60	207	173	212
软饮料(百万打)	29	23	17	18	20

资料来源: The Economist Intelligence Unit 2002: Sudan, p. 57; IMF, Sudan-Statistical Annex (April 1998) and Sudan Statistical Appendix (July 2000); ministry of National Industry.

二　矿业

1. 石油

1959 年，苏丹开始在红海沿岸地区勘探石油，断断续续一直持续到 1970 年代，但进展不大。从 1973 年开始，随着一些重要石油资源的发现，国际石油公司对苏丹的石油勘探表现出了浓厚的兴趣。1974 年，美国加利福尼亚标准石油公司（Standard Oil Company of California）下属的雪弗龙公司开始在苏丹南部和西南部面积为 51.6 万平方公里的特许区（后减为 28 万平方公里）上进行石油勘探。钻井始于 1977 年，1979年 7 月在南科尔多凡省的阿布贾比拉（Abu Jabirah）首次获得了商业性原油。1980 年，该公司在上尼罗省东部本提乌（Bentiu）

附近的联合油田（Unity Field）取得了重大发现，1981 年初对那里的 49 口油井的更深钻探使出油量达到了日产 1.2 万桶。雪弗龙公司估计该油田的储油量为 0.8 亿～1 亿桶，进一步勘探使该油田的储量超过了 2.5 亿桶。其他的一些石油公司——包括来自美国、加拿大和法国的公司——也获得了石油勘探特许区。1982 年，几家石油公司在从陶卡尔（Tawkar）到红海山区北端的广大的沿岸和内陆特许区进行石油勘探，但是没有取得重大发现。这一年，差不多 1/3 的苏丹领土被特许进行石油勘探。但是，石油勘探受到了基础设施匮乏和南方内战的严重制约。

　　直到 1990 年代中期以前，苏丹并没有采取大规模的石油开发与生产。1995 年 8 月，加拿大的阿拉基斯能源公司（Arakis Energy）宣布它已经同沙特阿拉伯的金融家达成了协议，共同投资修建从南苏丹的油田到苏丹港的石油管道，但是这一计划一月后便宣告失败。随后阿拉基斯称它将从法国和亚洲国家寻求支持。1995 年 6 月，苏丹同中国组建了共同开发石油的联合企业。苏丹提供 30% 的资金，中国提供剩余的 70% 的资金并为苏丹培训技术人员。中国随后同意为苏丹的石油资源开发提供 1500 万美元的援助。1995 年 10 月，卡塔尔石油公司（Qatar General Petroleum Corp）同意加入在苏丹中部开发石油的联合企业，与此同时，法国巴黎银行就苏丹港炼油厂的修复开始同苏丹财政部和苏丹银行就总额为 2500 万美元的贷款举行谈判。1997 年 1 月，中国被授权开发苏丹最大的油田，其探明储量为 2.2 亿桶。随后，两国达成了在喀土穆修建一个日产量为 5 万桶的炼油厂的协定。

　　1997 年 3 月，马来西亚、加拿大、中国和苏丹的 4 家国际公司达成了共同分担苏丹石油生产的协定，组建了"大尼罗河石油经营公司"（Great Nile Petrolem Operating Co，简称

GNPOC），并出资 10 亿美元修建将石油输往苏丹港的管道。

1990 年代末，石油工业的发展成了苏丹经济发展的优势。1997 年阿拉基斯能源公司开始在黑格里戈（Heglig）油田生产。1998 年 5 月，中国石油总公司（简称中石油，CNPC）同苏丹能矿部开始在苏丹港炼油厂合作。1998 年，阿拉基斯出现缺乏继续运营资金的问题。然而，当年年底，另一家加拿大公司塔里斯曼能源公司（Talisman Energy）最终完成了对阿拉基斯的接管。塔里斯曼随后与中石油一起开发黑格里戈油田和统一油田，并共同修建从南部油田到苏丹港的石油管道。1999 年 5 月 31 日，这一全长 1640 公里的石油管道竣工。该管道将南科尔多凡的黑格里戈油田同苏丹港连接了起来，途经当时还在建设之中的位于喀土穆北 30 公里的杰伊利炼油厂。管道主要由中国、马来西亚、阿根廷、加拿大和英国的公司出资修建。为了保护石油管道和其他石油设施不受苏丹人民解放军及其他反政府组织的袭击，苏丹政府在整个产油区的战略要地部署了军队。1999 年 8 月底，苏丹开始用这一输油管道输出原油。2002 年苏丹的石油生产已达日产 24 万桶。

尽管一些"人道主义"和特殊利益集团声称石油工业的发展使得苏丹政府能够持续进行内战，但国外对苏丹正在兴起的石油工业的兴趣却不断高涨。不过，内战确实影响了一些西方公司对苏丹石油的开采活动，如加拿大塔里斯曼公司将其在 GNPOC 中的 25% 的股权出售给了印度石油和天然气公司（Oil and Natural Gas Co，简称 ONGC），瑞典的伦丁公司（Lundin）因内战而暂时性停止经营，俄罗斯的斯拉夫尼特公司（Slavneft）也部分因苏丹国内冲突的持续而于 2002 年 8 月撤出了苏丹。同属 GNPOC 的中石油则宣布计划修建从第六区到苏丹港的石油管道。此后不久，中石油在第七区发现了新的石油储藏地。2002 年 7 月，美国当局批准了《苏丹和平法》，允许美国进一步强化对苏丹的包括停止多边贷款在内的制裁，企图以此迫使苏丹政府通过谈判结束南方内战。但是，美国国会撤销了阻止投资苏丹石油业的公司进入美国资本市场的条款。2002 年，苏丹同爱尔兰和阿尔及利亚几家外国公司进行了谈判，与此同时，一些亚洲、欧洲、印度、印度尼西亚、日本、韩国、马来西亚和俄罗斯的石油公司也在考察进入苏丹石油业的可能性。

2003 年 7 月，奥地利国有石油公司（OMV）将其在苏丹石油业的 1.15 亿美元的股权卖给了印度的石油天然气公司（ONGC）。OMV 称是出于战略和经济原因做出此决定的，但是它捐出了 6500 万欧元用以支援苏丹的各种卫生设施项目。OMV是继加拿大塔里斯曼公司和瑞典伦丁公司后第三个因人权问题而撤出苏丹的西方石油公司。11 月，"人权观察组织"指责在苏丹的国际石油公司是迫使苏丹石油特许区的成千上万背井离乡的同谋。据这一报告的说法，石油公司的总裁们对包括空中轰炸医院、教堂、救济所和学校在内的针对平民和平民目标的袭击"视而不见"。这些指责遭到了反驳，石油公司称它们是通过给当地的苏丹人提供发展机会帮助这些地区，也是对人权的一种促进。

尽管有国际社会的种种指责，苏丹石油开采还是很快发展起来。至 2004 年初，苏丹在全国划定了 10 多个石油勘探与开发特许区，分别由获得政府特许的外国和苏丹石油公司勘探，目前已探明的石油储量约为 20 亿桶，远景储量 100 多亿桶（详见表4－17）。1998 年时，苏丹日产石油仅为 1 万多桶，但到 2004 年 6月，苏丹每日生产石油已达到 34.5 万桶，2005 年，苏丹日产石油超过 40 万桶，2006 年估计将达到日产 50 万桶。苏丹政府计划在未来几年突破日产石油 100 万桶的目标。苏丹石油主要用于出口，国内消费有限，2003 年苏丹的国内石油消费量大约为每日 7 万桶，其余的都用于出口。

表 4－17　2004 年苏丹石油特许开发区储量与产量

区	储量(亿桶)	产量（万桶/日）	经营者	股　　东
1,2,4	10	32	GNPOC	CNPC(40%), Petronas(30%) ONGC(25%), Sudapet(5%)
3,7	3.5	2005 年第三季度才投产	Petrodar	CNPC(41%), Petronas(40%), Sinopec(6%), Al Thani(5%) Sudapet(5%)
5A	1.5	勘探中	Lundin (已售出)	Petronas(69%), ONGC(26%) Sudapet(5%)
5B	1.5	勘探中	Petronas	Petronas(41%), Lundin(24.5%) ONGC(24.5%), Sudapet(10%)
6	1.2	1－4	CNPC	CNPC(92%), Sudapet(8%)
8	—	勘探中	Petronas	Petronas(77%), Sudapet(15%), Hitech(8%)
9	—	勘探中	Zafer	Zafer(84%), Sudapet(16%)
10,11,12 13,14,15	—		无数据	

资料来源：《中东经济观察》(Middle East Economic Survey)，转引自 The Economist Intelligence Unit 2005：Sudan, p. 51。

2. 其他矿业

苏丹有丰富的矿产资源，但是大多数矿物的储量一直都没有确定。除了石油外，具有实际或潜在商业价值的非烃矿物（烃，即碳氢化合物）还有黄金、铬、铜、铁、锰、石棉、石膏、云母、石灰石、大理石和铀等。

红海山区的金矿早在法老时代就已十分有名。1900～1954年间，个别英国企业在这一地区开采黄金，挖取了数量可观的黄金，据称仅 1924～1936 年就生产了 3 吨。苏丹同乌干达和扎伊尔的边界地区也在开采黄金，但商业利益并不大。1970 年代，苏丹地质勘探部门在全国不同地区确定了 50 多个采金点。1980

年代，由苏丹矿业公司同一些外国公司组成的几个合资企业开始了黄金开采。1987 年，这些企业开始在杰拜特（Gebeit）和其他几个靠近红海山区的矿山采金。

近年来，苏丹已经从外国公司在红海山区金矿的再作业中获益，这些使用新加工技术的再作业可以重新获得含量更高的黄金。1990 年底，苏丹和两个法国矿业公司组成合资公司，开始开发红海山区卡乌尔·阿里·阿布·瓦迪地区的黄金。1993 年这家合资企业经营的哈赛（Hassai）矿山的黄金产量为 1.6 吨，1994 年达到 4 吨。英国和爱尔兰矿业公司也加入了苏丹金矿业。1996 年末，一家阿拉伯矿业公司宣称，至当年 8 月底已在苏丹开采了 3 吨黄金；1998 年这家公司开采了 5 吨黄金，估计未来还将开采 25 吨。2004 年，苏丹全年生产黄金约在 6 吨左右。

苏丹拥有丰富的铬铁矿石，主要集中在靠近埃塞俄比亚边界地区的因吉散纳矿区（Ingessana Hills Mines），全国已探明的高品质铬铁矿储量超过 100 万吨。1980 年代初，苏丹铬矿年产量超过了 2 万吨，其中的 3/4 由因吉散纳山区矿山公司（Ingessana Hills Mines Corporation，是苏丹矿业公司的子公司）生产，其余部分则由一家私营企业生产。铬矿石主要输往日本和西欧。1983 年内战爆发，因吉散纳山区的所有开采都停止了，苏丹的铬产量下降了 50%，到 1988 年，铬矿石的产量估计仅为 5000 吨。据 1988 年 11 月的有关报道，英国北方采石矿山公司（Northern Quarries and Mines）计划开发佛迪克万（Fodikwan）地区的铁矿和铬铁矿。这些矿床是 1910 年发现的，但是直到 1960 年代都没有得到大规模的开采。内战结束后，铬铁矿重新开采，2003 年，因吉散纳山区（Ingessana Hills）铬铁矿由一家苏丹国有矿业公司开采，年产量为 1 万 ~ 1.5 万吨，全部用来出口。

苏丹还有超过 5 亿吨的铁矿石储量，主要集中在红海沿岸的佛迪克万（Fodikwan）地区。内战爆发前，苏丹年出口铁矿石 8.3

万吨，内战后停止开采。1990 年代初，苏丹重新开始铁矿石的商业性开采，计划中的一项工程预计每月可产铁矿 12 万 ~20 万吨。

因吉散纳山区还发现有石棉，据称有着很好的商业开采价值，美国的约翰－曼维尔公司（Firm of Johns-Manville）的加拿大子公司对开采可能性进行了研究。一家小型的试验开采工厂已经开工。

红海沿岸发现拥有估计储量为 2.2 亿吨的巨大石膏矿层。这些石膏的纯度很高，目前的开采主要在苏丹港的北部进行。1980 年代末，石膏年产量约为 2 万吨，其中 6000 吨为苏丹矿业公司生产，其余的则为一些私营企业所生产。石膏主要用于水泥生产。苏丹还拥有丰富的石灰石，目前开采的石灰石主要用于水泥和其他建筑材料的生产。大理石的开采也是用来作为建筑材料的。

苏丹的云母和锰共生矿储量有 1.5 亿吨，具有一定的商业开采价值。可商业开发的云母矿层位于北部州，是由联合国矿物调查小组在 1968 ~1972 年发现的。1970 年代末，苏丹矿业公司云母碎矿石产量约为 1000 吨，此后年产量下降到了大约 400 吨。在苏丹其他地区还发现了几个大的锰矿，但能达到国际标准的矿石只有一小部分。

苏丹的努巴山区和南科尔多凡地区已发现储藏有铀矿石。1977 年，美国米内克斯公司（Minex Company of the United States）获得了科尔多凡地区的一个面积为 3.6 万平方公里的勘探特许区，1979 年该特许区扩大到了 4.8 万平方公里。苏丹西部同乍得和中非共和国的边界地区也被认为储有铀矿。

苏丹的红海海底储藏着各种矿藏，2000 米以下的勘探表明红海海底存在大量的矿产资源，铜、锌和铁尤为丰富。早在 1974 年，官方就设立了苏丹－沙特阿拉伯联合代理处来开发红海海底的锌、银、铜及其他矿产资源，但是真正的开发至今仍未进行，苏丹政府主要通过与沙特阿拉伯联合来开发这些资源。

三　能源与供应

1. 水电

苏丹的水力资源较为丰富，水力蕴藏量估计有 3000 万千瓦。但苏丹电力工业比较落后，这是长期制约苏丹经济发展的一个主要障碍。苏丹电力生产的统计数字不太统一，按政府提供的数字，1990 年代中期苏丹国家电力公司（NEC）的年发电量约 50 万千瓦，低于 80 万千瓦的装机发电量。

电力供应不足的原因，一是缺乏对现有电力设施的维护能力与技术，二是国家对电力投资长期落后。此外，苏丹的电力供应主要是靠尼罗河河水发电，而尼罗河河水流量波动较大，河水的季节性往往造成发电量极不稳定。尼罗河水洪水期后的泥沙沉淀也对电站有影响。例如在苏丹最大的发电厂罗塞里斯大坝电厂，当雨季洪水携带大量泥沙下来时，工人被迫将河水从洪水闸门直接排走，以避免洪水泥沙损坏涡轮叶片。

目前苏丹的电力公司和能源部管理着两个互联的电网——青尼罗河电网和西部电网，这两个电网只能覆盖全国的一小部分地区，即使是在其覆盖地区，电力供应也是不充足和不可靠的，因而人们往往要自建小型柴油发电站和发电机来应对时常的停电。

不过，苏丹政府近年加大了对电力生产的投资，电力供应在不久的将来有望明显增加。例如，2004 年底，苏丹政府宣布在喀土穆附近修建一个造价估计大约为 2 亿美元、发电量为 27.5 万千瓦的电厂。这一电厂由马来西亚 DIT 电力公司投资和修建。此外，还有一些其他项目也在进行之中，包括中国哈尔滨电力工程公司在喀土穆北杰伊利炼油厂附近修建的发电量为 22 万千瓦的燃气发电厂。然而，规模最大电力项目是在喀土穆以北 450 公里的麦罗维修建一个发电量为 125 万千瓦的水力发电厂。虽然估计造价和计划修建时间还未确定，但最保守的估计也认为这个项目的完成将耗时 6~7 年，至少需要花费 10 亿美元。苏丹政府拟通过几个海湾国家的阿拉伯发展基金会筹集 6 亿美元的资金，其中最近的一个协定是 2004 年 1 月同阿布扎比投资基金（Abu Dhabi Investment Fund）签订的，金额为 1.25 亿美元。这一大坝的建筑承包者是中国国际水电公司，2003 年中期约定的总造价为 6.5 亿美元的土木工程，而哈尔滨电力工程公司于 2003 年 12 月才得到在大坝上修建发电站的合同，总造价为 4.5 亿美元。该项目已于 2003 年 12 月中旬开工，一期工程将于 2007 年 7 月投入生产，按计划所有的 10 个涡轮将于 2008 年 7 月底全部投入使用。麦罗维大坝工程将会使苏丹全国发电量提高一倍以上，并可以开发出大量的农耕地。这个电站项目面临的一个问题可能是尼罗河水量的不稳定，在枯水期可能完不成设计的发电量。

2. 其他能源

除了石油和电力外，木材、木炭和天然气也是苏丹的主要能源。木材和木炭主要用于家庭取暖和做饭。苏丹每年消耗木材中有大约 1/5 是用于燃料，另有一些用于烘焙和制砖业，以及范围较小的烟草业。其他一些植物也被用作燃料如家庭用的棉秆，解决糖厂能源需求的甘蔗渣等。随着人口的持续增长，木材和木炭的消费量也在不断扩大，近年来苏丹的森林和林地减少很快，稀树大草原的退化十分严重。

1960 年代以来，红海沿岸发现储藏有天然气资源。到 1980 年代，雪弗龙公司宣布苏丹探明的天然气储量为 850 亿立方米左右。1988 年 10 月，苏丹开始天然气的生产。

四　建筑业

苏丹的现代建筑业是比较落后的。2003 年，建筑业在国家 GDP 中的比重约为 5%。受 1990 年代后期苏丹经济进入快速增长的影响，建筑业有较大发展，但发展速度不稳定。按苏丹政府资料，苏丹建筑业在 90 年代中期有过短暂的繁荣，1994 年和 1995 年的年平均增长率接近 20%，但后来几年陷入萧条。2000 年后，受国家经济整体发展加快的影响，建筑业又复苏起来，2003 年的实际增长率大约为 12%。

在广大的农村地区和边远地区，建筑业是传统的。许多房屋用黏土、砖块、稻草和木材等传统材料建造而成，对水泥和其他建筑材料的要求主要是城市地区。近年来，由于大量农村人口向城市迁移，对房屋建造材料的需求在增大。苏丹的大多数房产为私人所有。

第四节　交通与通信

苏丹地域辽阔，资源丰富，但长期以来因交通与通信落后，经济发展水平一直很低，如何加快交通通信事业的发展，成为苏丹经济与社会发展的关键性问题。

一　交通运输

苏丹全国的现代交通运输体系及设施，主要由铁路网（主要限于北部、中部和西部）、公路网、内陆水路网（主要是尼罗河及其支流）和航空网构成。此外，苏丹还有一个重要的深水港，即红海沿岸的苏丹港，有一支小型的国家商船队，还有新建成的石油运输管道网。在遥远的沙漠深处和边远部落民地区，传统的骆驼运输依然还保持着。2003 年，苏丹交通运输业产值占国内生产总值的 11% 左右。总体上看，苏丹的交通运输事业是比较落后的。

1. 公路

苏丹公路由现代化的沥青公路、沙石公路和碎石路组成，公路网还是十分落后的。目前全国公路总长约有近5万公里，其中现代化沥青路约5000公里，最重要的是由苏丹港到喀土穆的公路，长约1200公里。其次是较好的沙石路，约有近万公里。全国公路长度，有不同的统计数字，加上条件很差的碎石路，约有5万公里左右，有3000～4000公里的沙路分布在南方，那里有丰富的修路用的红土材料。大体而言，这些公路全年都可以使用，尽管雨季时不时会被中断。由于反政府的苏丹人民解放军埋设了大量地雷，1990年代，南苏丹的大多数碎石路无法使用。在东部黏土地区，在长达数月雨季期，往往不能通行。2003年，苏丹全年公路货物运输量约1499万吨，客运量为2579万人次。

苏丹现代公路网的建设，开始于殖民地时期。1970年代初，苏丹政府认识到公路可以更好地满足国家的运输需求，开始支持发展公路，但最初修筑公路的目的是把它当作铁路系统的支线，因而对公路的布局存在很多问题。1970年建成了喀土穆至瓦德迈达尼的公路。1970年代，苏丹政府开始调整公路建设战略，把公路由对铁路的服务，改为建立独立的公路系统。于是开始建设重要的喀土穆途经加达里夫和卡萨拉到达苏丹港的干季公路，同时提升喀土穆至瓦德迈达尼公路的等级。在外资的援助下，从瓦德迈达尼到苏丹港的公路分为4段线开始修建，其中包括中国公司的援助项目。整条公路于1980年底贯通。

1980年代初的其他公路铺设工程包括1984年的瓦德迈达尼到森纳尔公路，及其延伸部分森纳尔至库斯提公路。此后，这条沥青公路又延伸到乌姆鲁瓦巴（Umm Ruwabah），并最终到达欧拜伊德。但公路建成后利用率却不高，因为许多司机为了逃税，不走从喀土穆经库斯提到达欧拜伊德的沥青公路，而是继续使用由恩图曼经过萨赫勒灌木林到达欧拜伊德的道路。

在南方，以朱巴为中心的许多碎石路也得到了改善，这些公路包括到朱巴西南各城镇的公路和一条到达乌干达边界的公路。此外，政府还修筑了一条由朱巴向东到达肯尼亚边界的全天候沙石公路，这条公路同到达肯尼亚洛德瓦尔（Lodwar）的肯尼亚公路系统相连。然而，在地方上这些以朱巴为中心的公路在内战期间都受到程度不等的破坏，公路上埋设了许多地雷，许多桥梁被摧毁了。由于没有及时得到维修，南方的公路系统已严重恶化。

随着内战的平息，近年来，苏丹开始大力修缮、改造和新建公路，南方通往邻国的公路也逐渐恢复。经与埃塞俄比亚协商，为扩大两国贸易，连接苏丹和埃塞俄比亚的公路于 2002 年重新开放。以喀土穆为中心的南方公路网及石油生产区的新沥青公路网也在建设中，建设资金主要是来自伊斯兰发展银行、阿拉伯货币基金和其他阿拉伯发展组织的赠款和特惠贷款。连接苏丹港和阿特巴拉的新公路修建计划也已制订，这条公路可使苏丹港到喀土穆的行车时间缩短数小时。新公路还可以使苏丹港到卡萨拉的公路更加安全，而苏丹港—卡萨拉公路在过去极易受到反政府力量的袭击。2002 年，科威特阿拉伯经济发展基金原则上同意给这条公路的修建提供 1.1 亿美元的资金。2005 年苏丹政府与南方达成的和平协定中，包括将为南方修建新的公路网的内容，以便将这个国家的南北更好的连接起来。

2. 铁路

苏丹铁路网由规格为 1.067 米的窄轨单线铁路构成，总长约4725 公里。它大休上由五条线组成，即①从与埃及交界的瓦迪哈勒法一路南下，到达首都喀土穆，再南下经森纳尔抵达欧拜伊德；②从红海岸边的苏丹港到喀土穆；③从欧拜伊德往西抵达达尔富尔的尼亚拉；④从欧拜伊德往南一直抵达南方白尼罗河上游靠近中非共和国边界的瓦乌，这是苏丹最南部的铁路终点站；

⑤从中部靠近青尼罗河边上的森纳尔北上到达苏丹港。这几条铁路构成了苏丹国家铁路的网络，总长 4725 公里，但只在中部地区形成一个环形状，其他都是单向辐射状的。

另外，在杰济腊农业灌溉地区还建有 716 公里长的轻便铁路。因此苏丹有两个铁路运营与管理系统，一个是国营的苏丹铁路公司，它管理全国的商业性铁路网，另一个是杰济腊管理委员会所有的杰济腊轻便铁路，它主要为杰济腊和玛纳齐勒农业区货物运输提供服务。

大多建于殖民地时期的苏丹铁路网，可以说是英国人留下的最大一笔殖民统治遗产，在独立之初，对苏丹国家经济起过重要作用。但经过几十年运行，加之长期以来维修和改造的投入不够，整个铁路系统已老化严重，其中约有 25% 的铁路已无法运行，铁路运送能力严重下降。1998 年，苏丹铁路承运了 75.2 万吨的货运，仅及 1970 年运输能力的 1/4。2003 年苏丹的铁路货物运输量为 126 万吨，客运量为 10.9 万人次，分别比 2002 年下降了 1% 和 24%。

苏丹的现代铁路网，是 19 世纪末统治埃及的英国殖民者为控制南方的苏丹而开始兴建的。第一条铁路修建于 1870 年代，从苏丹与埃及交界的瓦迪哈勒法逆尼罗河而上，最初长约 54 公里，在镇压马赫迪起义的年代它逐渐向南延伸。但是由于没有其他的用途，这条铁路于 1905 年被弃置不用。后来，英国人在镇压马赫迪起义时，于 1890 年代末又从瓦迪哈勒法修建了另一条到阿布哈迈德的铁路，随后逐渐推进到了阿特巴拉，1898 年击败马赫迪运动后，于 1899 年底到达当时英国在苏丹的总督府喀土穆。这条铁路的修筑规格是 1.067 米轨道，苏丹后来的铁路都是按这一规格修建的。1904 年，一条从阿特巴拉到红海的新铁路开始修筑。1906 年，新铁路到达新建不久的苏丹港，为喀土穆走向海洋提供了现代化的运输通道。这条铁路的修建，对现代苏丹社会经济发展产生了重要影响。

同一时期，从喀土穆向南到杰济腊棉花种植区中心森纳尔的铁路也修成。1911 年，这条铁路又从森纳尔向西延伸到苏丹当时的第二大城市和阿拉伯树胶生产中心欧拜伊德。在北方，从阿布哈迈德沿尼罗河抵达库赖迈（Kuraymah）的支线也建成了，它把尼罗河第四和第三大瀑布之间的航线纳入了苏丹的运输系统。

1920 年代中后期，修成了从苏丹港西南 200 公里主线上的塔卡图海亚（Taqatu Hayya）到达卡萨拉产棉区的铁路支线，后又到达加达里夫产粮区，最后在森纳尔同主线汇合。这一地区的交通原来只通往喀土穆，铁路支线修通后可以不必绕道喀土穆而直达苏丹港，大大便利了杰济腊、卡萨拉等青白尼罗河间农牧业高产区产品的外运出口。1959 年，苏丹政府又建成了向西延伸到达尔富尔省尼亚拉的支线。苏丹独立后的 60 年代初，建成向西南延伸到苏丹南方第二大城市加扎勒河省瓦乌市的支线。这样，长达 4700 多公里的苏丹铁路网得以基本完成。以后的 40 年，苏丹基本上没有再建新的铁路。

苏丹铁路主要使用内燃机车，少数线路使用蒸汽机车。独立之初的 60、70 年代，铁路运行比较好，基本上垄断着苏丹进出口贸易的运输，经济效益也不错。1970 年代初以后，由于设备老化，管理不善，维修投入不足及公路的竞争，加之内战的影响，铁路开始出现亏损。公路运输虽然比较昂贵，但日益被用来运输小宗、高价的货物，因为它的传送速度比较快——从苏丹港到喀土穆只需两三天，而铁路快运也要用七、八天时间，普通运输甚至要花两个礼拜的时间。由于管理不善，铁路准点率很低，到 1980 年代末时，只有 1% ~2% 的货运列车能够准时到达。铁路货运量也在明显下降，从 1970 年代初的 300 万吨下降到 70 年代末的 200 万吨。1980 年代进一步下降到 140 万吨以下。

不过，尽管公路增长速度很快，但在相当一段时期中铁路运输仍保持着它的重要性，这是因为铁路在运送大宗的农产品、大型固定设备和建筑材料时，成本较低。1970年代后期和1980年代，苏丹政府还是对铁路系统进行了某些改进，包括铺设了重型铁轨、购买和安装了一些新的机车和现代化信号设备，铁路沿线的设施也作了扩建，建了几个机修厂等。另一个重要的项目，是修建了从苏丹港到农业区森纳尔的双轨铁路，从而使苏丹港与喀土穆间的铁路运输效率提高了一倍。欧洲发展基金（European Development Fund）、金融开发公司（Development Finance Company）、AFESD、国际开发协会（International Development Association）、英国、法国和日本等外国机构和政府为苏丹铁路的上述改进及道路改善提供了资金。但是，铁路改进工作进展受到了1980年代政局不稳、债务重负、硬通货短缺、备件不足及出口管制的严重阻碍。到1980年代末，苏丹铁路的实际运输量估计不到总承运量的20%。

苏丹中部农业区的杰济腊铁路是非洲最大的轻便铁路之一，是1920年代作为苏丹最大的现代灌溉农业工程杰济腊工程的一部分而修建的。这条当时长为135公里的铁路的规格是1.6096米轨道。随着杰济腊工程规模的扩大，这条铁路也在不断延长，到1960年代中期时已经形成了一个总长为716公里的复杂系统。这条铁路的主要目的是给农场地区提供服务，即把棉花运往轧棉厂，把化肥、燃料、食品和其他供给品运往该地区的农村，同时通过与国家铁路干线的联通而将货物运输到苏丹港出口。由于这一带潮湿多雨，在雨季时通常停运。

近年来，随着经济的恢复，苏丹政府开始了新的铁路复兴计划，并将苏丹铁路列为将要实施私有化的部门之一。一些国家都对苏丹铁路系统的改造表示出兴趣，中国已经宣布准备资助苏丹购买中国的铁路机车，并支持苏丹修复其铁路网，苏丹政府还表示已经接到了一些外国私营公司接管苏丹铁路网的管理和发展计划的询问。苏丹政府将实施的一项最重要铁路改造计划，是连接苏丹港和埃塞俄比亚首都亚的斯亚贝巴的全长 2200 公里、造价 15 亿美元的铁路修建计划，该计划由苏丹和埃塞俄比亚两国政府于 2000 年底联合提出。除了可以改善两国的交通外，这条铁路还将同埃塞俄比亚南部的现有铁路网相连，它将是纵贯非洲大陆铁路计划中十分重要的一部分。而且这条铁路的建造，将有助于提升苏丹南方的交通状况，为苏丹南方提供一条不必经过喀土穆而进入红海的通道，因而受到苏丹南部民众的支持，也是苏丹中央政府与南方政府达成和平协定时的一个约定，但要真正实施这一宏伟规划，并非易事，目前资金和技术都还处于未落实的状况。

3. 海港与河运

苏丹是一个大陆－海洋型国家，有 800 多公里长的海岸线，沿海港口使苏丹可以从海上通往世界各地。尼罗河及其支流在苏丹境内长数千公里，大部分河段也可通航。

苏丹最重要的港口是红海边的苏丹港和萨瓦金港。苏丹港始建于 1905 年，当时是作为喀土穆到红海的铁路运输线的一部分而建造的。它的建成，为苏丹提供了一个现代化的对外贸易进出港口，对扩大苏丹内地与外部世界的联系至关重要。苏丹港是一个有优越位置的港口，万吨巨轮可以停靠并通过红海远航进入地中海和印度洋。最初，苏丹港是作为苏丹河流公司（及河运公司）的一个分支来运营。1974 年，苏丹政府成立专门管理海港的"国营海港公司"（Sea Ports Corporation），苏丹港才有了专门的管理机构。苏丹港建有码头，储油罐区，仓库和货场，有 15 个货船泊位，有机械起重设备和铲车、汽车装卸设备，但是很多货物装卸仍然依靠人力来完成。苏丹港还有一些拖船，它们被用来将船只拖入或拖出狭窄的水湾。

独立以来，苏丹港经过多次修建和扩建。1978年，在国际开发协会贷款的援助下，苏丹港开始增加深水泊位和滚装式集装箱。联邦德国的一家机构提供了购买设备的贷款。苏丹港第一阶段改进工作于1981年完成，第二阶段改进工作于1983年开始，这两次改进得到世界银行2500万美元的贷款支持。苏丹港改进工程的重要内容是修建便于车辆进出港口的通道。由于苏丹港最初是为铁路运输服务的，是苏丹喀土穆铁路的终端，因此港口四周到处都是纵横交错的铁轨，极不方便汽车车辆进出。经过这次改造，拆除了一些没用的铁轨，扩建了码头与公路联接通道，清理出来的地方则建成了货物储存场。苏丹港的年吞吐量为800万吨。

萨瓦金港是苏丹第二大深水港，建于1980年代，它位于苏丹港以南约65公里处。80年代初，当时的尼迈里政府决定建造一个新深水港，因为苏丹港已经不足以满足国家进出口贸易的需要。早在1970年代中期，一家德国公司受委托进行了港口建设研究与论证，提出了一个修建方案，包括修建3个普通货物泊位，装卸滚装式集装箱的设备和一个石油集散点。1985年，德国的一家开发机构和美国的DFC为萨瓦金港口的修建提供了资金，工程开始动工。工程在尼迈里政府时期拖延了好几年，最终于1991年1月建成并开始运行。萨瓦金港的货物吞吐量估计为每年150万吨。目前，苏丹港的大约20%的运输量正在被转往萨瓦金。

近年来，在苏丹港附近又新建了一个专门用于石油出口的巴沙尔（Bashair）石油港口，2001年每天可以完成16万桶的石油出口任务。这里建有可装灌油轮的5个储油罐，容量大约为200万桶。2004年10月，这里每天可处理23万桶的石油出口。目前这个专业化的石油港口还在扩建之中，以满足正在快速增长的苏丹石油出口需要。

在远洋运输方面，独立后的苏丹政府于 1962 年建立了一支名为苏丹海运线（Sudan Shipping Line）的国家商船队，这是一个苏丹政府与南斯拉夫合营的合资企业。1967 年该船队为苏丹政府独有。从最初的两艘南斯拉夫造的货轮开始，到 1970 年代中期该船队已发展为一个拥有 7 艘轮船，总载吨位为 5.23 万吨的大船队。1979 年末和 1980 年初，船队又增加了 8 艘轮船，其中 6 艘是南斯拉夫制造的，另外 2 艘是丹麦制造的。到 1990 年，这个商业船队共有 10 艘轮船，总载吨位为 12.2 万吨。南斯拉夫制造的轮船全部是多用途的，具有集装箱运输功能，丹麦制造的轮船则配有滚装设备，主要往返于红海港口和北欧之间，1990 年代以后，航行开始扩大到一些地中海港口。2003 年，苏丹海上货物运输量为 19.2 万多吨，客运量为 2 万多人次。

在内河航运方面，苏丹有着久远的历史。尼罗河由南向北穿过苏丹，在数千年前就成了苏丹南北间的通道，给当地人民提供了一条重要的内陆运输线。但尼罗河要全程通航却不容易，因为从喀土穆到埃及边界分布着一系列瀑布，在喀土穆以南的白尼罗河有一些浅滩，也限制了驳船的承载能力（特别是低水位期）。此外，白尼罗河还有一些影响航行的急转弯。白尼罗河上的大多数障碍已被雪弗龙公司清理了。作为其石油勘探和开发项目的一个组成部分，雪弗龙公司疏浚了白尼罗河上的许多浅滩，并在从库斯提到本提乌的航段上设置了航行灯塔。白尼罗河上遍布的水生风眼蓝（亦水葫芦）也是个问题，这些漂浮植物往往阻碍船只的航行。后来一些人为因素也造成了航行障碍，如 1930 年代修建在喀土穆以南约 40 公里处的白尼罗河上的水坝。这个水坝有一些水闸，但经常运转不佳。白尼罗河的喀土穆到库斯提河段很少航运，因为该段有一条长 319 公里的铁路可以提供便利的运输。森纳尔水坝和鲁塞里斯水坝上设有水闸，也制约了青尼罗河上的水运。

20世纪80、90年代，苏丹境内的尼罗河商业航运在北方比较稳定，而在南方，则受到了内战的影响。如从白尼罗河中部的库斯提市到南方瓦乌市的河道，长达1500公里，这条通航河段也称为"南方河段"，长期以来是联结苏丹中部与南部之间最重要的水上运输线。但是，内战爆发后，这条白尼罗河运输通道便时断时续，南方的苏丹人民解放军常常从沿岸向无掩蔽的船只发起攻击，击沉了不少运输船。当时，这条内河运输只有依靠武装护航才可进行。

从喀土穆到栋古拉的长为187公里的河段，也被称为"栋古拉河段"，这之间虽然有所谓的尼罗河第三、第四瀑布，但除每年的2、3月低水位期外，其他时间都可以提供河运服务。

另外，从南方马拉卡勒市以西的白尼罗河各条支流，如加扎勒河和朱尔河，也可提供运输服务。在洪水期，大型的运输船可以一直航行到南方的瓦乌、朱巴等地。但由于水上植物，特别是生长极快的风眼蓝阻塞河道，这些河运时常处于停运状态。

长期以来，苏丹尼罗河运输事业都由政府主管，由政府和私营公司混合组成的河运公司控制着航运业。河运公司垄断经营往往造成效率低下和严重的亏损，加上内战的破坏，河运公司长期不得不依靠政府财政补助。1970年代，每年的货运量大约为10万吨，客运量大约为25万人次。到1984年"南方河段"关闭前，乘客数已经下降到每年不足6万人次，而河运总吨数则不到15万吨。虽然没有可靠的统计数字，但内战时期"南方河段"的河运已经无足轻重。

2003年初，白尼罗河的一个支流索巴特河（Sobat River）重新开放运输，这为向南方提供人道主义的食品援助提供了方便。2003 年，苏丹全国内河货物运输量为 4.3 万多吨，客运量为 2 万多人次。2005 年内战结束后，苏丹的内河航运，特别是南方地区的河运逐渐恢复起来。目前，客货运输主要集中在栋古拉与库赖迈之间。大部分航运集中在白尼罗河及其支流。白尼罗河喀土穆至朱巴段全年可通航，里程长达 1810 公里，它把南方与北方连接起来，在苏丹经济中起着重要作用。青尼罗河喀土穆至森纳尔段一年中大部分时间也可通航。尼罗河的其他支流，在涨水时可以通航。但总的来说，目前苏丹境内的尼罗河水网的运输能力远没有发挥出来。

4. 航空运输

苏丹的现代航空业，初建于独立初期。到 1990 年代，初步形成了一个国内与国际间的航空网与运输体系。但运输能力还是十分有限。目前，苏丹航空公司有大型喷气客机 10 多架，包括 3 架 300～600R 空中客车，两架波音 737～200，两架伊尔 18（Iliushin 18），此外还有一些货运客机。苏丹航空公司垄断着国内航线。1990 年航空货运量为 5219 吨，1991 年客运量为 49 万多人次。2003 年，苏丹航空货运量增加到 1.2 万吨，客运量增加到 495 万人次，增长很快。

目前苏丹政府正准备大力发展航空业，国内在建的地方机场有 10 来个，按照《苏丹经济发展战略纲要》，苏丹政府提出要增加航空运输量，全国鲜活农产品出口的 1/3 应由航空运输完成。

目前全国民航机场有 63 个，可正常使用的机场有 20 多个，其中喀土穆、苏丹港、欧拜伊德、法希尔四地的机场最为重要，有夜间起降能力。此外，本提乌北的油田也有一些飞机跑道。

喀土穆是欧、亚、非三大洲国际航空运输的重要中心之一，有几十家外国航空公司的航线通过喀土穆，有十几家外国航空公司在苏丹设立了办事处。苏丹航空公司开辟的喀土穆——开罗——雅典——罗马——伦敦国际航线是重要的国际航线。据苏丹新闻社报道，尽管苏丹的经济欠发达，但苏丹的空运业却比较发达，联系着国内 20 多个城镇及欧洲、亚洲和非洲地区。[①]

苏丹航空公司（Sudan Airways）是 1999 年政府确定实行私有化的国企之一，两家西方航空公司被委托为出售提供建议。虽然苏丹航空公司是为数不多的盈利国企之一，但是它的出售迄今仍未有任何进展。苏丹政府希望在北喀土穆修建一个新的国际机场，并将其发展成为东非地区航空枢纽。在过去的几年里，随着石油业的增长而增多的商务旅行者已经使到达喀土穆的外国航班数量不断增多。这些外国航班分属英国航空公司（British Airways）、阿联酋航空公司（Emirates）、荷兰空中运输公司 KLM 和德国汉莎航空公司（Lufthansa of Germany）等。

2003 年苏丹运输方式及运输量见表 4 - 18。

表 4 - 18 2003 年运输方式及运输量

	货物（万吨）	乘客（万人）		货物（万吨）	乘客（万人）
海　　运	19.29	2.02	河　　运	4.36	0.46
空　　运	1.25	49.56	公路运输	1499.1	2579.1
铁路运输	126.6	10.9			

资料来源：苏丹银行，转引自 The Economist Intelligence Unit 2005：Sudan, p. 30。

二　通讯与电信

苏丹的现代邮电通讯事业形成于殖民地时期。独立后，逐渐建立起来了覆盖全国的通信、电报、电话

[①] 徐冰川、闻新芳：《苏丹经济虽落后但空运业较发达》，see：http：// www. chinanews. com. cn/n/2003 - 07 - 08/26/322009. html。

等邮电事业网。一般的边远乡村包括南方地区，也都有了自己的邮政通讯服务。但受经济落后和内战影响，邮电事业的发展一直比较缓慢。

近年来，传统电信业有了迅速改进和发展，但总体水平仍很低。根据国际电信联盟（International Telecommunication Union）的统计，1995 年苏丹有 7.5 万部电话，电话密度率为每百人 0.28 部。但是到了 2003 年，苏丹共有固定电话 90 万部，电话密度上升到了每百人 2.7 部，8 年间增长了约 10 倍。而这个数字还在快速增长。虽然同埃及和利比亚等更发达的邻国相比，苏丹的电话密度仍然很低，如 2003 年埃及和利比亚每百人拥有电话为 12 和 14 部。

苏丹近年电信业发展迅速主要体现在现代移动通讯方面。1994 年，苏丹政府成立了苏丹电信公司（SudaTel），它是从原邮电部中独立出来，专门负责电信特别是现代移动通讯事业的发展。创立之初，它是一家政府控制的国有企业。公司的股票先是在喀土穆股票交易市场上市，后来又卖往国外，主要是卖往海湾国家，其中阿联酋和卡塔尔的电信公司买走了大量股票。苏丹电信公司出资完成了电信容量扩展和升级计划，该计划包括了一个光纤网的安装。SudaTel 成立后，努力推进苏丹边远地区电信业的发展，使一些边远地区开始有了现代电信业。

2004 年，作为巴希尔政府经济改革计划的一个组成部分，苏丹电信公司对电信业的垄断地位被取消，一家叫做卡尔纳电信公司（KarnaTel）的私人公司获得了在苏丹从事电信业的许可。卡尔纳电信公司的 40% 的股权为阿联酋电信公司所有。卡尔纳电信在支付了 0.8 亿美元后于 2004 年 11 月拿到了许可证，苏丹政府要求它在运营的前两年投资 2 亿美元。卡尔纳电信于 2005 年初开始运营。由于苏丹国内目前对电信的需求远未满足，因此卡尔纳电信的成立在近期内不会对电信价格产生太大的影响。

1997年，苏丹电信公司属下的苏丹移动电信公司（MobiTel）成立，负责苏丹移动通讯和全球互联网建设。苏丹电信公司拥有移动公司40%的股权。苏丹移动电信公司成立后，覆盖面和容量很快扩大和增长。据国际电信联盟统计，苏丹的移动电话1999年仅有7000个用户，2000年上升到了2.3万用户，2002年底达到19万用户，2003年底已达65万用户，比1999年增长了近一百倍。但目前苏丹的移动电信仍有迅猛增长的空间，因为2003年仅为每百人1.95部，这远低于整个非洲每百人6.2部的平均数。

2003年，苏丹移动通讯公司对移动通讯的垄断经营权也被取消，政府开放移动通讯事业给私人公司。也门萨巴集团（Yemeni Saba Group）领导的联营公司通过竞标购得了第二份通讯经营许可证，该公司为获得许可证合同向苏丹政府支付了1.3亿美元。

在互联网和个人电脑方面，1998年，苏丹首家互联网服务公司（SudaNet）成立，它最初也从属于苏丹电信公司。就像苏丹电信的其他领域一样，近年来苏丹的互联网发展也很快。根据国际电信联盟1999年的估计，苏丹当年的互联网用户仅有5000户，2000年增至3万户，2002年达8.4万户。虽然增长很快，但目前苏丹互联网用户还是很低，平均每万人中只有26个用户，而邻国乌干达和肯尼亚则分别为41个和125个。苏丹个人电脑的拥有量也还比较低，据国际电信联盟的统计，2002年苏丹只有大约30万台个人电脑。2003年，苏丹已经开通个人电脑的宽带业务，但由于个人电脑有限，电信公司的服务质量也比较差，因此使用互联网和个人电脑的人还很少。

2001~2003年苏丹通信媒体的发展情况见表4-19。

表 4 – 19 苏丹通信媒体发展数据

单位：万（户、台）

	2001	2002	2003
电　话	45.3	67.18	90
移动电话	10.5	19.1	65
个人电脑	11.5	30	30
网络用户	5.6	8.4	未统计

资料来源：根据国际电信联盟 2004 年年表整理。

第五节　财政与金融

一　财政收支

苏丹在殖民地时期，英国殖民政府实行的是西方式的小政府体制，殖民政府虽然收入很少，但公共开支也有限。苏丹独立初期延续了小政府体制，因此苏丹新政府的财政收支大体上能保持平衡。但进入 20 世纪 60、70 年代后，随着政府支配和干预控制的社会经济领域越来越广泛，加之政府机构日益庞大，结果是政府收不抵支现象逐渐明显，开始出现财政赤字，财政日趋困难。

过去，苏丹政府的收入主要来自间接税，特别是进口税收一直是政府的主要收入来源。但是，自 1970 年代末以来，由于经济发展缓慢，出口增长有限，间接税在政府总收入中所占的份额逐渐下降。1978 ~ 1982 年，财政总收入只增加了 1 倍，而经常支出却增加了 1.5 倍，发展支出增加 1 倍；结果是财政赤字急剧扩大。1986/1987 财政年度的预算总收入为 26.828 亿苏丹镑，但总支出达到了 55.42 亿苏丹镑，其中经常性支出为 36.42 亿苏丹镑,发展支出为 13.8 亿苏丹镑,债务偿付支出为 5.2 亿苏丹镑。内战是造成财政急剧扩大的重要因素,在经常性支出中,国防费用占去了 30%。发展支出主要用于农业、能源和采矿、运输和通讯。其中农业费用占发展支出的 25%,能源和采矿及运输和通讯费用占 35%。

整个 20 世纪 80 年代,苏丹政府为了缓和财政困难,只能是靠借外债过日子,结果是外债负担越背越重。到 1986 年,所欠外债达到 110 亿美元。[①] 巨额的外债给苏丹带来沉重的经济负担。经济问题的恶化,最终导致 1989 年巴希尔的军事政变。但巴希尔政府未能有效改变国家的经济与财政问题。只是到 1990 年代后期,随着巴希尔政府逐渐改变了初期的一些激进政策,实施温和的改革,加之石油收入的增长,国家的财政状态才逐渐好转。1998 年,苏丹政府推行紧缩政府开支、放开私人经济、实行自由化政策和引进外资等政策,加上石油收入增加,进行国家金融货币改革,将苏丹货币由苏丹镑改为苏丹第纳尔。改革的成效是明显的,赤字明显下降,由 1995 年的 2300 亿苏丹镑,减少到 1999 年的 140 亿苏丹镑。1991~1998 年财政收支情况见表4-20。

表 4-20   1991~1998 年财政收支情况

单位:亿苏丹镑

年份	1991/92	1992/93	1993/94	1995/96	1996/97	1997/98	1998/99
收入	326	737	1550	4500	630	1074	1569
支出	430	1564	2330	6800	925	1206	1709
赤字	104	827	780	2300	295	132	140

资料来源:根据赵国忠主编《简明西亚北非百科全书》(中东),(中国社会科学出版社,2000)及英国《2001 年经济季评》第 4 期资料整理。

---

① 中国社会科学院西亚非洲研究所编《北非五国经济》,时事出版社,1987,第 106 页。

　　1999 年 12 月，政府以政令的形式通过了 2000 年的预算。这一预算与 IMF 提出的经济重建计划相符，强调稳定经济，实现 6.5% 的年增长率，推进自由化，减少通货膨胀率，加速私有化进程，放松贸易限制。预算提出的国家总收入为 298 亿苏丹第纳尔，总支出为 335 亿苏丹第纳尔，其中支出比前一年增加了 34%。由于已经开始出口原油，苏丹财政部预计当年的出口总收入会比 1999 年增长 68%，而实际上，2000 年苏丹的出口收入增长了 132%。2000 年 1 月，苏丹政府宣布削减几种基本货物的补贴，致使汽油和煤油价格上涨了 20%，牛肉、鸡肉和其他食品价格上涨了 30%。为了减少工会对削减补贴的不满，巴希尔政府将公共部门工作人员（包括国营企业的工人）的工资上涨了 15%。

　　2001 年 4 月，苏丹宣布了一系列鼓励国内和外国直接投资的税收改革措施。这些改革取消了农产品的州级税收。政府计划用石油收入来补上州级政府的农业税收损失。改革还降低了农业用品和机械的进口税。虽然由于 2000 年石油收入的剧增，政府也增大了支出，支出增幅高达 52%，但是当年政府收支取得了较大的盈余，大约为 340 亿苏丹第纳尔，比上年增加 80 亿苏丹第纳尔，这样，苏丹终于摆脱了多年的财政巨额赤字噩梦，国家经济开始有了新的希望。

　　2004 年苏丹财政预算总收入为 732 亿苏丹第纳尔，支出为 777.1 亿苏丹第纳尔，预计财政赤字为 45.1 亿苏丹第纳尔。2004 年政府财政预算的收入要比 2003 年增长 22.3%，其中石油收入预计增加 52.9%，而支出则比前一年增长 22.5%；2005 年的预算总收入为 11.298 亿美元，其中税收和非税收（包括石油收入）分别为 5.344 亿美元和 5.954 亿美元，总支出为 13.807 亿美元。尽管表面上看仍然"入不敷出"，但南北内战的结束和石油收入的迅猛增长必将给苏丹带来良好的经济前景。1999～2003 年财政收支情况及政府财政情况分别见

表 4 - 21、表 4 - 22。2002 ~ 2004 年中央政府预算情况见表 4 - 23。

表 4 - 21 1999 ~ 2003 年收支情况

单位：百万美元

	1999	2000	2001	2002	2003
货物：出口离岸价	780. 1	1806. 7	1698. 7	1949. 1	2542. 2
货物：进口离岸价	- 1256. 0	- 1366. 3	- 1395. 1	- 2293. 8	- 2536. 1
贸易收支	- 475. 9	440. 4	303. 6	- 344. 7	6. 1
服务：贷入	81. 6	27. 4	14. 6	132. 2	36. 5
服务：借出	- 274. 9	- 647. 6	- 660. 3	- 818. 2	- 830. 3
收入：贷入	19. 1	4. 6	17. 8	29. 2	10. 0
收入：借出	- 123. 2	- 579. 6	- 571. 9	- 638. 0	- 879. 2
转让：贷入	702. 2	651. 3	730. 4	1085. 9	1218. 4
转让：借出	- 393. 7	- 453. 3	- 452. 5	- 454. 5	- 516. 8
经常账户收支	- 464. 8	- 556. 8	- 618. 3	- 1008. 1	- 955. 3
国内直接投资	370. 8	392. 2	574. 0	713. 2	1349. 2
国外直接投资	0. 0	0. 0	0. 0	0. 0	0. 0
内向证券投资(包括公债)	0. 0	0. 0	0. 0	0. 0	0. 0
外向证券投资	- 10. 0	- 10. 0	- 10. 0	1. 0	15. 0
其他投资资产	- 78. 5	- 38. 4	- 53. 4	- 55. 1	- 148. 0
其他投资借出	41. 2	102. 9	92. 8	41. 6	181. 2
财政收支	323. 5	446. 7	603. 4	700. 7	1397. 4
资本账户结余	13. 0	45. 8	16. 5	11. 9	0. 0
资本账户借出	- 67. 2	- 68. 7	- 135. 8	- 105. 2	0. 0
资本账户收支	- 54. 2	- 22. 9	- 119. 3	- 93. 3	0. 0
纯失误和忽略	750. 5	167. 2	368. 4	- 0. 5	492. 2
收支总差额	73. 2	114. 8	123. 9	- 150. 9	245. 3
融资（流入）					
储备金流动	- 9. 0	- 98. 1	- 58. 6	129. 5	- 322. 9
利用 IMF 信贷和贷款	0. 0	0. 0	0. 0	0. 0	0. 0

资料来源：IMF，IFS. 转引自 The Economist Intelligence Unit 2005：Sudan, p. 73。

表 4 – 22　1999～2003 年政府财政

单位：亿苏丹第纳尔

	1999	2000	2001	2002	2003
总收入	2052	3263	3700	4722	7036
税收	1540	2001	1887	2137	2668
非税收(包括石油)	512	1262	1813	2585	4368
总支出	2270	3498	4012	5178	7358
经常支出	1975	2753	3225	3770	5630
资本支出	295	745	787	1408	1729
预算收支差	– 218	– 235	– 312	– 456	– 323

资料来源：1996～1999：IMF，*Sudan*：*Recent Economic Development*；*Sudan*：*Statistics Annex*；2002：Bank of Sudan，*Annual Report*。

表 4 – 23　2002～2004 年中央政府预算

单位：亿苏丹第纳尔

收　　　入	2002	2003	2004 *
税收	213. 4	260. 9	259. 8
直接税	41. 2	46. 6	49. 5
间接税	172. 2	214. 3	210. 3
工业交易税	97. 6	103. 8	92. 8
国内交易税	33. 2	48. 5	55. 1
增值税	41. 4	62. 0	62. 4
非税收收入	257. 3	337. 6	472. 3
部门交费	13. 0	18. 4	13. 0
国家收入	244. 2	319. 2	459. 3
非石油收入	33. 5	50. 6	48. 4
石油收入	210. 7	268. 6	410. 9
总　　　计	470. 7	598. 5	732. 0

续表 4-23

支 出	2002	2003	2004*
经常性支出	384.8	472.9	534.0
工资、薪水与退休金	165.1	196.5	237.4
其他经常性开支	186.8	219.3	226.3
债务偿还	51.1	65.2	37.5
货物与服务	50.5	53.0	54.6
一般性储备	50.4	45.7	62.5
其他债务	34.8	55.5	71.7
划拨各州	32.9	57.1	70.3
资本支出	118.6	161.4	243.1
国内支出	108.9	123.0	204.0
国外支出	9.6	38.4	39.1
总　计	503.4	634.3	777.1

说明：＊为预计数字。

资料来源：IMF, Sudan: 2003 Article IV Consultation and First Review of the 2003 Staff-Monitored Program-Staff Report; and Public Information Notice on the Executive Board Discussion（December 2003）。

二　金融

苏丹现代金融体系形成于英国殖民统治时期。1959 年成立的苏丹银行，扮演了国家中央银行的角色，主管国家的货币政策与信贷政策，并负责制定商业银行的储备要求和最低利率。

目前苏丹共有 26 家商业银行，其中 17 家完全或主要为私人所有。还有一些外国银行在苏丹开展业务，其中包括渣打银行（Citibank）、费萨尔伊斯兰银行（Faisal Islamic Bank）、摩根大通银行（Chase Manhattan Bank）、阿拉伯农业投资和开发银行（Arab Authority for Agricultural Investment and Development）等。最近一家在苏丹开业的外资银行是 2004 年年中在苏丹成立的黎巴嫩比布勒斯（Byblos）银行。苏丹也有一些非银行金融机构，其中大多数为保险公司。

独立以来苏丹的金融体制与银行结构曾有许多重大变化。1989年巴希尔通过政变上台后，受当时比较激进的伊斯兰思想的影响，试图在经济上推行特殊的宗教化政策，结果使当时苏丹的银行部门成为世界上为数不多的试图按照伊斯兰金融原则运行的金融部门，这些原则包括禁止在金融业务中支付利息、发放高利贷及其他所谓的不当投机行为等。当时苏丹银行业之所以出现这种向所谓伊斯兰体制的转变，其实有复杂的经济与社会因素，它既有政变之初军政府对经济的过度干预因素，也有银行本身多年存在的问题引起的社会不满，而伊斯兰教本身也包含着一些对经营谋利的限制性教义。然而这种所谓的伊斯兰金融原则在现实生活中并不能真正推行。事实上，进入1990年代后，苏丹的金融状态与银行业变得更为糟糕了，银行总贷款中呆账增多，收益率下降，银行资金的基础更加脆弱。受国家可能的过度干预，银行越来越不愿意向私营部门提供贷款，银行对经济的推动功能明显减少。

从1997年起，巴希尔政府开始改变上台之初的许多内政外交政策，在经济领域也接受国际货币基金组织的建议，开始进行多方面的改革，其中，金融体系与银行业成为改革的重点与焦点。总的改革方向还是恢复现代金融事业与银行的性质，减少违反经济内在要求的不适应政策与行为。改革提出要强化国家银行体系及功能，提高和完善银行的资本保证金，划定银行最低的资本拥有率。过去，苏丹商业银行并没有规定最低的开业资金要求，新的规定提升了银行的门槛，有助于银行业的健康运行，并促使小银行实现合并。改革还针对呆账及不良贷款作了限制性规定，强化中央银行对商业银行的监督与监管，并提升国内流通比率。

近年来，苏丹中央银行对自己的管理方式与过程也进行了改革，目的是鼓励在银行金融领域形成一个更有活力的国内外流通市场。改革的内容包括逐渐实施银行业的自由化，包括放松对商业银行贷款分配制度的控制，减少对商业银行贷款投放领域的干预等。对国有商业银行采取了私有化或部分私有化的行动，改组了国营的农业银行、房地产银行、储蓄和社会发展银行及工人银行。随着经济改革计划的不断推进和石油拉动的经济增长，苏丹银行业也从与外国银行的合作中得到了好处，特别是从那些被认为是符合伊斯兰教法原则的中东金融机构那里获得了不断增长的利益。

在货币政策方面，改革的目标主要是降低通胀，维持汇率的稳定。同时在控制货币总量的前提下，增加中期信贷，加快私企的发展，这是国际货币基金组织为苏丹制定的经济结构改革计划的关键部分。中央银行需要行使的主要职能，是将外汇储备和资本金控制在一个最小而适当的范围内。中央银行已经开展银行间拆借业务，改善货币流通管理。此外，中央银行还采取措施，推行国内银行业的自由化，放宽金融限制，提高资本金以鼓励银行兼并。

银行业的全面改革计划已经取得了一些成功，最明显的例子是从 2000 年中期开始，银行对私营部门的贷款有了显著的增长，2001 年私企银行贷款额的年增长率更是高达 41.5%。不过，苏丹银行业的改革还存在许多问题，需要很长一段时间才能真正完成。一个棘手问题是如何解决负债者拒不偿还贷款的现象，这一问题妨碍了对银行资产负债账单的清理。苏丹银行还没有全面执行最低资本要求，这也是银行间未能完成任何合并的主要原因。为了加速合并进程，IMF 提出需要实行一个"金融服务评估计划"（Financial Services Assessment Programme, FSAP），这一计划将强化 IMF 对苏丹金融改革的影响力，并为银行的中期重组提

供一个更加可靠的框架。但是，这一计划目前并未付诸实施，因
为它需要国家金融改革的其他环节的支持（银行合并资产结算
见表4－24）。特别是苏丹内战结束后，苏丹政府与南方政府达
成的和平协定中规定，苏丹将执行国家在单一中央银行体制下，
北方实行伊斯兰银行体制，而南方却实行非伊斯兰银行体制，这
两种银行体制如何协调，也是一个大问题。

表4－24　银行合并资产结算表

单位：亿苏丹第纳尔

	2000	2001	2002	2003	2004/8
储备金	571.5	574.1	676.8	911.0	1110.8
外国资产	736.6	897.3	1279.2	1302.7	1558.9
从中央政府索回	42.0	73.3	208.8	350.4	383.3
从私企索回	714.8	1011.4	1784.3	2796.3	3486.4
总资产(包括其他)	2153.7	2666.4	4104.5	5537.4	6666.5
活期存款	841.3	1091.4	1474.6	1946.3	2389.7
定期存款	1067.4	1579.8	2102.6	2718.8	3323.1
外国债务	38.1	91.1	137.2	147.9	169.1
资本账户	322.0	476.5	736.9	1103.1	1035.0
总负债(包括其他)	2153.7	2664.6	4104.5	5537.4	6666.5

资料来源：IMF, International Financial Statistics. 转引自 The Economist Intelligence
Unit 2005：Sudan, p. 70。

三　流动资金和经常账目

20世纪90年代后期以来，随着国家对外贸易结构的变
　　化与国际收支状态的改变，苏丹政府的金融与财政状
况逐渐好转，经常账户结构也因石油工业的发展而发生了巨大的

变化。随着石油出口的增加，外国石油公司向苏丹政府提供的利润也在增加。苏丹的国际收支状况开始发生重大变化，对外贷款明显增长。2003 年，因石油收入剧增，苏丹借出款项高达 8.8 亿美元，而石油开始出口前的 1998 年仅为 0.11 亿美元，2004 年这一款项高达 14 亿美元。服务支出也有了很大的飞跃，2003 年超过了 8 亿美元，而 1998 年只有 2 亿美元。

非商品性支出的主要来源之一是由大量海外劳动力的汇款组成的资金转账。根据官方数字，这些转账的总额由 1990 年代后半期的 5 亿美元提高到 2003 年的 12 亿美元，2004 年还有更大的增长。虽然这一上升趋势部分是海湾石油富有国经济强劲增长的结果，但同时表明苏丹国内银行体制自信心的不断增长和苏丹第纳尔的稳定，这一切都鼓励了海外工作者对第纳尔的信任和通过银行而不是非正式渠道汇款的做法。

自 2000 年以来，非商品出口收入的增长使苏丹资金净流出量不断增加，年均达到了约 9 亿美元，而 90 年代后半期的年均量不足 1 亿美元。这一变化改进了苏丹的贸易地位，使国家的经常账目的年赤字下降到 5 ~ 7 亿美元，经常账户赤字在国家 GDP 中的百分比由 1998 年的 8% 下降到 2003 年后的不到 5%。

四　外汇储备和汇率

20 世纪 90 年代末以前，由于长年内战和经济停滞，苏丹外债累累，基本谈不上外汇储备问题。2000 年以来，虽然石油工业的快速发展增加了政府的收入，但由于多年积累的负担及政府公共开支过大，直到 2003 年苏丹依然有数十亿苏丹镑的财政赤字。

然而，从总体上说，苏丹的国际收支状况已经在改善之中，苏丹中央银行的外汇储备开始建立起来。比如，1991 年，苏丹几乎没有什么外汇储备（不包括黄金）。到 1995 年，情况稍有好转，当年苏丹央行外币持有量约为 1.8 亿美元，但到 1996 年外汇储备又告枯竭。1999 年石油收入迅速增加后，苏丹的外汇储备有了持续的增长，2000 年底的外币持有量增加到了 2.5 亿美元，2002 年底为 4.4 亿美元，2004 年第三季度末更已达历史上从未有过的近 14 亿美元的外汇储备量。实际上，这几年苏丹的公共开支和进口都在扩大，但这一规模的外汇储备，目前已经可以维持相当于苏丹约半年的进口开支，这应该说是相当不错的外汇储备量了。尽管这一规模并未达到国际标准的要求（2000～2004 年外汇储备见表 4－25）。

表 4－25　外汇储备

单位：百万美元

	2000	2001	2002	2003	2004 年 9 月
总国际储备(不包括黄金)	247.3	117.8	440.7	847.2	1359.2

资料来源：IMF, IFS, 转引自 The Economist Intelligence Unit 2005：Sudan, p. 74。

苏丹的汇率制度一直不稳定，曾使用过不同的汇率体制，它实际反映出苏丹经济的动荡不定。1990 年代初，苏丹政府推行单一汇率制，结果是苏丹镑的市场价值暴跌，1993 年苏丹又退回到多重汇率制。1995 年 9 月，苏丹镑管制放开，再次允许自由浮动，结果急速的贬值迫使政府于 1996 年 7 月又重新进行严格控制，然而因为经济恶化，黑市持续红火。

1998 年底，在国际货币基金组织监护下，苏丹实施统一汇率制基础上的"有管理的浮动制"，即与美元形成固定挂钩关系但有一定浮动的新的汇率制。在这一制度下，苏丹第纳尔与美元的汇率大体上比较稳定。如 1999～2001 年中期的汇率为257 第纳尔兑换 1 美元，2002 和 2003 年小幅贬为 263 第纳尔兑 1

美元，但是 2004 年又反弹为 257 第纳尔兑 1 美元（详见表 4 -
26）。2001 年底苏丹银行又推出一个新的第纳尔管理体制，这
一体制确定了一个第纳尔对美元的 "指示性汇率"，其基础是
苏丹央行、商业银行和其他外汇账户持有者在相互交易中形成
的一个平均值。苏丹央行每两周举行一次拍卖会，根据收到的
出价买卖外汇，允许在 "指示性汇率" 上下 1.5% 的范围内浮
动。这样，苏丹的外汇兑换率主要是依据实际交易情况而定，
而苏丹银行除了定期举行拍卖会外，并不发挥官方中央银行的
作用。

表 4 - 26　2000 ~ 2004 年年均汇率

单位：苏丹第纳尔，除特别注明外

	2000	2001	2002	2003	2004
美　元	257.1	258.7	263.3	261.0	257.8
英　镑	389.0	372.4	394.6	426.1	470.6
欧　元	237.6	231.7	248.8	295.5	320.1
人民币	31.1	31.3	31.8	31.5	31.1

资料来源：IMF，转引自 The Economist Intelligence Unit 2005：Sudan，p. 74。

这样一种外汇体制有助于苏丹形成比较稳定的汇率，但 IMF
在同苏丹政府的谈判中提出警告，认为这种做法可能导致苏丹的
非石油出口失去竞争力。然而，苏丹政府一直不愿意允许第纳尔
走向更为自由的浮动，部分原因是担心自由浮动会造成严重的通
货膨胀冲击，而且苏丹政府还认为第纳尔的稳定已经成为国内经
济稳定的一个重要标志。苏丹政府还指出，近年苏丹的非石油产
品出口及收入的持续增加，说明它目前的汇率估计并不高。2004
和 2005 年美元本身的疲软也减缓了苏丹政府要求第纳尔在名义
交换比率中贬值的压力。

第六节 对外经济关系

一 对外贸易

1. 出口贸易

苏丹是一个以传统经济为主体的国家，虽然对外贸易在国民经济中占有重要地位，但在 1999 年开始大量出口石油之前，苏丹是一个传统的农产品出口国，国家外汇收入的 90% 以上来自各种初级农业产品。因而外汇收入不仅有限，而且也十分容易受国家农业初级产品价格波动的影响。

20 世纪 40、50 年代英埃共管时期起，苏丹经济已经逐渐与国际经济发生联系，对外贸易开始增长，但农产品一直是苏丹最主要的出口商品。1962 年，苏丹的出口总值为 7410 万镑，农产品占出口总值的 65.4%，花生和芝麻占 16.6%，依次排列的重要商品还有阿拉伯树胶、牛、羊、皮革和高粱等。当时，在苏丹的进口商品中，消费品约占进口总值的 40%，工农业原料占 33%，资本货物（包括铁路设备、机器和机动车等）占 22%。

经过独立后 30 多年的发展，苏丹经济的这一以传统农业初级产品为基础的经济结构并未有根本改变。到 1980 年代，农产品出口更是占到苏丹出口总量的 90% 以上。棉花、阿拉伯树胶、花生、芝麻和高粱是主要的出口品。此外，牲畜、皮革、棉籽和芝麻产品（油和粉）也是较重要的出口品。苏丹曾是世界第二大长绒棉出口国，1960 年代长绒棉占出口总量的 50% 以上，1980 年代下降到约占 30%。1960 年代以前，阿拉伯树胶是苏丹的第二大出口产品，此后花生的出口位居第二，但是到 1980 年代末阿拉伯树胶又成为第二大出口品。芝麻在 1970 年代是苏丹的第三大出口品，在 1996 年取代棉花而成为第一大出口品。这四大主要出口品在苏丹出口中所占比例的上下波动，主要是气候条件、当地价格情况和世界市场价格变化的结果。

引起苏丹对外贸易发生重大转变的是石油经济的崛起。近年来，石油已经取代棉花而在苏丹的出口中占据绝对优势，棉花出口从1970年代末期占出口收入的65%下降到2003年的3.2%，而石油及其相关产品则从1999年占出口收入的35.4%增长到2003年的81%。石油产业的建立已经大幅提高了苏丹的出口收入，2002年苏丹的出口总值为19.491亿美元，而2004年的出口总值高达39亿美元，等于石油出口前8年出口收入的总和。

虽然目前苏丹的出口结构因为严重依赖石油而存在着易受世界石油市场价格波动的影响，但石油经济及出口的增加，除了提升国家的出口收入外，石油业的发展还改变了苏丹的进口结构。独立初期，食品和纺织品一直是苏丹最大的进口产品。但是由于政府认为机械和运输设备是经济发展的主要动力，因此到1970年代中期，对机械和运输设备的进口开始超过对食品和纺织品进口。整个1970年代食品和纺织品在进口中的份额下降了大约1/3，从1971年的40.5%下降到1979年的不足20%。1986年，包括纺织品在内的制成品约占进口总额的20%，而小麦和食品约占15%。1970年，机械和运输设备约占进口总额的22%，但1975～1978年间在进口总量中所占的百分比平均为40%；1976年达到最高值45%，但1986年又跌至25%，这从一个侧面反映了当时苏丹经济发展的减速状况。目前，苏丹的主要出口商品是原油、芝麻、汽油、棉花、黄金、阿拉伯树胶等，进口商品主要是机械设备、制成品、运输设备、纺织品、食品、石化产品、药品等。

1979～1984年苏丹出口商品情况见表4－27。1992、1993、1998年主要出口品见表4－28。

2. 进口贸易

20世纪60、70年代，苏丹政府推行进口替代的工业政策，试

表 4 - 27 **1979 ~ 1984 年苏丹出口商品额**

单位：百万苏丹镑

年 度	1979/80	1980/81	1981/82	1982/83	1983/84	1984/85[*]
棉 花	157.3	91.0	60.1	201.7	447.5	258.2
高 粱	33.6	48.8	57.0	98.5	41.1	—
牲 畜	10.6	25.1	43.5	82.6	91.2	70.5
芝 麻	20.0	24.7	36.9	59.7	87.9	38.6
阿拉伯树胶	20.7	24.6	37.0	54.7	83.9	31.6
花 生	6.2	52.3	42.1	18.5	21.5	10.6
花生饼和粉	7.1	15.6	30.0	19.0	22.4	17.2
出口总值	284.2	331.3	346.0	606.8	893.5	463.3

说明：[*] 栏是 1984 年 7 月至 1985 年 1 月的统计数字。

资料来源：英国：《苏丹概览》（1986 ~ 1987），第 38 页。

表 4 - 28 **1992、1993 和 1998 年主要出口品**

单位：亿美元

年 度	1992/1993	1993/1994	1998
油 料	0.7	1.08	1.05（芝麻）
棉 花	0.63	0.86	0.96
肉 类	0.73	0.96	1.20
高 粱	0.47	0.33	—
阿拉伯树胶	0.24	0.94	—
食 糖	0.17	0.38	0.29
棉 纱	0.04	—	
瓜 子	0.08	0.065	
卡尔卡迪	0.09	0.12	
皮 革	0.13	—	
黄金及铬砂	0.12	0.25	

资料来源：1995 年苏丹通讯社《拯救与成就》新闻稿和 E. I. U. 1999 年第 4 季度。

图以此建立本国民族经济及实现经济自立自足。这一战略在某些
方面取得了成效。比如，1964 年苏丹港炼油厂建立后，苏丹对
精制石油产品的进口开始减少。虽然自我生产并不能完全满足国
内需要，但由于用量不大，进口数量小，原油和某些石油制成品
的进口仅占当年进口总额的大约 1%，因而在 1973 年世界原油
价格上涨之前，苏丹的外汇储备能支付石油的进口需要。但随着
国内需求的增长，到 1986 年石油进口已经超过了当年进口总额
的 12%。它加重了国家的财政负担。进口替代战略在食糖业方
面也有成效。苏丹的食糖生产效率低，政府经营的糖厂在 1970
年代末期的产量只能满足全国需求的大约 1/3。但 1980 年基纳
纳制糖厂和精炼厂投产后这一情况得到了改善，该厂的产量替代
了绝大部分的进口食糖。到 1980 年代，苏丹自己生产的食糖可
以满足国内需求的大约 71%。在纺织业领域，从 1960 年代开
始，苏丹国内的纺织品生产飞速增长，纺织品在进口总额中所占
的比例也从 1960 年代的大约 20% 下降到 1980 年的不足 4%。

　　随着近年来石油生产的迅速增长和国内炼油业的扩展，苏
丹已经在很大程度上实现了石油产品的自足，而石油产品的进
口在以前却要占进口总值的 1/4。石油工业的发展所提供的外
汇收入，还为正在国家其他领域的投资与生产提供了进口货物
的可能。石油工业拉动了苏丹进口的增长，进口总值从 2000 年
的 14 亿美元提高到 2004 年的 32 亿美元。虽然进口增长很快，
但由于石油收入的快速增长，苏丹的进出口贸易大体上维持着
一个小规模的逆差状况。2000～2002 年的贸易赤字基本上在
3 亿~4 亿美元左右，2003 年已经接近平衡，2004 年则出现大
约 6.7 亿美元的贸易顺差，这在苏丹过去经济发展史上是从未
有过的。

　　1979～1984 年进口商品额见表 4－29；2000～2002 年进口
情况见表 4－30。

表 4 – 29 1979 ~ 1984 年进口商品额

单位：百万苏丹镑

年　度	1979/80	1980/81	1981/82	1982/83	1983/84	1984/85
茶　叶	6.2	10.9	15.5	17.0	40.2	30.0
小　麦	9.7	18.4	26.9	22.3	52.2	38.2
食　糖	20.4	117.6	75.8	66.0	31.5	18.7
其他食品	23.5	42.4	57.8	96.1	128.5	109.1
机械设备	100.8	127.8	120.5	186.5	266.8	217.2
运输设备	70.9	54.5	93.3	160.5	173.5	148.8
医药化学制品	48.8	70.4	71.1	99.1	213.9	182.2
纺织品	26.7	30.4	30.3	30.1	30.7	23.9
石油及制成品	71.9	169.6	168.3	326.8	448.0	409.1
制造品	93.8	133.9	184.2	180.9	344.3	279.0
饮料与烟草	3.2	5.5	15.6	17.4	20.7	28.8
进口总值	477.3	288.2	866.7	1213.8	1760.9	1490.8

资料来源：英国：《苏丹概览》（1986 ~ 1987），第 38 页。

表 4 – 30 2000 ~ 2002 年进口情况

单位：百万美元

	2000	2001	2002	兑换率%	占消费总额%
机械设备	323.5	442.5	620.8	40.3	25.4
制造品	293.7	296.5	555.1	87.2	22.7
交通设备	158.7	202.9	255.8	26.1	10.5
小麦和面粉	207.9	138.1	221.3	60.2	9.0
化学制品	221.1	123.6	206.0	66.7	8.4
其他食品	89.0	121.3	172.5	42.2	7.1
石油制品	108.0	98.1	132.2	34.8	5.4
纺织品	60.5	85.7	140.3	63.7	5.7
茶	28.7	31.1	30.6	- 1.6	1.3
饮料和烟草	18.7	23.7	26.4	11.4	0.7
咖　啡	13.9	11.5	16.1	40.0	0.7
原材料	29.0	10.5	68.6	53.3	2.8
总　额	1552.0	1585.0	2446.0	54.3	—

资料来源：The Economist Intelligence Unit 2003：Sudan, p. 29。

3. 主要贸易对象

苏丹与埃及的经济关系历史悠久，在英埃共管初期，埃及是苏丹商品的主要出口国。但到殖民统治后期，特别是杰济腊浇灌工程扩大了苏丹棉花种植业的发展后，棉花主要出口到英国，英国成为苏丹最主要的贸易出口国。20 世纪 40、50 年代，苏丹 80% 的棉花都出口到英国。到苏丹独立时，英国仍然是苏丹最大的出口对象国。1960 年代后，印度、联邦德国、意大利等国逐渐成为苏丹新的贸易对象国。到 1980 年代末，英国仍然是苏丹的重要出口国，但法国、中国和沙特阿拉伯的地位已经开始上升。从 1990 年代起，沙特成为苏丹最主要的出口市场，它购买了苏丹出口品中的大约 16.8%，购买最多的是高粱和牲畜。美国虽不是苏丹最大的买家之一，但在 1980 年代末也成了苏丹产品的一个重要消费者。美国主要从苏丹进口棉花、阿拉伯树胶和花生等。

20 世纪 60、70 年代，苏丹与苏联和东欧国家的经济关系起起落落。1969 年 5 月政变后，苏丹开始扩大同苏联和东欧国家的贸易，对苏联的出口迅速增长，苏联成为苏丹主要的进口国。但在共产党领导的 1971 年未遂政变后，两国关系急剧恶化，苏丹对苏联的出口下降到几乎为零。1985 年苏丹提议改善两国的经济关系，但并未得到苏联的响应。

苏丹与中国经济关系近十几年来发展较快，从 1980 年代中后期开始，苏丹同中国的经济关系就开始密切起来，1989 年苏丹对中国的出口占其出口总额的 7.3%，中国成为苏丹的第五大出口国。此后两国之间的贸易不断扩大，2000 年，中国成为苏丹的第一大贸易伙伴；2002 年双边贸易总额达 15.5 亿美元；2003 年，苏丹成为中国在非洲仅次于南非的第二大贸易伙伴。2005 年，苏丹对华出口总额达到 34 亿美元，从中国进口达 13 亿美元，中国是苏丹最大贸易伙伴，对华贸易的快速增长，成为拉动苏丹经济快速发展的最主要力量。①

　　历史上，沙特阿拉伯一直是苏丹最重要的出口市场，尽管在1990~1991年海湾战争中苏丹支持伊拉克而与沙特的政治关系出现隔阂，但两国经贸关系依然保持着较高水平，整个90年代后半期，沙特仍然吸收了苏丹出口产品中的近20%。虽然沙特是苏丹非石油产品（尤其是牲畜）的重要出口目的国，但由于石油出口业的发展改变了苏丹的出口商品结构，从2003年起中国因为大量从苏丹进口石油，而取代了沙特的地位而成为苏丹的最大出口国。2003年，苏丹最重要的出口国及在其出口贸易中所占比例分别为：中国24%，沙特20.4%，日本9.7%，阿联酋4%。

　　在进口来源国方面，苏丹近年石油经济的发展也改变了它的进口来源国结构。根据国际货币基金组织的数据，由于苏丹对石油制成品需求的减少，原来主要是苏丹石油制成品供应者的利比亚，在苏丹整个进口比重中所占的位置，已经从1999年的15%下降到了2001年的不到1%。取而代之的是中国，它已成为苏丹最主要的供货者，并在苏丹的石油和非石油经济中发挥着重要的作用。英国和法国也在苏丹的贸易中有着显要的地位，这主要是因苏丹需要从这两个国家进口其国内不能制造的许多高级成品。

　　1980~1983年苏丹贸易收支情况见表4-31；1991~2001年苏丹对外贸易统计见表4-32；1999~2003年苏丹贸易主要构成情况见表4-33；1999~2003年主要贸易伙伴见表4-34；2004年对外贸易情况见表4-35。

———————
① 法新社喀土穆2006年11月2日电《对华贸易振兴苏丹经济》。

表 4 - 31　1980 ~ 1983 年苏丹贸易收支情况

单位：百万英镑

年　度	1980	1981	1982	1983
差额总数	- 500. 9	- 602. 5	- 304. 6	- 177. 6
经常项目差额	- 320. 2	- 634. 6	- 253. 3	- 219. 7
贸易收支	- 438. 0	- 840. 9	- 349. 4	- 189. 0
出　口	689. 4	792. 7	400. 9	514. 2
进　口	1127. 4	1633. 6	750. 3	703. 2
劳务收支	- 107. 8	- 137. 3	- 10. 9	- 276. 6
单方面转移	225. 6	334. 0	107. 0	245. 9
资本项目差额	- 245. 8	247. 4	88. 6	- 133. 7
长期资本	- 91. 4	104. 0	73. 9	6. 2
短期资本	- 154. 4	143. 4	14. 7	- 139. 9
错误与遗漏	65. 1	- 215. 3	- 139. 9	175. 8

资料来源：苏联：《国外商情公报》1986 年第 43 期。

表 4 - 32　1991 ~ 2001 年苏丹对外贸易统计

单位：亿美元

年份	进口	出口	差额	年份	进口	出口	差额
1991/1992	8. 1	3. 29	- 4. 81	1998	17. 32	5. 96	- 11. 36
1992/1993	10. 57	4. 06	- 6. 51	1999	12. 56	7. 8	- 4. 76
1993/1994	12. 13	5. 26	- 6. 87	2000	15. 5	18	2. 5
1994	15	5	- 10	2001	15. 85	16. 99	0. 14
1996	14. 18	4. 74	- 9. 44				

资料来源：http：// xyf. mofcom. gov. cn/article/200305/20030500090449_ 1. xml；
《1997 年经济季评》和《2001 年经济季评》。

表 4 - 33　1999～2003 年贸易主要构成情况

单位：百万美元

	1999	2000	2001	2002	2003
出口离岸价					
石　油	276.0	1408.0	1337.0	1510.9	1994.2
家　畜	114.0	66.0	2.0	117.1	97.9
芝　麻	127.3	146.9	104.5	74.6	74.5
棉　花	47.2	53.0	44.4	62.2	107.9
总出口(包括其他)	780.0	1806.7	1698.7	1949.1	2542.2
进口到岸价					
机械和设备	—	323.5	442.5	620.8	662.0
工业制成品	—	293.7	296.5	555.0	699.0
运输设备	—	158.7	202.9	255.8	372.0
小麦和面粉	—	207.9	138.1	221.3	200.7
总进口(包括其他)	1415.0	1552.7	1585.5	2446.4	2736.2

　　资料来源：IMF, DOTS. 转引自 The Economist Intelligence Unit 2005：Sudan, p.72。

表 4 - 34　1999～2003 年主要贸易伙伴（占进出口总额的％）

	1999	2000	2001	2002	2003
出口到：					
中　国	6.9	32.6	46.2	53.3	24.0
沙特阿拉伯	17.6	5.8	4.9	4.7	20.4
日　本	10.4	18.1	14.5	13.4	9.7
阿拉伯联合酋长国	1.2	—	—	—	4.8
进口自：					
中　国	16.0	11.9	13.4	20.1	19.2
沙特阿拉伯	7.2	9.6	8.2	7.5	7.6
法　国	6.4	4.9	6.0	3.8	6.2
英　国	10.2	6.5	6.8	5.5	5.5

　　资料来源：IMF, DOTS. 转引自 The Economist Intelligence Unit 2005：Sudan, p.72。

表 4 – 35 2004 年对外贸易情况

单位：百万美元

货物:总出口离岸价格	3889
货物:总进口离岸价格	– 3222
贸易差额	667

数据来源：The Economist Intelligence Unit 2005；Sudan, p. 56。

二 外债、外援与外国资本

1. 外债负担

苏丹的外债基本上是在 1970 年代积累起来的，直到现在，巴希尔政府依然负担着过去历届政府欠下的巨额外债。

从 20 世纪 70 年代开始，苏丹政府为加快社会与经济发展开始对外举债。政府公共开支的扩大，官僚队伍的膨胀，因内战而增加的军备开支等，都使苏丹政府入不敷出，于是政府开始向外举债来解决财政赤字问题。70 年代中东战争后国际石油价格上涨也加剧了苏丹的国际支出。到 1986 年，苏丹所欠外债达到它难以负担的 110 亿美元，每年要为支付巨额本金及利息而头疼。

1987 年，苏丹政府曾提出要把它的债务偿还限制在出口收入的 25%，但实际上这一偿还计划无法实现，苏丹偿还债务的能力不足，这使其与国际货币基金组织及国际债权人的关系恶化。1990 年，国际货币基金组织宣布苏丹为"不合作者"，并发出将苏丹驱逐出去的警告。

巴希尔政府上台后，苏丹与国际货币基金组织的关系有所改善。随着经济改革的推进与石油收入的增加，苏丹的国际收支结构好转。1999 年国际货币基金组织宣布取消将苏丹视为"不合作者"的惩罚,重新向苏丹提供发展援助,而苏丹也于 2000 年开始支付 IMF 的欠款。1999 年 8 月 IMF 曾宣布说,苏丹政府在 1999 年间偿还了 3600 万美元的欠款,截至 2000 年 8 月又偿还了 2800 万美元,并已经开始了经济改革计划。这一结果使苏丹重新获得 IMF 的完全会员资格和投票权。但是,至 2003 年底,苏丹对 IMF 的欠款估计仍高达 15 亿美元。世界银行也认为,苏丹是世界上 36 个无法承担债务负担的国家之一。因此,从国际信用的角度来看,苏丹还被认为是一个信用等级差的高债务负担国。

根据世界银行的估计。2002 年底苏丹的外债总额为 164 亿美元,这一数字在 2004 年底可能会增至 172 亿美元。然而,国际货币基金组织却认为苏丹的实际债务要比这个数字高得多,它估计苏丹 2003 年底时的外债总额(包括欠账)已达 242 亿美元。苏丹几乎所有的中、长期债务都是政府举借的,其中从巴黎俱乐部、IMF、国际复兴与开发银行(IBRD)、阿拉伯货币基金(AMF)所借债务占了总债务总额的一半。苏丹总债务的 90% 都是债款拖欠,而其债权人都是商业性的组织或机构(详见表 4 - 36)。

目前,债务问题依然是苏丹经济面临的重要问题,也是人们担心苏丹经济缺乏稳定性和前景不明的根源之一。国际社会认为,要处理这些欠款,苏丹必须要有一个新的还债计划,国际债权者也必须提供一个较宽容的还债条件。为这样一个"严重负债贫穷国"制订一个合适的偿债计划并付诸实施,也是一些西方国家的政府积极参与 2002 - 2004 年间苏丹南北和谈的动机之一。债务处理已经成为目前苏丹战后经济复兴的内在组成部分,苏丹政府也在考虑重新安排对国际货币基金组织所欠债务的偿还计划,并把这种偿还努力与获得国际货币基金组织的消除贫困与经济增长计划结合起来。

苏丹

表 4-36 苏丹外债情况 (世界银行系列)

单位: 百万美元

	1998	1999	2000	2001	2002
公共中、长期外债	9225.9	8852.0	8646.8	8487.5	9042.9
私人中、长期外债	496.0	496.0	496.0	496.0	496.0
总中、长期外债	9721.9	9348.0	9142.8	8983.5	9538.9
官方债权人	7666.4	7505.2	7329.7	7201.7	7494.8
双边	5615.2	5494.1	5383.5	5302.5	5504.3
多边	2051.2	2011.1	1946.2	1899.2	1990.5
私人债权人	2055.5	1842.8	1813.1	1781.8	2044.1
短期债务	6349.0	6069.5	5973.7	5879.5	6276.6
利息欠款	5893.0	5760.6	5703.4	5738.5	6139.4
使用 IMF 贷款	772.1	714.7	625.0	551.2	573.2
外债总额	16843.0	16132.2	15741.5	15414.2	16388.7
本金偿还	58.5	43.5	58.6	53.9	22.3
利息偿还	2.7	13.4	2.4	1.8	1.2
短期债务利息	0.0	0.0	0.0	0.0	0.0
总还本付息	61.2	56.9	61.0	55.7	23.5
负债率(%)					
总外债/GDP	157.5	151.6	139.9	127.6	120.9
偿债率(已偿还)*	5.2	4.0	2.6	2.4	0.8

说明: *为债务偿还在货物和服务出口收入中所占的百分比。

资料来源: 世界银行, 转引自 The Economist Intelligence Unit 2005: Sudan, p. 74。

2. 外援与外资

苏丹因为特殊的战略地位及与阿拉伯伊斯兰世界的特殊关系, 而一直得到国际社会的经济援助, 苏丹经济对外援的依赖度也是比较高的。冷战期间, 美国是苏丹最大的援助国, 其他重要的援助国还有埃及、利比亚、英国、科威特、中国和沙特阿拉伯。主要的多边援助者有世界银行、欧共体 (现为欧盟) 和国

312

际货币基金组织。

苏丹从各种国际机构和个别国家获得许多贷款。1970 年代中期以前，世界银行是苏丹最大的贷款来源，包括国际开发协会（International Development Association，IDA）和国际金融公司（International Finance Corporation，IFC）都向苏丹提供过贷款。至 1975 年，世界银行及其机构给苏丹提供了 3 亿美元的贷款。除去偿还部分外，1981 年苏丹的债务总额为 7.86 亿美元，主要用于农业、交通和电力方面的项目，这其中，国际开发协会是最大的债权者，占有 5.94 亿美元。

1970 年代世界原油价格上涨后，阿拉伯产油国通过双边借贷协议和阿拉伯国际机构而成为苏丹经济发展资金的重要提供者。阿拉伯经济和社会发展基金（Arab Fund for Economic and Social Development，AFESD）是最大的阿拉伯国际经济机构。1976 年，该机构曾制订一个计划，要将苏丹建设为阿拉伯世界的"面包篮子"。按照这个计划，12 个阿拉伯国家于 1976 年 11 月在喀土穆达成一个协议，在喀土穆成立了阿拉伯农业投资和发展组织（Arab Authority for Agricultural Investment and Development，AAAID）。70 年代中期后，作为该组织创始者之一的沙特阿拉伯通过沙特发展基金（Saudi Development Fund）向苏丹提供了大量的援助基金。当时沙特政府曾相信苏丹有着发展农业的潜力，可以解决粮食自给问题。但这一计划后来却落空了，80 年代后，苏丹因为政局动荡、内战和持续的干旱，农业生产严重下降。

苏丹与美国的经济关系曾在 1967 年中断。1972 年，苏丹与美国恢复外交关系，1977 年，美国重新向苏丹提供经济（和军事）援助。当时，美国出于对北非地缘政治的关注，特别是对利比亚问题和亲苏的埃塞俄比亚政权的担心而开始加强与苏丹尼迈里政府的关系。1977～1981 年期间，美国对苏丹的援助总额达 2.70 亿美元，其中 2/3 是以赠予的形式提供的。到 1984 年时，美国已经成为苏丹最大的援助国。但是，苏丹日益恶化的经济政治形势，尤其是与叛乱分子的作战，及在全国推行伊斯兰教法的政策，引起美国的不满，美国与苏丹的经济与政治关系受到影响。1985 年尼迈里访美后，美国向苏丹提供了粮食援助、农药和化肥。1985 年 4 月尼迈里被推翻，而苏丹并没有偿还贷款，美国停止了食品之外的所有援助。过去，美国的援助是通过美国国际开发总署提供的，不仅包括有关项目的直接资金和通过进口货物（主要是粮食和平计划下的小麦进口）的计划援助，而且还有用当地货币来扶持当地经济发展的活动。从 1991 年初开始，美国国际开发总署一直向苏丹南方受灾地区提供人道主义救援援助。

1989 年巴希尔政变上台，又正值冷战结束，巴希尔政府的一些内政外交政策使苏丹的经济陷入困境并导致国际社会的制裁和孤立，苏丹同世界银行和国际货币基金组织的关系也一度出现严重障碍。直到 1999 年 8 月，在苏丹努力减少逾期贷款并厉行经济改革后，国际货币基金组织才取消了对苏丹长达 9 年的制裁。依照 IMF 批准的"结构调整计划"，苏丹在 2000 年 5 月引入了增值税（这一税目占全国货物和服务交易总值的 10%），并免除了资本货物的进口税。2002 年 3 月，苏丹同阿拉伯经济与社会发展基金（Arab Fund for Economic and Social Development，简称 AFESD）签订了两项总额为 1.14 亿美元的优惠贷款协定。这些为期 25 年的贷款的利率是 3%，而且还有一个 7 年的还款宽限期。苏丹政府打算用这些贷款来资助喀土穆以外的公路修筑，并改善现存的一个拦截尼罗河洪水用以灌溉的水坝。与此同时，苏丹还安排从伊斯兰发展银行（Islamic Development Bank，简称 IDB）贷款 1600 万美元用以资助几个水资源及其研究项目。此外，石油输出国组织（OPEC）的国际发展基金也给苏丹提供了 1000 万美元用以改善苏丹电力状况的资金。2000 年 4 月，在同 AFESD 就总额为 2.14 亿美元的逾期贷款问题达成协议后，苏丹宣布重新加入该组织。同年 9 月，阿拉伯农业发展组织（Arab Organization for Agricultural Development）在喀土穆举行阿拉伯农业节（Arab Agricultural Day）庆典，苏丹也吸收了为数不少的投资。2001 年 4 月，伊斯兰开发银行宣布给苏丹提供 650 万美元的贷款，专门用来资助南科尔多凡州的那些因内战而逃离家园的人的援助项目。这一援助项目包括打 10 眼饮用水深井，修建 5 个拦水坝和 10 个水库。这一贷款还将用来修建 10 个卫生中心和 20 所小学。

2001 ~ 2002 年期间，苏丹继续保持与 IMF 的良好关系。2001 年 7 月，苏丹宣布加速私有化计划。11 月，苏丹当局减少了对国内燃料的补贴，结果导致汽油价格上涨了 25%，苯上涨了 40%。这两项措施都是依据 IMF 批准的经济改革计划采取的。2002 年 5 月，巴希尔总统解除了财政部长阿卜杜·拉希姆·穆罕默德·哈姆迪（Abd al-Rahim Muhammad Hamdi）的职务，据说哈姆迪是由于健康原因被解职的。代替哈姆迪的穆罕默德·哈桑·祖贝尔（Muhammad al-Hasan al-Zubayr）强调将通过促进经济改革和自由化来保持同 IMF 的良好关系，但是，祖贝尔缺少确保 IMF 持续对苏丹的经济政策满意所需的经验和专业知识。此外，苏丹 2002 年规划的预算赤字相当于 GDP 的 2.3%，这超出了 IMF 设定的界限。2002 年 11 月，IMF 发布报告对苏丹自 1997 年改革计划实施以来所取得的进展表示赞赏，但对过去 18 个月苏丹在军事开支和政府对食品等货物补贴方面的"下滑"提出了批评。IMF 将苏丹每月的支付额减少到 200 万美元以鼓励苏丹继续执行改革计划。作为回报，苏丹许诺将预算赤字由 2002 年占 GDP 的 2.4% 减少到 2003 年占 GDP 的 1%，并减少 13% 的军费开支。

2002 年 1 月，欧盟宣布决定重新援助苏丹，2002 ~ 2007 年的援助总额为 1.55 亿美元。5 月,苏丹推动建立了设在马来西亚的伊斯兰金融服务委员会 (Islamic Financial Services Board)。同时,苏丹在 2002 年还成为设在巴林的伊斯兰货币市场 (Islamic Money Market) 的创始国。苏丹政府认为加入这两个组织可以极大地扩大外国援助数量。欧佩克发展基金在 2002 年 7 月宣布给苏丹灌溉工程提供 4000 万美元的援助,其中建筑资金中的 80% 用来在阿特巴拉的尼罗河上修建一座造价为 300 万美元的桥梁和建造总价为 500 万美元的一些电话交换站。同年 8 月,伊斯兰发展银行与科威特阿拉伯发展基金 (Kuwait Fund for Arab Development) 签订了一项协议,后者依此协议给苏丹的几个发展项目提供 2 亿美元的援助,其中的 1 亿美元用于鲁塞里斯水坝的修缮。阿联酋的阿布扎比经济与社会发展基金 (Abu Dhabi Fund for Economic and Social Development)、AFESD、卡塔尔和其他一些阿拉伯和伊斯兰发展基金也承诺给苏丹的麦罗维 (Merowe) 水电厂建设提供大约 10 亿美元的援助。

2003 年 4 月,世界银行宣布苏丹为经济成功发展的非洲国家之一,这主要是因为在过去的 10 年里苏丹的经济平均增长率高达 6.2%。这使苏丹成为非洲的第五个经济快速增长国。2003 年中,黎巴嫩银行比布罗斯 (Byblos) 成为在苏丹开展业务的第五家外国银行。这个新的比布罗斯 – 苏丹银行的 65% 的股份由比布罗斯控制,其余的 35% 属于当地的投资者。世界银行于 2004 年 5 月批准通过国际发展协会 (International Development Association) 给苏丹总额约为 15.2 亿美元的贷款。但是,世界银行的这一贷款计划并未得到苏丹的积极响应。

近年来,苏丹政府十分注意改善国内投资环境,并大力吸收外国投资。1990 年制定了《鼓励投资法》,此后又多次对该法做过修改与完善。苏丹政府设立了专门负责处理外国投资事宜的投资总机构,由内阁部长担任主席,主席下设管理委员会,其成员包括政府有关各部次长、副总检察长、中央银行第一副行长、海关及税务总局第二把手、电力总机构总经理等人。这一《鼓励投资法》给予外国投资者的主要权利有：①免税 10 年；②以象征性价格向投资者提供土地；③企业所用机械设备减免关税；④对汇出投资利润提供保证；⑤对投资企业不实施国有化，不实行征用等。

目前苏丹政府鼓励的投资方向为：粮食及经济作物生产及深加工、畜产品开发、开矿（金、铀、石油、铬、花岗石、大理石和石膏等）、发展旅游事业以及建设基础设施（铁路、通讯、电力、水电工程等）。①

三 苏丹与中国的经贸关系

苏丹是非洲大陆最早与中国建交的国家之一。两国于 1959 年 2 月 4 日正式建立外交关系，之后两国关系便不断发展。1962 年两国签订了政府间贸易协定，1964 年换文增加自动延长条款。1966～1992 年双方每年签订贸易议定书，规定各自向对方出口的总金额并附参考性出口商品货单。1993 年，双方签订新的经济、贸易和技术合作协定。1997 年 5 月，签署了投资保护协定和避免双重征税协定。

近年来，中苏贸易发展顺利，特别是 1997、1998 两年，在石油项目的带动下，中国的出口量猛增，而进口量下滑。1999 年，随着石油项目物资、设备的逐步到位以及中国公司份额油回流，中国出口开始明显下降，进口猛增。1999 年，中国向苏丹出口的主要商品是机电产品，价值 16203 万美元；进口的主要商品是原油，价值 4965 万美元。2000 年 1～6 月，双边贸易额为

---

① 参见赵国忠主编《简明西亚非洲百科全书》（中东），中国社会科学出版社，2000，第 722 页。

37265 万美元，其中，中国向苏丹出口 8058 万美元，进口 29207
万美元（详见表 4 - 37）。

表 4 - 37　1989 ~ 2000 年中国 - 苏丹贸易统计

单位：万美元

年份	总额	出口	进口	年份	总额	出口	进口
1989	7443	2452	4991	1995	11600	4160	7450
1990	10326	3370	6956	1996	8670	4820	3850
1991	10669	9873	796	1997	13379	11078	2301
1992	5290	4367	923	1998	35105	34958	147
1993	3025	3011	14	1999	28262	22932	5330
1994	9200	3900	5300	2000	89011	15838	73173

　　资料来源：《苏丹投资指南》，见：http：//www.china-africa.com/tzfz/tzzn/05.
htm。

　　中国在苏丹石油业的投资项目主要是 1、2、4 区油田开发项
目和喀土穆炼油厂项目。1996 年 11 月，中国石油天然气总公司
中标获得苏穆格莱德油田 1、2、4 区块的控股开发权，并负责组
建作业集团——大尼罗河股份有限公司。该项目总投资 10.47 亿
美元，合同期 25 年，分别由中国、马来西亚、加拿大及苏丹共
同出资，其中，中方占 40%，出资 4.41 亿美元，这其中还包括
分摊苏丹政府 5% 的干股，因而中方实际投资占 42.11%，为作
业集团的最大股份。该项目由三个油区块和一条原油外输管线组
成，原油最高年产 750 万吨，按比例，中国公司每年可分得份额
油 200 万吨。1997 年 3 月 1 日，四方联合作业协议签字。该项目
中方出资部分由中国公司负责施工。项目于 1999 年 7 月完工，9
月出口了第一船原油。2000 年 4 月上旬项目日产原油约 18.8 万
桶。

　　喀土穆炼油厂位于苏丹东北部，喀土穆以北 65 公里处。该

项目由中国石油天然气总公司和苏丹政府共同投资兴建，项目建成后，将具有年产 250 万吨成品油能力。总投资 6.4 亿美元，中苏两国各占 50%。而实际全部款额由中方筹措。该项目于 2000 年 6 月 30 日正式投产。①

2000 年，中国成为苏丹最大的贸易伙伴，当年对中国的进出口贸易分别占苏丹进口和出口贸易总额的 32.6% 和 46.2%，作为苏丹"尼罗"牌合成油的最主要的消费者，从 2003 年起，中国已成为苏丹石油最大的出口市场。2005 年，苏丹日产原油约为 50 万桶，其中大部分出口到了中国。2003 年，苏丹对中国出口占其全部出口值的 24%，自中国的进口占其全部进口值的 19%。2004 年，两国贸易额达 25.5 亿美元，同比增长 31.3%。苏丹也是中国在非洲仅次于南非的第二大贸易伙伴，中国已在苏丹的石油和非石油经济中发挥着十分重要的作用。据苏丹外贸部高级官员阿布·塔利布说，2005 年苏丹对中国出口总额达 34 亿美元，从中国进口的商品总额为 13 亿美元。② 对中国的贸易已经成为拉动苏丹经济振兴的最重要力量，2005 年，苏丹经济增长率达到 8%，而 2006 年这一数字有望达到两位数。

第七节 旅游业

一 旅游资源与开发潜力

苏丹虽然是一个经济较为落后的国家，但从现代旅游业来说，苏丹却是一块具有巨大旅游经济开发潜力的热

---

① 国际货币基金组织对苏丹经济评估报告，http://www.chinae-africa.com/tzfz/tzzn/05.htm。
② 法新社喀土穆，2006 年 11 月 2 日电《对华贸易振兴苏丹经济》。

土。它广阔的国土、壮丽的山河、丰富的文化与奇特的民俗，无论从人文旅游还是从自然旅游的角度上看，都是高品质的可供开发的资源要素。

在人文历史领域，被历史学家称为联结亚非古代文明之"努比亚走廊"的苏丹，本是非洲黑人文化与阿拉伯伊斯兰文化的一个大融合世界，因而苏丹境内自北而南，沿尼罗河流域的广阔天地，存留着丰富的古代非洲文明遗址，包括古代努比亚文明库与库什帝国遗址，麦罗埃的冶铁遗址，都具有世界声誉。引起世人兴趣的，还有两千年前古代基督教在遥远非洲内陆留下的那些古老教堂、城堡和修道院遗存，那些在热带大陆环境下还能残留迄今的断碣残碑上的福音壁画，总能在后人心底引起一份生命无凭的天国之感。此外，更吸引世人的还有公元8世纪以后随着伊斯兰教的传入，阿拉伯化的苏丹人在这块热带大陆上创造的那种独特的非洲伊斯兰文化。

在自然风光方面，苏丹的优势也是得天独厚的。从尼罗河第一瀑布到第六瀑布，漫长尼罗河在苏丹境内大拐大弯，忽东忽西，形成的大瀑布与大峡谷，它两岸的景色，是那样奇特而神秘。在它的中西部和广大的南方，则有开阔巨大的热带稀树大草原，有湿润多雨的热带雨林。还有湛蓝色的红海之滨及热带椰林。既有世界火炉之称的首都喀土穆城，也有非洲阿拉伯世界的特殊风情。在尼罗河上游，青尼罗河—白尼罗河流域有许多风格迥异的景色，特别是它那无边无际的大草原和沼泽地在历史上就曾对外部世界有巨大的魅力。在南方和西部内陆达尔富尔地区，黑人游牧民族的特异民族风俗，也对世界各地游客有很大的吸引力。

在民俗旅游文化方面，有着数百个民族或部族的苏丹拥有丰富而独特的资源。这里的尼罗特丁卡人的剽悍尚武黑人游牧文化，迄今保留完整。从现代经济的角度来看，苏丹广大的内地和中西部以及边远的南方黑人世界，都是十分落后的地区，但是从民族文化之独特性及多样性，及它们对现代旅游业的内在价值来说，苏丹的传统与民俗，又有着不可替代的经济价值和开发潜力。

二 旅游业开发现状及设施

长期以来因连年内战和国内冲突，苏丹的旅游业一直十分落后。只是近年来，随着国家经济的恢复与政局相对稳定，外国游客才逐渐增加起来。世界旅游组织《旅游统计年鉴》（Yearbook of Tourism Statistics）的数据表明，近年来到苏丹的游客逐渐增多，苏丹的旅游收入也有所增加。比如，1999年到苏丹的外国游客约为 3.86 万人，2001 年增加到 5 万人。旅游收入也从 1999 年的 2200 万美元增加到 2001 年的 5600 万美元（见表 4 – 38）。①

表 4 – 38 苏丹旅游业情况 （1999 ~ 2001）

	1999	2000	2001
抵达游客(人)	38661	37609	50000
旅游收入（百万美元）	22	30	56

资料来源：世界旅游组织－旅游统计年鉴。

随着 2005 年南北和平的到来，一条陆上穿越非洲的旅游线路似乎已经成形。其北面是包括埃及在内的北非旅游圈，而其南部则联结着热带非洲的肯尼亚、坦桑尼亚大湖旅游圈。不过，开发这一旅游线路，目前还缺乏基本的条件，因而除喀土穆外，目前苏丹尚无适宜的食宿条件，落后的国内铁路和民航业，也无法

---

① *Africa South of the Sahara 2005*, Europa Publications, London, 2004, P111.

苏丹

向那些想经由喀土穆而前往北部和东部考古遗址考察的人提供便利和安全的条件。苏丹的红海一线有良好的开展潜水活动的资源潜力，但是因海上设施十分贫乏，那些到苏丹水域潜水的人通常都是由埃及乘船而来。2002年，喀土穆有9个星级宾馆，其中5个宾馆，入住者主要是商人和援助机构的工作人员。其余4个总共约有1200个床位，可以接待外来游客。另外丁德尔国家公园（Dindar National Park）也有3个条件不错的宾馆和一些旅游设施。

三 主要旅游景点

除了北部和东部一些古努比亚文明的遗迹外，苏丹的主要旅游城市与景点还有如下一些。

1. 喀土穆

苏丹首都，人口近600万。喀土穆是一座历史文化名城，城市有大小清真寺数百座，这些清真寺风格各异，融汇着非洲与阿拉伯风格的建筑传统。著名的法鲁克清真寺是1902年建造的。而总统府所在的共和国宫却是一个有着欧洲风格的建筑。

在喀土穆三镇中，喀土穆是苏丹的政治、文化和金融中心，政府各部门、主要金融机构、各国际组织和使团都集中于此。总统府、政府各部、喀土穆大学，高级酒店如希尔顿饭店、苏丹大饭店，及中国援建的友谊厅等都坐落在北临青尼罗河的滨河大道南侧。另外，自然博物馆、苏丹大学、国际机场、非洲街富人区、火车站以及各大银行、共和国街商业中心均在喀土穆。

恩图曼是平民生活区，阿拉伯市场、恩图曼市场、利比亚市场等自由市场均在恩图曼，另外国家民族剧场、议会大厦和古兰经大学也坐落在恩图曼。恩图曼在1885~1898年间曾是马赫迪国的都城，市内名胜古迹颇多，有著名的马赫迪陵墓、哈里发纪念馆及大清真寺等。

2. 苏丹港

位于红海西岸。它不仅是一个现代化的港口，也是一个旅游胜地。该港建于上世纪初，现已发展成设备完善的现代化港口。

苏丹港有专为游客准备的参观"海底公园"的奇妙旅行。在这里，游客可搭乘有透明玻璃钢船底的游艇在红海上漫游，通过透明的船底观看"海底公园"的各式各样美丽的珊瑚礁和各种各样色彩艳丽的鱼类，如鲜红色的红鳍笛鲷鱼、黄翅金枪鱼、蓝翅金枪鱼、蓝马林鱼、白色墨斗鱼、银白沙丁鱼、带鱼以及奇形怪状的旗鱼、鹦鹉鱼、剑鱼、梭鱼、鸡鱼等。色泽艳丽的龙虾更是红海的一大特产，还有海龟、玳瑁等珍奇海生动物应有尽有，构成了一个大型天然"水族馆"。在这里游客不仅可以大饱眼福，还能享受到各种海产品的美味佳肴。

3. 欧拜伊德

苏丹西部最大的城市。该市处于沙漠中，但市内绿树成荫，街道整齐美观，汽车川流不息，市场物资丰富，被誉为"沙漠中的新娘"。该市有公路、铁路与首都喀土穆相通。当地居民还擅长于制陶、制革、制鞋等手工业。

4. 朱巴

苏丹南部首府。朱巴市内风景秀丽，街道整洁，但居民大部分仍居住在具有原始土著民族特点的圆锥形屋顶的草房里，成为这个现代化城市里的一大特色。在著名的"团结公园"内竖立着一位北方阿拉伯人与一位南方黑人亲密握手的塑像，象征着民族的团结和国家的统一。

5. 丁德尔国家公园

位于苏丹、埃塞俄比亚边界卡萨拉省同青尼罗省交界处。丁德尔国家公园是世界第二大天然动物园，总面积达 2470 平方公里，园内生活着各种各样的野生动物，有狮子、羚羊、斑马、大象、长颈鹿、豹子、犀牛、狒狒、鸵鸟、鳄鱼和巨蟒等。这些动物在这里自由地栖息着，但游客须关在车里由导游带领着游览。这里有舒适的宾馆、餐厅和娱乐等服务设施，可供游客享用。

第八节 国民生活

一 通货膨胀情况

20 世纪 80 年代和 90 年代中期前，苏丹一直处于严重的通货膨胀困扰之中，但自 1998 年以来，通货膨胀得到有效控制，成为经济稳定增长的国家。

独立以后，苏丹建立了国家财政和经济计划部统计局，它每月以首都地区三城市（喀土穆、恩图曼和北喀土穆）的大约 100 个销售类目为基础，汇编零售价格资料。这一报告包含两个指数，覆盖了年收入高于和低于 500 苏丹镑的所有苏丹人的生活消费品费用。70 年代初期，价格的年度增长是适度的。从 1973 年开始，由于持续不断的全球性通货膨胀、因政府的财政赤字和国企借款而产生的货币供应量增大、消费品的短缺及因交通不畅导致的供给不足等问题，苏丹的通货膨胀率开始猛增。70 年代后期，私营经济借款的增加更使价格问题雪上加霜。在 1972 ~ 1977 年期间，年平均通货膨胀率为 24%。

1980 年代苏丹在国际货币基金组织要求下进行货币改革，实行货币贬值政策，同时实施包括逐步取消食品和其他产品的补贴、削减财政支出、降低实际收入、减少不必要的进口以及努力复兴出口经济等。这些改革措施成效不大，反使苏丹的通货膨胀更加严重，苏丹镑的市场价值持续恶化，苏丹年通胀率 1991 年时已高达 300%。苏丹的债务负担 1981 年估计为 40 亿美元，1991 年则高达 130 亿美元，仅 1984 年以后欠国际货币基金组织就超过了 11 亿美元。1990 年代的大多数时间里，政府预算赤字导致的货币发行量扩大产生了严重的通货膨胀压力，1995～1999 年的年价格增长率平均为 56%，1996 年更是达到了 133%。

从 1997 年起，苏丹政府开始执行国际货币基金组织批准的新的经济改革计划，价格增长明显放缓，1997 年当年就降至不到 50%，1998 年和 1999 年更是低于 20%。此后，这一下降趋势一直持续着，消费者价格平均增长率在 2001 年开始降至个位数，2002 年仍然为个位数，2000～2004 年的价格平均增长率为 9%。近年来表现出的公共财政稳定和通货膨胀压力减缓表明，苏丹央行在 IMF 计划的框架内实施的一系列货币改革取得了显著成效。改革包括货币市场的基本公开运行，这已经证明央行在控制流通增长方面是成功的。自 1999 年以来，苏丹将本国货币第纳尔与美元挂钩，第纳尔与美元的汇率一直稳定在 256∶1 左右的水平上。

1999 年 3 月 1 日，苏丹政府发行新货币第纳尔，代替了苏丹镑。按当时的兑换率，1 苏丹第纳尔等于 10 苏丹镑。1999 年 7 月 31 日，苏丹镑正式撤出流通领域。1 苏丹第纳尔等于 100 皮阿斯特。至 2004 年 5 月 31 日，苏丹第纳尔与一些主要货币的兑换率如下：1 英镑 = 476.09 第纳尔，1 美元 = 259.49 第纳尔，1 欧元 = 317.77 第纳尔，1000 苏丹第纳尔 = 2.1 英镑 = 3.85 美元 = 3.15 欧元。总的来看，近年来苏丹的货币是比较稳定的。

苏丹政府还一直对许多基础商品和服务给予补贴，虽然近年来因为推行经济改革，补贴的范围和程度有所减少。近年经济比较稳定，导致通货膨胀的因素减少，但也还存在一些不稳定因素。国内一些城市的物价特别是食物价格因供求关系变化，还存在波动情况。

二 工资与消费水平

苏丹是一个消费水平比较低的非洲国家。关于苏丹的工资情况一直缺乏准确的统计。通常而言，在 20 世纪

80、90 年代，公共部门职员的工资要高于私营企业雇员的工资，只有个别几家大型私人企业的情况除外。虽然官方给少数行业的工人（如苏丹港的搬运工人）规定了最低工资标准，但直到1974 年"最低工资水平法令"（第 21 号总统令）发布之前，私营部门并没有最低工资标准。1974 年规定的每月 16.50 苏丹镑，相当于公共部门职员的最低工资。但是，最低工资标准只是用于喀土穆、杰济腊和其他一些城市中心地区雇员在 10 人以上的私企。最低工资标准的地域限制和其他一些例外情况（如未满 18 岁的雇员、雇员少于 10 人的所有企业、季节性农业工人等），把大约 3/4 的工资收入者排除在标准外。1979 年，最低工资标准提高到每月 28 苏丹镑，非技术工人的日最低工资规定为 1.50 苏丹镑。

1990 年代前期，严重的通货膨胀率减少了苏丹人的实际收入，普通民众的生活水平状况都呈现恶化趋势。1992 年 7 月，苏丹政府调整国家机关和国营企业职工工资，确定为 20 个级别，最高工资为 7000 苏丹镑，最低为 1210 苏丹镑。当时，苏丹城市民众一般家庭基本生活费用占工资的 66.52%，住房占 12.36%。

1997 年以后，苏丹的通货膨胀率开始下降，物价水平也逐渐稳定下来。1999 年和 2003 年苏丹预算都宣布过对公共部门工作人员工资作大幅提高。1999 年，苏丹政府设立社会计划部，负责管理同人民生活有关的各项福利设施。近年来，政府加强了"宗教基金委员会"的工作，通过向富人募捐和接济穷人的方式，努力解决社会贫富差异巨大的问题。如通过宗教基金委员会下属的"天课署"向穷人提供紧急医疗救援预算，为低收入的疑难病症患者报销医药费等。此外，苏丹还大力争取国际组织提供救援资金。

近年来，随着苏丹经济的发展，国民生活水平有一定改善，特别是和平的到来为国内正常生活提供了保障，但通货膨胀还是影响民众生活成本的重要因素。2003 年，苏丹的人均 GDP 仅有 500 多美元，加之有较为严重的收入差距，总的来看，目前苏丹大多数民众的生活水平还是很低的（苏丹国内生活成本见表 4 - 39）。

表 4 - 39　苏丹国内生活成本（消费者价格指数；依据 1992 年 = 100）

	1998	1999	2000
食品、饮料和香烟	3930.8	4670.3	4883.3
衣服与脚上用品	3615.7	4010.5	3985.6
住 房	3826.8	5257.2	6192.9
家庭用品	3677.7	3899.3	3706.4
医 疗	5277.9	6313.5	6984.7
交通与通信	7107.7	8661.7	9082.8
娱 乐	2261.2	3046.0	4149.7
教 育	5947.8	7057.0	8048.7
其他所有项目	4299.8	5077.0	5451.9

资料来源：苏丹银行 2002 年报告。

三　就业状况

关于苏丹国内的就业情况。由于苏丹的几次人口普查中都没有关于劳动力的专门数据，因此苏丹的全国就业情况的统计数据都是比较粗略的。据国际劳工组织（International Labor Organization，ILO）的估计，1980 年苏丹有劳动力 600 万，约占总人口的 33%。这个数字包括了 30 万失业者。而根据粮农组织的估计，2003 年苏丹有劳动力 1306.3 万，其中从事农业活动的有 774 万人，占劳动力总数的 59%。

由于国内经济落后，失业严重，长期以来，苏丹有大量的劳动力到中东阿拉伯产油国谋生，20 世纪 70、80 年代，全国约有一半的专业和熟练劳动力都流失到了其他中东国家。但 80 年代世界石油价格走低，海湾国家大量削减其外籍工人人数，进一步增加了苏丹的失业人数。

据国际劳工组织估计，1989 年苏丹的就业总数是 793.7 万人。90 年代前期，苏丹的就业形势因海湾战争而恶化，成千上万在科威特和伊拉克的苏丹工人失去了工作。苏丹对伊拉克的支持还使得许多在沙特阿拉伯工作的苏丹工人失去了工作。

苏丹的失业人数还受到 1980 年代和 1990 年代几次遍及全国的干旱的影响。例如在 1983～1984 年，有数百万重灾区的人口移往喀土穆的西部和东部以及沿尼罗河的其他城市。他们成为流入城市的失业者或不充分就业者。此外，由于受内战和饥荒的影响，90 年代前期还有 100 多万南方人移居到了北方的城市里。近年来苏丹经济有所好转，但 2002 年全国失业率仍高达 18% 左右。

虽然农业劳动力的比重因其他经济部门尤其是矿业、能源和服务业等部门的不断扩大而逐渐缩小，但农业生产仍然是苏丹的最主要的经济活动。苏丹独立以来，全面的人口及劳动力普查一直很落后，根据苏丹政府于 1956 年公布的唯一一次全国人口全面普查数据，当时苏丹劳动力人口中差不多有 86% 的人在从事农业、牧业、林业、渔业或者狩猎活动。以后比例逐渐有所下降，据苏丹财政和经济计划部的估计，1969～1970 年这一比例下降到了 70%，70 年代末则不足 66%。

据国际劳工组织 1989 年的估计，苏丹从事农业生产的人数为 487.2 万。作为第二大经济活动领域的服务业（包括 70 年代每年以 10% 的速度增长的政府职工），1979～1980 年估计占劳动力总数的 10.4%，而 1955～1956 年的这个比例仅为 4.6%。非农业生产（制造业、矿业、电力和建筑等）劳动力 1978～1980 年所占比例为 6.7%，而 1955～1956 年则为 5.6%。

进入 1990 年代以后，虽然农业劳动力仍然占据苏丹从事经济活动人口的最大比重，但从事经济活动的人口总数以及工业和服务业领域的经济活动人口有了明显增长。

苏丹经济活动人口（指 14 岁以上）状况见表 4 – 40。

表 4 – 40   苏丹经济活动人口（14 岁以上人口）

单位：人

	男性	女性	总数
农、林、牧、渔业	2638294	1390411	4028705
矿业和开采	5861	673	6534
制造业	205247	61446	266693
电力、天然气和水利	42110	1618	43728
建筑业	130977	8305	139282
贸易、餐饮和宾馆	268382	25720	294102
运输、储存和电信	209776	5698	215474
金融、保险、房地产和商业服务	17414	160	20574
社区、社会和个人服务	451193	99216	550409
未确切定义的经济活动	142691	42030	184721
从未就业	387615	205144	592759
总　　计	4499560	1843421	6342981

说明：此表根据苏丹政府 1983 年人口普查数据整理，但未包括游牧民、无家可归者和专门从事家务者。

四   关于妇女地位

苏丹是一个非洲的伊斯兰国家，苏丹妇女的经济与社会地位受经济不发达和宗教传统因素的影响，地位比较低。妇女参加社会生活的程度也比较低，在城市现代行业中就业的妇女所占比例更低。不过，在广大农村，妇女却一直是经济生活和家庭生活的主要支柱。从总体上看，苏丹作为一个非洲的伊斯兰国家，妇女的开放程度还是比较高的。苏丹的女权运动在非洲和阿拉伯国家中也开展得比较早。

第五章

军　事[*]

在非洲大陆，苏丹虽然是一个经济不发达的国家，但自从独立以来，苏丹长期陷于内战与地区冲突中，中央政府在独立以来也长期处于军人政权统治下，而地方性反政府武装也拥有相当的实力，因而军事力量在国家的政治生活中一直占据着重要地位和特殊影响力，对外军事交往也成为苏丹对外关系的重要内容之一。

第一节　概述

苏丹的武装部队建立于英国殖民统治时期。独立后，军队实行了苏丹化。8月14日为其建军节。苏丹实行义务兵役制，规定18~30岁的苏丹人必须有3年的服役期。2004年武装部队总兵力约为10.48万人，由陆、海、空三个军种组成，其中陆军官兵10万人，海军约1800人，空军和防空部

---

*　本章数据除特别注明者外，主要来自：The Military Balance 2002 - 2003, International Institute for Strategic Studies, Oxford University Press, 2003; International Institute for Strategic Studies, The Millitary Balance 20042/2005; Economist Intelligence Unit estimates; Sudan 2006 Country Review, Country Watch.

队为 3000 人。苏丹估计还有 10.25 万人的民防军（其中现役
1.75 万人，预备役 8.5 万人）和 2500 人的边防军。此外，苏丹
还有数万人的反政府武装，他们主要活动在南部和西部地区
（见表 5-1）。

表 5-1 苏丹军事力量（2005 年）

政府军		反政府武装	
陆 军	100000	苏丹人民解放军(SPLA)	20000~30000
空 军	3000	苏丹解放军(SLA)	5000~10000*
海 军	1800	正义与平等运动(JEM)	1000~2000*
民防军(民兵)		苏丹联盟军(SAF)	500*
现 役	17500	贝贾大会军(BCF)	500*
预备役	85000	新苏丹旅(NSB)	2000*

说明：* 为 Economist Intelligence Unit estimates。
资料来源：International Institute for Strategic Studies, The Millitary Balance 2004/05；
Economist Intelligence Unit estimates。

苏丹设有最高军事学院、参谋指挥学院和军官学院等军事院
校，负责培训军官，但几乎没有自己的国防工业。

一 建军简史

苏丹占据着非洲大陆的战略敏感地区，其武装部队早在
英国殖民统治时期就已建立。独立之初，虽然实行了
军队苏丹化，提拔了一批苏丹军官接替英籍军官，但英国式的军
事体制仍然对苏丹保持着重要的影响力。

苏丹军队的前身是建立于 1898 年的英国殖民军队。1898
年，英国人为镇压马赫迪起义，从南部招募了 6 个营的黑人士
兵，在英国将军赫伯特·基切纳（Herbert Kitchener）指挥下参

加了重新占领苏丹的战役。在随后的 30 年英国殖民统治时期，殖民军队逐渐形成规模，英国人用这支军队来制止部族冲突、维持地方秩序、镇压达尔富尔地区叛乱。第一次世界大战期间，苏丹军队被派往海外作战，战功突出，提升了苏丹民族的自信心和民族意识。

但是苏丹军队一直存在着南北方的矛盾与差异。在英埃共管时期（1899~1955），南方人一般都不能派到驻扎在北方的军队中，而且在军队中的地位也比较低。尽管苏丹的北方和南方占主体的居民都是穆斯林，但北方穆斯林是阿拉伯人，南方穆斯林是黑人。英国为便于控制苏丹，对南北实行分治，造成南北的对峙与矛盾。包括军队在内，英国也制造南北冲突，而英国人则控制着对殖民地军队的绝对领导，掌握着最重要的赤道独立军团的指挥权。在 1924 年的反英兵变前，北方的军队主要由埃及人和英国委任的军官指挥。1925 年当地武装被组织为苏丹国防军（Sudan Defence Force，英语缩写为 SDF），士兵多为北方游牧民族。他们英勇善战，深得英国殖民当局的赏识。苏丹军官也逐步增多并开始分享指挥权了。

从 20 世纪初开始，英国人寻求在受过教育的苏丹人（大多数为有势力的北方家族）中发展一个军官阶层。随着苏丹人在军队中的增加，苏丹国防军逐渐成为苏丹的民族军队而不再只是英国统治的工具。1940 年，英国为了加强对苏丹国防军的控制，向苏丹军队派遣了大批英国军官。第二次世界大战前夕，英国已在苏丹挑选了 5000 名非洲官兵，并加以训练，作为其军事后备力量。"二战"爆发后，英国立即将苏丹国防军调至邻近埃塞俄比亚边境驻守。苏丹国防军随后在同入侵埃塞俄比亚的人数占优势的意大利军队的战斗中立下了赫赫战功，其威望因此而有了很大的提高。

在"二战"结束到独立的 10 年里，苏丹国防军的规模没有显著扩大，但苏丹人由于英国军官的调配和退役而日益取得了重要职位。虽然苏丹候补军官是经过筛选的，但是军队的苏丹化实际上却意味着他们的阿拉伯化。南部不发达的教育体系几乎没有培养出什么候选人，而且南方人大多都不会流利的、作为军队混合语的阿拉伯语。

1956 年苏丹独立后，苏丹国防军遂改变为苏丹的国家军队，全部军官均由苏丹本国人担任。但是苏丹的这支国家军队仍保留了原苏丹国防军的传统，大部分军官都接受过英国人主持的戈登军事学院的军事训练。因此，英国仍在苏丹军队中拥有一定的影响。

长期的内战与地区冲突，对独立后的苏丹军队产生了多方面的影响，并使这个国家的军队实际上分成政府军与反政府军两大部分。1955 年，在苏丹独立前夕，苏丹防卫军赤道军团（几乎全部由南部征召的人员构成，但由于英国的撤离而日益受到北方人的支配）由于怨恨北方人对国家的控制而发动兵变，北方部队被派去镇压。在多数人员转入地下后，赤道军团被解散并开始了为获得南部自治而进行的长期斗争。

独立后不久，因阿拉伯人控制北方，与非洲黑人及非穆斯林占据优势的南方发生了苏丹独立后第一次内战。这次内战持续了 17 年之久，直到 1972 年双方签订《亚的斯亚贝巴协定》才结束。10 年之后的 1983 年，尼迈里总统撕毁和平协定，取消南部自治地位，把南部一分为三，并在南方强制推行伊斯兰教法，结果南北冲突再次爆发。这次内战持续时间更长。而南部的反政府武装－苏丹人民解放军（SPLA）的力量逐步扩大，在其强盛时期，中央政府对南部的控制仅限于几个重要的驻军城镇。

苏丹军队对国家政治的干预，既有历史的传统，也受独立后特殊的社会环境的影响。在历史上，苏丹这个国家的人们就比较崇尚武力，阿拉伯人和南方的尼罗特民族都骁勇善战。军队对政府的干预往往是被认为解决国家政治危机与社会冲突最合适的办法。殖民地时期，尽管英国人试图建立文官制度和议会政体，但英国的殖民统治本质上就是建立在军队和中央集权的基础上的。当时英国人把持着殖民地军队，并因此而控制着苏丹中央和地方政府的高层位置。英国人留给了苏丹人一个相信武力与军队是解决社会问题最终办法的传统。因而当独立后的苏丹因部族冲突、地区冲突和政治变动引起各种矛盾时，军队介入就成为不可避免的选择。

独立之初，苏丹军队因保持着政治中立的无党派性特征而享有较好声誉，但在随后进行的国家政治选举中，接连发生种种舞弊与冲突事件后，军队开始介入政治生活。于是在1958年发生了第一次军事政变，建立了阿布德军人政权。阿布德时期，苏丹开始大力加强武装部队和警察，国家政治生活的军事色彩日益明显。60年代初，苏丹政府开始筹建现代化的空军和海军。1969年军事政变后掌权的尼迈里于1984年开始实行义务兵役制并强化军队。1985年尼迈里被一群军官罢黜，在经历了从1986~1989年为期3年的短暂文官议会政府后，以巴希尔为首的一群中层军官又介入政治，以武力夺取国家政权，再次建立军人统治。

巴希尔军政府上台后大力加强军队训练，四处购买武器装备，使军队的武器装备得到了明显改善，部队战斗力得到一定程度的提高。此外，通过与一个伊斯兰主义政党——全国伊斯兰阵线（NIF）结盟，巴希尔于1992年清除了军队中的持不同政见者，逮捕了可疑的反对者，并对国家的军队体系作了一些重大改革。1993年，巴希尔建立了一支忠实于他本人和伊斯兰教义的新的准军事政治民兵组织——人民防卫军（PDF），这是一支特殊的军事队伍，对巴希尔统治起着重要的维护作用。

　　长期以来，苏丹由于是一个经济落后的非洲国家，其军事装备与武器来源受外部因素影响很大，不同时期武器来自不同的国家。独立之初，苏丹奉行较为亲西方的政策，曾得到美国和西方国家的军事扶持。后因与苏联关系紧密而从苏联进口了大量的现代武器。1977 年同苏联的军事联系受挫后，苏丹开始转而从埃及、中国、西欧和美国获取武器。由于苏丹一直与阿拉伯国家关系紧密，因而大多数情况下，这些武器的购买资金多由沙特阿拉伯及其他一些温和的阿拉伯国家提供。90 年代巴希尔军政府上台后，由于这个政权日益明显的伊斯兰化倾向，美国曾将它作为对西方制度有威胁的政权，在武器进口和军事合作等方面，对苏丹实行了制裁。苏丹从西方购买武器变得日益困难。

　　1956 年独立之时，5000 人的苏丹军队被认为是一支训练有素、富有战斗力且不关心政治的军队，但是在随后的岁月里它的这些特点却改变了。为了处理南部"叛乱"，军队逐步扩充。1959 年达到 1.2 万人，1972 年达到 5 万人，1991 年达到 7.15 万人，2003 年达到 10.4 万人，2006 年为 10.48 万人。

二　国防体制

　　现任苏丹武装部队总司令由总统巴希尔中将担任。国防部为军事行政机构，现任部长为巴克里·哈桑·萨利赫（Bakri Hassan Salih）少将。武装部队由苏丹人民武装部队（正规军）和准军事部队组成，负责国家的内外安全。正规军分陆、海、空三个军种。全国划分为中部、东部、西部、北部、南部和喀土穆等 6 个军区。最高军事指挥机构为武装部队总司令部，设在首都喀土穆。国家总统通过武装部队总司令部指挥全军。参谋长负责军队的日常工作和直接指挥，现任参谋长为阿巴斯·阿拉比（Abbas Arabi）中将。总司令部还有负责军事行动、管理和后勤的 3 位副参谋长（中将军衔）。各个军区和海、空军都有各自的司令（少将军衔）负责日常工作。

苏丹人民武装部队的编制和装备情况见表 5 - 2。

表 5 - 2　苏丹人民武装部队的编制和装备情况（1999 ~ 2003 年）

		1999	2000	2001	2002	2003
总兵力（正规军）		103000 *	103000	103000	104000	104000
陆军	师	9	9	9	10	10
	旅	61	61	61	61	61
	坦　克（辆）	△320	△350	△350	△350	△350
	装甲车（辆）	△560（△700）	△560（△700）	△560（△700）	△545（△745）	△545（△745）
	大　炮（门）	△760（△770）	△760（△770）	△760（△770）	△770（△785）	△770（△785）
空军	战斗机（架）	△35（△55）	△35（△55）	△35（△55）	△35（△55）	△35（△55）
	运输机（架）	26	25	24	24	24
	直升机（架）	△60（△69）	△60（△69）	57（53）	59（71）	59（71）
防空	萨姆导弹连	5	5	20	20	20
海军	巡逻艇（艘）	22	18	18	18	18

说明：* 指该数据为估算数；△表示大约数目；括弧内数目为该项的总拥有数。

三　国防预算

长期以来，由于内战影响，苏丹的国防预算在政府公共开支中一直占有较高比重。但苏丹自 1967 年阿以"六·五"战争后，苏丹历届政府都实行国防预算的保密制度，关于国家军事力量及军队装备配置情况的许多真实信息，往往不公开发表，各种数据也往往前后不一。因此长期以来，对于苏丹的军事和国防预算情况，苏丹官方给出的某些数据，与各种非官方和国际机构公布的数据间，差距一直很大。比如，美国政府研究机构认为苏丹 1989 年的国防预算是 6.1 亿美元，占国民生产总值的 7.2%。而苏丹政府自己公布的当年战争费用预算是每天约 1 百万美元，据此，则当年苏丹政府的军事开支约为 3 亿多美元，两者相比差距在一倍以上。

尽管要搞清楚苏丹军费支出的精确数字是不太容易的，但一般来说，一个国家的国防预算，首要部分是与军队人数有关的花费。外国研究者往往以此来估计苏丹的军费大致情况。因为过去苏丹大宗的武器购买费用往往由援助国支付，主要是来自海湾的阿拉伯石产油国的援助，它们过去是苏丹大宗武器进口的主要支付者。苏丹在 1983 年内战重新爆发以后，军火进口有所减少，主要是因为西方不愿意提供用来打内战的武器，而来自中东的经济援助也减少了。

苏丹政府对于近年通过贷款、捐赠、直接购买、互换安排等形式获取军事物资的资金总额并没有公开过。但根据各方统计研究所做归纳，1998～2002 年苏丹的国防开支情况如表 5－3。

表 5－3　苏丹 1998～2002 年的军事开支情况

	单 位	1998	1999	2000	2001	2002
国防开支	亿美元	2.1	2.4	3.3	未知	未知
国防开支增长率	%	10.3	14.2.	37.5	未知	未知
占/GDP 的百分比	%	2.03	2.4	2.64	未知	未知
官方汇率	苏丹镑：$1	200.8	252.6	257.1	258.7	263.1

苏丹

根据有关机构的估计，近两年苏丹的军事开支仍在稳定增长，2003 年军事预算为 1010 亿苏丹第纳尔，2004 年估计为 1100 亿苏丹第纳尔，约为 4.65 亿美元，约占其 GDP 的 3%①；2005 年的开支则达 5.87 亿美元，同样约占 GDP 的 3%②。这个数字，在非洲国家中已经相当高。

第二节　军兵种实力

一　陆军

苏丹陆军主要由步兵构成，现有编制为 10 个师，共 61 个旅（其中 9 个为独立旅）。10 个师分别为：1 个装甲师、1 个机械化师、6 个步兵师、1 个空降师和 1 个工程兵师。9 个独立旅为 1 个机械化旅、7 个步兵旅和 1 个边防警卫旅。还有 5 个特种兵连。陆军没有自己的陆军总司令部，军事行动的指挥权由武装部队总司令部掌握，并由负责军事行动的副总参谋长传达到 6 个军区（中部、东部、西部、北部、南部和喀土穆）司令部。每个军区至少由一个步兵师组成。每个师设有一个隶属于陆军总司令部的联络官，以便于其所在师同各个指挥部门之间的信息传达。各专门化部队的指挥部及训练设施的供给和维修费用主要来自国家军费拨款。这些专门化部队包括装甲部队、炮兵部队、通信部队、医疗服务部队、运输和供给部队及工程部队等。另外，陆军还可得到宪兵队和边防军的支持。

---

① *The Military Balance 2002 – 2003*, International Institute for Strategic Studies, Oxford University Press, 2003；International Institute for Strategic Studies, *The Millitary Balance 2004/05*；*Economist Intelligence Unit estimates.*
② *Sudan 2006 Country Review*, Country Watch, p37.

上述组织结构并不能展示苏丹军队真实配置的确切情况，因为所有师的编制都是不满员的。各单位的力量也有着很大的差别。大多数旅的人员只有 1000~2000 人。每个营的人员也从几百到上千人不等，连队人数少的有百十人，多的则达 500 来人。

苏丹陆军的武器和装备非常杂乱，这反映出苏丹同其武器供应国之间军事关系的不断变化。在不同的时期，英国、苏联、中国、美国、利比亚和埃及是苏丹的重要武器来源国。许多输往苏丹的武器，尤其是来自苏联的武器已经破旧了，但几乎没有进行过维修。由于国际制裁等原因，一些国家对苏丹的援助被切断了，因此苏丹无法支付购买所需零配件的外汇，许多现存的武器都是无法使用的。事实上，由于缺乏燃料和弹药，陆军经常无法运转。

20 世纪 70 年代，装甲力量的主要装备是 60 年代从苏联进口的 T–54 和 T–55 中型坦克。1972 年从中国进口了大约 70 辆 62 型轻型坦克。80 年代初期，这些装备得到了美国造的 M–41、M–47 和 M–60A3 坦克的补充。大多数苏联坦克现在已经不能再用了，只有 M–60A3 坦克还算是比较先进的。苏丹陆军还有混杂的装甲人员输送车（APCs）、侦察装甲车辆和其他轮式战斗车辆。其中比较先进的有来自美国的 42 辆 M–113 型装甲人员输送车和 19 辆突击型装甲车及来自埃及的 120 辆"瓦利德型"装甲车。炮兵装备主要有来自美国和苏联的大炮和榴弹炮。除 1981 年从法国进口的 155 毫米自行榴弹炮外，其他大炮都需要拖行。陆军的大多数反坦克导弹都是安装在吉普车上，这些导弹是埃及在英国授权下生产的。苏丹陆军现在拥有主战坦克约 350 辆（全部现役）、装甲车约 745 辆（约 545 辆现役）、大炮约 785 门（约 770 门现役）及反坦克火炮和导弹。下面是其目前的装备情况表。

苏丹

表 5 – 3　苏丹陆军军事装备情况

种　类	型　号	总数	现役	起始年份	备　注
主战坦克 （约270辆 全部现役）	M60 A3	20	20	1981	
	T – 54/ T – 55	200	200	1969	数字不确定
	T – 62	70	70	1972	
装甲输送车 （现役约 241辆）	al-Walid	150	120	1986	
	M – 113	80	42	1982	
	BTR – 152	80	40	1960	
	BTR – 50	20	20	1970	
	BTR – 80A	60		2000	
	OT – 62	20	20	1973	
	OT – 64	55	55	1973	
步兵战车 （现役75辆）	V – 150 Commando	100	55	1984	
	BMP – 1/ – 2	6	6		
	AMX-VCI	—	—		情况不明
装甲侦察车 （115辆 全现役）	BRDM 1/2	60	60		
	Saladin	50	50	1960	
	AML – 90	5	5		
轻装甲车	Ferret	60	60	1960	
自行火炮	155mm Mk F – 3	10	6	1984	
牵引大炮 （现役约 450门）	155mm M – 114	20	12	1981	
	130mm Type 59/M – 46	75	75		
	105mm M – 101	20	20		
迫击炮	120mm	—	—	1970	情况不明
多管火箭炮 （约658门）	122mm BM – 21	90	90	1989	
	122mm Saqr	50	50	1986	
	122mm T – 81	18	18	1992	
	107mm T – 63	500	500		
反坦克火炮 （约150 多门）	100mm M – 1955	—	—		情况不明
	100mm M – 1944	50	0	1975	
	85mmM – 1945/D – 44	100	0	1973	
	76mm M – 1942	—	0		情况不明
反坦克导弹	BGM – 71C（陶式）	—	—		未全部服役
	AT – 3（箱式）	—	—		情况不明

二 海军

苏丹海军创建于 1962 年，是苏丹武装力量中最弱小的一个军种，只有约 1000 名官兵。海军司令部设在苏丹港，由一名少将指挥。海军的职责是海岸和河流防卫，同时还负责打击红海沿岸的走私活动。尼罗河巡逻分队的基地设在喀土穆。除了苏丹港和喀土穆外，红海的弗兰明戈海湾（Flamingo Bay）也是苏丹的三大海军基地之一。

海军最初由南斯拉夫提供的 4 艘海岸武装巡逻艇组成。后来又从南斯拉夫获得了河流巡逻艇、登陆艇和辅助舰船，但南斯拉夫的训练人员一直到 1972 年才到位。1975 年南斯拉夫的巡逻艇被伊朗转让的 2 艘 70 吨级和 4 艘 10 吨级巡逻艇所代替，并且装备了机枪。1989 年苏丹又从南斯拉夫购得 4 艘新的 19.5 吨级快速巡逻艇在白尼罗河上执行巡逻任务。这 4 艘新的舰艇的作用是河上护航和向南部运兵。

由于缺少配件和维护，苏丹海军的效率普遍不高。许多辅助舰只已经到了完全失修的状态。目前苏丹共有各种舰艇 20 艘。海军还配有 2 架卡萨 C-212 飞机，由空军人员驾驶。在红海上空执行海上侦察任务的能力很有限，而且还是非武装的。

苏丹海军拥有舰艇情况见表 5-4。

表 5-4 苏丹海军拥有舰艇的情况

种类	型 号	数量	长度（米）/排水量（吨）	武器配置
巡逻艇	Kadir	2	22.9/70	C-801 舰对舰导弹和 1x20mm 火炮
	Ashoora I	8	8.1/3	
	Sewart	4	12.9/9.1	1x12.7mm 机枪
	Kurmuk	4	16.9/19.5	1x20mm 火炮
登陆艇	南斯拉夫造 sobat	2	47.3/410	1x20mm 火炮和 2x12.7mm 机枪

苏丹

三　空军

自1957 年组建以来，苏丹空军主要依靠外国援助，当时仅有的 9 架飞机（当年就有两架相撞损失）是由英国提供的，4 架初级教练机来自埃及。1967 年以前，大多数飞行员的训练（有的在苏丹，有的在英国）都是由英国负责。此后，苏联和中国的顾问和技师起到了支援作用，两国的装备是 70 年代苏丹空军的基础。当时的飞机主要有苏制米格－17 和米格－21 战斗机和中国造的歼－5 和歼－6 战斗机。从 1981 年开始，苏丹从美国进口了 7 架诺斯洛普 F－5E 和 2 架 F－5F 战斗机，但是计划要买的其他 F－5 型系列飞机却由于资金问题而没有买到。

1990 年战斗机被编成 2 个地面攻击中队（一个中队为 9 架 F－5 型飞机，另一个为 10 架歼－5 型飞机）和一个由歼－6 型飞机组成的战斗中队。此外还有一个中队，但据说到 1991 年除了 1 架米格－23 战斗机外其他的米格飞机都没有飞行过。战斗机中队还装备了美国和苏联制造的空对空导弹。苏丹没有轰炸机。据报道，1986 年利比亚的图－22 型轰炸机被用在南部轰炸反政府武装。其他的轰炸任务由运输机来完成。

虽然真实的空军战斗情况很难确定，但许多空军装备由于缺少配件和足够的维修而处在不能服务的状态。飞行训练由于燃料短缺而受到限制。空中力量几乎不能给南部的地面作战行动提供什么空中掩护。南部反政府武装苏丹人民解放军曾夸口说他们用肩扛式地对空导弹击落了政府军的许多飞机，他们曾声称摧毁了几架喷气式战斗机及一些直升机和运输机。

空中运输在给被围困的南部驻军提供补给方面发挥着极为重要的作用。唯一的运输中队有 6 架 1978 年和 1979 年从美国进口的"大力神"运输机。虽然有一架在 1987 年被南部反政府武装苏丹人民解放军击毁，但其余的 5 架在 1991 年仍然给南部的政府军提供空运补给。空军还有 2 架加拿大造 DHC - 5D "布法罗"运输机、2 架苏制安 - 12 重型物资运输机和 4 架来自巴西的小型卡萨 C - 212 运输机。

空军还有一些非武装直升机可给攻击南部反政府军的地面行动提供支持，但估计有 50% 的直升机不在飞行状态。最新的直升机是法国设计在罗马尼亚组装的 SA - 330 美洲豹和意大利造的贝尔 212 型直升机。

苏丹的两个主要的空军基地是喀土穆国际机场和恩图曼（Omdurman）北部的瓦迪赛义德那空军基地（Wadi Sayyidna Air Base）。苏丹有 13 个军用机场，分别是阿巴特拉（Atbara）、法希尔（al-Fasher）、朱奈纳（al-Geneina）、朱巴（Juba）、喀土穆（Khartoum）、马拉卡勒（Malakal）、麦洛维（Merowe）、欧拜伊德（al-Obeid）、苏丹港（Port Sudan）、新苏丹港（New Port Sudan）、瓦德迈达尼（Wad Medani）、瓦迪赛义德那（Wadi Sayidina）、瓦乌（Wau）。此外，空军在法希尔、朱巴、马拉卡勒、苏丹港等地的民用机场里也建有设施。

苏丹空军的飞机主要有战斗机、运输机、直升机和教练机 4 类，其中战斗机 67 架（约 34 架现役），运输机 24 架（全部现役），直升机 81 架（59 架现役），喷气式教练机 10 架（8 架现役）。空军还配有先进的 AA - 2（Atoll）型空对空导弹。各种飞机情况见表（5 - 5）。

四 防空部队

防空部队隶属空军，其总部设在苏丹港，由一个少将指挥，第二指挥部在恩图曼。防空部队的两个旅中一个配有高射炮，另一个装备有萨姆导弹。第一防空旅的 3 个萨姆导弹营为苏丹港、瓦迪赛义德那和喀土穆提供高、中空防务。第二

表5-5 苏丹空军拥有飞机的情况

类 别	型 号	数量	现役	起始年份	备 注
战斗机	MiG-23	5	2	1987	
	F-5E/F	8	5	1984/1982	
	A-5 (Fantan)/Q-5	10	10		
	F-6 Shenyang/J-6	12	18	1981	
	MiG-21 (Fishbed)/F-7	23	10	1970	
	Mig-29	12	12		飞行情况不明
运输机	An-26	4	4		改装为轰炸机
	C-130H Hercules	4	4	1978	
	DHC-5D Buffalo	3	3	1978	
	Fokker F-27	1	1	1974	
	Mystère-Falcon 50	1	1	1983	
	Mystère-Falcon 20	1	1	1978	
	C-212	4	4	1986	
	EMB-110P	6	6	1980	
直升机 (其中 Mi-24 为攻击型, 其他为 运输型)	Mi-24	7	7	1991	
	Mi-4 (Hound)	4	4	1974	可能已淘汰
	Mi-8 (Hip)	12			
	SA-330/IAR-330 Puma	12	12	1985	
	Bell 212/AB-212	5	0	1982	
	AB-412	10	8	1990	
	MBB BO-105	18	18	1980	有些在警察部门
	Bell 206	3	3	1992	
	Mi-24 (刚从俄罗斯购得)	8			飞行情况未明
	Mi-8 (刚从立陶宛购得)	2			飞行情况未明
喷气式 教练机	PT-6A (CJ-6A)	12	12		
	MIG-29UB	2	2	2002	

防空旅的配置是为了给西部军区和南部军区提供战术防空保障。除了美国提供的 Vulcan 20mm 自行火炮外,还装备了许多其他防

空武器。Vulcan 系统和其他一些系统的炮火控制和雷达搜索由美国、埃及和法国提供。苏丹防空力量不强，其弱点早在 1984 年就暴露出来了。当时，苏丹与利比亚的关系很紧张，利比亚的图 -22 轰炸机大白天飞越苏丹的大部分国土并在恩图曼的国家广播电台附近扔下炸弹。目前苏丹防空部队的装备情况见表 5 - 6、表 5 - 7。

表 5 - 6　地对空导弹配置情况

		型　号	炮组	发射架	起始年	备　注
种类	重　型	SA - 2 (Guideline)	20	90	1981	
	肩扛式	SA - 7 (Grail)	250	54	1980	
		MIM - 43A Redeye	25	25	1984	
合　计			275	169		

表 5 - 7　其他防空武器配置情况

	型　　号	数量	现役数	起始年	备　注
短射程炮	57mm	—	—		
	40mm	60	60		
	37mm M - 1939	110	80	1973	
	23mm ZU 23x2	50	50	1984	
	20mm M - 3 VDA	12	12		
	20mm M163A - 1 Vulcan SP	8	8	1986	
	20mm M167 Vulcan	16	16	1986	
合　计		各型高炮 1000 余门			

五　准军事部队

1. 政府准军事部队

苏丹国家军事力量的一个特殊现象，是在长期的内战和地区冲突中，中央政府利用一些地方部族组成民兵组织，作为政府的准军事部队，牵制南部和地区的反叛武装，或直接参与战斗。这类得到政府支持和补给的准军事民兵组织，可分为民防军和边防军两大类。至 2003 年共有民防军 10.25 万名（其中常备力量 1.75 万，预备力量 8.5 万），边防军总数为 2500 人。

在这两类准军事部队中，1990 年代初巴希尔政府组成的民防军的作用最为重要，因为它在政府军同南方反政府武装的战斗中起到了重要的辅助作用。政府在对抗南方的苏丹人民解放军方面曾主要依靠这类民兵组织。这些得到政府支持的民兵武装的行动时常独立于政府军之外，因力量强大，有时并不完全听命于政府，而是自行其是，结果往往给南方平民造成巨大灾难。如在达尔富尔地区冲突中，这些由北方阿拉伯人组成的民兵武装，时常侵扰劫掠当地那些非穆斯林的黑人部族，引起达尔富尔地区冲突久拖不决，并成为国际社会和人权组织关注的问题。

民防军（the Popular Defence Forces，英语缩写为 PDF）1989 年 10 月，政变上台的巴希尔政府公布了组织民防军的"民防法案"（the Popular Defence Act），该法案的初衷似乎是继续进行前政府给予那些民兵组织作为苏丹人民武装部队辅助力量合法地位的计划。随后，政府便正式成立了新的准军事组织——民防军，以帮助军政府实施解决南方问题的计划。民防军由一名陆军准将指挥，其成员配有 AK－47 式步枪。根据政府的规定，民防军的武器要储存在军队的仓库里，只有需要时才可以配发。

民防军也设置类似军队的等级与军衔，在有些地方还派有地方官员。从表面上看，男女都可以自愿加入民防军，那些想表现自己对伊斯兰激进运动忠心的人都加入了民防军。民防法规定，在苏丹，要进入大学学习和在北方政府中获得重要职位的人，都应该具有民防军成员资格。因而年轻人要进入大学，必须先进入民防军服役两年。巴希尔政府曾想把民防军人数扩至 15 万，到

2005 年，民防军已经扩大到了 10 万多人，但其中大部分只是挂名的预备役。2005 年苏丹内战结束后，巴希尔政府已经考虑要减少民防军的人数。

阿尼亚尼亚第二（Anya Nya II，一译新阿尼亚尼亚） 最早的民兵组织，是 1984～1987 内战期间由投诚政府的南方反政府军队改造而成的"阿尼亚尼亚第二"准军事组织，它从政府军那里获得武器并进行训练。其成员多数是南方的努尔人，他们主要在上尼罗山区为政府作战。阿尼亚尼亚第二的出现对这一地区的战斗有着重大的意义，它破坏了苏丹人民解放军的军事行动，也妨碍了苏丹人民解放军新兵前往埃塞俄比亚边界地区受训的行动。阿尼亚尼亚第二拥有军用坦克，其基地靠近政府军队驻地。政府援助该组织在喀土穆建立总部，把它当作对抗南方苏丹人民解放军的政治运动。然而，南方反政府的苏丹人民解放军的军事胜利使阿尼亚尼亚第二士气低落，1987 年底它的一些重要指挥官又投奔了苏丹人民解放军。巴希尔政变上台后，该派别继续同政府保持密切关系并在喀土穆保留着其政治基地。

穆拉哈林民兵组织（Murahalin） 它是政府控制的另一支民兵组织，他们经常对南方丁卡部族黑人发动破坏性袭击和掠夺。这个民兵组织由达尔富尔（Darfur）和科尔多凡（Kurdufan）从事游牧生活的巴卡拉阿拉伯人（Baqqara Arab）组成。历史上，他们与丁卡人在北加扎勒河（Bahr al Ghazal）和南科尔多凡地区长期为争夺牧场而发生冲突。1985～1988 年间，穆拉哈林民兵组织的袭击使许多丁卡族平民背井离乡。一些穆拉哈林成员还参加了政府军对南部反政府部族的镇压行动。据大赦国际的调查，在穆拉哈林的袭击中有过故意屠杀平民、诱拐妇女儿童、抢劫牲畜和焚烧房屋庄稼的行为。到 1988 年底，反政府武装苏丹人民解放军的不断扩大减少了穆拉哈林对村庄和牧区的威胁。事实上，这些村庄和牧区遭受的破坏非常严重，已经没有

什么可以作为战利品了。然而，北上逃荒的丁卡难民却仍然经常受到穆拉哈林的袭击。

政府还把南部的许多非阿拉伯部族武装起来对抗南方的苏丹人民解放军。1985 年，南部的门达腊人（Mundari）被政府重新征募来帮助对付苏丹人民解放军在湖泊省的威胁。然而，由于苏丹人民解放军对该地区威胁的存在，许多门达腊人脱离了民兵组织。在加扎勒河地区，政府以瓦乌周围地区为中心组织了一个民兵组织，并在当地为其建立了一个训练基地。这些民兵组织在该地区与丁卡部族发生严重冲突，并在 1987 年 8、9 月份升级为对瓦乌村的丁卡族难民的大屠杀行动。

1989 年 2 月，萨迪克·马赫迪政府曾提议将穆拉哈林民兵组织纳入专门化的组织——民防委员会（the Popular Defense Committee）。因为对这些桀骜不驯的民兵组织必须加以有效的管束，但因为当时萨迪克·马赫迪是乌玛党（Umma Party）的领袖，苏丹国内一些政治派别担心改造了的穆拉哈林武装力量会成为乌玛党的工具，所以激烈反对这一计划。

2. 反政府准军事力量

自从 1958 年第一次内战爆发以来，苏丹国内就一直存在着各种派别、力量强弱不一的反政府军事力量。90 年代，这些反政府武装力量最重要的有：苏丹人民解放军（Sudan People's Liberation Army，英语缩写为 SPLA）、南苏丹独立运动（South Sudan Independence Movement，英语缩写为 SSIM）、苏丹联盟军（Sudan Alliance Forces）、东部阵线（Eastern Front）[①]、新苏丹旅（New Sudan Brigade）和 2003 年出现的苏丹解放军（Sudan

---

① 苏丹东部的反政府武装组织，由贝贾大会（Beja Congress）和另一个更小的反政府武装"拉沙伊达自由狮"（Rashaida Free Lions，拉沙伊达是贝贾人中的一个民族）于 2005 年 2 月合并而成，自称有 2000 名武装人员。

Liberation Army，英语缩写为 SLA）及正义与平等运动（Justice & Equality Movement，英语缩写为 JEM）等。其中，以南方的苏丹人民解放军力量最为强大（详见表 5 - 8）。

表 5 - 8　主要的反政府军事力量

单位：人

名　　称	常　规	后　备	总　数	备　注
苏丹人民解放军	30000	100000	130000	苏丹南部地区
南苏丹独立运动	10000		10000	SPLA 的同盟
苏丹联盟军	1000 ~ 2000		1000 ~ 2000	曾活动在苏丹东部
东部阵线	2000		2000	现活动在苏丹东部
新苏丹旅	2000		2000	近期活动不明
苏丹解放军	5000 ~ 10000		5000 ~ 10000	达尔富尔地区
正义与平等运动	1000 ~ 2000		1000 ~ 2000	达尔富尔地区

苏丹人民解放军　始建于 1983 年。当时苏丹人民武装部队派遣约翰·加朗中校去镇压博尔（Bor）领导的一支 500 名官兵部队的兵变，这些官兵拒不执行调往北方的换防命令。结果，作为政府军将领的约翰·加朗因为对政府的南方政策不满，他不但没有去镇压兵变，反而鼓励其他驻军兵变，并使他自己成了后来对抗喀土穆政府的南方反政府军队的首领。加朗是一个有些传奇色彩的人物，他 1945 年出生在苏丹南部一个信奉基督教的丁卡族家庭。长大后，他曾就读于美国爱荷华州的格林尼尔学院（Grinnell College），后又去美国佐治亚州学习公司领导课程，最后在美国艾奥瓦州立大学（Iowa State University）获得了经济学博士学位。

约翰·加朗见多识广，并有组织领导才能。在他的领导下，南方人民解放军力量不断壮大，到 1986 年这支反政府军队已经拥有约 12500 追随者，编为 12 个营并配有轻武器和一些迫击炮。

新兵在苏、埃边界埃塞俄比亚一侧受训，大概得到了埃塞俄比亚军官的帮助。1989 年，苏丹人民解放军兵力已达 2 万~3 万人；1991 年估计达到 5 万~6 万人，至少编成 40 个营，分别被冠之以老虎、鳄鱼、蜜蜂、老鹰、河马、火、尼罗河等名称。许多苏丹人民解放军成员从事着民间职业，受到召唤时就参加个别战役。

苏丹人民解放军中，除了总司令加朗是上校军衔外，其他的野战司令、参谋长等高级军官也是上校军衔。营以上大多数军官为中校军衔，营长为少校或上尉军衔。提升的主要依据是资历和参加战斗的次数，因此大多数高级军官都是丁卡人，其他的则是努尔人和希鲁克人。

苏丹人民解放军宣称其武器来自缴获的政府军军火库或由投诚的政府军带来，还承认 1986 年前从利比亚获得了相当数量的援助，因为当时利比亚同苏丹尼迈里政府敌对，希望看到尼迈里被推翻。尽管苏丹人民解放军从其埃塞俄比亚的基地发起军事行动，但它否认从埃塞俄比亚获得武器。外界的观察家认为埃塞俄比亚给苏丹人民解放军提供了大量武器。政府声称人民解放军拥有以色列军事顾问并从以色列获得武器。人民解放军的轻武器包括苏联、美国和德国造的冲锋枪。其他武器主要有 60mm 迫击炮和 120mm、14.5mm 高射炮、苏制 SA－7 肩扛式萨姆导弹、BM－21 多管火箭炮、吉普车装 106mm 无后坐力反坦克炮、T－54/55 型坦克、装甲车（约 20 辆）、榴弹炮、重型迫击炮及地雷等。

苏丹解放军、正义与平等运动　达尔富尔地区的两个主要的反政府组织。据称苏丹解放军得到了厄立特里亚的支持，该组织在 2003 年以前被称为达尔富尔解放阵线。2003 年 2 月，由富尔等黑人组成的苏丹解放阵线和正义与平等运动以苏丹政府忽视该地区的发展及未能保护他们免遭阿拉伯民兵的袭击为由，向政府发起了武装进攻，要求实行地区自治并分享财富。该阵线宣称自己同苏丹南方的反叛运动并无关系，但提出对所有反喀土穆伊斯兰政府的力量表示"理解"。2003 年 3 月 14 日，达尔富尔解放阵线宣布反叛运动更名为苏丹解放运动和苏丹解放军（SLM/SLA）。达尔富尔解放阵线是一个分离主义组织，要求该地区同苏丹分离。但米尼·阿尔科伊·米纳维（Mini Arkoi Minawi）领导的苏丹解放军表示要"建立一个统一和民主的苏丹"。正义与平等运动似乎得到了乍得的支持。一些被俘的反叛分子拥有乍得身份和乍得的武器。据说，该组织还得到了苏丹反对派领导人哈桑·图拉比（Hassan al-Turabi）的支持，但图拉比对此表示否认。苏丹解放军是反对派联盟国家民主联盟（NDA）的成员，但正义与平等运动不是该组织的成员。[①]

第三节 军事训练和兵役制度

一 军事训练

基于国内长期陷入内战的需要，苏丹政府与军队曾制订了复杂的军事人员训练与培训制度。外国军事观察家认为，苏丹的军事训练是在可用资源受限的范围内进行的专业能力训练。

苏丹最重要的军事院校是 1948 年创立的位于恩图曼附近的瓦迪赛义德那军事学院（the Military College），数十年来，它一直是苏丹军官培养的重要基地。进入这所学院学习的学生，经过两年政治学和专业军事学的学习，并经过严格的体能训练，毕业生进入部队后可委以少尉军衔。在 1950 年代末期，每年大约有60 名军官从这所军校毕业，受第一次内战影响，1972 年高峰期

---

① See：http：//www.globalsecurity.org/military/world/para/darfur.htm.

每年有 500 多名军官毕业。80 年代，每年毕业军官减少到约 150 名。同时，这所军事院校还为准军事组织的民兵部队培训军事人员，如 1990 年有 600 名民防军成员被选送到这所军事学院学习，其中一些成员后来被补充进入政府军替代被辞退或解职的各级军官。

长期以来，还有许多来自其他阿拉伯和非洲国家的学生也在这所学校受训。这些学员在有些非洲国家还扮演过重要角色。如 1982 年乌干达阿明政府被推翻后，有 60 名从苏丹这所军事学院中毕业的乌干达军官参加了这个国家军队的重建。

瓦迪赛义德那军事学院的课程体系是较为严格的，但受国家经济与科技力量制约，学院的军事科技培训还是比较落后的。一些毕业的下级军官还被进一步选送到喀土穆大学继续学习，有的则派送到国外学习。苏丹军队派遣出国的人中，一半左右是到埃及受训，其余的则送往美国、英国（飞行员和机械师）、德国（直升机飞行员）以及中东其他国家学习。苏丹海军的大多数高级军官曾在南斯拉夫的海军学校接受过培训，其他的海军军官逐个被派往海湾国家受训。1990 年代以来，由于巴希尔政府的泛伊斯兰倾向，在西方国家受到一定程度的抵制，苏丹军事人员前往西方受训的机会大大减少了。

苏丹另一所军事学院是 1970 年代初创办的恩图曼参谋学院（the Staff College），这所学院主要培训高级参谋军官。80、90 年代，这所学院每年有 55 名或 60 名获得军事学硕士学位的少校和中校军官毕业。每年还有来自约旦、科威特和阿拉伯联合酋长国等阿拉伯国家的军官在这里学习，还有一些巴勒斯坦人也来这所学院学习。此外，还有一所 1981 年成立的恩图曼高等军事学院（the High Military Academy），这是一所规模不大的进修性质的高级军官学院，它为上校和少将级的将领们开设为期半年的国家安全方面课程。这个学校还是巴希尔的军事智囊机构，它被委托为巴希尔政府提供战略分析。

除了上述学校外，苏丹还为下级军官和未上任的军官开设了许多专业技术院校，如步兵学院（在北喀土穆）、炮兵学院（在阿特巴拉）、装甲兵学院（卡拉里）、防空兵学院（在苏丹港）、通信学校（在喀土穆的巴哈里）、兵器学校（在喀土穆的巴哈里）、铁道学校（在喀土穆的巴哈里）、工程兵学校（在伊尔丰）和苏丹港军士学校。

陆军的征兵及新兵基本训练并不集中进行，由各个师和军区自行负责。民防军成员要进行为期 3 个月的初训，以后每年还要进行 15 天的恢复性训练。政府还为民防军举办了一些规模较大的培训班。民防军在全国各地建立了 10 多个营地，每个营地一年可以进行 3 次规模为 5000 人的训练。

二　兵役、军衔制度及军服徽章

苏丹实行义务兵役制度，第一部义务兵役法于 1983 年通过，1984 年开始实行。义务兵役法规定 18～30 岁的苏丹人必须服役 3 年，如果从军记录良好还可以延长服役 3 年，直到服役年限达到 12 年。获得技术训练的士兵还可能被责成签署保持 9 年现役的谅解书。

苏丹军队一直未受到人力资源短缺的困扰。根据不是十分精确的苏丹政府 1990 年的估计，全国年龄在 15～49 的男性约有 560 万，其中适合服兵役的就有 340 万人。每年达到 18 岁服役年龄的人数大约有 27.3 万人。1989 年美国军控和裁军机构（ACDA）估计，苏丹每千人中只有 2.5 人在服兵役。在苏丹的邻国中，这一数字埃及为 8.7 人，埃塞俄比亚为 5.0 人，而利比亚则为 21.0 人。到 2002 年，苏丹估计有 873.9 万名年龄在 15～49 岁的男性，其中适合服兵役的有 538 万人，即将达到 18 岁服役年龄的人数大约有 39.8 万人。到 2005 年，苏丹 15～49 岁的男性公民约为 542.7 万人，适合服兵役的有 44.2 万人。[①]

苏丹各民族多有尚武从军之习俗，据说在独立后的头一年，政府的征兵布告吸引了 10 倍于征募计划的报名者。而那些贫穷的苏丹民众，尤其是西部和南部的部落民，更把当兵作为解决温饱之计而大量涌入军队。征募时的挑选是非常严格的，主要检查应征者的身体、教育和品质等情况。尽管那时的成人识字率不到 20%，但部队要求应征者要具有一定的读写能力。

2003 年，苏丹现役军人约为 10.4 万人，其中陆、海、空分别为 10 万人、1000 人和 3000 人。作为一个信奉伊斯兰教的国家，苏丹对待妇女并不是特别严厉，苏丹部队中也有少量女性官兵。据报道，20 世纪 90 年代初大约已有 2000 名女性军人，其中 200 名是尉、校级军官。这些女军人在医疗服务、饮食、临床医学、行政、翻译、情报、通讯及宣传联络等领域供职。巴希尔执政后曾一度宣布要清除军队中的女性，但大规模的解职并没有发生。

苏丹军队实行通用的军衔制。1970 年以前的最高军衔为中将封称为"法里克"（*fariq*），尼迈里政变上台并自封为大将和元帅后，一度实行新的军衔制。1989 年巴希尔执政后，军队中没有中将以上的军官，包括他本人在内也只有少数几人才是中将军衔。中将之下有少将、准将、上校、中校、少校、上尉、中尉和少尉等军衔。

苏丹陆军军服为墨绿色，肩章上有显示军衔的金色徽章。警察制服与陆军军服区别很小，只是服装色彩为暗绿色，肩章是黑色的。除空降兵的贝雷帽是红色外，其他兵种的帽子均为绿色。警察戴黑色贝雷帽。尽管肩章与陆军的一样，但空军制服是蓝色的。标准的海军服是白色的，肩章是蓝色的。

---

① *Sudan 2006 Country Review*, p. 37.

第四节　对外军事关系

一　对外军事合作

苏丹基本上没有军工企业。在喀土穆有一家弹药厂，主要是给小口径武器生产弹药。另有一家达门造船厂，位于尼罗河畔的拉巴克，由荷兰帮助修建，可以组装 28 米长的拖船和 4 米长的驳船。此外，苏丹就再没有别的军需工业。因此，苏丹的武器装备和专门技术训练都主要是依靠外国或从外国进口。

独立后，英国顾问帮助训练过苏丹陆军和空军，英国装备是苏丹军队地面火力的基础。然而，喀土穆同伦敦的关系不时紧张，1967 年阿以战争以后双方的外交和军事关系更加紧张，同美国和德国（西德）的军事联系也一度中断。

为获得军事援助和装备，1968～1971 年间，苏丹将军事合作对象转向苏联与东欧国家。苏丹从苏联在撒哈拉以南非洲国家的第一次重要军事援助计划中受益颇多。至 1970 年，估计有 2000 名苏联和东欧技术顾问人员在苏丹，而苏丹则有 350 名军人前往苏联和东欧国家接受训练。在苏联的帮助下，苏丹武装部队从 1966 年的 1.8 万人增到 1972 年的近 5 万人。从 70 年代到 80 年代初，苏丹陆军和空军的大量装备包括坦克、火炮和米格式战斗机，都来自苏联。

1971 年，苏丹发生针对尼迈里的未遂政变，由于怀疑政变与苏联有关，苏丹同苏联的关系迅速降温，苏丹一度驱逐了来自苏联和东欧的军事顾问，后与苏联重修了关系，原先谈妥的苏联提供的坦克移交全部到位，并谈成了一项新的战斗机购买项目。但过度依赖一个武器提供者的弱点也明显暴露了出来，尽管同苏联的军事协定一直持续到了 1977 年，但苏丹也开始执行武器来源多元化的政策。当莫斯科允诺对苏丹邻国埃塞俄比亚的革命政权提供大量军事援助时，苏丹驱逐了所有 90 名苏联军事顾问并责令苏联关闭其驻喀土穆使馆的军事机构。

在同苏联的关系再次结冰以后，苏丹开始转向中国。以前曾给苏丹提供过轻型武器的中国给苏丹提供了战斗机和轻型坦克。到 1980 年代中期，大约有 50 名中国技术人员为苏丹提供坦克和战斗机的技术维护，包括对苏联装备的维修，中国还为苏丹培训飞行员和飞机机械师。

1973 年，苏丹重新开始了同英国的军事合作关系，但这种关系被局限在军事学院及装甲、步兵和通信等学校的训练和指导。南斯拉夫援建了苏丹的海军，在 10 多年里向苏丹提供所有舰艇和大量的军官和技师培训。1989 年苏丹从南斯拉夫购得 4 艘江河巡逻艇。

1970 年代，苏丹从西方国家购买武器所需的经费，主要来自中东富有的阿拉伯产油国，这些阿拉伯国家希望看到苏联影响在苏丹的终结。在沙特阿拉伯援助下，苏丹于 1977 年从美国购买了 6 架 C - 130 "大力神" 运输机，从加拿大购买了 2 架 "布法罗" 运输机，从德国购买了 10 架直升机和 4000 辆军车。另外，沙特阿拉伯还将自己淘汰的 70 辆美国造 M - 41 和 M - 47 坦克提供给了苏丹。

1985 年以前，苏丹和埃及一直保持着紧密的军事联系。根据 1976 年签订的一个为期 25 年的防务协定，两国建立了一个联合防务委员会、一个联合参谋部和一个执行联合防务委员会和联合参谋部决定的永久性军事委员会。从 1986 年开始，埃及向苏丹提供了埃及造 "旋火式" （Swingfire） 反坦克导弹、"瓦利德" （Walid） 装甲人员输送车、弹药和其他装备。尽管萨迪克政府为获得同苏丹人民解放军和谈的重要条件而宣布了废除防务协定

的意向，但巴希尔在 1989 年推翻了萨迪克政府后再次肯定了两
国的防务协定。然而，巴希尔新政府拒绝谴责 1990 年伊拉克对
科威特的入侵，导致苏丹与埃及关系不和，埃及拒绝了苏丹领导
人的军事援助请求。

　　1976 年以前美国对苏丹的军事援助并不能引人关注，美国
只为少量的苏丹军人提供了培训。1976 年 11 月，经沙特阿拉伯
资助，美国向苏丹出售了运输机，几年后又出售了 F－5 型战斗
机。当时，由于认为苏丹受到苏联装备的埃塞俄比亚和利比亚两
个邻国的严重威胁，华盛顿在苏丹安全上的作用日益增长。从
1979 到 1982 年几年间，美国对苏丹的军售贷款额从 500 万美元
猛增到 1 亿美元，此后进一步将对苏丹的军事援助改变为直接拨
款。除了飞机外，美国的援助还包括装甲运输车、大炮和装甲战
车。在 1982 财政年度，美国的援助达到了顶点——1.01 亿美
元，占美国对撒哈拉以南非洲援助的 2/3。从 1976 年援助计划
开始到 1986 年终止，美国给苏丹的军事拨款和军售贷款总额分
别达到了 1.54 亿美元和 1.61 亿美元。苏丹同意美国海军停靠苏
丹港并同意美军可临时性优先使用苏丹的一些机场。两国军队还
在 1981 年和 1983 年两次举行了代号为"明星行动"的联合军事
演习。

　　1983 年新内战爆发后，美国对苏丹的军事拨款和贷款急剧
下降。1985 年苏丹终止了参加"明星行动"。1987 年后，除了
每年的不足 100 万美元的拨款用来培训苏丹军官和培训装备维修
技术人员外，美国不再向苏丹提供军事方面的援助。1989 年后，
由于苏丹的欠账及巴希尔的政变上台等原因，美国完全终止了对
苏丹的军事援助。

　　1983～1988 年苏丹共获得了大约 3.5 亿美元的武器和装备。
美国是最大的供给者，占了其中的 1.2 亿美元的武器和装备，中
国和法国各 0.3 亿美元，英国 0.1 亿美元。剩余的大约 1.6 亿美

元的武器和装备来源不明，很可能主要来自埃及和利比亚，以及在沙特阿拉伯的资助下从其他西方供给者那儿获得装备。

二 巴希尔政府的对外军事合作

19 90 年代初期以后，巴希尔政府的对外军事合作因与西方关系紧张而主要转向一些东欧和亚非国家。包括从伊朗、埃及、波兰、俄罗斯及中国获得有限的武器与军事援助。当年那些从苏联进口的武器装备因服役时间太久，需要利比亚和中国的帮助维修才勉强可用。因此，大多数来自苏联的坦克、大炮、导弹和飞机都不在服役状况。西方供给者不愿意给它提供用来打击南部反政府武装的军火。由于在伊拉克入侵科威特之后苏丹仍对其持支持立场，先前来自沙特阿拉伯及海湾国家的军事贷款也被切断了。作为苏丹军事装备和训练重要来源的埃及也极大地减少了同巴希尔政府的合作。一些由伊拉克提供的援助，尤其是军需品援助，在 1990 年以后也结束了。苏丹近年来武器采购和所获军援情况见表 5 - 9。

表 5 - 9 苏丹近年武器采购与获军援情况

国 家	类 别	详 细 情 况
伊 朗	武 器	轻武器、弹药、武器零件、122mm 火箭系统（1999 年）、战术导弹（2001 年）、车辆（2002 年）
	军 训	IRGC 顾问人员、派员去伊朗受训
埃 及	军 训	顾问和军事训练（2002 年）
立陶宛	武 器	Mi - 8 直升机（2002 年）
波 兰	武 器	T - 55 坦克（1999 年）（通过也门，未经波兰认可）
中 国	武 器	多管火箭炮（1992 年）
	军 训	军事技术人员
俄罗斯	武 器	米格 - 29 战斗机（2001 年订货、2004 年提供）
美 国	援 助	Demining force（2002 年）

近年苏丹同国外的军事合作并不多，2002 年苏丹向中非共和国派遣了军队。此外，苏丹在 2000 年、2001 年和 2002 年分别同叙利亚、埃及和俄罗斯签订了双边安全协定。2006 年 5 月，为解决达尔富尔冲突，苏丹同意非洲联盟的维和部队进入达尔富尔地区执行维和行动，先后约有 7000 名非洲联盟成员国维和人员参与了在达尔富尔的维和行动。因达尔富尔局势一直未能有效改善，安理会曾在 2006 年 8 月通过决议，提出要由联合国维和部队取代非洲联盟在达尔富尔的维和行动，但未能得到苏丹政府的同意。2007 年 7 月 31 日，主要由于中国的劝说与协调，联合国安理会最终达成了一个得到苏丹政府同意的决议，决定向达尔富尔地区派遣由联合国与非洲联盟共同组成的维和部队。

苏丹的对外武器装备和军事援助很少。苏丹曾向伊朗提供过设备，还向在苏丹港的伊朗船只提供过便利。另外，苏丹还为黎巴嫩的真主党（Hizballah）和伊斯兰圣战组织（Islamic Jihad）提供过训练设施。

苏丹没有核武器、生物武器及化学武器。至目前还没有关于苏丹核活动的任何报道。据说苏丹从伊拉克引进了化学武器并可以生产化学武器，但均无确切证据。当然，苏丹拥有个人防化设备和化学武器净化部门。苏丹也未被发现有任何生物武器。此外，苏丹加入了核禁试条约（NPT）、化学武器条约（CWC）和生物武器条约（BWC）。

第六章

教科文卫

苏 丹是一个位于非洲东北部有着古老深厚传统的文明古国，历史上曾创造过辉煌的文化，但在当代，由于受现代经济发展水平低下的制约，苏丹的教育科技总体上都很落后。不过，由于苏丹是一个兼具阿拉伯与非洲双重属性的国家，因而这个国家的文化与艺术，又是颇具民族特色且丰富多彩的。

第一节 教育

一 教育发展简史

努 比亚古代文明时期，苏丹教育已经有了自己的特色，传统宗教与教育结合在一起，起着传承文明的作用。基督教王国时期，教会传播了来自中东的思想与文化。到公元 10 世纪以后，苏丹教育主要受阿拉伯－伊斯兰文化的影响，具有伊斯兰教育的特点。英国殖民统治时期，苏丹现代教育有了初步的发展。但在北方，传统的阿拉伯伊斯兰教育也一直保存了下来，而在南方黑人地区，传统村社教育依然保留着。

独立前夕的 1953～1954 年，苏丹有 1132 所国立普及学校和职业学校，学生有136327名。大部分学生所受的教育为识字学校（有509所，学生有40163名）和初级小学（有452所，学生有82452名）；能升入高小的学生只有一小部分（学校有33所，学生4315名）。当时，在全国6所中学内有1753名学生，大都是当地的贵族和富有阶层的子女。中等职业教育很不发达，全国有9所师范学校（920名学生）和4所技术学校（469名学生）。全国还有119所接受教会津贴的学校，学生有6255名。除了国立学校以外，还有一些私立学校，计有647所，学生有53243名，其中有些是教会学校（多为教授伊斯兰教教义的古兰经学校），学生有3378名。

　　独立之初，苏丹的公立和私立教育大体沿袭了殖民教育体制，然而，殖民时期的教育更多的是为殖民统治培养精英型的管理和专业人员，并不是为苏丹广大民众提供普遍的教育服务。因而教育设施、教员及学校的分配偏向于满足殖民管理的需求，学校开设的也是西方式的课程。虽然苏丹的人口主要分布在农村，但学校却大多集中在喀土穆附近和其他一些小范围的城市地区。这种学校分布的不合理现象体现在各种层次的学校上，尤以高小以上学校的分布情况为甚，而苏丹四年制小学采用的是本国教育。整个北方地区教师和校舍极为短缺，在南方，教育水平也非常低下，教育基本上依靠教会学校。早在20世纪30年代中期，英埃共管政府就设立了省级督学，政府曾给南方的教会学校提供了一定的津贴。独立后，特别是南北内战爆发后，苏丹政府驱逐了所有的西方传教士，更是减少了南方人民接受教育的机会。

　　教育经费不足一直是制约苏丹教育发展的核心问题。早在独立之初，这一情况就已十分明显。1956年苏丹独立时，教育费用仅占苏丹政府预算的15.5%，总计也只有约4500万苏丹镑。这些经费要支撑全国的1778所小学（注册学生208688人）、108

所中等学校（注册学生 14632 人）和 49 所政府办中学（注册学生 5423 人），可谓是杯水车薪。在高等教育，每年约有 1000 名左右来自富有家庭或得到政府奖学金的年轻人出国留学，在苏丹国内则只有一所喀土穆大学可向国民提供高等教育。成人识字率很低，独立之初的 1956 年约为 22.9%，此后的历届政府虽然也付出了很多努力，但由于人口的迅速增长，到 1990 年时全国成人识字率才勉强接近 50%。

长期以来，苏丹的教育观念及小学以上的课程设置都沿袭了英国的教育传统。虽然所有中学生都要学习阿拉伯语和英语，但喀土穆大学的教学语言却是英语。此外，教师的数量，尤其是毕业于师范学院的接受过较好教育的教师数量，远不能满足不断增长的中等和高等教育的需求。结果是苏丹的教育不得不继续依靠耗资巨大的外籍教师。

1969 年上台的尼迈里政府意识到苏丹的教育体制已无法满足社会和经济发展的需求，因此提出了一个宏大的整顿计划。这一整顿计划的最终结果是六年制初等义务教育制度的普遍实施，以及对各种层次的技术和职业教育的高度重视。此前的小学和初中只是中等教育的序曲，而中学也只是给大学输送学生。这样的体制能培养出一些得到良好教育的大学生，但是并未对技术工作和熟练劳动力的培养教育作出什么贡献，而苏丹的多数学生并不能进入大学，甚至连中学都不能进入。

尽管如此，到 20 世纪 70 年代末，苏丹的国民教育体制还是大体上建立起来了，传统教育体制也得到了初步改造。基础教育体制包括六年制小学和三年制初中。完成基础教育而成绩合格的学生可以进入三类学校继续学习：三年制高中（为高等教育输送学生）、商业和农业技术学校、培养小学教师的师范学校。后两类学校都是四年制的学校。高等学校包括综合性大学、高等技术学院、培养初中教师的中等师范学院和培养高中教师的高等师范学院等，学制一般是 4 ~ 5 年。

到 20 世纪 80 年代初，苏丹全国已有小学 5400 多所，但南北发展极不平衡，虽然南方人口约占全国人口的 1/3，但南方的小学数量不到全国的 14%。同时，南方的多数学校都是南方自治政府（1972 ~ 1981）建立的。虽然苏丹人民解放军也在其控制的地区开办学校，但这场爆发于 1983 年的新内战却摧毁了南方的大部分学校，在逃避南方战争的难民中有许多教师和学生。

总体上来说，目前苏丹教育发展水平还是十分落后的。制约苏丹教育发展的一个重要因素是苏丹人口居住极为分散，建设和维持一所学校都有许多困难。在边远农村和南方部族地区，这种情况更为突出。此外，独立后持久的冲突与内战，更破坏了国家教育发展的基本环境，巨大的战争费用消耗了国家有限的财力，政府用于教育的费用严重不足。据联合国的估算，1995 ~ 1997 年苏丹的教育支出占全民总收入的比重不足 1.4%，而军费开支则占到了 GDP 的 3%。这一数字在非洲和阿拉伯国家中都是比较低的。比如，苏丹邻国厄立特里亚同期的教育开支占其 GDP 的 1.8%，埃塞俄比亚则占 4%。巴希尔政府执政以来，苏丹在教育方面强化伊斯兰教和阿拉伯语在学校教育中的支配作用，也对教育体制作了一些改革，但这些改革的成效似乎并不明显，除了只是减少会讲英语的人数外，教育现状并没有太大的改变。特别值得关注的是，由于大多数男生在进入大学之前都得服兵役或参加民防军（Popular Defence Force），苏丹的中等和高等教育受到一定冲击，加之受南方内战与达尔富尔冲突影响，全国学生入学率呈现下滑趋势。①

---

① Country Profile, *Sudan*, *Country Profile 2005*, The Economist Intelligence Unit Limited, London, UK, 2005, p. 25.

苏丹教育经费主要来源于中央政府预算、地区和地方政府筹资、个人和团体资金和实物捐助、外援和国外贷款。教育经费分配比例为：初级教育 55%，中间教育（相当于初中）9%，中级教育 22%，行政和培训 12%，国家负责技术教育、师资培训和高等教育经费，中等教育经费由中央和大区政府共同负责。小学和中间学校教育经费主要来自地方学区，国家适当补助。①

　　2005 年初北方政府和南方政府武装力量达成了和平协议，这为今后苏丹教育的复兴与发展提供了可能。但由于南北方在伊斯兰教与学校关系问题上的分歧，按照这个协议，苏丹的北方和南方将在今后 6 年的过渡期间甚至更长的时间中，实行两套平等的教育体制，这可能对苏丹整个国民教育体系的发展造成复杂的影响。同时，由于南方地区长期战乱，经济落后，教育设施更为落后，要缩短南北方教育发展的巨大差距，需要政府大量的投入。但从目前来看，政府的投入将是十分有限的，有保障的投入只可能来自外国捐赠者的资助，因而苏丹教育发展的前景还是困难重重的。

　　二　教育发展现状

　　有关苏丹中小学教育的资料和数据，因来源不同而存在着较大差异。2003 年联合国对苏丹的文盲率的估计是：平均为 41%，其中女性为 50.1%。这一发展水平与非洲国家大体一致，但与阿拉伯国家相比就落后许多。然而，据世界银行的报告，苏丹教育事业近几年来取得了很大进展。1990 ~ 2001 年，15 岁以上男性文盲率由 39% 下降到了 30%，

---

① 《非洲教育概况》编写组：《非洲教育概况》，中国旅游出版社，1997，第 301 页。

同期女性文盲率也由 68% 下降到了52%。① 苏丹基础教育得到加强的报道也被联合国《2003 年人类发展报告》（Human Development Report 2003）中的数据所证实。该报告估计，2001 年苏丹 15～24 岁年龄段的人口中的文盲率为 21%，而1999 年时相同年龄段的文盲率为 35%。但是，低入学率仍然阻碍着苏丹教育的发展。根据世界银行的估计，2003 年苏丹适龄人口的小学入学率仅为 60.2%，初中入学率仅为 35.4%。与此相比，埃及当年的小学入学率为 97.4%（完成率为 91%），初中入学率为 85%；肯尼亚的小学和初中入学率分别为 85% 和24%。

　　低教育水平部分地反映了苏丹人口，特别是农村人口分布的稀疏，同时也反映了战争对教育的影响。初中和高中教育受到的冲击特别严重，因为在进入大学前，大多数男中学生被要求服兵役或参加民防军，这导致了中学入学率的急剧下降。虽然 2005 年初《全面和平协定》的签署将为南北两地在 6 年的过渡期内及其后实行平行的教育体制铺平道路，但是由于教育设施的严重不足，这一目标仍然面临着巨大的挑战，并需要公共开支的持续投入，而这一开支中的大部分将要依靠外国的援助。

1. 小学教育

1990 年代初，苏丹全国得到政府资助的公立小学总数已经达到 7500 多所，教师有 6 万多名。公立学校小学生的人数，政府公布的数字是 165.4 万余人，但联合国教科文组织公布的数字只有 133.4 万人。小学学制 6 年，入学年龄为 7 岁。小学里都开设宗教课程，讲授阿拉伯语，同时也开设数学、科学、地理、美

---

① Country Profile, *Sudan*, *Country Profile 2005*, The Economist Intelligence Unit Limited, London, UK, 2005, p. 26.

术、历史、体育、农村教育、人口教育、家政方面的课程。受伊斯兰教的影响，苏丹北方的中小学校都实行男女分校或分班教学的制度，各门课程都是按照男女生性别分开教授的，但南方却不一定完全实行男女生分校或分班教学制。

在世俗公立小学之外，北方地区还建立有许多专门讲授《古兰经》的宗教小学校，这些学校得到伊斯兰教组织的支持。在苏丹南方黑人地区，还有一些农村学校。这两类学校的学习期限都是 4 年，学生从这两类学校毕业后，要经过两年的完全学校的学习，通过考试再升入中学。

按照联合国教科文组织的资料，1998 年苏丹全国有小学11982 所，教师 102987 名，学生 2478309 人。

2. 初级中学教育

1990 年代初期，苏丹的中间学校（相当于初中）的数量已经有 1500 所左右，大约是小学的 1/5，学生人数约 26 万多人。中间学校是中等教育的第一阶段，学制多为 3 年，供 13~15 岁学生就读。开设的课程除伊斯兰教和阿拉伯语课程外，还有英语、数学、科学、地理、历史，及公民教育、家政、美术、设计等实用性课程。学生毕业时参加中等教育普通考试，即中间学校结业考试。成绩合格者可分别升入普通中学（高中）、技术学校、师范学校或职业培训中心。苏丹南方的中学教育一直落后于北方，80 年代中期，南方的中间学校数只占全国中间学校数的1/10 左右。

苏丹中小学教育情况见表 6-1。

表 6-1　2001/2002 年苏丹中小学教育情况

	学　校	教　师	学　生		学　校	教　师	学　生
小　　学	11923	117151	3137494	高级中学	1684	21114	401424

资料来源：苏丹教育部 2004 年文告。

3. 高级中学教育

苏丹公立的高级中学（高中）有多少所，统计数字一直比较混乱。独立初，从小学到高中都实行免费的义务教育制度，但1980年代后因为政府无力支撑，高级中学实际上已经取消了义务教育，因而所谓的公立高中也就很难准确统计。1980年，苏丹公立高级中学有600多所，90年代有进一步增加。高级中学的学生人数，90年代后期约有30多万人。此外还有6000多名师范学校学生，近3万名技术学校学生。在高级中学中，男生占60%，女生占40%；教师比例中，男教师约占68%，女教师约占32%。按照苏丹教育部的资料，2000年全国有高级中学1684所，教师21114人，学生有401424人。

在高级中学里，也一样开设伊斯兰宗教课程和阿拉伯语言课程，普遍开设的还有数学、生物、物理、地理、历史、美术、体育、英语、艺术、公民等课程。在高中三年级，还开设艺术、英国文学、法语等选修课程。高级中学也实行男女生分校或分班教学。学习结业后，学生需参加国家统一考试，成绩合格者由国家发给高级中学毕业证书。高级中学毕业证书考试由国家高等教育委员会统一命题，考试科目按照大学入学分类分文科、工科、农医科。文科考伊斯兰宗教、阿拉伯语、英语、基础数学、历史、地理；工科考伊斯兰教育、阿拉伯语、英语、数学、物理、化学；农医科考伊斯兰教育、阿拉伯语、英语、生物、化学。苏丹的大学没有专门的入学考试，各大学按照高中学生的毕业考试成绩择优录取。

目前在苏丹首都喀土穆和其他一些大城市，已经有不少私立高级中学。私立高中质量参差不齐，有的学校可以招收到质量优秀的学生，实行贵族式的精英教育，但也有的私立学校水平很低，还有一些私人学校是传授伊斯兰教义的宗教学校。

4. 中等职业技术教育

苏丹中等职业技术教育主要有中等工业学校、中等农业学校、中等商业学校等。这些学校主要培养技术型的中级人才，除都需要普遍开设伊斯兰宗教课程、阿拉伯语外，开设的课程都是一些比较实用的技术类课程，近年来，这类中等职业技术学校受到了政府的重视。此外，在首都和一些大城市还建有一些非正规的职业技术培训中心，它们由政府的职业培训中心负责，为农村培训短期的技术人才。

三　高等教育与大学

1. 高等教育发展情况

苏丹的高等学校分为大学（综合性大学）、独立学院、高等技术学院（专科学院）三类。从独立之初到1970 年代，苏丹高等教育不仅十分落后，体系结构也不合理。到 1990 年代中期，苏丹已有 6 所综合性大学，即喀土穆大学、恩图曼伊斯兰大学、杰济腊大学、朱巴大学、开罗大学喀土穆分校、喀土穆综合技术大学，这 6 所大学都有权颁发学士学位以上的证书。此外，苏丹全国还有 14 所独立的高等学院，23 所高等专科学校，这些学院只能授予学生专科文凭。苏丹的大学多集中在首都地区或北方各省，南方比较好的大学主要是朱巴大学。

苏丹的大学教育，包括独立学院和专科学院，多继承了英国的教育制度。大学都是授予专门学位的学校，综合性大学学制 4年。高等专科学校和独立学院则授予专科文凭和证书，学习期限要比大学短一些，多为 3 年。在过去的年代，大学和技术院校为苏丹培养了许多优秀人才，但教育的结构与培养的人才，往往与国家的发展需要脱节，特别是农村和边疆所需要的实用人才与专门人才一直比较短缺。1980 年，两所新的大学建成，其中一所在杰济腊州的瓦德迈达尼，另一所在杰贝勒河州的朱巴。1990年代初，一些专科学校被提升为学院，其中一些成为喀土穆综合技术大学的组成部分。喀土穆综合技术大学的一些学院办在了首都以外的地区，例如在喀土穆东北的阿特巴拉的机械工程学院（College of Mechanical Engineering）和在杰济腊州阿布纳阿玛（Abu Naamah）的杰济腊农业和自然资源学院（Al Jazirah College of Agriculture and Natural Resources）等。

1980 年，苏丹全国在校大学生（包括技术学院和独立学院学生）约为 28700 名，教师 1276 名。到 2002 年学生增加到 78500 名，教师为 3800 多名。

上述这些大学，多数是 1989 年巴希尔上台执政后建立的，巴希尔十分重视国家高等教育的发展，致力于把苏丹建成非洲伊斯兰宗教中心和非洲国际大学中心，创办了多所新型大学，同时还出现了十来所民办大学，到 2004 年，全国高等学校的数量增加不少。栋古拉大学、苏丹港大学、卡萨拉大学和加达里夫大学等。这些大学是在短期内建立起来的，虽然质量参差不齐，但它们的建立，还是标志着苏丹高等教育的明显进步。

苏丹 2002 年教育情况见表 6 - 2。

表 6 - 2　2002 年苏丹教育情况

	学　校	教　师*	学　生		学　校	教　师*	学　生
学　前	5984	8897	365723	中　学	3512	14743	1010060
小　学	11982	102987	2478309	大　学	无数据	2043	200538

说明：*为根据 1998/99 年度数字推测；

资料来源：根据 2003 年联合国教科文组织统计数据整理。

2. 苏丹重要的大学

喀土穆大学（University of Khartoum）　苏丹历史最悠久的大学，其前身是始建于 1902 年的戈登学院，戈登学院是按照英国伦敦大学的模式建立的。1956 年戈登学院与喀土穆基切纳医学院合并，改造成为一所综合性大学，并改名为喀土穆大学。喀土穆大学被喻为苏丹的"哈佛大学"，设有医学院、法学院、文学院、农学院、理学院、兽医学院、教育学院、数学科学学院、工程与建筑学院、经济与经济研究学院、研究生院，许多学科具有培养硕士、博士高层次人才的能力。本科学制文科 4 年，工科 5 年，农医科 6 年，硕士 2 ~ 3 年，博士 3 年。1970 年代，喀土穆大学有在校学生 1.4 万多名，教师 670 多名。1990 年，注册本科大学生大约 1.2 万人，研究生约 2000 人。喀土穆大学与英国伦敦大学一直保持着紧密的关系，教育理念与培养方式多仿英国伦敦大学。长期以来，喀土穆大学因有较好的声誉，该校颁发的毕业文凭得到世界上一些著名大学的承认，因而由这所大学毕业而到海外留学的学生很多。当代苏丹各个领域的著名人物，有许多也是从这所大学毕业的。喀土穆大学还建有一些重要的研究中心，如伊斯兰研究所、亚洲与非洲研究中心、环境研究所、发展研究中心、建筑和道路研究所等，与世界许多大学建立有学术联系。

　　开罗大学喀土穆分校（**Khartoum Branch of the University of Cairo**）　在苏丹的大学中，开罗大学喀土穆分校的学生人数是较多的，1990 年代初，这所大学已有大约 1.3 万名学生。这所大学学生的特点之一是许多学生都在工作以养活自己，他们只参加下午和晚上的课程学习，虽然白天也开设一些课程。开罗大学喀土穆分校是一所免学费的大学。苏丹高级技术研究学院（Institute of Higher Technical Studies）也是免学费的，助学金可以帮助学生支付学费和生活费的一部分。巴希尔政府上台后，对外国学校实行苏丹化改造，开罗大学喀土穆分校改名为"青白尼罗河大学"。

　　恩图曼伊斯兰大学（**Islamic University of Omdurman**）　始建于 1912 年，这是一所规模比较小的大学，位于首都喀土穆恩图曼区。这所大学的一个特点，是以培养伊斯兰教的高级人才为主，学生毕业后多为穆斯林宗教法官和伊斯兰宗教与法律学者。

朱巴大学（University of Juba） 1977 年创建于南部朱巴市，首届学生于 1981 年毕业。虽然是面向全国招生，但朱巴大学主要为南部苏丹的经济发展和行政管理培养人才。20 余年来，朱巴大学还从南方招收了大量的文职人员，使那些在青年时代因为战乱或贫困而没有机会上学的青年人有了学习的机会。1983 年内战爆发后，朱巴大学不得不迁往首都喀土穆，这一迁校使其教学与科研严重受损。尽管如此，到 1980 年代末期该大学的部分师生仍继续在朱巴办学。2005 年南方内战结束后，朱巴大学迁回朱巴市并得到较好恢复发展。

恩图曼阿里亚大学（Omdurman Ahlia University） 在苏丹高等教育中，特别值得一提的还有恩图曼阿里亚大学的创办和扩大。这所大学是一些大学教师、职业人员和商人为纪念恩图曼市建市 100 周年而于 1982 年创办的，其目的是满足当地日益增长的对高等教育和培训的需求。恩图曼阿里亚大学是非政府的、职业取向的和自立的。办学经费主要来自私人捐助者、外国基金和苏丹政府。1990 年代初，政府同意将恩图曼西郊 30 英亩的土地作为其校园。恩图曼阿里亚大学的课程设置、用英语授课以及满足国家需求的职业培训特点，吸引了大量的学生。这所大学也十分重视公共管理培训、环境与生态研究等学科的发展，因而在苏丹高等教育中比较受欢迎。

杰济腊农业与自然资源学院 这是一所创办于 20 世纪 80 年代中期的技术性大学，宗旨是为全国提供农业技术人才，但其办学重点更多的是为它所在的地区的农业服务，因为杰济腊是苏丹灌溉农业最发达的地区。

尽管政府强调技术教育并鼓励各种国际机构办学，但是

1980 年时苏丹只有 30 余所大专水平的技术学院。1976～1977 年进入非技术性院校的学生数是进入技术院校的 8 倍，因而人才市场上所需的技术性人才往往比较短缺。此外，由于技术院校的办学条件比较差，开设课程不合理，师资队伍素质较低，加之教学设备落后，技术学院毕业的学生质量也比较低，因而许多学生都把这类学校只看作是第二选择。苏丹高等教育的这一困境实际上反映了在苏丹这样的非洲落后国家，教育体制存在的一个普遍问题是，社会需要实用型技术人才，包括农村技术人才，但大学教育却往往追求精英型的西式教育，毕业的学生又不愿意到农村工作，因此，这样的教育对国家的经济与社会发展贡献往往是有限的。

四　女子教育的发展

苏丹北方深受伊斯兰教的影响，因而历史上对女性的教育是十分传统的。女孩的教育通常由宗教学校哈勒瓦（khalwa）提供，女孩在哈勒瓦学习《古兰经》及相关宗教知识。宗教学校一般不为女孩提供世俗内容的教育，因而女性事实上被排除在世俗教育之外。20 世纪初，在苏丹政治与教育家谢赫·巴比克尔·巴德里（Shaykh Babikr Badri）的开拓性工作的推动下，英埃共管政府在 1920 年代开办了一所女子学校，并先后建立了 5 所女子小学。然而，由于对男孩子的偏爱和受苏丹传统社会保守思想的影响，女子小学的发展依然十分缓慢。1940 年以前，女子教育仍然局限于小学水平。

苏丹第一所女子初中是恩图曼女子初级中学（Omdurman Girls' Intermediate School），于 1940 年创办。到 1955 年时，苏丹有 10 所女子初中。1956 年，苏丹政府创办了第一所恩图曼女子高级中学（Omdurman Secondary School for Girls），当年招收了 265 名女学生。

独立以后，女性教育得到了较快的发展。到 1960 年时，苏丹已有女子小学 245 所，女子初中 25 所，女子高中 2 所。当时没有女子职业学校，唯一的一所护士培训学院仅有 11 名学生，而在许多苏丹人看来护士是一种不受尊敬的职业。1970 年代，在教育改革的推动下，苏丹的女子教育取得了很大的进展，全国共有女子小学 1086 所，女子初中 268 所，女子职业学校也有 52 所。当时，女子学校数已经占到了全部学校总数的 1/3。此后，北方的女子学校不断增加，但在遭受战争蹂躏的南方，女子学校并未增多，其数目大概和 1970 年代时的数目持平。

总体上说，苏丹女子教育还是较为落后，发展也是缓慢的。究其原因，一是经济不发达的制约，二是受传统文化的影响。许多信仰伊斯兰教的苏丹人担心世俗化的学校教育可能会破坏女孩子的道德与心灵，引起社会问题。许多家长对于女孩子接受现代教育也持怀疑态度。苏丹社会重男轻女是一个普遍现象，这种观念在教育上也有很大影响。父母多偏爱男孩，因为男孩受了教育会提高他们的社会地位，从而给家庭带来自豪和利益。而女儿却做不到这一点，多数苏丹人认为，女孩的价值是在家中而不是在学校里得到体现的，女孩儿们要在家中待嫁并准备嫁妆。出嫁前的女孩儿是家中的贵重资产，她们既可以在厨房做饭，也可以在田间干农活。当然，教育设施不够，缺乏女子学校，也打击了那些希望女孩儿接受初级教育的父母亲的积极性。

在苏丹女子教育发展中，恩图曼的阿赫法德大学学院（Ahfad University College）有着特殊的贡献。该学院的前身是巴比克尔·巴德里在 1920 年代创办的一所女子学校。至 20 世纪末，阿赫法德大学学院已经成为苏丹最主要的女子大学学院，拥有近 2000 名学生，这里有较为齐备的世俗性专业和学科。阿赫法德大学学院开设理论和应用两类课程，使苏丹拥有了一批自己的现代女性知识分子，这所大学还为苏丹培养了许多农村地区的女教师。

五 教育管理体制

苏丹各地区教育发展很不平衡。总体上看，北方教育主要由国家管理和投入，发展较快，水平较高，而南方经济较为落后，战乱不断，教育又大多由宗教组织来实施管理，教学程度和水平要低于北方。

苏丹教育行政管理采取由中央、大行政区、省以及省以下学区分级管理的体制。①

中央教育部 主要负责学前教育、中小学教育、中等技术教育，负责教育政策制定、制订和监督教育规划、课程发展规划、教师培训计划的执行，协调各级教育部门工作，以及国际教育合作事项。1980 年代后，教育部逐步将小学和初中两级教育移交给地方省级教育部门。教育部专门负责高中以及中等技术教育管理工作。

国家高等教育委员会 成立于 1975 年，主管全国高等教育。该委员会主任由总理兼任，主要成员由秘书长和各高校校长组成。委员会向政府提出有关高等教育的政策并监督执行。

国家训练局 主要负责大学后教育工作，包括研究生和进修生教育工作。

20 世纪 90 年代，苏丹政府还对中小学教育体制作了改革，将小学和中学学制从 6－3－3 年制改为 2－8－3 年制，这其中包含 2 年的学前教育，8 年的基础教育，3 年的中等教育。独立之

---

① 《非洲教育概况》编写组：《非洲教育概况》，中国旅游出版社，1997，第 299～301 页。

初，苏丹曾实行过大、中、小学免费教育，后因经济困难，加之学生人数增加，从 1988 年 6 月起政府取消了中、高等教育免费的规定，但小学仍为免费教育。1990 ～ 1991 年度苏丹财政拨款 400 万苏丹镑用于教育事业。

六 1990 年代以来的教育发展与改革

1977 年，苏丹政府曾颁布过一个《苏丹教育：行动评估与战略》的报告，提出了关于苏丹国家教育的基本理念与目标。其中规定，教育应促进个人和社会的全面发展，教育内容应该体现自由社会、国家统一与社会现代化的发展目标。这一文件还提出教育是促进国家经济增长的重要手段，因而学校课程应该增加实践性科目，培养适应社会需要的技术人才，特别是对技术性劳动力的需求。这一文件反映出当时苏丹社会的世俗化倾向，特别是文件中还提出教育应该增进苏丹国内各民族各地区间的联系，消除种族主义，寻求人类的理解。

1990 年代以来，由于巴希尔政府执政，苏丹教育的伊斯兰化倾向明显增强。1990 年 9 月，巴希尔政府宣布彻底改革苏丹的教育体制。在同大力支持他的穆斯林兄弟会的领导人、伊斯兰教师和管理者磋商后，巴希尔政府提出了旨在加强学校教育中的伊斯兰教内容的主张和政策。为了实施这些改革，他在 1990 ～ 1991 学年为教育拨款 400 万苏丹镑，并允诺如果现行的教育体制能够改变并能满足国家的需要，他将加倍投入教育资金。

这些旨在加强伊斯兰色彩的教育观点和主张，对 90 年代苏丹教育产生了多方面的影响。这些教育观点和主张认为，苏丹的教育要以永久的人性、宗教价值和自然本性为基础，传授符合伊斯兰性质和要求的教育，而这一切只有通过实施伊斯兰教课程来完成。按照这些改革主张，苏丹国内所有学校、学院和大学里的课程由两部分组成：必修课和选修课。必修课是所有学生都要学习的，这些课程都应该以宗教知识与宗教思想为基础。课程的核心内容都来自《古兰经》和圣训。巴希尔政府还规定，任何一个苏丹成年人，只有成为一名全国伊斯兰阵线同盟民防军（Popular Defence Forces）的成员后，才能获得进入大学的必备条件。这些措施加强了伊斯兰教和政府对教育的影响。不过，在学校的选修课方面，却保留了较多的自由给学生，它允许学生根据个人能力和爱好选择世俗性的课程和专业。

1991 年初，苏丹政府依据巴希尔颁布的命令，对高等教育实行重要改革。这些改革主要致力于以下几个方面。

1. 修改高等教育立法和法律

提出高等教育法律和立法的修订，要致力解决高校现有的问题以及顺应苏丹的环境，满足苏丹社会各阶层对教育的要求。增加高等教育机构的数目，扩建和发展一批历史悠久的大学。1970年代，苏丹只有喀土穆大学（喀土穆州）、恩图曼伊斯兰大学（喀土穆州）、杰济腊大学（杰济腊州）和朱巴大学（加扎勒河州）等四所大学。教育改革实施后，这些大学在原有学科的基础上设立了医学、工程学、纺织技术、动物饲养、石油开采、采矿、电子工程学、计算机工程学、计算机科学等学科。此外，还增加了对流行疾病、眼外科手术和兽医学的研究。

2. 新建了一批大学

在高等教育方面，巴希尔政府有一个很大的抱负，就是想把苏丹建设成"非洲人伊斯兰教中心和非洲国际大学中心"，因而他上台后对高等教育有很大推动。1990 年代，苏丹一下子成立了 10 多所大学，许多大学办到了地方上，包括一些较为边远落后的地区，首先成立的有科尔多凡大学、上尼罗大学、加扎勒河大学、森纳尔大学、伊玛姆大学、马赫迪大学、阿扎里大学、达马津大学、巴克特里达大学。随后又将一些省级技术院校升级，发展为一批新的大学，包括达兰吉大学、尼亚拉大学、扎林盖大学、尚迪大学、栋古拉大学、苏丹港大学、卡萨拉大学和加达里夫大学。此外，在第二个三年计划期间（1996～1998），三所新的大学在较边远落后的西科尔多凡州、玛纳吉尔（Al-Managil）和艾杜伊姆（Edueim）也筹建起来。90 年代以来，根据高等教育机构的法律和规章，高等教育和科研部门授权建立了 10 所私立大学，以鼓励和加速私立教育机构对教育部门旨在增加对高等教育目标的贡献。在这个背景下，一些原有的私立学院已经升级成为大学，如阿赫法德大学学院升级为阿赫法德大学，恩图曼阿里亚学院升级为恩图曼阿里亚大学。近年新建立的专科学院还包括纳斯尔技术学院、苏丹大学学院（只招收女性学生）、喀土穆应用技术学院、计算机科学学院、航空科学学院和瓦德迈达尼阿里亚学院等。①

3. 提高高等教育的质量

苏丹政府对高等教育和科学研究机构的教职员的资格审查十分重视，许多友好国家也帮助苏丹实施提高其教学质量的计划，加速其在研究生培养方面的教育规划，仅喀土穆大学研究院招收的研究生已达 6000 人。此外，恩图曼伊斯兰大学（Omdurman Islamic University）、杰济腊大学（University of Gezira）、苏丹科技大学（Sudan University of Science & Technology）、尼罗河谷大学（Nile Valley University）、圣古兰经与伊斯兰科学大学（University of Holy Koran & Islamic Sciences）、朱巴大学（University of Juba）和尼雷因大学（Al-Nilein University）等也成

① Country Profile, *Sudan*, *Country Profile 2005*, The Economist Intelligence Unit Limited, London, UK, 2005, p. 27.

立了相应的研究院和专业委员会。

4. 建立高等教育学历认证制度

学历认证一直是高等教育改革的主要内容，高等教育科研部门已经建立了一个委员会用于学历认证，制订工作计划，根据苏丹不同地方的民族特性以及他们的不同信仰和他们特有的伊斯兰、阿拉伯和非洲文化遗产，该部门为其提供学历认证的真实资料。在其他一些相关部门的帮助下，该委员会也负责筹备学术活动，同时将大量的研究不同领域的专家教授聚集在一起，从事修改课程计划制订工作。学历认证委员会致力于建立伊斯兰知识中心，以此提高学者的素质并提供真实可靠的材料，伊斯兰知识中心建立在杰济腊大学中。

5. 扩大高等教育与国际组织的合作

苏丹高等教育和科学研究机构在教育、科学和文化领域同一些国际组织保持着密切的联系，联合国教科文组织等国际组织的项目也正在为高等教育领域提供一个广阔的空间。

七　重要的教育文化国际机构

1. 联合国教科文组织苏丹办事处（UNESCO）

该组织为苏丹在国外就读的学生提供经济支持，并且招集苏丹国内工程学和农业学的专家展开相关科技研究；同时为以上两大学科领域筹集资金。UNESCO 还致力于水资源的合理利用，并与恩图曼伊斯兰大学达成共同研究合理利用水资源的研究项目。高等教育机构已经利用 UNESCO 的技术和资金的支持建立了基础和重点实验室。苏丹和 UNSECO 近来已经签署了高等教育研究的协议。

2. 阿拉伯联盟教育、科学和文化组织（ALESCO）

苏丹与 ALESCO 在阿拉伯化领域展开协调与合作的联系，后者提供了 4 万美元应用于支持该国阿拉伯化的研究。

3. 国际原子能机构苏丹办事处（IAEA）

IAEA 与苏丹展开了良好的合作，同苏丹的农业公司、原子能公司、动物研究公司以及农业灌溉部等政府部门和研究机构一起研发了一些科技项目。

4. 阿拉伯原子能公司苏丹办事处（AAEC）

作为 AAEC 的成员国，苏丹的高等教育和科学研究部参与了该组织的会议和活动。同时，苏丹的高等教育和科学研究部还和该组织就专家交流及培训和平利用原子能技术的人才达成了谅解备忘录。

5. 世界卫生组织苏丹办事处（WHO）

苏丹高教和科研部与 WHO 在医学研究领域中进行了广泛合作，WHO 为苏丹基础医学领域的硕士研究生提供资助，使苏丹于 1985 年有了首批医学硕士。

上述这些机构的总部都设立在苏丹首都喀土穆。此外，苏丹境内还有一些来自世界各地的非政府组织机构。

第二节 文学与艺术

一 文学发展概况

在中世纪苏丹逐渐阿拉伯化后，阿拉伯文学成为苏丹文学的主体。19 世纪和 20 世纪前 25 年中，苏丹文学中占统治地位的是墨守中世纪阿拉伯古典成规的诗歌，其发展有两支：一支是以民间创作为基础的口头诗歌，它表现了苏丹遭受埃及马木鲁克王朝和奥斯曼帝国压迫的情况，也反映了当时日常生活的许多方面，含有一定的民族爱国主义成分。这方面的成就，以女诗人乌姆·穆赛姆和兵特·阿里－马卡维的作品为代表。另一支是书面诗歌的继续，它专供受过高等穆斯林教育的上流社会欣赏，其题材内容很少变化，主要有赞颂战功、哀哭和清教徒式的忏悔等。19世纪，侯赛因·扎赫尔（1833～1895）、穆罕默德·阿赫默德·哈什姆（1825～1910）、穆罕默德·乌玛尔·阿里－宾纳（1848～1919）和阿卜德·阿尔拉赫曼·阿里－马达维等诗人的创作皆属此类。

从总体上说，苏丹现代文学是由三个部分构成的。一是用阿拉伯语写作的作品，它大体上属于世界阿拉伯文学的一部分；二是用英语写作的作品，它其实是西方文学与苏丹文学融合的产物；三是在南方黑人部族社会中保存下来的口头民间文学。事实上，这三部分文学是既有差异又有内在联系的，因为现当代的许多有影响的苏丹诗人和作家，如塔吉·艾斯－西尔·汉萨、穆罕默德·密基·易卜拉希米等，都能熟练地使用阿拉伯语和英语进行诗歌创作，而他们诗歌与艺术中反映的社会生活与情感，又是以苏丹乡村世界或民间艺术为基础的。

近代以来，作为阿拉伯文学和非洲文学的一部分，苏丹文学的发展进程与阿拉伯世界和非洲大陆的历史命运及政治斗争紧密相连。在苏丹人民反抗土－埃和英－埃殖民统治的斗争中，曾涌现出了一批作家和诗人，他们受到当时的反殖斗争的鼓舞，创作出了一些反映斗争实践和歌颂民族主义的文学作品。马赫迪起义失败后，许多诗人、作家战死疆场或被捕入狱，苏丹民族文学曾一度衰落。

进入20世纪，英国与埃及的殖民统治及外来文化的影响，成为苏丹文学中的新内容。当时，穆罕默德·赛伊德·阿里－阿巴斯、穆罕默德·阿里－阿明和塔乌费克·阿赫默德等苏丹诗人，在他们的作品中，英埃殖民统治这一主题得到直接反映。这一时期的诗歌从内容到形式均无重大变化，许多诗歌充满悲哀失望的情绪，感叹伊斯兰精神的减退，留恋阿拉伯统治的黄金时代，这些情感其实是对外来殖民压迫环境的反映。

英国殖民统治时期，苏丹现代西式教育有了初步发展。1902
年，英国人在喀土穆开办了戈登学院，这所学校培养了苏丹现代
史上第一批民族知识分子，其中有些就成为后来苏丹知名的艺术
家和诗人作家。

苏丹现代文学发展进程及特征，在相当大的程度上是在 20
世纪初兴起的苏丹现代民族解放运动的推动下形成的，同时，苏
丹的民族知识分子在第一次世界大战后接触到了欧洲文化和各种
新思潮。正是在这一时期，苏丹作家和诗人的创作日趋活跃，苏
丹文学出现了繁荣局面。

到了 20 世纪 30 年代，苏丹先后出现了《复兴》、《苏丹之
镜》和《曙光》等文学刊物。它们宣传革命思想，探讨文学问
题，在苏丹思想史和文学史上产生了重大影响。在此期间，苏丹
首次出现了反映婚姻、习俗等社会问题的短篇小说。此后，随着
欧洲文学对苏丹的影响和国内知识分子的增加，苏丹大城市里出
现了一些民间性质的文学俱乐部和文学团体，比如 1938 年在喀
土穆成立的"毕业生同学会"和 1953 年在恩图曼成立的"文学
俱乐部"等。

二 当代文学与重要作家

第二次大战后，苏丹文学在民族解放斗争中逐步发展为
具有革命思想和斗争目标的现实主义文学。独立以
后，特别是 20 世纪 60 和 70 年代，长篇小说迅速兴起，几乎成
为苏丹文学的主要表现形式。其题材多以农村为背景，反映整个
社会的新与旧、进步与保守之间的斗争。80 和 90 年代苏丹的文
学创作进一步繁荣，对社会现实的反映也更为深刻。

苏丹自独立以来，民族文学有了初步的发展，出现了一批
有影响和特色的作家和文学理论家。这些作家，大多数都是用
阿拉伯语和英语写作的，但他们表达的却是一种苏丹特色的民

族文学与艺术风格。哈姆扎·马利克·顿布曾写过《论阿拉伯文学的浪漫主义》一文，对现代阿拉伯及非洲文学有自己的思考与评价，他还出版过诗集《自然法》。穆罕默德·艾哈默德·马赫朱卜的《苏丹思想应朝什么方向发展》是苏丹现代知识分子对国家文化发展的探究。此外，诗人哈桑·伊扎特的诗集《泪与情》、优素福·巴什尔·阿特－季赞尼的《东方集》、优素福·穆斯塔法·阿特－丹尼的《初喊集》也是其重要代表作。

独立后的苏丹，出现了一些现实主义流派诗人，他们是穆巴拉克·哈桑·赫利发、萨拉赫·阿赫默德·易卜拉欣等，批评殖民主义和建设苏丹新生活的主题在他们的诗歌中占有主要位置。此外，贾马尔·穆罕默德·艾哈迈德的《女丐》、《非洲话剧》、《非洲实体》、《阿拉伯人与非洲》及诗集《新生的非洲》，门舒尔·哈利德的散文集《与知己者漫谈》，阿里·马克的《黑人文学的典范》、《盲人无罪乎》、《月照庭院》和《土城》，塔伊卜·萨利赫的《移居北方的季节》、《扎因的婚礼》、《市长》和《悬崖》，艾布·巴克尔·哈利德的长篇小说《在矮墙上跳跃》，穆罕默德·赛义德·阿巴斯的《阿巴斯诗集》，以及穆罕默德·马赫迪·马吉古卜的诗集《狂人怒》、《喜讯》和《显贵与迁徙》等，都是苏丹现代文学中的重要人物与作品。[①]

当代苏丹诗歌多数是用阿拉伯语写作的，也有一些用英语写成。比较知名的当代诗人和作家主要有下列几位。[②]

提尼（Yusuf Mustafa at-Tinni 1909～?） 诗人，生于恩图

---

① 参阅（尼日利亚）索因卡等著《非洲现代诗选》，汪剑钊编译，河北教育出版社，2003。赵彦博、王启文著《非洲现代文学》，军事谊文出版社，1996。
② 参阅罗洛主编《20世纪外国文学辞典》，中国大百科全书出版社，1991，第194～195页。

曼。1930 年毕业于戈登学院。做过工程师和杂志编辑，参加过苏丹民族解放运动，独立后出任驻埃及大使等职。30 年代开始发表诗作，出版有诗集《第一个回声》（1938）、《意向》（1955）、《提尼诗集》等。作品描写非洲大自然景色和历史，歌颂美好情感与理想，也有一些作品具有强烈的政治色彩，反映了苏丹民族解放运动与人民斗争。

提贾尼（Yusuf Bashir at-Tijani 1912～1937） 现代苏丹诗人，生于恩图曼。毕业于当地的文理学院。著名的长诗《喀土穆》表达诗人对祖国和人民的热爱，影响甚大。《教堂与清真寺》一诗呼吁持各种宗教信仰的人团结一致，共同对敌。主要诗集有《曙光》，于 1942 年在埃及出版。不少诗歌赞颂人类社会和自然之美，诗人对自然之美的感受细腻而丰富，具有很强的艺术感染力。

努尔（Muawiyah Muhammad Nur 1909～1942） 小说家和评论家。生于喀土穆。先后就读于戈登学院和贝鲁特大学。当过报刊编辑和商会秘书。1927 年开始发表文学评论，主要著作有《小说艺术之本》、《文学与评论研究》等。主张文学作品应从生活中汲取素材，运用心理分析方法，突出正面人物。1930 年发表苏丹现代文学史上第一篇短篇小说《我的叔伯兄弟》，反映苏丹社会的伦理道德和生活风习，揭露殖民统治的罪恶。作品为苏丹现实主义小说奠定了基础。主要小说还有《信仰》、《列车上的悲剧》等。

阿卜杜·拉赫曼（Jili Abd ar-Rahmman 1931～1976） 生于萨伊岛一个贫穷家庭，在开罗贫民窟长大。曾参加过埃及民族解放运动。擅长自由诗，著有诗集《黏土和爪子》（1958）、《骏马与折剑》（1966）等。拉赫曼的诗歌多以现代苏丹社会生活为内容，歌颂自由与民族精神，批评殖民统治，同情劳苦大众的不幸。风格粗犷，情感强烈，语言朴实。

马赫朱卜（Muhannad Ahmad Mahjub 1908～） 诗人、评论家，1929 年毕业于戈登学院，曾当过工程师。1938 年获法律文凭后转业当律师。曾在政府外交部任职。擅长浪漫主义抒情诗，著有诗集《一颗心的故事》（1964）、《心的诱惑》（1964）等。诗作颂扬纯真的感情，表达爱国情怀，批评社会弊端。与人合作完成了苏丹现代文学史上第一部中篇小说《世界的死亡》（1946）。另有诗歌评论集《苏丹的运动应朝什么方向发展》（1936）。

哈利德（Abu Bakr Khalid 1931～） 小说家，生于恩图曼。毕业于埃及爱资哈尔大学宗教法律学院。青年时就开始发表文学作品，出版有多部中短篇小说，长篇小说《春天的开始》（1959）描写独立后苏丹社会的变化与政治斗争及青年一代的新生活，是苏丹现代史上第一部长篇小说。还出版有《哈利德短篇小说集》等。他的作品具有浓厚的苏丹民族文化特色，反映了苏丹传统与社会习俗，语言生动形象。

费图里（Muhammad Muftah al-Faituri 1930～） 诗人与评论家。曾在埃及生活多年，毕业于埃及爱资哈尔大学。1955 年发表诗集《非洲之歌》，是非洲黑人民族主义的重要作品，1970 年发表诗剧《苏拉拉》，歌颂非洲民族英雄，揭露欧洲白人贩奴罪恶。费图里作品丰富，题材多样，60 年代以来出版有诗集《来自非洲的情人》（1964）、《记住我，非洲》（1965）、《苦行僧之曲》（1969）、《英雄革命与绞架》（1972）及诗剧《非洲之岸的堡垒》等。他的诗歌以黑人心灵世界为歌颂对象，风格热烈，语言奔放，具有非洲文学的特点。他还出版有《现代苏丹诗歌绪论》（1967）、《现代利比亚诗歌的发展》（1968）等理论著作。

塔依卜（Abdullah at-Tayyib 1921～） 诗人与学者。生于达努尔。毕业于喀土穆戈登学院，后去英国留学并获得博士学位。

回国后在戈登学院任教。曾担任该校文学院院长、校长。1955 年发表三卷本《阿拉伯诗歌理解和技巧指导》，在阿拉伯文坛享有盛誉。诗集《尼罗河的回声》（1957）收有他的抒情诗和叙事诗。诗作《心的眷恋》反映对大自然的热爱；《如何》以象征手法歌颂人类纯真的情感。其他作品还有《玉米面》等。他还著有文集《苏丹阿拉伯散文倾向》(1958)、《论穆泰奈比》(1975) 等。

三 丰富多彩的苏丹艺术

1. 苏丹艺术源流

苏丹是一个具有非洲黑人传统与北非阿拉伯传统双重属性的国家，而其历史又古老悠久，因而苏丹的建筑、绘画、雕刻和其他艺术形式，往往多具有介乎黑人艺术与北非艺术之间的深厚而多元的特点。苏丹的现代艺术与这块土地上曾出现过的古代努比亚艺术、黑人各传统部族艺术、阿拉伯伊斯兰艺术，都有着复杂的传承关系，但近代以后，苏丹的艺术家们也受到西方艺术的影响。

两三千年前的古代努比亚文明时期，苏丹人民创造了自己辉煌的艺术，大量的神庙、宫殿建筑，与受古埃及艺术风格的影响，又有自己的地域特点。基督教传入后，在苏丹境内保留下来了具有原始基督教形态的艺术形式，法拉斯大教堂遗址上迄今残留着原始基督教风格的壁画作品。中世纪以后，努比亚人的艺术与阿拉伯伊斯兰艺术逐渐融合，成为苏丹现代艺术的基础。但在南方地区，黑人传统部族艺术却又呈现出另一种完全不同的艺术传统与风格。如被称为非洲大陆"最具尼罗特游牧民族精神"的丁卡人部族习俗，那奇特的人体装饰艺术，直到今天，依然十分完整地保存了下来。[①]

---

① Carol Beckwith & Angela Fisher: *African Ceremonies*, New York, 2002, p. 240.

因此，从艺术风格和形式上看，苏丹艺术呈现出鲜明的民族传统色彩。这种具有继承性的艺术形式能清楚地反映出苏丹特有的历史文化与民族精神。对过去的继承构成了苏丹现代艺术实践的基础，这也是为什么当代苏丹的艺术体系有别于其他的非洲艺术学派而独树一帜的原因。这种对过去的继承也反映在当代苏丹的伊斯兰教育及艺术实践中。从公元9世纪一直到现在，苏丹传统的古兰经学校都把艺术传授看作是一种生活的实践过程，而南方尼罗特黑人的部族艺术，始终是与传统生活与游牧经济共生在一起。

1824年土耳其进攻苏丹时，穆罕默德·阿里帕夏（Mohamed Ali Pasha），一个对尼罗河流域的现代化非常感兴趣的人，将现代初等教育引入了苏丹，这成了苏丹传统的哈勒瓦学校（khalwa）的实践基础。到1936年，在巴科特里达学院（Bakht-el-Rida Institute）建立了一个艺术教育部。该部的领导人是一位英国艺术学家吉恩·皮尔·格林洛（Jean Pier Greenlow）。在作为苏丹现代艺术先驱的格林洛的影响下，苏丹的艺术表现形式自1936年起便开始朝着更具民族性与现代性的方向发展了。当时，从戈登学院毕业后出国留学的一些苏丹艺术专业留学生，他们到国外接受了西方式的现代艺术教育，深感苏丹的民族艺术只有既能继承自己的民族传统与历史精神，又能结合现代世界的艺术需要，在传承社会文化习俗的同时，根据时代发展需要而有所改进，这样的艺术才是有生命力的艺术。这些苏丹民族艺术的先驱者曾在当时尝试过在西方传播苏丹的民族艺术，但并未得到欧洲艺术主流专家们的关注。

一些留学国外的苏丹艺术家回到国内，重新思考民族艺术的价值，他们将艺术与社会生活联系起来，寻找从艺术的角度理解和建设苏丹现代国家的可能。但苏丹的历史文化传统与社会习俗具有复杂而多元的特点，人们对于苏丹艺术的特征与民族精神的核心有着不同的看法。1960 年代，在喀土穆大学的艺术部，一些苏丹艺术家和教师，展开过一场关于苏丹民族艺术形态走向的论战，这不仅是一场关于精神和观念的论战，同时也是一场关于非洲与伊斯兰世界关系的论战。一些苏丹艺术家认为，苏丹文化是由这两种文化共同造就的，它们在苏丹文化中既有共性又有冲突。这种思想，对当代苏丹艺术的发展产生了重要影响。许多人从传统艺术中寻求艺术源泉，使当代苏丹的绘画、雕刻和城市建筑，保持了某种形态的民族特色。在苏丹国家博物馆和喀土穆大学艺术部中，苏丹的大量传统艺术珍品得以保存，并吸引着来自世界各地的非洲艺术爱好者。

2. 苏丹艺术现状

苏丹现代艺术，可以分为北方的阿拉伯 - 伊斯兰艺术与南方的尼罗特黑人部族艺术两大部分，同时，在城市里，还有受西方影响的现代艺术存在。

苏丹的阿拉伯 - 伊斯兰艺术，包括建筑、民居、音乐、舞蹈等，都是在公元 10 世纪以后，随着阿拉伯人的到来和伊斯兰教的传播，在苏丹境内逐渐与传统的苏丹古代努比亚艺术融合而成的。苏丹音乐舞蹈具有一种特别浓郁的东方与非洲风情，其节奏与旋律既有阿拉伯音乐舞蹈的歌唱性与舞蹈性，又混合了非洲黑人音乐舞蹈的强烈节奏与动感。

苏丹阿拉伯 - 伊斯兰建筑艺术，主要集中体现在遍布全国各地的清真寺建筑上。仅在喀土穆就有大小清真寺 400 多座。苏丹的清真寺总体上承袭了伊斯兰建筑的特点与风格，但受着苏丹当地建筑材料、气候和生活方式的影响，又呈现出某种程度的本土化特点。有的清真寺与苏丹传统建筑并没有根本的区别。著名的法克鲁清真寺，建于 1902 年，是当地最雄伟的历史建筑之一。为纪念民族英雄马赫迪而建的马赫迪宫，也体现了苏丹民族建筑的特色。在苏丹的国家博物馆，收藏着十分丰富的古代努比亚时期、基督教时期以及阿拉伯人进入后各个时期的艺术珍品，那些刻满了古代麦罗埃象形文字和浮雕的石头碑铭，还有罗马人留下的艺术品，精美的瓷器艺术品和器皿，及在麦罗埃古代王宫附近发现的罗马皇帝奥古斯都的头像等，都是珍贵的艺术文物。

苏丹的西式建筑大体可分为三大类型，一类是古代罗马帝国时期留存下来的历史性建筑，主要分布在尼罗河第一瀑布到喀土穆一带。当时，罗马建筑艺术已经影响到努比亚地区，在许多村落中心和市镇修建了希腊—罗马式的长方形建筑，优美的罗马式浮雕与柱廊，结合了麦罗埃人的传统艺术特色。第二类是公元4~14世纪期间基督教传入苏丹后留下的教堂建筑。在栋古拉附近有许多古代留下的基督教教堂和皇宫建筑遗址，有哥特式的、科林斯式的。其中最著名的如法拉斯大教堂，它是古代麦罗埃艺术、希腊古典艺术、基督教艺术混合的产物。法拉斯大教堂内还保留了精美的基督教绘画艺术，那些画在教堂墙壁、天花板和窗户上的圣像画和装饰画，色彩多呈紫色调，线条流畅清晰。苏丹的教堂艺术具有希腊正教的影响，还融合了当时中东耶路撒冷—巴勒斯坦与叙利亚的风格。目前，这些古代的西式建筑，已经只是作为历史遗址存在着。第三类是近现代英国殖民时期留下的西式建筑，其中以位于喀土穆尼罗河畔的总统府最具有代表性。这座建筑当年曾是英国在苏丹的总督府，苏丹独立后，改造成了总统府，也是目前在首都喀土穆最好的旧式建筑之一。

在首都喀土穆，还有一些现代建筑，如1976年由中国援建的友谊宫，它由一个会场主体建筑、一个剧场和附属物构成。

四　苏丹的阿拉伯–非洲音乐舞蹈

苏丹北方阿拉伯化的民族，其音乐与舞蹈是阿拉伯风格与非洲黑人风格的混合。在喀土穆国家艺术馆和一些文化中心，传授和练习阿拉伯音乐舞蹈。目前苏丹全国最大最重要的演出场地是苏丹国家剧院，苏丹艺术家协会是重要的组织机构。

苏丹南方的游牧民与黑人部族，其传统艺术具有浓厚的民族特色。尼罗特黑人的舞蹈与音乐是与他们发达的游牧业经济联系在一起的。在迁徙的过程中，尼罗特人有复杂的祭祀与礼仪活动，其间都伴以歌舞，表达他们的情感与期待，及对祖先神灵的崇拜敬畏。至于婚丧嫁娶，求雨问卜，音乐与舞蹈更是其中不可缺少的内容与形式。部落的音乐舞蹈既有相同的地方，又有自己的个性与特点。

让外部的人来观看欣赏，可能觉得苏丹南方的这些黑人音乐舞蹈的风格与内容都差不多，其实部落的成员对自己的音乐舞蹈的民族性是十分敏感的。因为这些音乐与舞蹈，其内容与形式，往往都讲述着表现着自己部族的历史与往事，传唱着先祖的业绩与战功。部族成员自小就熟悉并参与部族音乐舞蹈活动，对其中的情感和神秘内容有直觉的领悟与把握。跳舞时，各部族的成员会根据舞蹈传唱之不同内容，随时变幻音乐节奏的强弱。这些部落的音乐舞蹈是由复杂多变的鼓点、足蹈节奏，及组合复杂的击掌声、歌声和喊声来相互配合的，气氛或舒缓、或粗犷、或激昂、或悲伤，变化多样。

总的来说，非洲黑人的音乐、舞蹈、面具、服饰艺术是天然地混合在一起的。例如南方的希卢克族人时常跳一种叫"布尔"的鼓舞，舞者或系上面具，或全身披枝挂叶，加之身体各部分用天然色彩涂抹得十分艳丽，手脚上系上铃，随着音乐鼓点狂跳舞动，其气氛紧张而刺激。他们的战斗舞更加热闹，舞者腰围兽皮或布片，手持盾牌、标枪或棍棒，眼皮涂成红、白色，并且头上戴着插有羽毛的冠子，随着口中发出的嘹亮喊声，挥舞兵器，踏着表现战斗场面的舞步。

被称为"非洲骑士"的丁卡人，身体魁梧，性格剽悍，他们饲养着体形巨大的非洲公牛，自由迁移在苏丹尼罗河上游的大草原或南方荒漠世界里，世世代代流传下来了自己的部族舞蹈。其内容多与征战掠杀有关。他们的舞蹈，形式与风格具有浓厚的南方黑人特点，或号召人们准备迎击敌人，或赞美部落首领和公牛的力量，或模仿飞越高空的非洲鹰的优美身姿，及模拟各种动物的敏捷动作。

今天，由于现代生活在乡村与边远地区的传播，生活在南方的黑人部族的音乐舞蹈也有了种种的变化。人们在传唱传统的音乐歌舞时，也在使用现代的电器与乐器。甚至从美国和西方传来的现代音乐，本是从非洲黑人的传统音乐与舞蹈中发展而成的，现代又作为外来的音乐舞蹈进入了苏丹内陆的部族生活世界中。在广大的乡村与小镇上，现代音乐与舞蹈已经越来越受到年轻人的喜爱，尽管这些音乐舞蹈其实都是从他们的祖先那里发展而成的。

第三节　科学技术

一　科技发展概况

长期以来，苏丹在科学技术方面的落后状态并没有根本改变。持久的战乱使国家的科技事业深受其害。自从独立以后，苏丹历届政府并未认真考虑过国家的科技发展战略与政策。直到1970年国家研究委员会成立，第一部关于科技组织的法律出台，这个国家才有了专门的政府科学技术部门。

1970年，苏丹成立了国家研究委员会，它成为负责制定社会利益和发展计划并监督其执行的政府科技管理机构，它曾为苏丹科技发展做过有益的努力。到20世纪的70~80年代，苏丹的一些具有现代特征的专业科研协会，如生物学会、传统医学会，也相继建立起来。经过30多年缓慢发展，到2000年，在首都喀土穆和一些重要大学，已经建立了一些规模不大的科研机构，在农业、畜牧业、生物和职业教育方面，做了一些本土化的研究工作。但由于研究经费少，人才流失严重，这些机构的成果和影响都十分有限。

1989 年，苏丹政府成立了高等教育研究部，国家自然研究中心也重组成功，这是苏丹国家科研发展的重要标志。高等教育研究部致力于普及教育和提高科学研究在发展战略方面的运用。该机构曾提交了一份国家 10 年科技发展战略（1992～2002）的报告。作为一个全面的国家科技发展战略，该报告提出应该努力使苏丹发展成为一个科技发达的国家，并努力将先进技术应用于国家的生产部门。该计划还提出了应该努力向公众普及科技知识，使科技知识成为国民基础文化的组成部分。

近年来，随着苏丹石油经济的高速发展，国家在科技方面的投入已经有所增加。国家科技部还展开了知识经济方面的基础研究，以使苏丹经济在经济全球化的今天更富有竞争力。根据 2003 年苏丹国家科技部通过的一个战略规划，苏丹国家科技部的最高目标是致力于将科技研究成果造福于苏丹人民。为此，科技部将致力于技术可持续发展研究和基础教育的普及，使得苏丹经济在全球市场更具有竞争力。

苏丹的人文社会科学研究比较落后，几乎没有全国性的研究协会和组织，但在喀土穆大学、恩图曼伊斯兰大学、开罗大学喀土穆分校，建有一些研究中心和研究所。如喀土穆大学的伊斯兰研究所、阿拉伯文化研究所、亚洲研究中心、环境研究所、发展研究中心等。这些大学研究机构与国际学术界建立了联系，聘请国外学者担任教师和研究人员，与本土学者一起从事与苏丹历史文化与民族宗教有关的研究工作与学术传播活动。

喀土穆大学的办学宗旨之一是树立苏丹人民坚强的民族自信心，通过学术与科学进步解决苏丹的社会、文化和发展的问题。

喀土穆大学虽然使用英语作为学校的教学用语，但它多年来致力于将阿拉伯语应用于科研与教学领域。喀土穆大学图书馆收藏有大量的用阿拉伯语撰写的历史文献、宗教经典和现代科学研究参考书。大学鼓励有条件的苏丹学生积极利用这些文献资料以从事学术研究活动，它还支持阿拉伯文字的书籍出版工作。

二 重要科研机构

苏丹是一个地域广阔的国家，横跨 18 个纬度，从北部的炎热干旱气候到南部半热带雨林的丰富降雨气候，这些都赋予苏丹别具特色的自然环境和自然资源，为自然科学的某些学科提供了十分有价值的资源。苏丹拥有辽阔的耕地面积和牧场，因而苏丹的科技研究以农牧业为主。同时，苏丹还有大量的野生动物资源和丰富的石油、黄金、铁、铬等矿产资源，因此对动物和矿产的研究也在苏丹的科学研究中占有重要位置。

苏丹有一些不错的动植物和矿产资源研究机构，其中主要有三个。

1. 农业研究和技术有限公司

农业研究和技术有限公司（ARTC）是苏丹国内一家有影响的机构，它集科研与开发于一身，接受国家和民间委托专门从事农业发展计划的研究及其实施。它的研究领域主要集中在农作物的生产和保护，水土保持，森林和山脉的保护，水资源的管理，环境保护，遗传资源研究，放射性同位元素的使用，以及生物工程学，食品加工，经济和社会研究以及种子生产等方面。1990年代，在政府资助下，该机构实施了一项重要计划，内容涉及八个方面：①关于提升国家谷类食品生产的科研计划，这些谷类作物包括高粱、稷、小麦、玉米；②纤维作物如棉花的科研；③油料作物如花生、芝麻、向日葵的科研；④豆类作物如食用豆类的研究；⑤园艺作物的研究；⑥季节性棕榈研究。以上项目的研究旨在制定一个完整的提高农作物产量和质量的方案，同时还涉及诸如减少化学肥料和杀虫剂的使用，提升农业机械化水平，根据国内不同气候生态环境调整农作物布局，用新技术收藏粮食以减少收获损失等。⑦关于山区经济和牧场的研究；⑧阿拉伯树胶的研究。此外，该研究机构的科研与应用领域还包括食品研究、农业工程学研究、社会经济研究、森林研究、土地沙化和干旱研究、陆地和水资源研究、农作物保护、植物遗传资源研究、动植物繁殖以及南苏丹开发等。

2. 动物资源研究公司（Animal Resources Research Corporation，简称 ARRC）

苏丹国土广大，动物资源丰富。早在 20 世纪初，苏丹本土和外国的科学家已经在苏丹建立动物科学站。在南方地区，关于热带家畜饲养业、渔业和野生动物的研究，也在 20 世纪 50、60 年代开始了。

1995 年 7 月，苏丹科学家在以往家畜饲养业、渔业和野生动物研究的基础上，建立了苏丹动物资源研究公司，这是一个半自治的机构，经费得到政府和国外的扶持，它在动物资源的所有领域展开研究工作，并由一个从属于科技部的管理委员会领导。

ARRC 重点从事以下工作：①确认影响动物生产和出口的各种疾病和流行病；②改进疾病控制机制，提供疾病诊断服务，进行疾病监测，改进动物疫苗的研究和生产及其他的生物产品；③通过最近和最合适的技术推进畜牧业研究，确定当地牲畜及其繁殖的基因特征，提供肉、奶、禽的高产方法；④在捕鱼和水产业领域开展资源的合理化管理研究，以提高渔业生产能力，获得高质量的渔业产品并减少捕获后的损失；⑤在国家公园的生态系统内进行野生动物研究，接受并保护稀有动物，为野生动物的保护、繁殖和投资提供技术建议；⑥特别关注牧场、草料和其他动物饲料资源；⑦收集、分析和分发与动物资源有关的资料；⑧提供兽医药品、疫苗和生物产品的咨询；⑨在只收取成本费的情况下提供最好的研究服务工作；⑩增进国内外相关研究机构之间的合作；⑪对技术人员和生产者进行培训；⑫致力于通过恰当的技术提高在动物资源领域的服务等级。

3. 原子能公司

该机构成立于 20 世纪 90 年代初，其主要职能是与国际和阿拉伯国家的原子能机构及专家合作，并实施基于和平目的的原子能开发应用项目。2003 年，该公司有 15 个技术援助计划。这些项目中有 8 个项目估计需要 220 万美元用于设备仪器，这些装置和资金的筹备都得到国际原子能机构的支持。

在苏丹国内，还有其他一些重要的研究机构，如苏丹农业研究公司、兽医研究公司、放射线和同位素医院、兽医研究机构、喀土穆大学科技中心、杰济腊大学动物与农业资源研究所，以及苏丹国家核子医学学会等。

第四节　医药卫生

一　疾病流行情况

苏丹地广人稀，南北差异极大。在南方边远地区，交通极其不便，现代医疗卫生条件是十分落后的。受经济落后和内战冲突的影响，长期以来苏丹政府在医疗卫生方面的投入也很少。

由于缺医少药，加之食物短缺和缺少干净安全的饮用水等原因，无论是北方还是南方，即便是在喀土穆这样的大城市里，苏丹民众能得到的医疗保健服务都是比较差的，特别是乡村民众和边远部落民社区，人们的体质普遍较弱。1990 年代中期，苏丹全国居民的平均寿命仅为 50 岁左右。苏丹是一个干旱频发的国家，即使是在降雨量正常的年份，季节性的营养不良依然十分普遍，当发生蝗虫或其他侵袭庄稼和牲畜的灾害时，情况就更为严重。儿童营养不良是一个全国性问题。据一家苏丹政府机构的估计，20 世纪 80 年代，苏丹 15 岁以下人口的一半（约占总人口的 1/4）都属营养不良。① 这一数字到了 90 年代的饥荒年份仍在增长。

苏丹境内气候炎热，干旱少雨，这样的气候与环境往往易于各种热带疾病的流行传播。20 世纪的 80 年代和 90 年代，在加扎勒河、达尔富尔和科尔多凡等地区，由于农业歉收和大规模的干旱，曾经发生过大规模的饥荒和疾病流行。据估计，当时持久的饥荒和疾病流行，导致大约 150 万 ~ 700 万苏丹人丧命。

与许多非洲国家一样，苏丹长期以来遭受着疟疾、脊髓灰质炎、黄热病等热带流行病的困扰。苏丹本国基本不能生产防治这类疾病的药物，而国家缺乏资金，亦难以大量从国外购买抗疟药和抗生素等最基本的药品，甚至诸如注射器等最基本的医用物品也十分短缺。在喀土穆等大城市里，私人医疗保健机构虽然仍在发挥作用，但也受到药品短缺的制约，费用高昂，非普通百姓所能承受。1990 年代初，由于反对巴希尔军政府，苏丹医学会被政府解散，一些成员还被捕入狱，这一事件对苏丹国家的医药事业也造成一定损害。

营养不良使许多苏丹人难以抵抗一些常见的流行性疾病，如恶性疟疾、各种痢疾、肠道疾病，在北方常见的还有肺结核。在青尼罗河、白尼罗河流域，以及喀土穆附近的两河流域的灌溉地区，血吸虫病和锥虫病的危害也十分严重。锥虫病也称昏睡病，最初仅限于南部边境地区，1980 年代在苏丹的整个南方丛林地

---

① education and technology ministry of Sudan, http：//www. unesco. org/science.

区迅速传播开来。据世界卫生组织估计，1991 年，全苏丹有近
25 万人患有昏睡病。

　　苏丹常见的疾病还有脑髓脊膜炎、麻疹、百日咳、传染性肝
炎、梅毒和淋病等。近些年，艾滋病在苏丹的发展也令人担忧。
艾滋病最初出现并流行于同乌干达和扎伊尔接壤的南部各州。由
于成千上万逃避战争和饥荒的难民的涌入，首都喀土穆的艾滋病
患者也在稳步增多。未消毒的注射器和未检验的血液的使用显然
也助长了艾滋病的传播。

　　在今日的苏丹，如果没有可靠的资金投入以及更充足的卫生
保健体系和预防医学的全民教育，这种由生态恶化和饥饿引发的
疾病是很难控制的。南方地区长期的内战，西部地区达尔富尔地
区的冲突，却是造成广大农村与边远地区医药条件落后的重要原
因。在南方地区，苏丹人民解放军也建过一些医院，但南方内战
破坏了几乎所有南部的医疗设施。事实上，由于缺乏最基本的医
疗供给，那些勉强保留下来的医疗设施已经无法使用。类似的情
况在北部同样存在，那里的卫生保健设施虽然没有遭到战争破
坏，但因经济条件的原因也往往无法利用。

　　二　独立后医药卫生事业发展情况

在 20 世纪的 70 年代末和 80 年代初，在世界卫生组
织和其他机构的协助下，苏丹政府开始在有限的地区
实施消除特殊疾病的计划。70 年代中期，苏丹全国拥有 2500 名
助理医师，这些助理医师是经过 3 年的训练和 3～4 年的医师监
督下的医院工作后，才可诊断普通的地方疾病并给病人提供简
单的治疗和接种疫苗服务。到 1982 年，苏丹大约有 2200 名医
师，按当时全国人口计算，大约 8870 人中才有 1 名医师。大多
数医师都集中在城市地区，包括专门治疗肺结核、眼科疾病和
精神病在内的主要医院也都集中于城市。1981 年，人口约 500

万的南部地区只有 60 名医师，平均大约 8.3 万人中才有 1 名医生，可见南方地区的医疗条件之落后。1982 年苏丹拥有 1.28 万名护士和 7000 名接生员，但她们主要在北方接受培训和工作。

按照苏丹政府的规定，国营医院的诊断和药剂都是免费的，但实际上国营医院并不能提供足够的医疗服务给普通民众。目前，苏丹国内有许多私人诊所和药房，首都喀土穆的私人诊所和药房近年增加还很快。然而，医护人员却长期严重不足，病人在医院或诊所要等待很长时间才能见到医师。在农村地区，就医需要长途跋涉。不论是在农村还是在城市，医院里的药房没有处方药的情况十分常见。在喀土穆地区，只有付出高昂的药费才可在私人药房得到处方药。由于气候炎热，道路交通不畅，雨季的南方，几乎不具备冷藏药品的条件。

20 世纪 70 年代中期，苏丹卫生部开始实施一项为国民提供初级卫生保健和强调预防医学的国家项目。虽然缺少医护人员和医疗设施，这一项目还是使全国的医疗环境有很大改善。当时，政府投入兴建了一批乡村与城镇的初级卫生保健中心或乡村诊所，参与的医护人员大约有 4000 名。这些人在接受 6 个月的正式培训，并在医院实习 3 个月后被分配到新成立的保健中心工作。项目还为这些医护人员提供了进修服务，当时，政府按照每大约 2.4 万名居民建立一所诊所的规模实施这一项目。到 1984 年，共建成了 40 所保健中心和诊所，其中大约一半在 1981 年就投入使用。此外，一些地方医院也得到了改造。项目在南方得到了当时联邦德国政府的支持，联邦德国还为项目的实施派出了医疗顾问。1981 年，该项目在东部得到了有力实施，到 90 年代初，这一项目因内战等原因而停止执行。

20 世纪 80 年代初，苏丹政府还实施了两项控制地方疾病的医疗计划。一个在杰济腊地区实施，主要是克服当地严重的血吸虫病，当时估计当地 50% ~70% 的人患有血吸虫病，此外疟疾和痢疾也很严重。另一个项目是青尼罗河卫生保健计划。这一为期 10 年的计划实施到 90 年代初，产生了积极的影响，相关地区的医疗与健康状况也有很大改善。与此同时，政府也在倡导改变传统的生活习惯，不在取饮用水的河里洗澡，将人畜用水分开，并在农村里建了一批健康饮用水设施，消除那些经水传播的疾病。这些努力改善了许多地区的卫生状况，降低了居高不下的婴儿死亡率。然而，持续的内战和经济萧条严重地制约了这些项目的实施。

1990 年代以来，世界粮食计划组织、拯救儿童基金（Save the Children Fund）、牛津饥荒救助委员会（Oxford Committee for Famine Relief）和法国医疗组织"医生无国界"（Doctors Without Borders）等外国援助机构，也在苏丹组织实施了一些改善民众卫生与医疗条件、减少疾病的项目。

三　医疗卫生现状与问题

到 20 世纪 90 年代后期，苏丹的医护人员有一定的增长，但并不能满足整个国家的需要。

苏丹的医疗卫生事业因长期受内战严重影响，全国性的医疗体制一直未能有效建立起来。内战不仅消耗着国家资源，也使许多医务人员离开了战乱地区甚至移居国外。据联合国发展计划署的估计，90 年代末，整个南方的医生还不足 40 人。当然，这一数字不包括内战期间在南部从事救助工作的外国医务人员，他们在当地非政府组织的支持下继续在南方工作。然而，据世界银行的统计，尽管还有外国医务人员努力，但南方地区估计也只有 15% 的人能够使用上基本的药品，而埃及的同类百分比是 80%，埃塞俄比亚也高达 72%。据联合国的估计，2003 年大约只有 40% 的苏丹人可以使用基本的医疗卫生设备，而 25% 的人仍然

无法饮用到安全卫生的水。

2003 年初开始的政府同当地反政府武装之间的冲突所引发的人道主义危机已经使 100 多万人逃离家园。最近的统计数字表明，1999～2001 年平均有 25% 的苏丹人营养不良，而达尔富尔危机造成的后果显然未被包括在内。据报道，1995～2002 年期间，大约 17% 的未满 5 岁的苏丹儿童的体重低于正常水平。

由于管理不善和药品短缺，政府的卫生服务部门无法克服流行性疾病的经常发生。但是苏丹的儿童防疫计划却得到了改善，大多数儿童疾病的接种疫苗率由 1980 年的可以忽略不计提高到 2001 年的 60%。关于苏丹艾滋病毒病例的报道很少，有资料显示，苏丹这方面的情况似乎要好一些，2002 年，苏丹 15～49 岁年龄段的人感染率为 2.3%，而这一比率在肯尼亚为 7%，在津巴布韦则高达 25%。

苏丹卫生与福利的一些关键指标见表 6－3。

表 6－3　苏丹卫生与福利关键指标

生育能力(2002 年每名妇女生育孩子的数量)	4.4
5 岁以下死亡率(2002 年,每 1000 名婴儿)	94
艾滋病(2003 年,15～49 岁人的感染率)	2.30
医生(1996 年,每 1000 人拥有医生数)	0.09
医院床位(1990 年,每 1000 人拥有床位数)	1.09
卫生支出(2001 年):按平均购买力计算,美元/人	39
卫生支出(2001 年):占 GDP 的比重	3.5
卫生支出(2001 年):公共比例	18.7
得安全卫生饮用水人数(2000 年,人口百分比)	75
使用公共卫生设施的人数(2000 年,人口百分比)	62
人类发展指数(2002 年):世界排名	139
人类发展指数(2002 年):值	0.505

资料来源：联合国 2002 世界人口展望。

根据联合国的报告,1990～2000年期间苏丹的医疗卫生总开支几乎没有什么变化,1990年和2000年的开支分别占当年GDP的0.7%和1%。1990～1998年,平均每1000人只拥有1.1个医院床位和0.1个医生,这同1980年的水平差不多。政府的大多数医疗卫生开支都用于城市的医院。2003年,联合国在南方实施了一项医疗保护行动——"苏丹生命线"计划,这一计划是为南方建立一些医疗卫生站,随后,一些非政府组织也在南方建立了一些医疗卫生中心。

据联合国的估计,苏丹人的预期寿命1970～1975年仅为44岁,2002年提升到55.8岁。在它的邻国中,2002年埃及为68.6岁,埃塞俄比亚44.5岁,乍得44.7岁。2005年南北和平协定签字后,南方地区的医疗卫生条件将会逐步得到改善。随着国家经济的恢复特别是石油经济的发展,苏丹政府也在考虑在全国重新建立统一而有保障的国家医疗卫生体系,增加对医疗卫生事业的投入。

第五节　文化体育事业

一　文化机构与设施

受国家经济发展水平的影响,苏丹现代文化事业与基础设施是比较落后的,有限的文化机构与设施主要集中在首都喀土穆。目前的文化中心主要有下列几个。

阿卜杜·克里姆·米尔加尼（Abd El Karim Merghani）文化中心　位于首都喀土穆。该中心在1998年5月15日对外开放,其主要目的是向公众传播文化、知识和科学信息,同时还负责主持一些有关文艺、民间传说和大众文化等方面的讨论会及讲座。该中心设有一个很大的双语（阿拉伯语－英语）图书馆,其中包括儿童读物。该中心还设有多媒体图书馆。

地址：喀土穆，韦·杜马大街（Wad Nubawi- Elu'mda-Al Doma St.） 邮政信箱：168 Saydna St. 电话：552638，传真：775435。

巴希尔·罗雅（Basheir El Rayah）公共图书馆 该图书馆提供文学和各种文化艺术的服务工作及相关图书订阅，举办展览会及文化论坛。

地址：莫瓦利达·乌曼杜曼（Mowrada Omdurman）自治区的附近。 邮政信箱447，电话：555273。

贝特·泰基发文化宫（Beit El Thaqafa Cultural House）1991年建立，它包括一个图书馆、电影俱乐部及一个剧场，同时还主持文化论坛和节日活动。

地址：喀土穆（Khartoum）东部，在军队总部附近。

利比亚阿拉伯文化中心 该中心建于1988年12月。它建有一个大众图书馆，一个儿童图书馆和一个多媒体图书馆。也提供下列课程与培训：打字、秘书课程、阿拉伯语书法、照相、录像与电影编辑、杂志报纸和公共关系服务，会计、阿拉伯语、服装设计，它还开展其他的文化活动和论坛。

地址：喀土穆，St.15大街延长线，电话：464726。

伊朗文化中心 该中心建于1989年，它提供伊朗语言课程学习，计算机课程和阿拉伯语书法课程。有普通的和多媒体的图书馆各一间。它还在喀土穆以外其他地方提供相同的服务。

地址：喀土穆 Mek Nimir 大街，电话：472275。

伊拉克文化中心 该中心于1974年建立，建有下列文化设施：一个图书馆，一个剧场，一个计算机、录像机房和艺术展览回廊。每周三组织一次文化论坛。

地址：喀土穆，萨利亚·艾·阿扎利（Sharia El Azhari）大街。

英国文化中心 该中心建立于 1948 年。它开设英文语言课程，建有一个收藏图书馆，并设有会议听众席和展览馆。

地址：40 Sharia Abu Sin，喀土穆，信箱：1253，电话：780817。

法国文化中心 该中心提供法国语言学习课程，有一个图书馆、电视俱乐部，放映电影，举办研讨会、艺术展览及其他文化活动。

地址：喀土穆，乌夫·迈克·尼米里（Off Mek Nimir）大街。电话：772837。

德国文化协会 该协会建于 1997 年。协会提供德语课程学习，有一个图书馆，放映电影和举办文化论坛。每周除了星期五以外都工作。

地址：喀土穆，艾·迈克·尼米里（El Mek Nimir）大街，电话：777833。

二　体育

苏丹体育具有民族传统。从远古时代起，苏丹人就热衷于体育运动，他们尤为热衷于马术、摔跤和游泳等运动。殖民统治时期，现代体育有了初步发展，出现了一些体育俱乐部，各专业俱乐部还曾制定了自己体育运动规则。

独立以后，苏丹体育运动开展，设施也逐渐建立起来，政府在 1970 年代中期建立了国家体育运动委员会和训练局。足球、乒乓球运动已经有一定的群众基础。在喀土穆地区，最主要的体育俱乐部有希莱（Hilai）俱乐部、麦雷哈（Mareikh）俱乐部、莫拉达（Morada）俱乐部等。苏丹各州也有自己的体育俱乐部。虽然几乎所有的体育项目在苏丹都很受欢迎，但足球显然是最受欢迎的体育运动，苏丹有大量的球迷，足球在苏丹受到媒体的广泛支持。

三　图书馆与博物馆

国家图书馆　位于苏丹首都喀土穆，成立于 20 世纪 60 年代初，是政府资助的国内最重要的图书馆，馆内藏有一些珍贵的阿拉伯伊斯兰教文献，还有一些近代殖民地时期的文献。

喀土穆大学图书馆　苏丹国内藏书最多的图书馆，因收藏有许多本土苏丹人和非洲人的著作而闻名。

苏丹较著名的图书馆还有福里特斯·彼特尔（the Flinders Petrie）图书馆，它是以英国著名的埃及学专家福里特斯·彼特尔（Sir Flinders Petrie）的名字命名的。此外，首都喀土穆还有几个专业图书馆，如国家地理图书馆、苏丹医药研究图书馆。

苏丹国家文献中心（the National Records Office）　位于喀土穆，收集着许多有价值的关于苏丹历史和宗教方面的文献资料。

苏丹国家博物馆　因收藏丰富而在非洲享有盛誉。它有远古时期努比亚的早期人类文物，以及大量的埃及法老时代流传到努比亚地区的埃及文献、雕刻、器皿和象形文字雕刻品。还有大量的基督教传播时期的文物。

在喀土穆还有一个苏丹自然历史博物馆和人类博物馆。

第六节　新闻媒体

苏丹国土广阔，电视与广播是极重要的大众传媒，长期以来，广播与电视都为政府所垄断或掌控。官方的苏丹通讯社（Sudan News Agency，简称 SUNA）于 1971 年成立，用阿拉伯语、英语和法语向国内外发布苏丹新闻。苏丹通讯社在一些东非国家的首都如内罗毕、摩加迪沙、恩贾梅纳、开罗、吉布提设有分社，并与法、德、伊朗、伊拉克、利比亚、摩洛哥、叙利亚等国的通讯社以及中东通讯社、塔斯社、新华社等建立了交流和业务联系。每日出版阿、英文新闻电讯稿各 400 多份。苏丹通讯社在印度、美国和联合国派有记者。

一　报纸杂志

苏丹的报纸分为阿拉伯语和英语两大类，主要集中在首都喀土穆。独立之初，仅在首都有几家报纸，20 世纪 60~70 年代，报社逐渐增加，重要的报纸有《新闻报》、《天天时报》、《苏丹财报》及《兄弟》等。1989 年巴希尔军事政变之前，苏丹的新闻舆论较为自由，大多数政党都在定期出版各种报刊。当时，喀土穆共有 22 种日报，其中 19 种使用阿拉伯语，3 种使用英语。全国共有日报、周报和杂志 54 种。据联合国教科文组织统计资料，1996 年苏丹全国每天日报平均发行量为73.7 万份。

1990 年代以来，新闻媒体受到军政权的限制，救国革命指挥委员会（RCC-NS）曾一度禁止了所有报纸，使 1000 多名记者失业，还有一些记者在政变后遭到逮捕，其中包括苏丹通讯社的主任和月刊《今日苏丹》（Sudanow）的编辑。政变后的苏丹实行了严格的新闻审查制度，救国革命指挥委员会只允许少数几家报纸和期刊发行，它们全都由官方检查人员编辑，并由军队或政府出版。《国家拯救报》（Al Inqadh al Watani）曾是政变初期最主要的阿拉伯语日报。

近年来，苏丹的新闻环境有所放松，报纸数量增加较快。目前，全国已经出版有 40 多种报纸，其中重要的阿拉伯语日报有：《今日新闻报》（Akhbar al-Youm）、《消息报》（Al-Anbaa）、《胜利报》（Al-Nasr）、《不同意见报》（Ar-Rai al-Akhar）、《舆论报》（Ar-Rai la-Amm）等；重要的英文日报有：《喀土穆观察报》

（Khartoum Monitor）、《苏丹镜报》（Sudan Mirror）和《苏丹标准报》（Sudan Standard）等。这些报纸的报社几乎全都在首都喀土穆。

二 广播与电视

苏丹的主要电视台有 3 家，分别位于首都恩图曼、中部的杰济腊和北部的阿特巴拉，其中 1963 年 12 月建立的位于恩图曼的苏丹国家电视台（Sudan Television）是最主要的电视台，它每天用阿拉伯语、英语播送约 8 个小时节目，并与各阿拉伯国家和一些外国电视台有业务交流关系，收视观众约 1000 万。苏丹的电视事业都由政府操控，设在乌姆哈拉兹（Umm Halaz）的地球卫星接收站为苏丹全国提供 36 个电视频道，而一个覆盖全国的拥有 14 个地面接收站的卫星网也正在建设之中。1990 年苏丹全国估计有电视机 25 万台，收音机约 600 万台。

由国家控制的苏丹国家广播公司（Sudan National Broadcasting Corp.）建于 1940 年，同样位于恩图曼。苏丹国家广播电台在国内共有 9 个发射台，每日除用阿拉伯语播放 19 个小时的节目外，还用英、法等语言广播 3 个半小时。此外，朱巴、瓦德迈达尼等城市建有地方广播电台。朱巴电台主要用英语向南方播音。

为对抗政府广播网，苏丹人民解放运动曾开办自己的秘密电台——苏丹人民解放军广播电台（Radio SPLA），利用设在国内的秘密发报机和埃塞俄比亚的设备进行广播。苏丹人民解放军广播电台用阿拉伯语、英语和各种南方语言广播节目。民族民主同盟（NDA）最初（1990）就是用苏丹人民解放军广播电台的无线电频率进行广播的。1995 年，反政府的民族民主同盟开通了"苏丹之音"（Voice of Sudan）广播，每日用阿拉伯语和英语广播。

第七章

外　交

苏丹是非洲大陆一个具有重要战略位置与特殊影响的国家。独立以来，苏丹对外关系经历了复杂的演变过程。它与非洲国家的关系总体上是和平友好的，而与中东阿拉伯国家的关系一直较为紧密与特殊。与东西方国家的关系，在不同时期却很不一样。大体说来，在独立之初，苏丹与英国和欧美国家的关系比较紧密，但自 1958 年第一次军事政变后，它与西方的关系就时好时坏，与苏联等东欧国家的关系也就是在这样的背景下发展起来的。

长期以来，影响苏丹对外关系的一个重要因素是苏丹作为一个阿拉伯—非洲二重属性的国家，它既与伊斯兰世界有特殊的关系，又面对着北方与南方、穆斯林与非穆斯林、阿拉伯人与黑人的历史文化差异及分隔对国家统一的挑战，因此阿拉伯—伊斯兰世界的重大事件、苏丹政府对待伊斯兰教的态度，以及苏丹国内南北冲突等，都对苏丹的对外关系，特别是它与邻国和西方国家的关系带来很大影响。冷战结束前后的 1989 年，苏丹刚好发生了掌握现政权的巴希尔领导的军事政变，这个政权执政后有一种强化伊斯兰属性的内政与外交政策倾向，因此它与邻国和西方国家的关系，特别是与美国的关系，曾一度比较紧张。

第一节 外交政策

一 外交理念与原则

19 89 年 6 月，现任总统巴希尔在全国伊斯兰阵线支持下通过军事政变上台，新政府宣布苏丹的外交政策旨在维护国家统一和民族独立、不屈服外来压力，不同大国结盟，抵制西方文化影响和经济影响，重视伊斯兰意识形态，优先发展同阿拉伯、非洲和伊斯兰国家的关系，特别重视加强与邻国的关系。

海湾战争爆发后，苏丹同情伊拉克，呼吁解除对伊拉克的制裁，并对巴勒斯坦民族解放运动（法塔赫）和哈马斯组织表示同情。1990 年代初，苏丹曾收容阿拉伯国家及其他国家的伊斯兰激进主义组织和分子，与美国等西方国家关系恶化，也与一些阿拉伯国家和邻国关系紧张。1996 年 4 月，在美国推动下，安理会通过了对苏丹实施外交和旅行制裁的 1044 号决议。为了改变在国际社会中的不利局面，巴希尔政府从 1996 年年底开始对外交政策进行了某些调整，对国际恐怖主义采取驱逐和谴责的态度。

1998 年，苏丹通过了一部宪法，这部宪法的第 17 条对其外交政策做了这样的规定：苏丹共和国外交政策以自尊、独立、开放和合作为指导，目的是弘扬值得赞美之原则，使全国和全人类受益。这一目标特别需要通过以下方式来实现：促进国际和平；促进和平解决国际争端；在国家涉外生活的各个方面增强同所有国家的合作；遵守睦邻友好原则；不干涉别国内政；尊重所有人民的基本权利、自由、义务及宗教信仰自由；进行广泛和跨文化对话以互换利益；努力巩固建立在公正、协商（shura）、美好原则和人类团结基础上的国际体系。①

2005 年颁布的苏丹临时宪法对其外交政策方针做了一定的修改，淡化了此前所强调的宗教色彩，突出了国家利益在外交中的地位，使其外交政策更趋成熟和务实。临时宪法规定苏丹的外交政策首先将服务于国家利益，并以独立和透明的方式实现下列目的：促进国际合作，特别是同联合国及其他国际和区域组织成员的合作，从而实现巩固普遍和平，尊重国际法律和条约义务，以及培育公正的世界经济和政治秩序的目的；增进同发展中国家之间的经济合作；实现非洲同阿拉伯的经济一体化，促进非洲和阿拉伯世界的团结与合作；不干涉别国内政，促进同邻国之间的睦邻关系和互惠合作，保持同其他国家的公正和诚信关系；打击有组织的国际和跨国犯罪及恐怖主义；在地区和国际论坛中，增进对人类基本权利和自由的尊重；促进不同文明之间的对话。②

根据临时宪法颁布后一年来的外交实践看，苏丹全国统一政府的外交活动所遵循的具体原则和前政府时期并没有明显的不同。苏丹前外长穆斯塔法·奥斯曼·伊斯梅尔博士曾于 1998 年 4 月在喀土穆的一次国际新闻发布会上对这些原则做过详细的说明，具体如下。

（1）苏丹外交政策以尊严、独立和开放为指导，通过促进地区稳定因素和投身国际和平和安全来实现国家和人类的最高目标。苏丹外交将强化冲突处理的措施和机制，促进国家间在各个方面的合作，并在手足情谊、合作和实现互利的基础上建立同邻国的关系。苏丹确保尊重睦邻友好的权利和神圣，不干涉别国内政，尊重别国主权和领土完整，尊重权利、自由和所有美好的事

---

① 宪法文本见：http：//www3. itu. int/MISSIONS/Sudan/English/Constitution01. html。

② 2005 年苏丹临时宪法第 17 条，宪法文本见：http：//www. sudantribune. com/IMG/pdf/20050316_ SUDAN_ DRAFT_ CONSTITUTIONAL_ TEXT. pdf。

业。苏丹呼吁在公正和良好意愿的基础上进行宗教和文明间的对话，进行利益、信息及技术的交换。和平是苏丹外交政策的首要目标。苏丹外交将在平等的原则上，努力确保地区和国际社会对南部苏丹问题实现和平、永久和公正解决所给予的支持，从而使整个国家获得稳定和发展。

（2）苏丹外交将在承担其对国际规章协定义务和扩大民主原则以保证世界和平与稳定的基础上，努力加强同国际社会各成员的合作；将对作为人类发展基本问题的妇女事务、儿童、家庭等问题给予应有的关注；还将与有组织犯罪、毒品，以及各种形式的分裂家庭社会的活动作斗争；也将对缓解贫困和提供就业机会给予应有的关注。

（3）由于苏丹人民的生活以各方面的和谐及拒绝各种形式的恐怖为特色，所以国家的政策反对任何恐怖活动或任何恐吓不同种族、不同信仰无辜平民的行为。苏丹准备同国际社会合作以消除恐怖主义，因为苏丹在许多方面也是恐怖主义的受害者。苏丹外交政策要求对不同的政治观点给予宽容，从而打击以不公正和暴力为土壤的恐怖主义。

（4）苏丹外交政策将要求强化国际社会对国际组织的改革，使其更好地代表作为人类社会特色的政治和文化的多样性，从而确保各民族人民的自由、公正和平等，加强国际和解政策并建立一个有益于各民族人民自由、公正和平等的世界新秩序。就联合国而言，苏丹的外交政策真诚提倡对联合国及其机构进行结构调整，使其能更民主和负责地对待弱小国家和第三世界国家的呼声。

（5）苏丹确保遵守国际组织章程所规定的原则和目标，确保遵守已签订的所有协定。苏丹将继续同联合国组织及其专门机构的合作，继续同国际和地区金融机构及地区经贸组织的合作。苏丹重申其继续同这些机构及其代理机构间进行富有成效的合作的愿望。

（6）苏丹正在执行以经济开放和市场自由为基础的国内经济政策，其成效已经开始显现。依照这个政策，苏丹外交决心在共同经济利益及互惠互利的基础上开展国际关系，将资金、技术及外国投资引向本国的经济领域。

（7）为在阿拉伯和非洲范围内继续发挥一致作用，苏丹外交将在政治、经济和社会各个领域内，以苏丹的阿拉伯—非洲双重属性、与邻国的共同利益要素、国家安全和强化阿拉伯非洲合作机构为基础，努力支持非洲—阿拉伯合作。苏丹外交将加强阿拉伯团结，深化阿拉伯、非洲和伊斯兰国家同第三世界国家间的积极联系。苏丹外交还将以利益平衡对等和互相尊重为原则，继续进行南北对话。

苏丹外交将积极发挥在所有国际和地区论坛中的作用，通过积极参与有关裁军、环境、人口、社会发展、妇女事务、人权等问题的会议或研讨会，广泛讨论并阐明对这些问题的共识。①

从上述苏丹宪法和政府对其外交政策的阐述及近年对外政策来看，苏丹政府在外交理念与实践方面不断趋于成熟和务实，坚持国家利益优先的原则，奉行独立自主和睦邻友好的外交政策；强调同阿拉伯、伊斯兰及非洲国家的团结与合作，在相互尊重、平等、互惠合作和互不干涉内政的基础上与世界各国及国际组织发展双边及多边关系；遵守联合国宪章，以和平方式解决国际争端；主张不同文明之间的平等与对话；主张建立公平公正的国际政治经济秩序，这一秩序的建立必须以联合国宪章为准则，以维

---

① 笔者根据苏丹前外长穆斯塔法·奥斯曼·伊斯梅尔博士 1998 年 4 月在喀土穆举行的国际新闻发布会上的声明编译。原文见：http://www.sudanca.com/press/foreignpolicy01.html。

护各成员国的合法权益和国家主权，实现所有成员国的完全平等为前提，以维护世界安全与稳定、根除不平等的政治经济关系及国际大家庭的广泛的参与为基础，而不应只是几个大国或是少数国家集团的责任。目前，苏丹已同世界上近百个国家建立了外交关系。

二 对重大国际问题的态度

关于国际形势，苏丹认为世界处于历史性转折时期，正迅速朝着地区联盟和多极方向发展。世界面临一系列危机，一些势力将其意志强加于弱国。南北差距日益扩大。谋求进步、公正、稳定是发展中国家的迫切要求。

关于中东问题 苏丹主张以色列应从所有阿拉伯被占领土撤出，支持叙利亚、黎巴嫩收复被以色列占领的戈兰高地和黎巴嫩南部地区；承认巴勒斯坦国，认为巴人民应享有自决和建国的权利；谴责以色列将耶路撒冷犹太化的企图及对巴领土的侵略，称以色列的暴行是国际恐怖主义，指责美国偏袒以色列；要求阿拉伯国家与以断绝经济关系，呼吁全国抵制美国和以色列货物；呼吁国际社会和安理会向以色列施压，敦促以执行安理会有关决议，接受公正的和平，实现地区安宁和稳定；强调苏丹人民与巴勒斯坦人民站在一起，苏丹将开放民防训练营地，训练准备参加与以色列进行"圣战"的年轻人。

关于反对恐怖主义问题 1990 年代初，苏丹政府通过的《全国政治运动宪章》规定，苏丹应该为那些捍卫伊斯兰事业兄弟提供帮助，为此，苏丹曾收容了一些伊斯兰激进组织的阿拉伯人和伊斯兰极端组织成员。这一做法引起许多国家关注。美国更直接将苏丹列为支持恐怖主义活动的国家名单。90 年代中期后，巴希尔政府开始改变收容和支持外国伊斯兰激进组织的政策，开始采取措施驱逐国内极端主义组织分子，并发表官方声明，表示苏丹反对某些伊斯兰激进组织所进行的恐怖活动。近年来，苏丹政府多次发表声明，谴责国际恐怖主义，认为苏丹也是恐怖主义的受害者。但对于国际反恐活动，苏丹明确表示反对利用恐怖活动作为实现政治目的的手段，认为应按照国际通用司法和国际法准则，由联合国来决定对恐怖主义概念做出明确界定，而不能让一些大国独断专行，反对将恐怖主义与某一特定的宗教和民族挂钩，反对实行双重标准。

关于人权问题　1989 年巴希尔政府上台后，宣布在全国实行伊斯兰教法，取缔一切政党活动，取消任何反政府新闻媒体，并逮捕了一些反政府人士。美国以巴希尔政府破坏苏丹原多党制民主体制、侵犯人权为由停止了对苏丹的经济与军事援助，并提议联合国对苏丹进行制裁。对于西方国家的指责，苏丹一方面积极努力解决南方内战与地区冲突，另一方面不接受美国的指责，而主张各国应通过合作客观地探讨解决人权问题，批评某些国家和国际人权组织在人权问题上采用双重标准的做法。强调各国有权选择各自的发展道路和模式，反对某些国家以人权为借口向别国施压，干涉别国内政。

关于伊拉克问题　苏丹反对美英对伊拉克动武，强调国际法的权威性，主张在联合国框架内通过和平途径解决伊拉克问题。呼吁保证伊拉克领土完整，尽快解决伊拉克国内安全问题和人权状况恶化问题。

关于联合国制裁及解除　1996 年，美国、埃及和埃塞俄比亚以苏丹收容、庇护三名参与 1995 年 6 月 26 日在亚的斯亚贝巴暗杀埃及总统穆巴拉克未遂事件的嫌疑犯为由，推动安理会先后通过 1044、1054 和 1070 号三项对苏丹实施制裁的决议（1070 号决议拟对苏丹进行航空制裁，但决议一直未经安理会审议，未能生效）。2001 年 9 月底，在美国默许下，安理会取消对苏丹制裁。

第二节　苏丹与美国的关系

一　苏丹与美国的早期关系

第二次世界大战以前，美国在非洲的影响并不大，苏丹与美国基本上没有直接的关系。苏丹民族独立运动时期，美国与苏丹关系逐渐发展起来。在苏丹独立前夕的 1952 年，美在喀土穆设立了联络处，1956 年苏丹独立后升格为大使馆。50 年代，美国与苏丹关系发展较快，美国给苏丹提供了军事援助。但 1967 年阿以战争爆发后，苏丹为抗议美国支持以色列对阿拉伯国家发动侵略战争，同美断交。

1972 年，苏丹与美国复交，之后两国关系不断发展，美国的经济势力在苏丹逐渐扩大。1976～1985 年间，苏丹总统尼迈里 6 次访问美国，是苏丹和美国关系最密切的时期。这期间，美国向苏丹提供的贷款和其他援助共 18 亿美元，包括向苏丹出售武器和提供军事援助。不过，苏丹虽然对美国提供的武器和援助表示满意，但拒绝美国提出的在苏丹红海沿岸建立军事基地的要求。在尼迈里 1985 年 4 月下台前一个多月，美国副总统对喀土穆进行了正式访问。一个月后，尼迈里到华盛顿访问寻求美国更多援助时，苏丹国内发生大规模反政府游行，导致尼迈里政府倒台，尼迈里流亡国外。

以后的美国与苏丹关系一直比较微妙。1987 年 10 月萨迪克总理曾访问美国，但过渡军政府和萨迪克政府都对过去美国对尼迈里的支持持怀疑态度，使两国自尼迈里时期建立的事实同盟关系基本上终止。两国间两年一度的"明星行动"军事演习不再继续进行。但是，萨迪克政府同美国仍然保持着重要关系，因为华盛顿还是苏丹外援的重要提供者。

二　巴希尔政府与美国的关系

19 89 年 7 月，美总统布什祝贺巴希尔主席执政，希望新政权尽早解决苏丹南方问题。1990 年，美国指责苏丹违反人权，并根据禁止对军事推翻民选政府的国家给予援助的美国对外援助拨款法，终止了除人道主义救济以外的其他援助。巴希尔政权把这一停止援助看作是不友好的表示。后来，当美国继续给苏丹的战争和饥馑难民提供人道主义援助时，援助被改为直接由美国的国际发展机构管理，苏丹指控华盛顿干涉其内政。由于喀土穆不愿同人道主义项目合作，1990 年初美国官员公开指责巴希尔政府阻止国际紧急援助、甚至没收救援物资的行为。这些指责得到了英国、法国和一些国际救援机构的附和，苏丹同美国的对抗程度进一步提高。

苏丹内战期间，由于美国与苏丹关系紧张，对于美国提出的结束苏丹内战的各种倡议，巴希尔政府往往都持不信任的消极态度。1990 年 5 月，经过数月的观望后，巴希尔拒绝了美国提出的一项停火建议。苏丹在海湾战争期间对伊拉克的支持更加剧了两国的紧张关系。最后，美国在 1991 年 2 月关闭了在喀土穆的使馆。

1992 年，美国在联合国大会和 1993 年 2 月召开的 49 届联大人权会议上，都提出指控苏丹侵犯人权的"苏丹人权"提案。1993 年 8 月，美国将苏丹列入支持恐怖活动国家名单。1996 年 1 月，美国出于安全原因，将驻喀土穆使馆所有外交人员分别移至埃及和肯尼亚，但同时表示将继续保持同苏丹的外交关系。尽管苏丹多次表示，希望美放弃支持南方反政府武装、敌视苏丹的立场，愿同美进行对话。但美国国务院还是在 1996 年 4 月发表关于苏丹人权状况的报告，对苏丹人权状况予以猛烈谴责。1997 年 11 月 4 日，克林顿总统签署行政命令，以苏丹继续支持国际恐怖主义、侵犯人权、危害邻国稳定等为由，决定对其实行全面经济制裁，包括冻结苏丹在美国的财产，中止同苏丹的经贸往来，停止对苏丹提供人道主义紧急救援外的其他援助，禁止美国人民或机构对苏丹提供任何形式的资助。12 月，美国国务卿奥尔布赖特在乌干达会见加朗和部分苏丹反政府联盟领导人，称苏丹是对美在非洲利益构成威胁的唯一国家，美将给苏丹反政府武装和苏丹敌对邻国提供政治和军事支持，向苏丹施压，企图推翻苏丹政府或迫其改变政策。此后，巴希尔批评奥尔布赖特的讲话是对一个独立主权国家内政的粗暴干涉和对国际法准则的践踏。

1998 年 8 月 20 日，美国以"反恐"和苏丹生产化学武器为由，派飞机炸毁了喀土穆北部的希法制药厂。苏丹要求联合国派调查团，遭到美国的反对。此后双方就解决希法药厂问题和改善双边关系进行了接触。年底，美国总统克林顿宣布延长对苏丹制裁一年。1999 年 4 月，美国宣布取消对苏丹的食品和药品禁运。7 月，美国国会通过关于在苏丹南方设立禁飞区等反苏丹议案。2000 年 3 月和 6 月美国派特使两访苏丹。7 月，美国负责非洲事务的助理国务卿在洛美会议上会晤了苏丹外长。美国驻苏丹领事馆已复馆，但美国对苏丹现政权的敌视态度和对苏丹以压促变的政策并没有改变。美国对调解苏丹政府与反对派的倡议反应冷淡，拖延和搁置苏丹提出解除安理会制裁的要求，并竭力阻挠苏丹竞选安理会非常任理事国，致使 2000 年 10 月苏丹竞选非常任理事国努力失败。

小布什上台后，尤其是在"9·11 事件"后，苏丹为美国安全工作小组、人道主义特使、国会、国务院代表团在苏丹的活动和了解情况提供方便。2001 年 9 月底，安理会取消对苏丹制裁。11 月，美国总统苏丹和平特使丹福斯首次访问苏丹；12 月，在美国、瑞士的主持下，苏丹政府与反政府武装达成了在努巴山区实行有限停火的协议。

2002 年 1 月，美国等西方国家提出在保持苏丹国家统一的前提下，南方实行高度自治，享有独立立法权为主要内容的解决苏丹南方问题的"新建议"。2月，苏丹外长伊斯梅尔（Mustafa Osman Ismail）应美国国会邀请对美国进行非正式访问，同美国副国务卿和国务卿非洲事务助理进行会谈，并会见了一些国会议员，这是15年来苏丹外长第一次访美。巴希尔总统发表讲话，表示苏丹政府愿与美国合作，实现苏丹的和平与稳定，努力消除两国关系正常化的障碍。3月，苏丹人民解放运动领导人加朗访问美国，会见了国务卿鲍威尔、国家安全局副局长等官员及一些议员和知名人士。同月，美国前总统卡特访问苏丹。4月，美国国会通过决议，将苏丹等7国列入支持恐怖主义国家"黑名单"。6月，美国驻苏丹代办杰夫·米灵顿到任。7月，美助理国务卿奥尔布赖特访苏丹，为苏丹政府与苏丹人民解放军在肯尼亚进行的和平谈判斡旋。8月，美国务院设立苏丹事务司。9月，苏丹外长在参加第57届联大后再次访美，就促进双边关系正常化、苏丹和平进程等问题进行了磋商，鲍威尔对苏丹在"反恐"问题上的合作表示满意，允诺美国将公平客观地推进苏丹和平进程。

2002年10月21日，布什总统签署了《苏丹和平法》。该法案规定：如果6个月内苏丹的和谈没有进展，将对苏丹政府实行制裁；法案授权美国政府在2003、2004和2005三个财政年度每年拨款1亿美元来援助苏丹政府控制之外地区居民的和平与民主管理，包括对这些地区的行政、通讯设施、教育、卫生和农业的援助。此外，法案还谴责了冲突各方的违反人权的行为。最后，要求布什政府在6个月之内和以后的每6个月都要确认苏丹政府和苏丹人民解放军是否是在诚心谈判以及谈判是否在持续。如果布什确定苏丹政府没有认真谈判或者毫无理由地干涉人道主义援助，美国将寻求通过安理会的决议对苏丹实行禁运；反对国际金融组织给苏丹以贷款、信贷和担保；采取措施阻止苏丹获得石油收入，以防这些收入被用于军事目的；以及降低或停止同苏丹的外交关系。如果苏丹人民解放军在谈判中没有诚意，则上述条款不适用于苏丹政府。

2003 年年中，布什总统确认苏丹政府和苏丹人民解放军都在"真诚谈判且谈判仍在进行之中"。一些观察家认为，美国迟迟不肯制裁苏丹是不想危及其在"反恐"领域中同苏丹的合作。与此同时，美国在其年度《全球恐怖主义趋势》报告中却因同某些反以色列强硬组织有关系而将苏丹列为"支持恐怖主义的国家"。但是，报告也提到美国对苏丹的反恐合作表示满意。有观察家认为，《苏丹和平法》是不公正的，因为它并没有规定任何对苏丹人民解放军阻挠和谈的行为进行惩罚的条款。10 月，美国国务卿鲍威尔称，他已从苏丹政府和苏丹人民解放军双方得到了全面解决协议将在年底达成的保证。但是当月底，美国却再次延长了自 1997 年以来实行的单方面对苏丹经济制裁 1 年，因为美国认为苏丹政府的政策仍然是对美国利益的威胁。

虽然两国关系在近年来有一些解冻的迹象，可事实上却因持续的达尔富尔危机而不断紧张。尽管如此，美国于 2004 年 5 月把苏丹从在反恐问题上不与美国合作的"黑名单"上去除了。有报道称，两国于 2005 年 4 月达成了一项秘密协定，美国愿以苏丹政府帮助美国搜捕恐怖分子为条件，换取两国关系的正常化。但是，苏丹仍因允许被美国视为恐怖组织的哈马斯和巴勒斯坦伊斯兰"圣战"组织等在喀土穆设有机构而在美国国务院的"支持恐怖主义国家"的"黑名单"上，美国仍然禁止对苏丹的军售。

第三节　苏丹与欧盟关系

一　苏丹与欧盟关系

自从殖民地时期以来，苏丹与欧洲各国就有着紧密的关系。苏丹因有着重要的战略价值，特别是丰富的石油资源，欧洲国家一直十分重视与苏丹的关系。英国、法国和德国等国家，虽然对苏丹政府的政策怀有疑虑，但它们通常对苏丹采取比美国宽容的态度。1999 年 11 月以来，欧盟对苏丹采取了一种"批评性对话"的政策，就苏丹的和平进程、民主、法制和人权等问题进行政治对话，目的是促进双边关系的建设性相互理解和关系正常化，以便最终达成必要的合作。对话在重点关注苏丹政府的人权记录的同时，不断促进对苏丹的外交关系、贸易和投资。对话的第一个阶段于 2000 年 12 月结束。第二阶段的政治对话贯穿了 2001 年全年。为了完成第二阶段的政治对话，2001 年 12 月欧盟三驾马车（欧盟、瑞典和比利时）官员对苏丹进行了正式访问。在对话框架下，欧盟与苏丹领导人，相关政府官员和非政府党派举行了广泛的会谈。但是，这一"批评性对话"政策，由于时常被欧洲议会和一些人权组织对苏丹的批评打断，双边关系在 2002 年以前并未取得重大进展。

2002 年年初，欧盟宣布同苏丹政府的对话进程已经到了可以恢复对苏丹进行财政援助并允许苏丹享受《科托努协定》权利的地步，当时，欧盟对苏丹的财政支持已停止了 11 年。2002 年 2 月，欧洲议会代表团访问苏丹，苏丹表示了加强同欧盟国家之间关系的愿望。同年 12 月，欧盟代表团访问苏丹，表示将全力支持帮助苏丹实现和巩固和平协定。欧盟允诺和平协定一旦签署，将实现与苏丹关系的全面正常化，并重启合作发展的项目，支持苏丹的全面恢复、重建和发展。双方还强调了对话的功效，同意在《科托努协定》的基础上继续政治对话。

自 2005 年以来，欧盟与苏丹的关系因达尔富尔问题而受到了严重的挫折。虽说目前双方的关系仍然比较正常，但如果达尔富尔危机得不到有效解决，双方的关系必将存在一定的不稳定性。

二 苏丹与英、法等国关系

英国曾是苏丹的殖民地宗主国，苏丹独立后两国曾长期保持密切的政治及经济联系。1990 年代以来，由于英国对苏丹现政府实行的内外政策不满，中断了对苏丹的援助，并支持苏丹国内的反对派，两国关系恶化。因苏丹政府释放了 5 名巴勒斯坦人（被证明 1988 年在喀土穆一家旅馆杀害了 5 名英国人的恐怖活动中有罪），英国于 1991 年 1 月停止了几百万美元的发展项目捐赠和贷款。1993 年，苏丹指责英国驻苏丹大使贝特尔干预英国坎特伯雷大主教访问苏丹南部，将该大使驱逐。1995 年 1 月，英国任命新大使，苏丹再次邀请坎特伯雷大主教访问苏丹，并表示希望两国关系实现正常化。4 月，英国新大使向巴希尔总统递交国书。7 月苏丹新任大使赴英。1996 年，英国积极支持安理会通过对苏丹实施制裁的 1044 号、1054 号和 1070 号决议。1998 年 8 月，英国宣布支持美国空袭苏丹希法制药厂，苏丹遂撤回驻英大使并断绝同英国的外交关系。此后双方均表示愿改善关系。1999 年 6 月，两国经过谈判同意恢复代办级外交关系。9 月，苏丹外长穆斯塔法与英国外交大臣库克在联合国会晤。10 月，两国恢复互派大使。2002 年 1 月，英国国际合作大臣舒尔茨（Clare Short）访苏丹，表示英国重视改善与苏丹的关系，愿与有关各方一道，为实现苏丹公正和平而努力。3 月，英国任命艾伦·古尔蒂（Alan Goulty）为解决苏丹问题特使，至 2002 年底，古尔蒂六次访问苏丹。2002 年 2 月和 5 月，苏丹总统和平顾问加齐两次访问英国，7 月，苏丹第一副总统塔哈访问英国。

苏丹同法国的关系近年来有较大改善。1994 年 8 月，苏丹将国际重要恐怖分子卡洛斯逮捕并移交给法国当局。此后法国着手重建同苏丹的外交关系，任命驻苏丹新大使。由于法国认为苏丹是国际伊斯兰集团的重要成员，对控制阿尔及利亚局势有一定影响，并认为苏丹是法语非洲国家（乍得、中非等）的邻国，是法国的潜在市场，故法国愿意改善同苏丹的政治经济关系。1994 年下半年以来，法国表示，法国公司将重新参与苏丹石油工业的开发，并参与达尔富尔地区铁路、琼古莱运河和朱巴国际机场的建设。2001 年 10 月，法国国际合作部部长访问苏丹，后双方决定建立苏丹—法国政治委员会。2002 年 2 月，苏丹外交部副部长率领苏丹代表团赴巴黎参加了苏丹—法国政治委员会会议。会后不久，法国政府同意苏丹加入 ZSP 集团（该集团是由享受优先待遇相关合作的国家组成）。法国的这一决定被认为是促进两国关系发展的重大一步，给苏丹获得法国资助和支援发展项目提供了优先待遇，也标志着两国关系的稳定和发展。

1990 年代初期，由于不满意苏丹的内外政策，欧盟（欧共体）国家同苏丹的关系一度极不正常。但由于 90 年代中期以来苏丹同英、法、德、意的关系的改善和加强，欧盟国家同苏丹的关系开始普遍好转。苏丹和德国关系一直比较正常。德国立足于自身经济利益，发展同苏丹的关系。苏丹同意大利的关系也实现了正常化。意大利认为苏丹的自然资源对意大利有一定的意义。

第四节　苏丹与俄罗斯、东欧国家关系

19 56 年，苏丹与苏联建交。建交初期，两国关系比较友好。苏丹政府表示准备接受苏联的任何援助，苏联迅速做出反应。1960 年苏联除卖给苏丹 25 架运输机外，还赠送了一批同类型的飞机。1961 年，两国领导人互访。苏联答应向苏丹提供 2000 万卢布的长期贷款和技术援助。尼迈里执政时期，两国关系有较大发展。尼迈里曾两度访问苏联，同苏联签订了军事援助、贸易、文化和科学等方面的协定，并从苏联得到了

1.24 亿美元的援助（其中军事援助占 9600 万美元）。1971 年苏丹发生政变，尼迈里一度被捕，后在埃及军事干预下脱险。为此，尼迈里下令驱逐苏联大部分军事专家，两国关系急剧恶化。1975 年下半年至 1976 年上半年，两国有些政府、军事、文化及民间等方面的代表团往来。期间，苏联向苏丹提供了 14 架米格 - 17 飞机、2 架教练机及其他武器配件，并答应给苏丹修建一些军用设施。1975 年 9 月 5 日和 1976 年 7 月 2 日，苏丹发生两次未遂政变，尼迈里指责苏联策划了政变。1977 年 5 月 18 日，苏丹宣布驱逐全部苏联军事专家 90 人；关闭苏联在喀土穆的军事专家办事处和文化中心；勒令苏驻喀土穆外交人员减半；并限令 40 名前苏联外交人员一周内离境。进入 80 年代后，两国保持一般关系。

1991 年 12 月俄罗斯联邦等独立国家成立后，苏丹予以承认，并表示愿同这些国家建立外交关系。90 年代，俄罗斯因受国内经济政治状况限制，在非洲的活动减少，与苏丹只保持着一般性关系，因苏丹支持车臣分裂分子，双方关系进一步降温。尽管如此，俄罗斯对安理会制裁苏丹的 1044 号、1054 号和 1070 号决议均投了弃权票。1996 年 5 月，俄副外长波苏瓦留克访问苏丹。1997 年 1 月中旬苏丹东部边境发生冲突后，俄对苏丹领土完整、统一以及该地区各国关系问题表示关切，呼吁和平解决争端以维护地区稳定。

苏丹与其他东欧国家关系进展不大。在波黑内战期间，1992 年 4 月，苏丹承认波黑、克罗地亚和斯洛文尼亚，在波黑内战中出于伊斯兰宗教立场支持波黑穆斯林。8 月，苏丹呼吁伊斯兰国家向波黑的穆斯林提供援助。11 月，苏丹关闭了在南斯拉夫的使馆，以抗议其屠杀波黑穆斯林的行为。1994 年 10 月，苏丹呼吁伊斯兰国家向波黑穆斯林提供武器，反对安理会对塞尔维亚的封锁。

第五节　苏丹与中国的关系

一　苏丹与中国关系回顾

苏丹和中国人民的友好关系源远流长。中国唐代段成式
（？～863）所著《酉阳杂俎》中有"悉怛国出好马"
的记载，一般认为，所谓"悉怛"就是当时中国对苏丹的称呼。
据说历史上苏丹在红海最大的港口萨瓦金曾接待过中国唐朝的商
船。

自 1959 年 2 月 4 日中国与苏丹建交以来，两国在政治、经
济、文教卫生和军事、外交等各个领域相互支持，相互帮助，双
方关系不断发展。

1964 年 1 月，中国总理周恩来、副总理兼外交部长陈毅访
问苏丹，同年 5 月，苏丹军政府首脑阿布德访问中国。70 年代，
尼迈里总统也多次访问中国。1984 年中国副总理李鹏访问苏丹。
1987 年 12 月，苏丹总理萨迪克访问中国。长期以来，苏丹一贯
奉行一个中国的政策，支持中国的统一大业，不与台湾发生官方
关系，反对台湾"重返"联合国，在人权问题上坚持正义，在
联合国人权委员会一直投票支持我国挫败西方的反华提案。中国
一贯支持苏丹维护国家主权和领土完整、致力于实现民族和解、
发展民族经济，并给予了力所能及的经济援助。两国一直保持着
传统的友谊，在政治、经济、文化等各个领域的友好合作关系得
到了全面发展。中苏两国都是发展中国家，都面临着维护和平和
发展经济的艰巨任务。由于两国经济各有优势和长处，互补性
强，潜力很大，所以两国愿意共同努力，增进往来，加强磋商，
发展经济合作，并在和平共处五项原则基础上促进两国在各个领
域友好合作关系的发展。

二 近年苏丹与中国关系的发展

19 89 年巴希尔政府执政后，中国与苏丹关系有了较大发展。1990 年 11 月，巴希尔访问中国，随后，中国与苏丹双方部长级的政府官员互访频繁，两国在经济、贸易、科技合作和石油开发领域的合作有了许多重要进展。1992 年，两国签署金额为 1 亿美元的贸易议定书。1993 年两国建立了经济贸易和技术合作混合委员会后，平均两年召开一次会议，苏丹还在北京建立了苏丹贸易中心。1995 年 9 月，巴希尔总统访华期间，中国—苏丹友好协会宣布成立，武汉与喀土穆结为友好城市，两国签订了互免外交、公务签证协议。中国政府向苏丹提供 1.5 亿元人民币贴息贷款，其中 1 亿元用于开发苏丹石油。1997 年双方签订两国外交部定期政治磋商的协定，至 2006 年已举行了两届政治磋商。1998 年 4 月和 8 月，苏丹能源矿产部长两度访问中国。2000 年联合国千年首脑会议期间，江泽民主席与巴希尔总统举行了会晤。2000 年 11 月，吴邦国副总理访问苏丹，与巴希尔总统和塔哈副总统举行了会晤。2000 年苏丹外长穆斯塔法、能源矿产部长贾兹、文化新闻部长加齐、国防部长哈提姆、公路通讯部长艾拉和司法部长亚辛也先后访华。2001 年 3 月，苏丹副总统塔哈访华。与此同时，双方在北京召开了第 6 届中苏经济、贸易及技术合作混委会。

2002 年后双方主要互访有：中方：中国国际交流协会副会长李成仁（2002 年 2 月）、北京军区司令员杜铁环上将（2002 年 6 月）、中共中央对外联络部马文普副部长（2002 年 8 月）、中国外交部长李肇星（2004 年 1 月）、中国对外友协会长陈昊苏（2004 年 3 月）、水利部长汪恕诚（2004 年 5 月）、中央军委副主席徐才厚（2005 年 10 月）、政治局常委李长春（2005 年 11 月）。苏方：能源矿产部长贾兹（2002 年 3 月、11 月）、苏军参谋总长阿巴斯·阿拉比中将（2002 年 3 月）、外交国务部长提捷尼（2002 年 4 月）、国际合作部长特克纳（2002 年 9 月）、文化部长巴西特（2002 年 12 月）、苏丹国民议会议长塔希尔（2003年 7 月）、苏丹国防部长萨利赫（2003 年 12 月）、苏丹财政部长哈桑（2004 年 3 月）、能源矿产部长贾兹（2004 年 6 月和 12月）。

两国经贸关系发展顺利。自 1970 年以来，中国向苏丹提供了一定数量的经济援助。近 10 年来，伴随国际形势的变化和我国改革开放政策的不断深入发展，中苏友谊不断加深，经贸、文教、卫生领域的合作不断扩大。苏丹已成为获得中国投资最多的非洲国家，是中国在非洲仅次于南非的第二大贸易伙伴。中国则是苏丹的第一大贸易伙伴。2003 年 1～10 月中苏双边贸易总额达 16.32 亿美元，超过 2002 年 15.5 亿美元的全年总额。目前，有 60 多家中资机构、5000 多名中国职工在苏丹与当地人民在石油、电力等行业进行密切合作。从 1995 年起，中苏两国开始在石油领域合作。1997 年初，由中国石油天然气总公司、马来西亚国家石油公司、加拿大 SPC、苏丹国家石油公司组成了联合集团——大尼罗河石油营业公司（Greater Nile Petroleum Operating Company，简称 GNPOC），各分公司分别拥有 40%、30%、25%和 5%的股份。该公司投资 20 亿美元，在原勘探成果的基础上进一步扩大勘探范围，拟建成 750 万～1000 万吨的大型油田，并于 1999 年 6 月建成从苏丹南部戈利格里油田到苏丹港的 1506公里的输油管道。目前中苏石油合作项目进展顺利，油田于1999 年底竣工出油，中苏合作兴建的喀土穆炼油厂于 2000 年 5月完工投产，苏丹聚丙烯工程于 2002 年 1 月投产成功，由哈尔滨电站工程有限责任公司总承包的苏丹吉利联合循环电站于2002 年 1 月正式开工。2003 年，中国从苏丹获得的份额油超过了 1000 万吨，苏丹成为中国海外份额油最大来源国，而苏丹石油经济也在中国援助下迅速起飞，在短短几年内建立了从上游、中游到下游的整套石油工业，由一个石油纯进口国变成了石油出口国。石油工业的发展带动了苏丹经济的全面发展，国家财政状况随之明显改善，2005 年，苏丹国内生产总值增长达 8%，苏丹政府估计 2006 年经济增长率可望达到两位数。

除石油领域外，中苏两国在发展电力、建设公路桥梁、海港和机场维修等方面的合作也取得了丰硕成果。2005 年，苏丹对中国出口总额达到 34 亿美元，从中国进口为 13 亿美元，日产量达到 50 万桶的苏丹石油，大部分出口到中国，对中国的贸易已经成为拉动近年苏丹经济增长最重要的外部力量。

在激烈的国际竞争中，中国公司在 2003 年得到了苏丹 10 多个工程承包项目，承包合同总额 17 亿多美元。其中最大的项目是被苏丹称之为苏丹"三峡"工程的麦罗维大坝项目。它是中国公司在国际承包市场签订的最大水利水电工程项目和最大单项工程项目。该项目的合同总额达 11.1 亿美元。在中非合作论坛框架内，我国不仅减免了苏丹部分到期债务，而且不断培训苏丹各类技术人员。仅 2003 年一年，我国即发放 TCOC 技术培训录取通知书 34 份，涉及沼气技术、食品安全检查、农作物病虫害、小水电、粮食仓储保护技术、兽医、生物肥料、计量、蔬菜、热带病、果树技术、太阳能应用技术等。由陕西省派遣的第 26 批 36 名医疗队员以高尚的人道主义精神和精湛的医术救死扶伤，赢得了苏丹人民的热情赞扬。我国外交部还邀请苏丹中高级外交官到中国参观访问，交流经验，从而增进了相互了解。

两国文化交往在建交前就已经开始。1970 年 8 月，两国签订了《中国、苏丹科学、技术、文化合作协定》。1975～1990 年，中国武汉杂技团帮助苏丹培养出 78 名杂技演员，并协助组建苏丹国家杂技团。该艺术团被苏丹人民称为"苏中友谊之花"，成为一支在非洲具有较大影响的艺术团。2000 年两国政府签订《2000~2002年文化合作执行计划》。最近几年两国文化往来主要有：1995年中国艺术（杂技、木偶）团访苏丹；1997年中国在苏丹举办中国工艺品展；1999年文化部副部长孟晓驷率政府文化代表团访苏丹；2002年7月，陕西杂技团访苏丹演出；2004年，四川省宜宾市杂技团赴苏丹演出。1994年苏丹新闻文化部长赛卜·德拉特访华；1994年苏丹国家歌舞团访华；1995年苏丹著名画家莱奥特来华举办个人画展；2000年苏丹新闻文化部长加齐访华。自1960年中国开始接收来自苏丹的留学生，至1999年已接收了341名。2001年苏丹在华留学生共28人。

中苏建交48年来，友好合作关系在和平共处五项原则的基础上不断巩固和发展，成果丰硕，前景广阔。中苏合作不附带任何政治条件，两国间的合作堪称南南合作的典范。在两国政府的关怀和两国人民的共同努力下，中苏友谊将进一步加深，两国在政治、经贸、文教、卫生等领域的合作将迈上一个新的台阶。

第六节　苏丹与周边国家关系

一　与埃及的关系

在苏丹对外关系中，与北方同处于尼罗河畔的埃及的关系可能是最悠久也最重要的了。从公元前2000年开始，两国就有了紧密而内容广泛的交往联系。两国的近代关系始于1820年奥斯曼帝国统治下的埃及军队对苏丹的入侵。埃及的统治于1885年结束后又以英埃共管的形式从1899年持续到1955年。即使在苏丹1956年获得独立后，埃及对苏丹的发展还有着相当大的影响。这一双边关系的历史遗产给当代两国都留下了难以说尽的复杂的影响。埃及一直把苏丹看成是自己的"后院"，认为苏丹与自己有一种天然而不可分的关系。苏丹北方的一些阿拉伯人，也曾想努力推动与埃及的合并或联盟。两国的关系由于作为埃及"生命线"的尼罗河问题而变得更为复杂了，尼罗河在进入埃及前流经了苏丹全境，而埃及 95% 的人口依靠尼罗河水生活。尽管两国于 1959 年就达成了关于尼罗河水分配的《充分利用尼罗河水协定》，但这一问题仍然一直居于双边关系问题之首。在两国 1273 公里长的边界上也存在着一些争端，这导致了两国在 1995 年的尖锐对立。开罗声称，据 1899 年《英埃共管协议》，两国的边界应该是北纬 22°线。喀土穆则认为 1902 年和 1907 年对该条约的修正所产生的管辖界线要沿红海向北延伸。这一争执地区被叫做哈拉伊卜三角地区（Halaib triangle）。埃及目前控制着哈拉伊卜，这一问题尚在休眠状态。

　　尽管苏丹独立当日埃及就予以承认，但随后的两国关系却时紧时松。1958 年阿布德上台后，两国关系好转。1964 年，两国签订了贸易协定。1974 年两国制订一体化协议。1976 年签订共同防御协定。1979 年 3 月埃及总统安瓦尔·萨达特（Anwar al Sadat）单独同以色列签署和平条约后，苏丹是阿拉伯国家中为数不多的（仅有 3 个）未与埃及断交的国家。但自同年底以后，苏丹总统尼迈里对埃以和约进行公开批评，导致双方撤回了大使。1981 年两国恢复大使级外交关系。1982 年两国签订了《一体化宪章》，规定两国在 10 年内实现外交、防务、经济和文化政策的全面协调。事实上，尼迈里在帮助埃及修复同其他阿拉伯国家的关系中发挥了重要作用。当尼迈里的政府被推翻之时，他正在访美回国途中的埃及。埃及总统穆巴拉克给尼迈里提供了政治庇护并拒绝了苏丹的引渡请求，两国关系渐冷。从 1986 年开始两国关系逐渐恢复，巴希尔政变之前保持相对正常状态。1991 年海湾战争爆发后，由于双方立场对立，苏丹同埃及的关系十分紧张。

　　在巴希尔军政府掌权之后两国的关系持续恶化。巴希尔政权认为埃及支持苏丹国内的反对派，认为包括米尔加尼（Mirghani）在内的几名政治领袖得到了埃及的政治庇护。米尔加尼和其他政治领导人，包括尼迈里，在相对安全的开罗避难所定期发表对政府的批评。苏丹救国革命指挥委员会以给埃及伊斯兰激进分子提供庇护来回击埃及。当1990年初埃及政府邀请苏丹人民解放运动（SPLM）的一个高级代表团访问开罗时，两国的关系更趋恶化。其实早在海湾危机爆发前，穆巴拉克就指控苏丹安装了伊拉克导弹并瞄准埃及的阿斯旺高坝（the Aswan High Dam），救国革命指挥委员会坚决否认了这一指控。在苏丹拒绝加入反对伊拉克的阿拉伯同盟后，两国关系更加恶化。到1991年中期，埃及仍然没有派回其驻喀土穆的大使，埃及还给民主联合党（National Unionist Party，简称DUP）、苏丹人民解放运动和其他反政府组织提供财政援助。

1992年苏、埃开始在哈拉伊卜地区归属问题上发生争执。双方进行多次磋商，但均无结果。其后两国无高层人员往来。1995年6月，因苏丹卷入埃及极端主义分子对抵达亚的斯亚贝巴参加非统会议的穆巴拉克实施的未遂暗杀事件而使两国关系降至最低点，埃及同苏丹在哈拉伊卜三角地区发生了小规模的流血冲突。穆巴拉克总统公开会见了苏丹前总统尼迈里及苏丹反对派领导人。1996年，埃及积极支持安理会通过制裁苏丹的1044、1050和1070号决议，但又表示不希望对苏丹实行经济及军事制裁。6月，埃及总统穆巴拉克和苏丹总统巴希尔在开罗召开的阿拉伯首脑会议期间举行自1994年以来的首次会晤。12月，出逃到厄立特里亚的苏丹前总理马赫迪访问埃及，埃及总统、外长、议长、协商会主席、副总理等分别予以会见。1997年1月，苏丹副总统祖贝尔访问开罗，就苏丹东部边境局势紧张寻求埃及支持。9月，两国在哈拉伊卜地区的争端再起。10月，祖贝尔再次访埃，两国关系开始逐步解冻。双方成立一系列技术委员会，就解决双方分歧举行会谈，在安全问题、哈拉伊卜争端、归还埃及财产等问题上取得一定进展。两国关系出现缓和改善趋向。1998年2月13日，埃及总理詹祖里率团访问苏丹，吊唁因飞机失事罹难的苏丹副总统祖贝尔。

自1999年起，埃及加大对苏丹和平进程的参与力度，7月与利比亚提出解决苏丹问题的联合倡议。7月12日，巴希尔总统在阿尔及尔出席第35届非统首脑会议期间与穆巴拉克总统举行会晤。12月巴希尔总统实行紧急状态，埃及表示支持，并做了海湾和其他国家的工作，为苏丹总统争取支持。12月22日，巴希尔对埃及进行正式访问，使两国关系基本正常化并日益密切。2000年9月，苏埃两国混委会在苏丹召开，双方签署了涵盖经济、工业、旅游、投资、文化等领域的8个合作协议。2001年巴希尔总统再次访埃，两国混委会由部长级提升至总理级，并签署了21项合作协议。埃及支持苏丹维护国家统一、实现南方和平的努力，并于2001年6月和利比亚联合提出实现苏丹全面和解的9点新倡议。6月，苏、埃正式实施两国外交护照互免签证协议。2002年5月，巴希尔总统再度访问埃及，双方强调两国的兄弟关系并采取行动在各种实际问题上扩大合作。7月，苏丹副总统塔哈赴埃及主持两国经贸混委会。9月，苏丹外长穆斯塔法访问埃及。双方的贸易也开始不断扩大，年贸易总额达8500多万美元。2004年1月、7月和12月，巴希尔总统三度访埃。6月，埃及总理奥贝德访问苏丹，两国政治、经贸关系有了进一步发展。

埃及同苏丹关系中的重要主题是保持苏丹的国家统一。埃及不愿意看到南部苏丹的独立，那样的话可能又要多一个同它争夺尼罗河水的国家。埃及对此种可能的出现既震惊又恼火，这已经成为《马查科斯协定》签署后埃及表达的主要信息。苏丹正在竭力消除同埃及关系中的这个障碍。巴希尔在2002年9月说，苏丹同埃及的关系具有"战略优先性",并宣布开放在阿斯旺(Aswan)的领事馆。总统顾问库比·马赫迪在同月强调说,埃及正在致力于统一苏丹的安全问题。2003年1月中旬,埃及外长在喀土穆表示埃及期待着在保护苏丹国家统一和领土完整上的合作。尽管苏丹近期对两国关系采取了一些积极的步骤,但在其9个邻国中,同埃及的关系仍然是最为困难的。甚至有苏丹人认为,在所有的阿拉伯国家中,埃及是"最不理解"苏丹的国家。

二　与利比亚的关系

苏丹同其西北邻国利比亚的关系在1970年代后期和整个80年代处于极端敌对和极为密切的交替状态之中。1975年和1976年,苏丹发生了一起有利比亚背景的未遂政变,两国断交。1978年两国复交。1981年因乍得问题,苏丹再次与利比亚断交。尼迈里和利比亚领导人卡扎菲(Muammar al Qadhafi)二人相互敌对。尼迈里允许利比亚国家拯救阵线(Libyan National Salvation Front)在苏丹电台发表攻击卡扎菲的言论。利比亚政府则通过在本国培训反尼迈里武装和给苏丹人民解放军(SPLM)提供财政和物资援助来进行回应。1985年苏丹发生政变后,利比亚是第一个承认苏丹新政权的国家。此后,修复同利比亚的关系成为苏丹过渡政府、议会和军政府的一个目标。1988年8月31日,两国签署苏丹—利比亚统一联合体声明;11月,萨迪克总理访利。萨迪克政府允许利比亚在达尔富尔驻扎一些军队,以便这些利比亚军队可以在那里援助乍得反叛力量对乍得政府军发动袭击。苏丹同利比亚关系的扩展引起埃及的不满,1988年埃及和美国向苏丹施压,利比亚才从那里撤出了军队。

苏丹同利比亚的关系在1989年6月政变后得到了又一次扩展,苏丹和利比亚双方都表示了对两国最终一体化的兴趣。巴希尔曾六次访问利比亚，两国正式签署了政治、经济、教育、文化、社会、安全等方面实现全面统一的一体化协议，但并无实质性进展。1990 年 7 月，利比亚—苏丹大众联合委员会（Libyan-Sudanese joint General Peoples' Committee）举行了首届会议，两国的部长理事会举行了联席会议。尽管 1990 年就一体化协定举行了磋商，但这些会议的主要成果并不是政治联合而是经济合作。利比亚和苏丹签署了一个贸易和发展协议，协议规定利比亚投资农业规划，苏丹则保证利比亚的粮食进入苏丹。两国还同意组成一个工作委员会制订在达尔富尔和利比亚的哈里吉地区（Al Khalij）放宽旅游限制的计划。1990 年底，卡扎菲对苏丹进行了正式的国事访问。尽管卡扎菲对两国关系的进展表示满意，但是他也对救国革命指挥委员会同全国伊斯兰阵线的密切关系进行了谴责。

苏丹反对美国借洛克比事件对利比亚制裁。1997 年后，利比亚积极调解苏丹与乌干达、埃及和厄立特里亚等国关系，还在苏丹政府与反对派之间进行斡旋。1999 年 6 月，卡扎菲对苏丹进行正式访问，表示将积极推动苏丹和平进程。7 月，利比亚联合埃及提出苏丹问题和平倡议，苏丹政府和反对派均表接受。2000 年 11 月，苏丹、利比亚和埃及三国外长在喀土穆举行的政府间发展组织首脑会议期间讨论了启动埃及、利比亚联合倡议的问题。2001 年 5、6 月，利比亚领导人卡扎菲访问苏丹。利比亚召集埃及和苏丹外长在的黎波里开会，积极支持苏丹政府为实现国家和平所做出的努力。两国外长互访频繁。2002 年 3 月，巴希尔总统赴利比亚参加萨赫勒 - 撒哈拉国家联合体（Community of Sahel-Saharan States）首脑会议。

2002 年 7 月，苏丹政府同苏丹人民解放军达成"马查科斯协定"引起了利比亚的不满，因为利比亚一直希望埃及—利比亚联合倡议能够作为结束苏丹冲突的基础。但两国很快就克服了所有严重分歧，并在 2002 年后半年举行了一系列旨在改善双边关系的会议。苏丹外长伊斯梅尔同利比亚外长在 8 月份签署了利（比亚）苏（丹）委员会（Libyan-Sudanese Committee）第九次会议的备忘录。双方同意在统一苏丹的框架内展开苏丹和平工作，并成立一个双边政治协调委员会着手实施关税、尼罗河国际基金、贸易和投资等协定。10 月，苏丹总统助理穆巴拉克·法德尔·马赫迪赴利比亚出席两国一体化最高委员会会议，以加强双边经贸合作。10 月末，双方高层次的部长级委员会举行了会议，并就包括谴责美国对伊拉克威胁发动"不公正的侵略战争"在内的许多政治和现实问题达成了一致意见。2004 年，苏丹总统巴希尔访问利比亚。利比亚积极推动苏丹达尔富尔问题的政治解决。

目前，苏丹同利比亚的关系比较正常。在卡扎菲对撒哈拉以南非洲感兴趣并有干预倾向但其能力受限的情况下，苏丹选择了改善同利比亚的关系。然而，两国关系的前景仍不明朗。

三 与埃塞俄比亚的关系

苏丹与埃塞俄比亚曾因相互支持对方反对派而长期不和，但也出现过一定时期的某种程度的缓和与改善。1972 年在埃塞俄比亚皇帝塞拉西的调停下，苏丹南北达成了《亚的斯亚贝巴协议》。1974 年埃塞俄比亚军政权上台后，尼迈里曾建议通过和平途径解决厄立特里亚问题，遭到埃塞俄比亚拒绝。后由于苏丹支持厄立特里亚独立运动，两国关系紧张。1977 年底，两国关系有所缓和。1980 年后，两国关系开始改善，但自 1983 年苏丹新内战开始以来，埃（塞俄比亚）苏（丹）关系因埃塞俄比亚对苏丹人民解放军（SPLA）的支持和苏丹对埃塞俄比亚反政府组织的支持而反复无常。在埃塞俄比亚看来，来自苏丹的伊斯兰激进组织成员对自己构成了威胁。埃塞俄比亚的门格斯图（Mengistu Haile Mariam）政府是苏丹人民解放运动（SPLM）的最重要的外国援助者。门格斯图给 SPLA 提供了包括训练在内的军事援助，并给予 SPLM 广泛的政治支持。为了报复，苏丹允许埃塞俄比亚反政府组织厄立特里亚人民解放阵线（the Eritrean People's Liberation Front）和提格雷人民解放阵线（the Tigray People's Liberation Front）分别在苏丹港和加达里夫继续活动。1985 年 4 月苏丹发生政变后，苏丹新领导派代表团访问埃塞俄比亚，主动寻求和解。门格斯图接见了代表团，表示愿意加强两国关系，6 月，两国复交。

1991 年梅莱斯·泽拉维（Meles Zenawi）领导的"埃革阵"（Ethiopian People's Revolutionary Democratic Front，埃塞俄比亚人民革命民主阵线，英文简称为 EPRDF）推翻了门格斯图的统治，苏丹与埃塞俄比亚两国关系大幅改善。梅莱斯在其推翻门格斯图的长期斗争中一直得到苏丹的帮助，因此他取消了对 SPLA 的支持并在 1993 年对喀土穆的访问中宣称，埃苏关系是"显著的，并将得到继续保持"。但这一友好关系没有持续太长时间，因为苏丹全国伊斯兰阵线政权给反"埃革阵"组织提供援助并不断向有着大量穆斯林的埃塞俄比亚施压。1994 年，埃塞俄比亚作为政府间发展组织（IGAD）成员参与调解苏丹政府与南方反政府组织之间的武装冲突。

1995 年，埃及总统穆巴拉克在出席非统组织会议期间，在埃塞俄比亚首都亚的斯亚贝巴遭未遂暗杀，苏丹被认为与这一事件有染，埃塞俄比亚与苏丹关系因此大为恶化。埃塞俄比亚公开指责苏丹幕后策划了这一事件并窝藏 3 名凶手。随后，埃塞俄比亚同乌干达和厄立特里亚一起加入了美国发起的反苏丹"前线国家"（front line states）战略。1996 年 1 月，埃塞俄比亚将苏丹涉嫌暗杀埃及总统案提交安理会，并要求对苏丹实施制裁。7 月，非统首脑会议期间，巴希尔与埃塞俄比亚总理梅莱斯会晤，开始恢复接触，并在互不支持对方反对派方面达成谅解。1997年1月中旬，苏丹反政府武装在埃塞俄比亚支持下攻占了苏丹东部边界几座城镇。苏丹谴责埃塞俄比亚入侵苏丹领土，两国关系再度恶化。5月，在非统第33届首脑会议期间，巴希尔与梅莱斯总理再次就互不支持对方反对派达成协议，两国关系有所改善。

埃塞俄比亚与苏丹在伊斯兰宗教问题上一直有分歧，并影响到两国的关系。梅莱斯政府支持增加对SPLA的支持，苏丹也同样增加了对反梅莱斯政权的一些组织的支持。1997年，埃塞俄比亚甚至越境支持SPLA对边界城镇库尔穆克（Kurmuk）和卡散（Qessan）的攻占。作为报复，哈桑·图拉比则威胁要释放以苏丹为基地的百万埃塞俄比亚和厄立特里亚流亡人员。反政府的苏丹联盟军（Sudanese Alliance Forces，简称SAF）也在1998年初宣称他们正在两国边界地区从事致力于推翻巴希尔政府的军事活动。

1998年5月埃（塞俄比亚）厄（立特里亚）战争爆发后，"非洲之角"的政治同盟发生了变化。埃塞俄比亚认为，以前同厄立特里亚的友好关系已经变得比同苏丹的关系更为敌对。根据"敌人的敌人便是朋友"的推理，埃塞俄比亚在1998年底决定同苏丹实现关系正常化。事实上，两国从未断绝外交关系，苏丹在亚的斯亚贝巴派有大使，而埃塞俄比亚在喀土穆驻有代办。两国的航空公司恢复了两国首都间的定期航班。埃塞俄比亚开始削减对SPLA的援助，苏丹也停止了对反"埃革阵"组织的援助。

1999年5月，巴希尔在吉布提会晤埃塞俄比亚的梅莱斯总理，双方一致同意发展全面的双边关系。此后两国在通商和埃塞俄比亚利用苏丹港进出口商品等方面进展顺利。11月17日，巴希尔对埃塞俄比亚进行访问。2001年，巴希尔总统两度访问亚的斯亚贝巴，推动执行两国业已签署的合作协议。SPLA也从卡散实行"战术"撤退。5 月,苏丹外长穆斯塔法出访埃塞俄比亚,与埃塞俄比亚外长主持召开两国混委会,讨论进一步扩大合作事宜。2002 年 1 月和 5 月,埃塞俄比亚总理和外长分别访问苏丹。4 月,苏丹副总统塔哈访问埃塞俄比亚。埃塞俄比亚政府表示将停止向苏丹反政府武装加朗领导的"苏丹人民解放军"提供任何方式的支持。两国还在实际运作层次做出了一些变化,同意取消日用品贸易的准入证和费用。地处内陆的埃塞俄比亚正在寻找资金建设从红海沿岸苏丹港到埃(塞俄比亚)肯(尼亚)边界莫亚莱(Moyale)的铁路。

2003 年 1 月,埃塞俄比亚开始通过从苏丹加拉巴特(Galabat)到埃塞俄比亚默特马(Matema)的公路进口苏丹石油。苏丹还计划每月给埃塞俄比亚提供 1 万吨的苯、丁烷和煤油。3 月,两国签署了跨境通讯的谅解备忘录。此外,埃塞俄比亚、苏丹和也门还组成了一个旨在打击非洲之角的恐怖主义的区域组织。埃塞俄比亚总理梅莱斯还表达了扩大两国贸易和通过向非洲发展银行、欧盟、石油输出国组织基金、阿拉伯经济发展银行及中国政府等寻求资金来发展两国公路联系的愿望。6 月,两国签署了解决长达 6 年的边界争端协定。根据这一协定,埃塞俄比亚获得了苏丹加达里夫州的一小块土地。

2004 年 3 月,非洲发展基金宣布将给埃塞俄比亚和苏丹出资 259 万美元用来研究尼罗河东部的灌溉和排水问题。据该基金的官员称,这一研究将有助于巩固粮食安全、减少农村贫困和通过合理利用可持续资源来保护环境,该研究还鼓励通过一体化方案来解决尼罗河东部的灌溉和排水问题。7 月,巴黎印度洋时事通讯报道,埃塞俄比亚和德国的一家公司同苏丹人民解放军、肯尼亚和乌干达签署了修建从朱巴经洛基乔基奥(Lokichokio,肯尼亚东北部城镇)到达纳库鲁(Nakuru,肯尼亚中西部城市)的铁路的协定。未来修建的附加铁路将把苏丹南部同乌干达北部城镇阿鲁阿（Arua）和古卢（Gulu）连接起来。然而，由于铁路估计造价高昂（30亿欧元），2010年前建成这些铁路似乎是不可能的。

总之，在苏丹看来，同其有着1606公里边界线的埃塞俄比亚是苏丹最重要的地区伙伴。两国最终可以在尼罗河水资源的分配上进行合作。水资源是苏丹同埃塞俄比亚两国间的敏感问题，对苏丹同埃及的关系来说尤其敏感。目前，两国的官员都认为它们的双边关系非常良好，是政府间发展组组中关系最紧密的成员，并朝着一体化的方向前进。但是，潜在的问题依然存在。埃塞俄比亚并不完全相信苏丹彻底放弃了对伊斯兰激进主义的输出，对苏丹是否提升了对2002年夏天奥洛默解放阵线（Oromo Liberation Front）在厄立特里亚支持下从苏丹南部向埃塞俄比亚西部发起的进攻的认识仍然持怀疑态度。同样，苏丹虽然控制但并没有断绝同反"埃革阵"组织的联系。如果彼此认为必要，对各自的反对组织的支持还会立即恢复。此外，难民问题也是两国关系中的不确定因素。目前，埃塞俄比亚西部仍有数万名苏丹难民，而苏丹也有很多埃塞俄比亚难民。

四　与厄立特里亚的关系

苏丹长期支持厄立特里亚的独立运动。厄立特里亚1991年独立后两国关系很好。1993年5月，苏丹总统巴希尔出席了厄立特里亚独立庆典。影响两国关系的主要是宗教问题。厄立特里亚的人口可分为数量大致相当的基督教徒和穆斯林两大部分，但占支配地位的主要是基督教徒，因此厄立特里亚一直对苏丹的伊斯兰激进主义输出非常关注。

自1993年10月以来，苏、厄边界时常发生厄政府军与非法越境的苏武装人员之间的冲突。1993年底，厄立特里亚指控苏丹支持厄立特里亚伊斯兰"圣战"组织（Eritrean Islamic Jihad）

的活动，向厄输出宗教激进主义。随后，厄立特里亚向联合国安理会提交这一指控。1994 年 12 月，厄立特里亚宣布断绝与苏丹的外交关系并加入了反对苏丹的"前线国家"。此后，厄立特里亚成了 SPLA 的坚定支持者，允许旨在推翻巴希尔政府的全国民主同盟（National Democratic Alliance，简称 NDA）在厄立特里亚首都阿斯马拉公开制订推翻苏丹现政权的行动纲领，并将其总部设在阿斯马拉的苏丹大使馆中。1995 年 2 月，苏丹称厄立特里亚已无资格作为"伊加特"（IGAD）的调解人。1996 年 10 月，苏丹反对派"全国民主联盟"再次在厄立特里亚首都举行会议，商讨推翻苏丹现政权的对策。12 月，苏丹前总理萨迪克·马赫迪逃至厄立特里亚。1997 年及以后，苏、厄边境发生数次武装冲突。此外，在两国 605 公里的边界有许多与贝尼阿摩尔人（Beni Amer）和贝贾人（Beja）反抗运动有关的问题。两国的难民问题也很严重。苏丹东部的难民营中有 10.9 万名厄立特里亚人，另有 21.8 万名厄立特里亚城市难民留在苏丹。这些难民中的许多人都不愿意回到厄立特里亚。

1998 年 5 月厄（立特里亚）埃（塞俄比亚）战争爆发后，厄立特里亚同埃塞俄比亚一样认为，改善同苏丹的关系符合自己的国家利益。由于在同埃塞俄比亚的战争中日益失利，厄、苏两国外长于 1998 年 11 月在卡塔尔首都多哈举行会谈，签署"谅解备忘录"，同意通过谈判消除分歧，并承诺停止对各自的反对组织的支持。1999 年 4 月 16 日，巴希尔总统与厄立特里亚总统伊萨亚斯·阿费沃基（Isaias Afewerki）在利比亚会晤。5 月 2 日，两国总统在多哈再次会晤并签署和解协议，宣布恢复外交关系。6 月 14 日，两国外长在多哈签署谅解备忘录，决定成立部长级混委会解决双边政治、军事、安全等问题。

2000 年初，两国恢复外交关系后，也同意恢复两国首都之间的航运，两国领导人实现互访。虽然 NDA 的总部仍在厄立特里亚，但苏丹收复了其在阿斯马拉的大使馆。厄立特里亚继续武装和训练苏丹的反对组织，而厄政府的反对派也在厄立特里亚民族武装联盟（Alliance of Eritrean National Forces）的组织下活动于苏丹和埃塞俄比亚。2001 年 6 月，苏丹副总统访厄，两国成立部长级混委会。10 月，厄立特里亚向苏丹重派大使。此后，苏丹和厄立特里亚都在努力改善双边关系。2002 年 5 月，苏丹全国大会秘书长访问厄立特里亚。厄立特里亚总统伊萨亚斯·阿费沃基在同月声称两国将通过对话解决存在的问题。厄立特里亚还公开表示支持《马查科斯协定》。

2002 年夏天，两国关系又开始恶化。8 月，苏丹总统顾问库比·马赫迪（Qutbi al-Mahdi）公开指责厄立特里亚收留苏丹的反政府武装。9 月，苏丹指责厄里特里亚政府支持苏丹反政府武装 SPLA，攻打苏丹东部边境地区，并就此向安理会、非盟和阿盟提出控告，厄立特里亚对苏丹的指控予以否认，两国关系发展受阻。10 月，厄立特里亚反对派"爱国联盟"主席访问苏丹，会见了巴希尔总统及政府官员。同月，苏丹外长伊斯梅尔指责厄立特里亚在援助反政府组织对苏丹卡萨拉州的袭击。厄立特里亚否认参与了该军事行动，NDA 则声称对该进攻负责。虽然苏丹仍保持同厄立特里亚的外交关系，并允许停留在苏丹境内难民营的数万厄立特里亚难民继续返回，但苏丹驱逐了 10 名在联合国难民高级专员办公室工作的厄立特里亚政府官员。在苏丹政府指责厄立特里亚参与了 NDA 在其东北部的进攻和给达尔富尔的苏丹解放运动（SLM）提供援助后，两国的关系更加紧张。苏丹随后关闭了同厄立特里亚的边界，拒绝非盟的调停并把同阿斯马拉的关系描述成"紧张"的关系。苏丹还通过给厄反对组织厄立特里亚民族联盟（Eriterea National Alliance）提供援助来进行报复。11 月，厄立特里亚拒绝了埃及的调停。同月，苏丹同埃塞俄比亚和也门达成了共同维护本地区安全的联盟协定，而厄立特里亚称该联盟妄图推翻厄立特里亚现政府，反对阿费沃基的厄立特里亚前政府领导人也不断在喀土穆出现。12 月，厄立特里亚在其执政党的网站上发表声明，对埃塞俄比亚、也门和苏丹做了详细指责，把这三国描述成与基地组织（al-Qaeda）结盟的"恐怖主义国家"。苏丹对此进行了回击，指责厄立特里亚是在替以色列服务，并称只有厄立特里亚停止对苏丹反叛分子的支持双方的关系才能正常化。

埃塞俄比亚、也门和苏丹三国外长在 2003 年 1 月召开会议，强调它们的联盟并非直接针对任何国家，联盟关注的仅仅是地区合作而已。阿费沃基总统在 2003 年 2 月指责埃塞俄比亚伙同苏丹和也门在两国边界集结重兵，但中立的观察家却认为这样的情况并没有出现。与此同时，苏丹外长伊斯梅尔指责厄立特里亚在两国边界集结军队，要求非盟（African Union）将此确定为"侵略"，但这一情况并未得到任何第三方的证实。4 月，NDA 在阿斯马拉召开了讨论苏丹和平进程的会议，苏丹政府对该会议进行了谴责，认为这是对"伊加特"（IGAD）主导的和谈精神的破坏。

厄立特里亚在 2003～2004 年不断否认其给达尔富尔的苏丹解放运动和正义与平等运动（JEM）提供过任何援助，理由是达尔富尔地区"距离太远"。但是，厄立特里亚在 2004 年 1 月接待过一些参加贝贾大会（Beja Congress）的苏丹解放运动代表，而贝贾大会是 NDA 的一个成员。苏丹解放运动和贝贾大会相互承诺"继续团结战斗"，直到消除"边缘化、贫困、被忽视和落后"。与此同时，厄立特里亚指责苏丹政府未经起诉和审判就逮捕了一些厄立特里亚人，而且还关闭了几个厄立特里亚人的社区中心。3 月，估计约 1700 名厄立特里亚难民回国。厄立特里亚难民的返回使苏丹政府关闭了其东部 18 个难民营中的 10 个。但是，苏丹东部仍有大约 20 万厄立特里亚难民，其中只有大约

3500 人在 2004 年签约自愿返回厄立特里亚，而超过 2900 个家庭仍然申请作为难民留在苏丹。

五　与乌干达的关系

20 世纪 80 年代以来，乌干达同苏丹的关系主要受制于乌干达对苏丹南方反政府武装 SPLA 的支持和苏丹对各种乌干达反政府组织的援助，尤其是对 1988 年由约瑟夫·考尼（Joseph Kony）创建的圣灵军（Lord's Resistance Army，简称 LRA）的援助。1986 年乌干达"抵抗运动"上台执政后即开始清剿北方反政府武装，部分反政府分子遂逃入苏丹境内；苏丹南方反政府武装亦经常从乌干达境内向苏丹政府军发动军事攻击。为此，苏、乌两国长期摩擦不断。

苏丹同乌干达的 435 公里长的边界并没有发生特别重大的问题，因为 SPLA 和其他不效忠于喀土穆的南部组织一直控制着苏丹一侧的边界地区。然而，边界两侧的难民营不时卷入苏丹政府同 SPLA 和乌干达同 LRA 的战斗之中。大约有 15.5 万名南苏丹难民在乌干达北部，大约有 8500 名乌干达难民在苏丹一侧的边界地区。难民问题日益成为一个棘手的问题。白尼罗河从乌干达流入苏丹，这也是一个合作或冲突的重要问题。

1994 年，乌干达作为政府间发展组织"伊加特"成员国参与苏丹南方问题的调解。同年 5 月，苏丹总统巴希尔访问奥地利期间与乌干达总统穆塞维尼就改善两国关系问题举行会谈。1995 年 4 月，苏丹副总统祖贝尔与乌干达第一副总理卡泰加亚在利比亚举行会谈，双方签署了"的黎波里纪要"，表示互不使用武力及支持对方反对派。同月，乌指责苏丹外交官从事了危及乌干达安全的活动，宣布与苏断交。6 月，在马拉维总统的调解下，苏、乌两国总统在马拉维首都举行会谈，决定逐步恢复外交关系。10 月，苏丹南方反政府武装大举进攻政府军并占领了许多城镇，苏丹政府指责乌政府军参与了叛军的作战行动。1996 年 9 月，在伊朗总统拉夫桑加尼调解和主持下，苏、乌在喀土穆签署《乌干达和苏丹关于解决争端和关系正常化的协定》，决定逐步恢复外交关系。10 月，乌、苏两国外长在德黑兰召开三方会议，两国签署了成立边境观察小组协议。但苏、乌关系反复无常，双方相互指责，经常出现紧张局面。

乌干达、埃塞俄比亚和厄立特里亚对 SPLA 的援助在 1990 年代达到高潮，它们因此也成了美国向喀土穆政府施压的"前线国家"战略中的一个部分。作为交换条件，美国答应给三国提供有限的军事援助。随着乌干达与苏丹的反目，SPLA 自然就从乌干达获得了支持。尽管穆塞维尼总统同约翰·加朗的私人关系很好，但乌干达政府却并不完全支持加朗领导的南方反政府武装。1998 年刚果（金）危机爆发后，由于两国立场对立，关系又一次倒退。1999 年 12 月 8 日，在美前总统卡特调解下，巴希尔与穆塞维尼总统在内罗毕会晤，双方签署关于恢复两国外交关系、不以武力解决争端和停止支持对方反政府武装的协议。12 月 21 日，两国总统在利比亚再次会晤。

2000 年 9 月，经埃及、利比亚的调解，苏、乌关系基本实现正常化。2001 年 5 月，巴希尔访问乌干达，参加穆塞维尼总统就职庆典，在利比亚领导人卡扎菲的斡旋下，苏、乌双方同意立即恢复代办级外交关系。8 月，巴希尔再度访问乌干达。2002 年初，乌干达总统首次参加在喀土穆召开的"伊加特"首脑会议，并访问苏丹，两国签署了《边界与安全协议》，互相允许两国军队进入对方境内围剿各自的反政府武装。3 月，两国签署协议，同意"乌干达友好军队进入苏丹边界采取军事行动以解决 LRA 问题"。随后，乌干达军队在苏丹南部向 LRA 发起了"铁拳行动"。2002 年 4 月，乌干达在联合国人权会议上支持欧盟提交的反对苏丹的人权状况报告，苏丹对此不满，苏外长就此赴乌磋商。两国外长在会谈中就重建两国的全部外交关系达成了一致。苏丹还要求乌干达向 SPLA 施压以使其接受全面停火。此前，SPLA 一直反对在未达成全面政治解决前的全面停火。7 月，巴希尔总统访问了坎帕拉，双方同意继续推进两国共同边界地区的安全与和平。期间，巴希尔总统第一次同 SPLA 领袖约翰·加朗举行了会谈。

"铁拳行动"没有取得预期的成功，也没有结束 LRA 对乌政府的进攻。2002 年 8 月，LRA 摧毁了坎帕拉以北 400 公里处的一座难民营，使 2.4 万名南苏丹人无家可归。在 LRA 的持续压力下，穆塞维尼总统给苏丹施压，要求重签协定以追击苏丹境内的乌干达反叛武装。穆塞维尼总统 11 月表示，尽管 SPLA 仍然可以进入乌干达境内，但作为回报，乌干达已经停止了对 SPLA 的军事援助。11 月，乌国防部长访问苏丹，两国签署安全领域合作谅解备忘录，并同意在 11 月底给予乌干达两个月时间以追击苏丹境内的 LRA。两国还决定成立联合监察小组以检查双方是否在共同边界地区重新支持各自的反政府组织。2003 年 1 月，乌干达向苏丹派遣了大使，这标志着双方外交关系的全面恢复。苏丹则在 2002 年 4 月将其在坎帕拉的代办级外交关系提升到了大使级。同月，苏丹国防部长在坎帕拉同乌干达国防部长举行会晤，宣布苏丹将占领以前由 LRA 使用的营地。2 月初，苏丹的一名高级军官访问了乌干达，他在会谈结束后宣布两国军队已就共同军事行动达成了明确的谅解。

虽然 2003 年 3 月和 9 月两国两次更新了《边界与安全协议》，但双边关系仍紧张，穆塞维尼指责巴希尔持续给 LRA 提供援助并以从事间谍活动为由驱逐了两名苏丹外交官。10 月，在乌干达国防部长接受了苏丹的"一些无赖军官给 LRA 提供了援助"的解释后，双边关系有所解冻。2004 年 3 月，SPLA 同 LRA 发生了武装冲突，冲突中有平民丧生，财物和牲畜被劫掠。4 月中旬，两国为实现关系正常化和就地区安全、关税及贸易的时间表问题在堪培拉举行了部长级联合委员会会议。

目前，苏、乌关系仍然没有走出阴影。双方仍然怀疑对方是否真的停止了对各自的反政府组织的支持。有乌干达人认为，尽管苏丹可以停止对 LRA 的公开支持，但它可以通过反对 SPLA 支持 LRA 的赤道防卫军间接地向 LRA 提供援助。

六　与乍得的关系

整个 1980 年代苏丹同其西部邻国乍得的关系受到乍得国内冲突和苏丹同利比亚关系的双重影响，因为乍得的国内冲突经常扩展到苏丹达尔富尔，而利比亚则在干涉乍得的内部冲突。在巴希尔发动政变之时，西达尔富尔是忠于乍得希塞因·哈布雷（Hissein Habre）政府的军队同利比亚支持的由伊德里斯·代比（Idris Deby）领导的反政府武装作战的战场。伊德里斯·代比来自苏丹和乍得跨境地区的扎加瓦（Zaghawa）部族，达尔富尔的扎加瓦人给他提供支持和庇护。乍得的许多扎加瓦人也进入苏丹寻求战争庇护。苏丹救国革命指挥委员会并不想与乍得冲突，因为乍得正在给 SPLM 提供援助，于是就对乍得政府军进入达尔富尔追剿反政府武装的行为睁一只眼闭一只眼。

1990 年 5 月，乍得军队曾入侵北达尔富尔省首府法希尔（Al Fashir），在那儿营救关押在一家当地医院的受伤同伴。同年夏季，乍得军队烧了 10 个苏丹村庄并绑架了约 100 名平民。代比的"爱国拯救运动"（Patriotic Movement for Salvation）给苏丹的扎加瓦人和部族武装提供武器使他们能够保护自己免受乍得军队的袭击。然而，部族武装却用武器打击自己的敌人，主要是打击富尔人，有好几百富尔人死于 1990 年的内部冲突。当代比在 1990 年 12 月击败乍得政府军后，苏丹政府也就放心了。以代比为首的新政府在首都恩贾梅纳（N'Djamena）用关闭 SPLM 办事机构的方式向苏丹表示了建立良好关系的愿望。1991 年初，巴希尔访问乍得并同代比就双边关系举行了正式会谈。此后，两国关系一直比较正常。

近年来，苏丹同乍得的 1360 公里长的边界大体上是和平的。2002 年 11 月，乍得反政府派别国家抵抗军（National Resistance Army）宣称在距离苏丹边界 30 公里处的阿德雷（Adre）东北杀死了许多乍得士兵，但没有迹象表明苏丹政府支持了这些反叛武装。两国边界地区一直有不少反政府组织在活动，边界两边的部族也有许多相互联系。目前，这些部族之间的关系比较紧密，但并没有产生突出的问题。在乍得的苏丹难民大约有 1.3 万人，而苏丹事实上没有乍得难民。

在 2002 年全年里，所有出自恩贾梅纳和喀土穆的双边关系的声明都是正面的。据报道，乍得总统伊德里斯·代比在 2002 年 3 月份对喀土穆的访问中赞扬了两国关系的发展。苏丹总统巴希尔在 7 月份评价说两国关系是"牢固的"。2002 年 8 月，乍得总理卡巴迪（Haroun Kabadi）访问了喀土穆。苏丹副总统塔哈表示了两国建立共同经济区和努力实现政治经济一体化的重要性。巴希尔告诉卡巴迪总理两国关系是"战略性的和根深蒂固的"。12 月，苏丹副总统塔哈回访恩贾梅纳，双方签署了包括许多合作领域的联合公报。2003 年 1 月，卡巴迪总理再访喀土穆，两国签订了安全和政治合作协定。两国还同中非共和国一起建立了监察共同边界安全的三方委员会。

从 2003 年 2 月达尔富尔危机爆发至今，乍得政府积极参与（如 2004 年 10 月的非洲五国首脑会议和 2005 年 5 月的非洲六国首脑会议）并多次主持苏丹政府同苏丹解放运动之间的谈判（如 2003 年 9 月的阿贝歇谈判、12 月的恩贾梅纳谈判，2004 年 3～4 月的恩贾梅纳谈判等）。由于代比总统同巴希尔总统之间的良好关系，苏丹解放运动对乍得主导的和谈并未表现出太多诚意，因此除了达成过阿贝歇和恩贾梅纳停火协议外并未取得实质

性进展。2007 年 4 月 9 日，乍得军队因追逐反政府武装进入苏
丹境内，并与苏丹军队发生冲突。5 月 3 日，苏丹总统巴希尔和
乍得总统代比在沙特阿拉伯首都利雅得签署苏乍两国发展和加强
双边关系协议，宣布结束两国在边境地区的紧张局势和敌对状
态，实现两国在各领域的关系正常化。

　　目前看来，苏丹同乍得的关系是良好的，但两国关系的未来
却还有着变数。首先，达尔富尔地区同乍得接壤，地区危机很可
能外溢到乍得，目前仍停留在乍得的数万苏丹难民是一个潜在的
危险；其次，达尔富尔危机的爆发及恶化与 20 世纪 80、90 年代
的乍得国内冲突有着很大的关系，反政府武装的一些武器就是当
年从乍得获取的；再次，达尔富尔地区有着许多跨境民族，其中
的一些跨境民族（如参与冲突的扎加瓦人）对邻国乍得的同胞
种族的亲和感要远胜于对苏丹的国家认同感，这不可避免地要影
响到两国的正常关系；最后，达尔富尔危机也使代比总统处境困
难，因为当年支持他夺取政权的他的同胞扎加瓦人如今是达尔富
尔正义与平等运动的主要组成部分。如果他支持苏丹政府的立
场，势必会引起国内扎加瓦人的不满，进而危及他的地位；如果
他支持达尔富尔反政府武装的立场，则两国关系必然受损甚至恶
化。因此，达尔富尔危机能否快速且持久地解决对两国关系的走
向有着十分重要的影响。

　　七　与中非共和国的关系

中非共和国同苏丹有着 1165 公里长的漫长边界线。同
其他的边界一样，中非同苏丹的边界也是充满争议
的。双方边界地区活动着许多反政府组织。2002 年 5 月，苏丹
牧民同中非人的冲突导致了数十人的死亡。中非称苏丹人是入侵
者，而苏丹则把争端归于部族争斗。双方官员很快举行会议建立
相关机构对该事件进行调查并阻止冲突再次发生。随后，苏丹表

明了在中非北部比劳（Birao）开放领事馆以保护中非境内苏丹人利益的意图。在中非共和国的苏丹难民大约有 3.5 万人。

2001 年 5 月，中非发生了一起针对帕塔塞总统（Ange-Felix Patasse）的未遂政变，随后中非陷入动荡局面。苏丹同利比亚和吉布提一起在 2002 年初派遣了数百人组织的军队支持帕塔塞总统。苏丹同中非一起加入了萨赫勒 - 撒哈拉国家联合体（Community of Sahel-Saharan States），并同中非签订了双边合作协议。苏丹是帕塔塞政府的坚定支持者。到 2002 年底，苏丹撤回了所有在中非的军队。尽管苏丹把这次军事参与描述成一项维和任务，但发展同中非共和国的紧密而安全的关系可以保持利用中非领土作为对抗 SPLA 的基地。一旦和平进程受挫，苏丹政府就可以从那里向 SPLA 发起进攻。在 2003 年对巴希尔总统的祝词中，帕塔塞总统强调两国间现存的卓越关系。同年 3 月，帕塔塞政权被推翻，博齐泽就任总统。2004 年 10 月，苏丹内政部高级官员访问中非，双方决定建立处理边境纠纷的专门机制。

八　与刚果民主共和国的关系

苏丹的南部与刚果民主共和国有 628 公里边界线，边界地区的绝大部分长期处于 SPLA 或者赤道防卫军（Equatorial Defense Force）的控制之下。1998 年和 1999 年的一些报告表明，苏丹已经派遣军队帮助刚果洛朗·卡比拉（Laurent-Desire Kabila）总统的政府。虽然苏丹承认它支持卡比拉政府，但卡比拉政府和苏丹政府都否认苏丹军队在刚果民主共和国的存在。

2002 年 2 月，继承了其父洛朗·卡比拉总统职位的约瑟夫·卡比拉（Joseph Kabila）访问了喀土穆。双方同意巩固双边合作。9 月，约瑟夫·卡比拉总统在喀土穆的短暂停留中再次会

晤了巴希尔总统。影响两国关系的一个复杂问题是有大约 7.4 万
名苏丹南方和 5000 名苏丹北方难民滞留在刚果民主共和国境内。
2002 年 10 月，在位于刚果民主共和国、乌干达和苏丹交界地区
的比林吉（Biringi）难民营邻近地区，苏丹军队与刚果爱国联盟
（Congolese Patriotic Union）发生了武装冲突，1.7 万名南部苏丹
难民逃离比林吉难民营。此后不久，苏丹驻金沙萨（Kinshasa,
刚果首都）大使会见了这些难民并催促其返回苏丹。

九　与肯尼亚的关系

19 63 年肯尼亚独立后，与苏丹建立了友好关系。但
1983 年以后，受苏丹南方内战的影响，两国的关系
一直存在问题。肯尼亚（还有中非共和国、刚果民主共和国、
乌干达和埃塞俄比亚）收留了成千上万的战争难民并给苏丹人
民解放运动（SPLM）和苏丹人民解放军（SPLA）提供了各种各
样的援助或避难所。到 1991 年年中，苏丹同肯尼亚的大多数边
界地区在 SPLM 的控制之下。肯尼亚政府公开支持援助 SPLM 的
人道主义组织，并给国际救援人员和物资（如联合国的"苏丹
生命线行动"）进入苏丹南部提供了种种便利。肯尼亚西北的洛
基乔基奥（Lokichokio）多年来一直是由国际组织和非政府组织
给苏丹南部提供人道主义援助的运输中转站。

事实上，苏丹曾与肯尼亚之间有着领土争执，而肯尼亚长期
同情与支持苏丹南方反政府武装。巴希尔执政后，与肯尼亚就两
国边境地区现状达成谅解，签署了安全协定。肯尼亚与埃塞俄比
亚、厄立特里亚、乌干达组成政府间发展组织（伊加特）四国
调解委员会斡旋解决苏丹南方问题，苏丹政府与加朗均派代表出
席，前两轮和后两轮和谈均在肯尼亚举行。1996 年 5 月，肯总
统莫伊·基巴基（Mwai Kibaki）率团访问苏丹，双方达成两国
总统每两年轮流在各自首都举行磋商的协议。1997 年 2 月，巴

希尔访肯，要求肯在"伊加特"组织内做乌干达的工作，使乌放弃支持加朗运动。7月，肯总统莫伊召开旨在调解苏丹政府与苏丹南方反政府军首领加朗谈判的"伊加特"特别首脑会议。肯尼亚外长于9月22日主持召开"伊加特"四国外长调解会议，促成苏丹政府与加朗派代表于10月29日在内罗毕恢复中断三年的谈判。

2001年苏丹外长穆斯塔法访问肯尼亚，与莫伊总统举行会谈。2002年1月，肯总统莫伊赴苏丹参加第九届"伊加特"首脑会议，会后与巴希尔总统就进一步发展两国关系进行会谈。肯尼亚在苏丹和平进程中发挥着重要的协调作用，2002年7月，苏丹政府与SPLA在肯尼亚的马查科斯签署了和平议定书。10月，两国在边界地区建立了一个家畜市场以使肯尼亚的特卡纳（Turkana）牧民和苏丹的托泊萨人（Toposa）能够进行家畜贸易。两国的其他贸易也不断增长。但两国关系也曾出现问题，肯尼亚一些政治人物和媒体指责肯尼亚购买苏丹石油是在帮助苏丹政府打内战，为此，苏丹政府一气之下曾停止向肯出口石油。2003年4月，肯总统齐贝吉在肯主持苏丹总统巴希尔与加朗的会晤。9月，在肯举行的苏丹和谈取得突破性进展。2005年1月，苏丹政府与南方反政府武装在肯举行全面和平协议签署仪式。

从苏丹的角度看，肯尼亚无疑是各邻国中同苏丹关系最好的国家。因为大多数肯尼亚人倾向于同情SPLA，所以许多肯尼亚人认为，非洲联盟（African Union）必须抵制苏丹北方对南方的统治并谨慎地反对购买苏丹石油，他们把苏丹的石油称为"血腥的石油"。尽管肯尼亚存在着对SPLA的同情，但肯尼亚同苏丹的关系仍然很好。由莫伊总统领导的新一届肯尼亚政府继续支持苏丹的和平进程直到2005年1月最终和平协定的达成，肯尼亚也仍然是南苏丹人道主义救援行动的基地。

第七节 苏丹与世界其他国家的关系

一 与阿拉伯国家的关系

除了埃及和利比亚外，苏丹同阿拉伯国家间的最重要的关系要数同海湾的石油生产国之间的关系了，尤其是同沙特阿拉伯、科威特及阿拉伯联合酋长国等国的关系最为紧密特殊。自 1974 年以后，这些国家是苏丹的国外经济援助和私人投资的主要来源国。在 80 年代的经济危机期间，沙特阿拉伯向苏丹提供了军事援助、特惠贷款、财政捐款和低于国际市场成本价格的石油。至 1990 年，外国资本的输入已经成为苏丹政府最重要的收入来源。虽然苏丹存在着对沙特阿拉伯的经济依赖，但巴希尔政权拒绝在 1990～1991 年海湾危机期间支持沙特阿拉伯。苏丹支持和同情伊拉克，但能从伊拉克得到的援助却很有限。1990 年春天，伊拉克领导人无视巴希尔的正式抗议会晤了苏丹国内禁止的苏丹复兴社会党（Sudanese Baath Party）及其他反对派代表。海湾战争期间苏丹对伊拉克的支持实际上使苏丹陷入了难堪的境地。苏丹的做法激怒了沙特阿拉伯，从而终止了许多苏丹急需的经济援助，还以停止所有捐助、项目贷款和特惠石油销售进行报复。沙特的行动对苏丹的财政预算和国内经济造成很大冲击。伊拉克战败后，巴希尔尝试着修复同沙特和科威特的关系，但这些国家并没有对苏丹继续先前的慷慨援助。

沙特阿拉伯是阿拉伯国家中对苏丹援助最多的国家。尼迈里执政时，苏丹同沙特阿拉伯两国的关系非常密切，他曾多次访问沙特，得到沙特政治和经济上的支持。萨迪克执政期间，沙特对苏丹同利比亚、伊朗发展关系不满，冻结了对苏丹的经援。1989

年后，巴希尔为改善和发展与沙特的关系，两次访问沙特阿拉伯。在海湾战争中，苏丹因支持伊拉克得罪了沙特、科威特等海湾国家；另外由于苏丹支持沙特阿拉伯反对派分子本·拉登，沙特断绝对苏丹的一切援助。自 1995 年起，苏丹主动修复与沙特关系，副总统祖贝尔和外长塔哈借朝觐之机访问沙特。6 月，在阿拉伯首脑会议期间，巴希尔还会晤了沙特阿拉伯阿卜杜拉王储，外交国务部长穆斯塔法又专程访问沙特，两国政治关系基本恢复正常。从 1996 年起，沙特开始恢复向苏丹提供少量经援。2000 年 2 月，巴希尔总统访问沙特，这是近 10 年来苏丹总统首次访问沙特，苏沙关系恢复正常。2002 年，沙特王储阿卜杜拉提出中东和平新倡议后，苏表示支持。6 月，巴希尔总统再次访问沙特。6 月、12 月，苏、沙两国外长实现互访，成立部长级混委会，并签署了政治、经贸合作框架协议，沙特支持苏丹政府的和平努力。沙特积极在苏丹投资，沙特发展基金会向苏丹麦罗维大坝项目提供贷款 1.5 亿美元。

　　1997 年 9 月 10～12 日，约旦首相马贾利访问苏丹。苏丹副总统祖贝尔与马贾利举行会谈并签署联合公报，强调双方将进一步加强合作。11 月 29～30 日，苏丹、乍得、中非和尼日尔四国外长在喀土穆举行会晤，决定建立开放式的地区国家发展组织。2000 年 1 月 15 日至 2 月 19 日，巴希尔总统访问也门、巴林、阿联酋、阿曼、科威特和卡塔尔。3 月，苏丹总统巴希尔访问阿尔及利亚。4 月 3～4 日，巴希尔赴埃及首都开罗出席首届欧非首脑会议。5 月 3 日，苏丹与突尼斯两国同时宣布恢复中断 10 年的外交关系。6 月 12 日，巴希尔赴叙利亚出席叙前总统阿萨德的葬礼。8 月 2 日，巴希尔访问约旦。27 日，巴希尔出席索马里新总统阿布迪·卡西姆的就职仪式。10 月 12 日，巴希尔赴卡塔尔首都多哈出席第 9 届伊斯兰首脑会议。

二 与伊朗等国的关系

由于意识形态相近的原因，苏丹同伊朗关系密切，两国互视对方为战略伙伴。1991 年 12 月和 1996 年 9 月，拉夫桑贾尼总统两次访问苏丹。为调解苏丹与乌干达的关系，拉夫桑贾尼第二次访苏丹时主持签署了苏丹、乌干达两国消除分歧与紧张关系的"喀土穆协议"。1997 年 1 月，苏丹东部战事爆发后伊朗公开支持苏丹，并提供坦克、飞机等军事援助。3 月，伊朗外长分别访问苏丹和乌干达，再次对苏、乌两国关系进行调解。2004 年 7 月伊朗外长哈拉齐访问苏丹，10 月，伊朗总统哈塔米又访问了苏丹。

此外，苏丹还同加拿大、马来西亚和印度等国家有着比较密切的关系，这主要是由于上述国家的一些石油公司（如加拿大的塔里斯曼公司、马来西亚的国家石油公司、印度的国营石油天然气公司等）正在大力参与苏丹的石油生产。

附 录

一 苏丹历史大事年表

埃及古王国时期　努比亚（现属苏丹）是埃及掠夺奴隶、建筑材料的地方。

约公元前 2200 ~ 前 2000 年　部分利比亚人因干旱而东迁，一部分横越尼罗河抵达红海沿岸，一部分南进定居到瓦代和达尔富尔地区。埃及的动乱使努比亚人赢得了发展时期。

约公元前 1786 ~ 前 1567 年　埃及放松了对努比亚的控制，但埃及的影响仍在发展。上埃及诸王常征募努比亚雇佣军同喜克索斯人作战。

约公元前 1525 年　图特摩斯一世夺取努比亚北部地区，设总督于纳帕塔，治理库施之地。

约公元前 11 世纪　驻努比亚的埃及总督在努比亚军队的支持下，逐渐摆脱埃及的控制。

约公元前 8 世纪　库施已完全独立，并逐渐进入上埃及。

公元前 591 年　埃及军队洗劫纳帕塔。

公元前 530 年　库施王迁都麦罗埃。

公元前 524 年　波斯军队入侵。

公元前 518 年　麦罗埃王朝臣属波斯。

公元前 372 年　哈尔西特甫立为麦罗埃王朝君主，他曾九次南征。

公元前 3 世纪　麦罗埃王朝重与埃及建立良好的外交和贸易联系。

公元前 2 ~ 前 1 世纪　麦罗埃地区成为当时世界上主要的炼铁基地之一。

公元前 30 年　麦罗埃王朝进军埃及，抵西耶那城，但为罗马军所败。

公元前 24 年　罗马军入侵，毁纳帕塔城。

公元前 23 年　努比亚北部地区为罗马人兼并。

公元 1 ~ 3 世纪　麦罗埃进入兴旺时期。

公元 325 ~ 330 年　阿克苏姆军入侵，抵阿特巴拉河与尼罗河合流处，毁麦罗埃及沿河城镇。统一的努比亚国家消失。

公元 543 年　基督教传教士朱利安抵努比亚北部地区进行传教活动。此时，努比亚存在着三个国家：诺巴（首府法拉斯）、姆库拉（首府栋古拉）和阿勒瓦（首府索巴）。

公元 643 年　阿拉伯军队首次侵入努比亚北部地区。

公元 652 年　阿拉伯埃及总督迫使姆库拉国称臣。

公元 9 世纪以后，非阿拉伯穆斯林主宰埃及，一些阿拉伯游牧部落南迁，诺巴国消失，伊斯兰教逐渐传入姆库拉。

1275 年　马木鲁克军队夺取栋古拉，姆库拉沦为埃及属地。但阿勒瓦国由于位置偏南，继续保持独立和信奉基督教。

1315 年　阿勒瓦国灭亡。

15 世纪　努比亚中北部逐渐为穆斯林控制。苏丹出现许多独立的小阿拉伯酋长国。

约 1485 年　奥马尔·冬卡建芬吉国于青白尼罗河之间，定都森纳尔。

约 1504 年　法希尔地区出现富尔王国。

1520 年　芬吉国北方边界已推进到尼罗河第三瀑布地区。

1561 年　达金·瓦拉德·奈尔立为芬吉君主。奈尔颁行第一部芬吉法典。

1596 年　苏莱曼·索龙立为富尔素丹，执政 30 余年。此时富尔成为军事强国，开始进入繁荣昌盛时期（17、18 世纪）。

1618 年　埃塞俄比亚入侵芬吉国。

1620 年　埃塞俄比亚人大掠芬吉国首都森纳尔。

1637 年　萨里姆·苏鲁厄（又称穆萨）立为达尔富尔素丹，定都塔尔海。他高举伊斯兰旗帜，四处征战。

1680 年　巴迪·阿赫马尔立为芬吉君主，王权渐衰。

1718 年　军人废黜乌恩萨，拥立努尔为芬吉君主。

1730 年　芬吉大败入侵的埃塞俄比亚军队于森纳尔。

1739 年　达尔富尔素丹奥马尔·勒勒进攻瓦达伊，失败。

1744 年　芬吉再败入侵的埃塞俄比亚军队。

1747 年　芬吉军占领科尔多凡。

1752 年　达尔富尔素丹阿布·卡塞姆进攻瓦达伊，大败。蒂拉布立为素丹。迎击西进的芬吉军队。

1761 年　芬吉军队首领穆罕默德阿布·里凯利克围攻森纳尔，废除巴迪。自此，芬吉领导权落入哈马杰人的谢赫家族手中。

1770 年　芬吉军队再度占领科尔多凡。

1780 年　芬吉国因争权而内乱。

1781 年　科尔多凡重获独立，建都奥贝德。

1795 年　科尔多凡沦为达尔富尔一省。

1803 年　法兹勒素丹结束争权的内乱，重建对达尔富尔的统治。

1808 年　穆罕默德·阿德兰统一衰落的芬吉国。

1820 年　伊斯梅尔率领埃及军队攻占栋古拉。

1821 年　埃及军队攻占森纳尔，芬吉国亡。

1822 年　埃及军队控制全境，建喀土穆。伊斯梅尔在北返途中被杀，起义席卷全苏丹。

1824 年　埃、土联军镇压起义，毁森纳尔，起义军退往山区。自此，苏丹处于埃及统治之下，成为埃及掠取南方奴隶及财富的基地。

1850 年　埃及总督颁令，实行自由贩卖奴隶政策。

1865 年　萨瓦金地区并入苏丹。

1869 年　埃及任命英人塞缪尔·贝克为赤道省总督。贝克率军南征。

1873 年　埃及任命奴隶贩子祖贝尔为加扎勒河省总督。

1874 年　埃及任命英人查尔斯·戈登为苏丹南部总督。埃及军队占领达尔富尔、加扎勒河区。

1877 年　戈登任全苏丹总督。达尔富尔、加扎勒河区起事反对埃及统治。

1878 年　意大利人热西以埃及名义占领加扎勒河省会，祖贝尔之子苏里曼投降。阿明帕夏被任命为赤道省督。

1881 年　穆罕默德·艾哈迈德创安萨尔教派，自称"马赫迪"，发动起义。8 月，阿巴岛战役，首创埃及军队。12 月，在卡迪尔山区大歼法绍达省督雷席德的军队。

1882 年　马赫迪军全歼优素福率领的埃及军队。

1883 年　1 月，马赫迪军攻克科尔多凡省省会欧拜伊德。11 月，舍坎战役，全歼英、埃联军 1 万余人，占领科尔多凡、达尔富尔等西部全境。

1884 年　马赫迪军夺取南部加扎勒河省。柏柏尔、托卡尔战役，占领东部地区全部。重任总督的戈登施展诱和阴谋失败。

1885 年　1 月，马赫迪军攻克恩图曼、喀土穆，击毙戈登。6 月，穆罕默德·艾哈迈德卒。阿卜杜拉继为领袖，称哈里发，建封建神权国家，定都恩图曼。阿卜杜拉攻克栋古拉、卡萨拉、森纳尔，除红海港萨瓦金外，已占领全境。

1889 年　阿卜杜拉再败入侵的埃塞俄比亚军队。

1893 年　马赫迪军进攻厄立特里亚，受挫于戈特阿达。

1894 年　意大利军入侵，强占马赫迪屯兵重镇卡萨拉。

1896 年　赫伯特·基切纳率英、埃联军入侵，夺取栋古拉，抵第四瀑布地区。

1897 年　英、埃联军攻占柏柏尔，刚果自由邦军侵入赤道省。中非法军侵入加扎勒河省。

1898 年　4 月，马赫迪军受挫于阿特瓦拉战役。9 月，马赫迪军大败于恩图曼城外战役，阿卜杜拉退往科尔多凡。抢占中非的英军、法军遭遇于法绍达（史称"法绍达危机"）。伊本·扎克利亚在达尔富尔自立为素丹（保持自治地位至 1916 年）。

1899 年　1 月，英、埃签订《英埃共管苏丹协定》，苏丹由英国推荐埃及任命的总督治理，埃及派军留驻苏丹。3 月，英、法就中非地区的势力范围达成协议，确认苏丹为英国势力范围，赤道非洲为法国势力范围。11 月，阿卜杜拉在阿巴岛南战死。

1900 年　在西部坚持斗争的马赫迪余部奥斯曼·迪格纳失败。

1914 年　与乌干达调整边界（以尼木累为界）。

1916 年　英、埃军队占领法希尔，达尔富尔重新成为苏丹一省。

1918 年　丁卡族人起义。

1919 年　努尔人起义。

1921 年　青年军官阿里·阿卜·拉提夫创立"部族联合社"，要求独立。

1923 年　出现秘密组织"白旗同盟"，各地发生反英示威。

1924 年　埃及被迫退出共管，英国独占苏丹。主张联埃抗英的"白旗联盟"发动大规模反英示威。

1926 年　马克瓦尔水坝竣工，吉其纳灌溉系统形成。

1937 年　北方各省建立协商委员会，吸收与当局合作的封建上层分子参加。

1938 年　"毕业生俱乐部"（1918 年成立）改组为"毕业生大会"，要求民主改革。

1944 年　建北苏丹协商委员会，作为北方各省咨询会议的中央机构。

1945 年　"毕业生大会"执委会要求英军撤离苏丹，但在与埃及关系问题上产生分歧，以阿里·米尔加尼为首的激进派主张与埃及联合；以拉赫曼·马赫迪为首的少数派反对与埃及联合。

1946 年　各政党代表聚会喀土穆，要求结束英埃共管、撤退英军、建立民主政府。

1948 年　宪法改革，设立法会议。乌玛党在首次立法会议选举中获得多数席位。

1949 年　大罢工，要求改善生活条件及组织工会的权利。

1951 年　埃及废黜英埃共管苏丹协定，喀土穆群众示威，要求英军撤出。

1952 年　立法会议通过自治宪法。开始与埃及谈判政治发展问题。

1953 年　英、埃达成苏丹实行自决的协议。

1954 年　苏丹自治政府成立，民族联合党领袖伊斯梅尔·阿扎里组自治政府。

1955 年　赤道省兵变，要求南方各省自治。议会通过苏丹立即独立的决定。

1956 年　1 月 1 日，苏丹独立，成立苏丹共和国。7 月，阿扎里总理辞职，阿卜杜拉·哈利勒组织联合政府。

1958 年　11 月 17 日，陆军司令易卜拉欣·阿布德发动政变建立军政府。

1959 年　与埃及就分配尼罗河水问题达成协议。

1961 年　苏丹非洲民族联盟成立，主张南方各省建立联盟。

阿布德和苏联最高苏维埃主席勃列日涅夫互访。

1962 年　苏丹退出英镑区。

1963 年　南方出现反政府游击战。

1964 年　因枪杀大学生事件，激化了反对军政府的斗争；10月28日，全国联合阵线推翻阿布德政权，组成以哈特姆·哈利法为首的临时政府，恢复宪法。政府决定通过谈判解决南方问题。

1965 年　乌玛党和民族联合党联盟在大选中获胜。乌玛党领导人穆罕默德·艾哈迈德·马哈古卜组两党联合政府。7月，政府恢复对南部的军事行动，大批难民逃往邻国。

1966 年　马哈古卜政府因不信任案而辞职，萨迪克·马赫迪组新政府。

1967 年　萨迪克政府辞职，马哈古卜再度组阁。与英、美断交。与埃塞俄比亚就阿特巴拉河区争执达成协议。

1968 年　马哈古卜解散议会，以内阁和最高委员会的名义掌管全部权力。

1969 年　5月25日，加法尔·穆罕默德·尼迈里为首的青年军官推翻马哈古卜政府，建立革命指挥委员会，接管全部权力，更改国名为苏丹民主共和国。

1970 年　安萨尔教派在阿巴岛叛乱后被解除武装。外国银行、英国公司、外国报刊相继被收归国有。"阿尼亚尼亚"在南方发动反政府武装斗争。

1971 年　希沙姆·阿塔发动军事政变，3日后被粉碎。尼迈里当选总统。

1972 年　苏丹政府与南苏丹政府代表就在全国范围内实行地区自治达成了《亚的斯亚贝巴协定》。

1973 年　苏丹人民议会公布宪法。朱巴发生暴乱事件。

1974 年　苏丹社会主义联盟（1972年成立）首次代表大会选举尼迈里为主席兼总书记。

1976 年　国民党和穆斯林兄弟会策划政变，失败。苏丹与利比亚断交。

1977 年　驱逐苏联军事专家。尼迈里访问开罗，支持萨达特的和平行动。

1978 年　政府与反对派达成和解协议，萨迪克·马赫迪被任命为苏丹社会主义联盟中央委员、政治局委员（1979 年因政策分歧被解除政治局委员职务）。

1979 年　调整公有经济部门，扩大私营范围。

1981 年　4 月，美国雪弗龙（Chevron）石油公司宣布在本提乌地区发现了可以进行商业开发的石油。

1982 年　尼迈里政府决定在苏丹港（Port Sudan）的南部建立一个炼油厂和出口总站，并用 1400 公里的管道把苏丹港和油田连接起来。

1983 年　加法尔·穆罕默德·尼迈里总统决定终止南方的自治地位（始于 1972 年《亚的斯亚贝巴协定》），苏丹政府的做法引起了南方的愤怒，在 11 年短暂和平后南北对抗重新爆发。6 月 5 日，尼迈里颁布"六·五法令"重新划分南部；7 月 13 日，反政府人士在约翰·加朗上校的领导下成立了苏丹人民解放运动（SPLM）；8 月，加朗又组建了苏丹人民解放军（SPLA）。9 月，尼迈里颁布《九月法令》，强制推行伊斯兰教法。苏丹新内战全面爆发。

1984 年　美国雪弗龙（Chevron）石油公司在苏丹人民解放军的袭击下撤离苏丹。利比亚出动 TU – 22 轰炸机对恩图曼（Omdurman）电台空袭。

1985 年　阿布德·拉赫曼·苏瓦尔·达哈卜的军官组织推翻尼迈里政权。贾祖利·达法拉领导的过渡政府上台。全国伊斯兰阵线成立。

1986 年　5 月，萨迪克·马赫迪出任苏丹总理，组成了为期

3 年的联合政府。7 月，约翰·加朗在亚的斯亚贝巴同萨迪克秘密谈判未果后拒绝参加萨迪克领导的联合政府。

1987 年　萨迪克总理宣布实行国家紧急状态。

1988 年　苏丹人民解放军同民主联合党（DUP）达成和平计划要求废除苏丹同埃及和利比亚的军事协定，终止伊斯兰法，结束国家紧急状态并实现停火。

1989 年　巴希尔发动军事政变并建立军人政府。

1990 年　加朗加入了由包括北方反对派在内的所有反对派组成的民族民主联盟（NDA）。

1991 年　苏丹人民解放军内部产生种族分歧，分裂出了新的派别——夏米尔派（亦称纳绥尔派，自称苏丹南方独立运动；加朗派则被称为托里特派）。6 月 14 日：SPLA 同意接受非洲统一组织的调解。

1992 年　1 月 1 日，巴希尔宣布建立过渡全国委员会准备立法选举。2 月 24 日，过渡议会成立。7 月 12 日，政府武装夺取了 SPLA 在托里特（Torit）的总部。

1993 年　2 月 22～23 日，政府官员同反政府人士在乌干达举行首次谈判。4 月 26 日，和谈在尼日利亚首都阿布加（Abuja）继续进行。10 月 16 日，巴希尔宣布就任总统。10 月 31 日，苏丹军队取消了喀土穆为期 5 年的宵禁令。

1994 年　5 月，政府同 SPLA 接受了以建立世俗国家、废除伊斯兰法和政教分离为前提的原则宣言。10 月 29 日，巴希尔宣布进攻反政府武装以切断他们同乌干达和扎伊尔的联系。

1995 年　6 月 25 日，反政府人士在厄立特里亚召开会议要求获得南部的自治权、建议取消伊斯兰法并成立了流亡政府。

1996 年　3 月 6 日，总统选举，巴希尔赢得 75.7% 的选票当选。4 月 26 日，联合国安理会通过决议对支持恐怖主义的苏丹实行制裁。

1997 年　4 月 21 日，政府同南部苏丹独立运动及其他 5 个反政府组织在喀土穆签署和平协定。11 月 4 日，美国政府对苏丹实行经济制裁。

1998 年　8 月，和谈因南方范围问题和政教分离问题而破裂。8 月 20 日，美国空袭喀土穆附近的一家制药厂，造成至少 10 人受伤。

1999 年　12 月 12 日，巴希尔宣布全国紧急状态并解散议会，免除哈桑·图拉比的议长职务。

2000 年　10 月 16 日，旨在和平谈判和国家统一的全国和解预备会议在喀土穆举行。

2001 年　2 月 12 日，巴希尔再次宣誓就任总统，任期 5 年。7 月 4 日，政府接受利比亚和埃及倡导的和平建议。9 月 6 日，美国总统乔治·W. 布什任命约翰·丹佛斯（John Danforth）为苏丹问题特使。9 月 28 日，联合国安理会决定解除对苏丹的制裁。但是美国的经济制裁仍然有效。

2002 年　7 月 20 日，政府同意在南方实行 IGAD 监督下的 6 年自治，然后就是否独立举行全民公决。7 月 27 日，巴希尔首次与加朗在乌干达首都坎帕拉举行和谈。

2003 年　2 月，达尔富尔危机爆发。9 月 3 日，苏丹政府与反政府武装在乍得阿贝歇签署停火协议。

2004 年　7 月 30 日，联合国安理会通过第 1556 号决议，要求苏丹政府履行承诺解除达尔富尔地区部族武装，与反政府武装毫不拖延地举行和谈，以寻求达尔富尔安全问题的政治解决。9 月 18 日，在美国推动下，联合国通过了关于达尔富尔问题的 1564 号决议。10 月，非盟向达尔富尔地区派遣非盟维和部队。

2005 年　1 月 9 日，苏丹政府同 SPLM 达成了最终和平协定，南北内战结束。3 月 31 日，联合国安理会通过第 1593 号决议，规定涉嫌在苏丹达尔富尔地区犯有"战争罪"和"反人类罪"的苏丹军政官员、亲政府游击队和反政府武装组织成员将交由国际刑事法院审理。

二 苏丹历届政府总理及任期

斯梅尔·阿扎里 (Ismail al-Azhari)：1956 年 1 月至 1956 年 7 月 （注：1954 年 1 月至 1956 年 1 月阿扎里为苏丹自治政府总理）；

阿卜杜勒·哈利勒 (Abdullah Khalil)：1956 年 7 月至 1958 年 11 月；

易卜拉欣·阿布德 (Ibrahim Abboud)：1958 年 11 月至 1964 年 10 月；

塞尔·哈特姆·哈利法 (Ser al-Khatim al-Khalifa)：1964 年 10 月至 1965 年 6 月；

穆罕默德·艾哈迈德·马哈古卜 (Mohammed Ahmed Mahgoub)：1965 年 6 月至 1966 年 7 月；

萨迪克·马赫迪 (Sedik al-Mahdi)：1966 年 7 月至 1967 年 5 月；

穆罕默德·艾哈迈德·马哈古卜：1967 年 5 月至 1969 年 5 月；

赛义德·巴比克尔·阿瓦达拉 (Sayed Babiker Awadalla)：1969 年 5 月至 1969 年 10 月；

加法尔·穆罕默德·尼迈里 (Gaafar Mohammed Nimeri)：1969 年 10 月至 1976 年 8 月；

拉希德·塔赫尔·贝克尔 (Rashid al-Tahir Bakr)：1976 年 8 月至 1977 年 9 月；

加法尔·穆罕默德·尼迈里：1977 年 10 月至 1985 年 4 月；

贾祖利·达法拉 (Gezouly Dafaalla)：1985 年 4 月至 1986 年 4 月；

萨迪克·马赫迪：1986 年 5 月至 1989 年 6 月；

奥马尔·哈桑·艾哈迈德·巴希尔（Omar Hassan Ahmad al-Bashir）：1989 年 7 月至 1993 年 10 月（从 1993 年 10 起开始，巴希尔改任总统，苏丹政府不再设总理）。

三　苏丹重要工商与贸易企业集团

农业研究集团：喀土穆，邮编：126；Tel：（5118）42226；Fax：（5118）43213；电邮：arcsudan@ sudanet. net；1967 年成立；总监：萨里·侯赛因·沙里教授。

动物生产公共集团公司：喀土穆，邮编：624；Tel：（183）778555；总经理：番德·拉马丹·哈米德博士。

通用石油集团：喀土穆，邮编：2986；Tel：（183）771554；1976 年成立；董事长：奥斯曼·阿卜杜拉哈比博士；总监：阿卜德·拉赫曼·奥斯曼·阿卜德·拉哈曼博士。

阿拉伯橡胶集团公司：喀土穆，邮编：857，Tel：（183）461061；Fax：（183）471336；电邮：info@ gum-arab. com；网址：www. gum-arab. com；1969 年成立；董事长：阿卜德·哈米德·玛萨·卡沙；总经理：哈桑·塞德·艾哈迈德。

工业生产集团：喀土穆，邮编：1034；Tel：（183）771278；1976 年成立；总监：奥斯曼·塔曼。

水泥与建材部门协调办公室：喀土穆，邮编：2241；Tel：（183）774269；主任：科盖里。

食品工业集团：喀土穆，邮编：2341；Tel：（183）775463；经理：穆罕默德·盖里·沙里姆。

皮革工业集团：喀土穆，邮编：1639；Tel：（183）778187；成立于 1986 年；董事总经理：易卜拉欣·沙里汉·阿里。

石油集团：喀土穆，邮编：64；Tel：（183）332044；总经理：布克海瑞·马哈穆德·布克海瑞。

大众纺织与织造有限公司：喀土穆，邮编：765；Tel：(183) 774306；1975 年成立；经理：穆罕默德·沙里哈·穆罕默德·阿卜达拉汗。

苏丹矿业集团：喀土穆，邮编：1034；Tel：(183) 770840；1975 年成立；经理：易卜拉欣·穆达维·巴比克。

苏丹茶叶有限公司：喀土穆，邮编：1219；Tel：(183) 781261。

糖业与蒸馏工业集团：喀土穆，邮编：511；Tel：(183) 778417；经理：莫盖里·艾哈迈德·巴比克。

机械耕作集团：喀土穆，邮编：2482；总经理：阿瓦德·卡里穆·亚斯。

国家棉花与贸易有限公司：喀土穆，邮编：1552；Tel：(183) 80040；1970 年成立；董事长：阿卜德·阿提迈提；执行董事：阿卜德·拉哈曼·莫尼亚姆；总经理：塞德·朱拜尔·穆罕默德·巴希尔。

苏丹港棉花交易有限公司：苏丹港，邮编：590；喀土穆，邮编：590；总经理：穆罕默德·阿达姆。

公共农业生产集团：喀土穆，邮编：538；董事长兼执行董事：阿卜杜拉·贝尤姆。

公共建筑集团：喀土穆，邮编：2110；Tel：(183) 774544；经理：纳姆·汀。

公共灌溉与挖掘集团：喀土穆，邮编：679；Tel：(183) 780167；总书记：奥斯曼·纳尔。

公共石油与管道公司：喀土穆，邮编：1704；Tel：(183) 778290；总经理：阿卜杜拉·哈曼·萨尔曼。

拉哈德集团：喀土穆，邮编：2523；Tel：(183) 775175；由世界银行、科威特和美国投资；到 1989 年，灌溉土地 30 万公顷，安置租房户 7 万人；总经理：哈桑·萨德·阿卜杜拉。

国家贸易集团：喀土穆，邮编：211；Tel：(183) 778555；

董事长：汤姆。

汽车集团：喀土穆，邮编：221；Tel：（183）778555；进口机车和零部件；总经理：达法拉·艾哈迈德·恩迪克。

帽业工程与汽车服务有限公司：喀土穆，邮编：97；Tel：（183）789265；Fax：（183）775544；1925年成立；进口与分发工程汽车设备；总经理：艾桑姆·穆德·哈桑·坎贝尔。

杰济腊贸易与服务公司：喀土穆，邮编：215；Tel：（183）772687；Fax：（183）779060；1980年成立；进口农业机械、零部件、电子办公设备、食品、服装和鞋业；出口油菜子、谷物、兽皮、皮革和牲畜；提供海运险、仓管服务；劳埃德船舶俱乐部代理服务商；董事长：纳赛尔·汀·欧门。

喀土穆商业船运公司：喀土穆，邮编：221；Tel：（183）778555；成立于1982年；提供进口、出口船运、保险与加工服务；总经理：艾迪瑞恩·萨里哈。

贮藏公司：喀土穆，邮编：1183；存贮与处理农产品；总经理：艾哈迈德·特皮卜·哈胡福。

苏丹棉花有限公司：喀土穆，邮编：1672；Tel：（183）771567；Fax：（183）770703；电邮：sccl@sudanmail.net.sd；网址：www.sudancottonco.com；1970年成立；出口与销售棉花；董事长：阿巴斯·阿卜德·巴奇·哈迈德；总监：阿卜丁·穆罕默德·阿里。

苏丹杰济腊董事会：位于杰济腊省巴拉卡特·瓦迪·迈达尼，邮编：884；Tel：（183）2412；喀土穆销售处，邮编：884；Tel：（183）740145；管理苏丹主要棉花产区；杰济腊项目是政府、租户与董事会的合作项目。政府提供土地，负责灌溉；租户支付地租和水费，获得工作收益；董事会提供农业成本服务，负责技术监督并执行政府对该项目的有关农业政策。租户把他们收益的一部分捐给社会发展基金会。杰济腊项目可开垦的土地面积为 85 万公顷，系统灌溉面积达 73 万公顷，除棉花外，租户还种植花生、高粱、小麦、稻米、豆子和蔬菜。总经理：晋奇·穆罕默德·哈里发教授。

苏丹油籽有限公司：喀土穆议会大街，邮编：167；成立于 1974 年；58% 归国有；出口油籽（花生油、芝麻油和蓖麻仁）；进口食品与其他商品；董事长：萨迪克·卡拉·塔亚布；总经理：卡迈尔·阿卜德·哈里姆。

四　苏丹重要开发公司

丹开发公司：喀土穆阿玛拉特 21 号，邮编：710；Tel：（183）472151；Fax：（183）472148；电邮：sdc@ sudanmail. net；成立于 1974 年，重点开发农业、商业和工业部门；资金 2 亿美元；执行董事：阿卜代尔·瓦哈比·艾哈迈德·哈马斯。

苏丹农村开发有限公司：喀土穆，邮编：2190；Tel：（183）773855；Fax：（183）773235；电邮：srdfc@ hotmail. com；成立于 1980 年；苏丹开发公司占 27% 的股份；资金 2000 万美元；总经理：艾瓦德·阿卜杜拉·哈加兹。

苏丹农村开发投资有限公司：喀土穆，邮编：2190；Tel：（183）773855；Fax：（183）773235；成立于 1980 年；总经理：欧姆拉·穆罕默德·阿里。

五　苏丹重要商会

丹商业联合会：喀土穆，邮编：81；Tel：（183）772346；Fax：（183）780748；电邮：chamber @ sudanchamber. org；网址：www. sudanchamber. org；1908 年成立；

董事长：艾哈塔亚比·艾哈迈德·奥斯曼；秘书长：易卜拉欣·穆罕默德·奥斯曼。

苏丹工业协会：喀土穆非洲大街，邮编：2565；Tel：（183）773151；成立于 1974 年；董事长：法斯·拉哈姆·巴希尔；执行董事：阿·伊兹阿拉比·约瑟夫。

公用水电公司：喀土穆，邮编：1380；Tel：（183）81201；经理：亚瑟·哈杰·阿卜丁博士。

六　苏丹合作社团

全国总共约有 600 个合作社，大约 570 个在官方注册。

中央合作联盟：喀土穆，邮编：2492；Tel：（183）780642；遍及 15 个省的最大的合作联盟。

七　苏丹重要私营企业与公司

卜莱拉扎棉有限公司：喀土穆，邮编：121；Tel：（183）770020；经营棉厂。

巴塔（苏丹）有限公司：喀土穆，邮编：88；Tel：（183）732240；成立于 1950 年；资金 170 万苏丹镑；从事脚上用品的生产与分配；董事总经理：阿里；有 1070 名员工。

青尼罗河啤酒厂：喀土穆，邮编：148；资金 73.415 万苏丹镑；酿造瓶装啤酒，负责啤酒的分配；董事总经理：易卜拉欣·侯赛因·卡麦尔和欧姆·瑞恩·桑吉若恩；雇员 336 人。

中央沙漠矿业有限公司：苏丹港，邮编：20；成立于 1946 年；资金 15 万苏丹镑；勘探与开采黄金、锰与铁矿石；经理：阿卜德·哈迪·艾哈迈德·巴希尔和阿卜巴克·希德·巴希尔；

274 名雇员。

棉纺厂有限公司：喀土穆，邮编：203；Tel：（183）731414；成立于 1976 年。经营沙绒和织物；经理：阿卜代尔·马拉夫·瑞恩·埃拉布丁。

加巴克（苏丹）有限公司：喀土穆，邮编：1155；Tel：（183）780253；成立于 1959 年；资金 1580 英镑；石油产品的分配；董事长：坎波里，总经理：巴拉尼奥；187 名雇员。

凯那拿糖业有限公司：喀土穆，邮编：1155；Tel：（183）220563；Fax：（183）472171；网址：www. kenana. com；成立于 1971 年；苏丹政府与其他阿拉伯国家投资；15500 名员工；董事总经理：奥斯曼·阿卜杜拉·纳赛尔。

摩比尔苏丹石油有限公司：喀土穆，邮编：283；Tel：（183）452380；Fax：（183）452405；销售和分配石油产品；董事长：克劳德·拉诺塞拉。

苏丹贝壳有限公司：喀土穆，邮编：320；Tel：（183）771143；Fax：（183）781631；销售石油产品；董事长：穆罕默德·沙菲。

八 苏丹重要工贸联合会

苏丹工贸联合会：喀土穆；邮编：2258；Tel：（183）777463；包括 42 个贸易联合会，代表 175 万公共服务与私有部门的工人；阿拉伯贸易联合会国际联盟和非洲贸易联合会的下设机构；董事长：穆罕默德·奥斯曼·加玛；秘书长：约瑟夫·阿卜·萨玛·哈迈德。

苏丹雇员与职业贸易联合会：喀土穆，邮编：2398；Tel：（183）773818；成立于 1975 年；包括 54 个贸易联合会，有 25 万名成员；董事长：易卜拉欣·阿瓦达拉哈；秘书长：卡麦尔汀·穆罕默德·阿卜达拉哈。

九　苏丹重要交通运输公司

国家交通集团公司：喀土穆，邮编：723；总经理：摩黑·哈桑·穆罕默德·努尔。

公用公路与桥梁集团公司：喀土穆，邮编：756；Tel：（183）770794；成立于1976年；董事长：阿卜德·拉哈曼·哈布德；总监：阿布杜·穆罕默德·阿卜杜。

河运集团公司：喀土穆北，邮编：284；尼罗河上轮船航线2500公里；董事长：阿里·艾莫尔·塔哈。

河航集团公司：喀土穆；成立于1970年；埃及与苏丹政府共管；提供阿司旺—瓦迪哈勒法的航行服务。

轴心贸易有限公司：喀土穆，邮编：1574；Tel：（183）775875；成立于1967年；董事长：哈桑·苏里曼。

红海运输公司：喀土穆，邮编：116；Tel：（183）777688；Fax：（183）774220；电邮：redseaco@sudan.net；总经理：奥斯曼·阿明。

海港集团公司：苏丹港；成立于1906年；总经理：穆罕默德·塔哈耳·艾拉。

苏丹运输线有限公司：苏丹港，邮编：426；Tel：2655；喀土穆，邮编：1731；Tel：（183）780017；成立于1960年；有10只轮船，载重总吨位54277；航行在红海、地中海西岸、北欧和英国之间；董事长：伊斯梅尔·贝克怀特；总经理：萨拉哈·汀·阿兹。

非洲联合海运公司：喀土穆，邮编：339，Tel：（183）780967；总经理：穆罕默德·塔哈·金迪。

民用航空公司：喀土穆；Tel：（183）772264；总监：布瑞格·马哈格布·穆罕默德·马哈迪。

西通航空：喀土穆，邮编：10217；Tel：（183）452503；Fax：

（183）451703；成立于1992年；非洲境内的客运与货运；董事长：塞法·欧莫。

阿扎航空运输公司：喀土穆麦克尼玛大街，邮编：11586；Tel：（183）783716；Fax：（183）770408；电邮：sawasawa@sudanet.net；成立于1993年；包机和非洲、中东的货运；董事总经理：吉布瑞尔·穆罕默德博士。

苏丹航空有限公司：喀土穆欧拜伊德尔提姆大街19号，苏丹航空综合区，邮编：253；Tel：（183）243708；Fax：（183）243722；网址：www.sudanair.com；成立于1947年；有国内、中东、非洲和欧洲航线；董事总经理：艾哈迈德·伊斯梅尔·祖姆拉维。

苏丹航空服务公司：喀土穆艾尔·阿玛拉特，邮编：8260；Tel：（183）7463362；Fax：（183）443362；从前为萨斯科航空包机；包机服务；董事长：讷尔。

跨阿拉伯航空运输公司：喀土穆非洲街，邮编：1461；Tel：（183）451568；Fax：（183）451544；电邮：Krthq@uaa.com；网址：www.uaa.com；成立于1995年；非洲和中东的包机与专门货运；董事总经理：考得法尼。

十　苏丹主要金融机构及地址

丹银行：喀土穆戈玛大道，邮编：313；Tel：（183）774419；Fax：（183）780273；电邮：cbank@sudanet.net；发行货币的银行；资金3.002亿苏丹第纳尔，准备金16.88亿，存款5305.801亿苏丹第纳尔（2001.12）；负责人：塞博·穆罕默德·哈桑；有9个分支机构。

巴拉卡银行：喀土穆阿奎斯大街巴拉卡大厦，邮编：3583；Tel：（183）780688；Fax：（183）778948；电邮：baraka2000@sudanmail.net；网址：www.albarakasudan.com；1984年建立；投

资、促进出口；资金 2.41 亿苏丹第纳尔，准备金 3980 万苏丹第纳尔，存款 104.921 亿苏丹第纳尔（2001.12）；董事长：希克·萨里哈·阿卜杜拉·卡穆里；总经理：拉哈曼·艾哈迈德·易卜拉欣；有 24 个分支机构。

北部伊斯兰银行：喀土穆朱拜尔·巴沙大街，邮编：10036；Tel：（183）773111；Fax：（183）773585；电邮：shib@sudanet.net；网址：www.shanalbank.com；建立于 1990 年；资金 4.942 亿苏丹第纳尔，准备金 7.49 亿苏丹第纳尔，储蓄金 116.92 亿苏丹第纳尔（1999.12）；董事长：阿德里·阿卜德尔·杰里·巴塔基；总经理：穆罕默德·谢克哈·穆哈迈德；有 15 个分支机构。

喀土穆银行集团：喀土穆甘姆豪瑞尔大街 8 号，邮编：1008；Tel：（183）774529；Fax：（183）774528；网址：www.bankofkhartoum.com；成立于 1913 年；1993 年吞并国家进出口银行和联合银行；资金 25 亿苏丹第纳尔，准备金 1.329 亿苏丹第纳尔，存款 336.876 亿苏丹第纳尔（2001.12）；总经理：伊斯梅尔·穆罕默德·戈什；有 118 家分支机构。

农民商业银行：喀土穆奎什大街，邮编：1116；Tel：（183）774960；Fax：（183）773687；作为苏丹商业银行成立于 1960 年，于 1999 年与农民发展银行合并后更名为现在的名称；资金 9.715 亿苏丹第纳尔，准备金 16.653 亿苏丹第纳尔；储蓄额 112.676 亿苏丹第纳尔（2001.12）；董事长：塔比·罗拜德·巴德尔；总经理：拜德·爱尔汀·马哈穆德·阿巴斯；有 19 家分支机构。

苏丹国民银行：喀土穆奎舍大街荣福里大厦，邮编：1183；Tel：（183）778154；Fax：（183）779497；成立于 1982 年；资金 5.93 亿苏丹第纳尔，准备金 3.136 亿苏丹第纳尔，存款 83.84 亿苏丹第纳尔（2001.12）；董事长：哈桑·易卜拉欣·马里克；在苏丹有 13 家分支机构，海外有 2 家。

恩图曼国民银行：喀土穆奎舍大街，邮编：11522；Tel：（183）770400；Fax：（183）770392；电邮：omb@ sudanmail. net；网址：www. omd-bank. com；成立于 1993 年；资金 24. 931 亿苏丹第纳尔，准备金 24. 596 亿苏丹第纳尔，存款额 860. 563 亿苏丹第纳尔（2001. 12）；总经理：艾哈迈德·穆罕默德·缪斯；有 19 家分支机构。

苏丹法国银行：喀土穆奎舍大街，邮编：2775；Tel：（183）771730；Fax：（183）771740；电邮：sfbankb@ sudanet. net；网址：www. sfbank. net；建立于 1978 年，当时是苏丹投资银行；资金 10. 13 亿苏丹第纳尔，准备金 214. 14 亿苏丹第纳尔，存款额 1486. 24 亿苏丹第纳尔（1998. 12）；董事长：伊塞尔汀·易卜拉欣；总经理：穆萨德·穆罕默德·艾哈迈德；有 11 个分支机构。

塔达蒙伊斯兰银行：喀土穆巴拉迪大街，邮编：3154；Tel：（183）771505；Fax：（183）773840；电邮：tadamonbank @ sudanmail. net；网址：www. tadamonbank. com；成立于 1981 年；资金 30 亿苏丹第纳尔，准备金 5. 8 亿苏丹第纳尔，总资产 339 亿苏丹第纳尔（2003. 12）；董事长：哈桑·奥斯曼·萨克塔；总经理：阿卜杜拉诺格·艾哈迈德；有 18 个分支机构。

十一　苏丹主要外国银行及地址

尼罗河银行有限公司：喀土穆祖贝尔·派沙大街，邮编：984；Tel：（183）784688；Fax：（183）782562；电邮：bnbsudan@ yahoo. com；网址：www. bluenilebank. com；成立于 1983 年；总资产 17. 231 亿苏丹第纳尔（1999. 12），由苏丹政府和韩国共同控制；董事长基姆。

苏丹费萨尔伊斯兰银行（沙特）：喀土穆，邮编：10143；Tel：（183）774027；Fax：（183）780193；电邮：gaafarom@

sudanmail. net；网址：www. fibsudan. com；成立于 1977 年；资金
10 亿苏丹第纳尔，准备金 2.419 亿苏丹第纳尔，存款 123.821
亿苏丹第纳尔（2001.12）；董事长：穆罕默德·费萨尔苏德王
子；总经理：亚瑟·海格·阿布丁博士；有 33 家分支机构。

哈比比银行（巴基斯坦）：喀土穆巴拉迪大街，邮编：
8246；Tel：（183）781497；Fax：（183）781497；成立于 1982
年；资金和准备金 1380 万苏丹第纳尔，总资产 2730 万苏丹第纳
尔（1987.12）；总经理巴兹·穆罕默德·肯。

马史瑞克银行 PSC（阿联酋）：喀土穆巴拉迪大街，邮编：
371；Tel：（183）772969；Fax：（183）772743；网址：www.
mashreqbank. com；经理：穆罕默德·海德·阿拉齐。

阿布达比国民银行（阿联酋）：喀土穆阿特巴拉大街，邮
编：2465；Tel：（183）774870；Fax：（183）774892；1976 年
成立；资金和准备金 1690 万苏丹第纳尔，总资产 1250 万苏丹第
纳尔（1987.12）；经理：加尔法·奥斯曼。

沙特苏丹银行：喀土穆巴拉迪大街，邮编：1773；Tel：（183）
776700；Fax：（183）780142；电邮：saudisudanesebank@ sb. com；网
址：www. saudisb. com；1986 年成立；沙特拥有 57.3% 的股权，苏丹
拥有 42.7% 的股份；准备金 277.977 亿苏丹第纳尔，存款 168.9 亿苏
丹第纳尔（2003.12）；董事长：阿卜德尔·加里里·瓦希。

十二　苏丹主要开发银行及地址

苏丹农业银行：喀土穆，邮编：1363；Tel：（183）
779410；Fax：（183）778296；1957 年成立；资金和
准备金 10.27 亿苏丹第纳尔，总资产 123.57 亿苏丹第纳尔
（1999.12）；为农业项目提供资金；董事长：思亚德·加拂尔·
穆罕默德·奥斯曼；有 40 家分支机构。

伊斯兰合作开发银行：喀土穆，邮编：62；Tel：（183）780225；Fax：（183）777715；成立于1983年；资金和准备金41亿苏丹第纳尔，总资产530.81亿苏丹第纳尔（1999.12）；董事长：阿卜杜·加里里·卡奥瑞；有6家分支机构。

奈林工业开发银行：喀土穆联合国区1722号，邮编：1722；Tel：（183）780087；Fax：（183）780776；电邮：nidbg@sudan.net；网址：www.nidb.com；合并于1993年；为私人企业项目提供技术和资金支持，并在工业企业中获取股份；资金9.971亿苏丹第纳尔；准备金2.376亿苏丹第纳尔，存款175.885亿苏丹第纳尔（1999.12）；董事长：萨比·穆罕默德·哈桑博士，执行董事：乌吉代勒·艾尔汀；有40个分支机构。

尼玛开发与投资银行：喀土穆苏克阿勒比哈希姆·海格大厦，邮编：665；Tel：（183）779496；Fax：（183）781854；1982年成立时叫做国家开发与投资银行，1998年更名为此；尼玛集团占90%的股份，私人占10%；资助或共同资助经济与社会发展项目；资金40亿苏丹第纳尔，准备金1.6亿苏丹第纳尔（1998.12）；总监：沙里姆·萨菲·哈格；有6个分支机构。

苏丹评估银行：喀土穆巴拉迪大街，邮编：309；Tel：（183）777917；Fax：（183）779465；1967年成立；投资私有城市住房开发项目的抵押银行；资金和准备金17亿苏丹第纳尔，总资产95亿苏丹第纳尔（1994.12）；董事长恩·穆罕默德·阿里·阿民；有6个分支机构。

十三　苏丹股票交易所及地址

苏丹股票交易所：喀土穆巴拉克大厦5楼，邮编：10835；Tel：（183）776235；Fax：（183）776134；1995年建立；董事长：哈姆扎·穆罕默德·扎拿维；有27个分支机构。

十四　苏丹主要保险机构及地址

非洲保险苏丹有限公司：喀土穆巴拉迪亚大街穆罕默德·侯赛因大厦，邮编：149；1977年成立；火险、意外险、海险、机车险；总经理：诺曼·杉尤斯。

青尼罗河保险苏丹有限公司：喀土穆，邮编：2215；总经理：穆罕默德·阿明·摩盖里。

费加国际保险有限公司：喀土穆，邮编：879；Tel：（183）784470；Fax：（183）783248；火险、海险、机车险和动物险；总经理：马穆恩·伊卜拉欣·阿卜德·阿里。

通用保险苏丹有限公司：喀土穆，邮编：1555；Tel：（183）780616；Fax：（183）772122；1961年成立；总经理：艾尔萨默·艾尔撒亚德·哈弗兹。

伊斯兰保险有限公司：喀土穆法哈商业大厦，邮编：2776；Tel：（183）772656；电邮：islamicins@ sudanmail. net；1979年成立；所有险种。

喀土穆保险有限公司：喀土穆，邮编：737；Tel：（183）778647；成立于1953年；董事长：穆达维·艾哈迈德；总经理：阿卜德·迈尼姆哈达瑞。

朱巴保险有限公司：喀土穆豪瑞大街，邮编：10043；Tel：（183）783245；Fax：（183）781617；总经理：阿卜杜·艾尔·艾尔达维·阿布杜·埃尔。

中东保险有限公司：喀土穆，邮编：3070；Tel：（183）772202；Fax：（183）779266；成立于1981年；火险、海险、机车险和一般责任险；董事长：艾哈迈德·马力克；总经理：穆维亚·摩盖尼阿·巴希尔。

联合保险苏丹有限公司：喀土穆沙瑞拉·甘姆毫瑞亚·马卡

维大厦。邮编：318；Tel：（183）776630；Fax：（183）770783；电邮：abdin@ unitedinsurance. ws；网址：www. unitedinsurance. ws；1968 年成立；总监：穆罕默德·阿卜丁·巴比克。

苏丹保险与再保险有限公司：喀土穆那瑟夫区沙瑞拉·甘睦豪维亚，邮编：2332；Tel：（183）770812；1967 年成立；总经理；伊兹·汀·塞德·穆罕默德。

十五　苏丹主要报刊及地址

 丹镜报：肯尼亚内罗毕 00200，邮编：59163；Tel 和 Fax：（20）570458；电邮：info@ sudanmedia_ org；网址：www. sudanmirror. com；成立于 2003 年。

苏丹标准报：喀土穆，信息与通信部；日报；英文。

Al-wan：喀土穆，Tel：（183）775036；电邮：alwaan@ cybergates. net；网址：www. alwaan. com/alwaan；日报；支持政府的；主编：侯赛因·考盖里。

Al-Guwwat al-Musallaha（武装部队）：喀土穆；成立于 1976 年；为武装部队发行周报和月刊；主编：迈哈默德·戈兰德；发行量 7500 份。

新地平线：喀土穆，邮编：2651；Tel：（183）777913；成立于 1976 年；由苏丹议会印刷和出版；周刊；英文；涉及政治、经济事务、发展问题、家庭和国际新闻；编辑：哈桑·范德罗；发行量 7000 份。

今日苏丹：喀土穆，邮编：2651；Tel：（183）777913；成立于 1976 年；由苏议会印制和发行；月刊；英文；涉及政治、经济事务、艺术、社会事务和其他；主编：艾哈迈德·凯莫尔·汀；发行量 10000 份。

十六　苏丹主要新闻机构及地址

苏丹新闻社：喀土穆沙瑞尔·甘姆侯瑞尔，邮编：1506；Tel：（183）775770；电邮：suna @ sudanet. net；网址：www. sudanet. net/suna. . htm；阿里·阿布达·拉哈姆·奴梅里任总监。

苏丹出版社：喀土穆；1985 年成立；由记者拥有。

中东新闻社（埃及）：喀土穆达拉拉大厦，邮编：740。

中国新华社分社（中国）：喀土穆瑞达镇 12 区 100 号，邮编：2229；Tel：（183）224174；记者孙晓珂。

十七　苏丹主要出版社及地址

Ahmad Abd ar-Rahmam at-Tikeine：苏丹港，邮编：299。

阿亚姆出版有限公司：喀土穆联合国区，阿布赖拉大厦，邮编：363；组建于 1953 年；出版物多为大众小说、艺术、诗歌、报纸、杂志；经理：贝舍尔·穆罕默德·希德。

萨拉姆有限公司：喀土穆，邮编：944。

喀土穆大学出版社：喀土穆，邮编：321；Tel：（183）776653；创建于 1964 年；从事阿拉伯语和英语的学术研究和教育图书出版工作。社长：阿里·马克。

阿斯玛印刷社（政府出版机构）：喀土穆，邮编：38。

十八　苏丹广播通讯机构及地址

邮寄电报公共集团公司：喀土穆；Tel：（183）770000；Fax：（183）772888；电邮：sudanpost@ maktoob. com；

日常机构；总经理：艾哈迈德·提杰尼·阿莱里穆。

苏丹电信集团公司：喀土穆巴拉卡大厦 10 楼，邮编：11155；Tel：（183）773930；Fax：（183）451111；电邮：info@ sudatel. net；网址：www. sudatel. net；服务业；总经理：阿卜杜·阿兹·奥斯曼。

苏丹国家广播集团公司：恩图曼，邮编：572；Tel：（15）552100；由国家控制的服务业，每天用阿拉伯语、英语、法语和斯瓦希里语广播；常务总经理：沙拉汗·汀·凡德黑尔。

苏丹之音：电邮：sudanvoice@ umma. org；1995 年以后活跃起来；由国家民主联盟控制；用阿拉伯语和英语广播。

苏丹电视台：恩图曼，邮编：1094；Tel：（15）550022；网址：www. sudantv. net；成立于 1962 年；由国家控制；每周 60 个小时的节目；董事长：哈迪·希拉。

十九　外国驻苏丹外交代表处地址

尔及利亚：喀土穆新延长线 31 大街，邮编 80，Tel：（183）741954。

保加利亚：喀土穆新延长线 31 大街中段，邮编：1690，Tel：（183）743414。

乍得：喀土穆新延长线 17 大街 21 号，邮编：1514，Tel：（183）742545。

中华人民共和国：喀土穆 22 大街 93 号，邮编：1425，Tel：（183）222036。

刚果民主共和国：喀土穆新延长线 22 号，DCE 街区 13 大街，邮编：4195，Tel：（183）742424。

埃及：喀土穆戈玛大街，邮编：1126；Tel：（183）772831。

厄立特里亚：喀土穆。

埃塞俄比亚：喀土穆 384BC 街区 4 号，邮编：844。

法国：喀土穆 12 街区，11 片区 13 大街阿马拉特，邮编：377；Tel：（183）471082；网址：www. ambafrance-sd. org。

德国：喀土穆 2 片区，8DE 街区巴拉迪街，邮编：970；Tel：（183）777990；Fax：（183）777622。

希腊：喀土穆 5 街区 30 号，萨瑞拉·甘姆豪瑞尔，邮编：1182；Tel：（183）773155。

罗马教廷：喀土穆卡夫里·贝尔格拉维亚，邮编：623；Tel：（183）330692；电子邮件：Kanouap@ yahoo. it。

印度：喀土穆非洲路 61 号，邮编：623；Tel：（183）471202，Fax：（183）472266；电邮：indemb@ sudanet. net。

伊朗：喀土穆莫哥朗 2 区 8 号，Tel：（183）748843。

伊拉克：喀土穆沙瑞拉·沙瑞夫·辛迪，邮编：1649；Tel：（183）271867；Fax：（183）271855。

意大利：喀土穆 39 大街，邮编：793；Tel：（183）745326；电邮：italsd@ usa. net。

日本：喀土穆新延长线 3 大街 AE 街区 24 号，邮编：1649；Tel：（183）777668；Fax：（183）451600。

约旦：喀土穆新延长线 7 大街 25 号，Tel：（183）743264。

肯尼亚：喀土穆；邮编：8242；Tel：（183）460386；Fax：（183）472265。

韩国：喀土穆新延长线大街 2 号，邮编：2414；Tel：（183）451136；Fax：（183）452822。

科威特：喀土穆网球俱乐部旁非洲大街，邮编：1457；Tel：（183）781525。

黎巴嫩：喀土穆。

利比亚：喀土穆非洲街 50 号，邮编：2091。

摩洛哥：喀土穆新延长线 19 大街 32 号，邮编：2042；Tel：（183）743223。

荷兰：喀土穆 47 大街第 6 栋，邮编：391；Tel：（183）471200；Fax：（183）471204。

尼日利亚：喀土穆 17 大街沙瑞拉·麦克·尼姆，邮编：1538；Tel：（183）779120。

挪威：喀土穆。

阿曼：喀土穆新延长线 1 大街，邮编：2839；Tel：（183）745791。

巴基斯坦：喀土穆瑞亚德哈 16 街区 94 号，邮编：1178；Tel：（183）742518。

波兰：喀土穆非洲路 73 号；邮编：902；Tel：（183）742248。

卡塔尔：喀土穆新延长线 15 大街，邮编：223；Tel：（183）742208。

罗马尼亚：喀土穆北卡里区 172～173 片区卡萨拉路，邮编：1494；Tel：（183）613445。

俄罗斯：喀土穆新延长线 A10 大街 B1 号；Tel：（183）471042；Fax：（183）471239；电邮：rfsudan@ hotmail. com。

沙特阿拉伯：喀土穆新延长线 11 大街；Tel：（183）741938。

塞尔维亚和门的内哥罗：喀土穆新延长线 23～25 大街，邮编：1707，Tel：（183）741252。

索马里：喀土穆新延长线 23～25 大街，邮编：1857；Tel：（183）744800。

瑞士：喀土穆 15 大街阿玛拉特，邮编：1707；Tel：（183）451010；Fax：（183）452804。

叙利亚：喀土穆新延长线 3 大街，邮编：1139；Tel：（183）744663。

突尼斯：喀土穆阿玛拉特 15 大街 35 号，Tel：（183）487947；Fax：（183）487950；电邮：at_ Khartoum@ yahoo. fr。

土耳其：喀土穆新延长线 29 大街 31 号，邮编：771；Tel：

（183）451197；Fax：（183）472542；电邮：trembkh @ email. sudanet. net。

乌干达：喀土穆。

英国：喀土穆巴拉迪街旁 10 大街，邮编：801，Tel：（183）777105；Fax：（783）776457；电邮：british@ sudanmail. net。

阿联酋：喀土穆新延长线 3 大街，邮编：1225；Tel：（183）744476。

美国：喀土穆沙瑞拉·阿里·阿卜杜·拉提夫，邮编：699，Tel：（183）774611；Fax：（183）774137。

也门：喀土穆新延长线 11 大街，邮编：1010；Tel：（183）743918。

主要参考文献

英文论著

Abdel Salam Sidahmed and Alsir Sidahmed, Sudan, Routledge Curzon (Taylor & Francis Group), London and New York, 2005.

Africa South of the Sahara 2005, 34th edn, Europa Publications (Taylor & Francis Group), London and New York, 2005.

Ali. A. I. M. , *The British, the Slave Trade and Slavery in the Sudan, 1820 – 1881*, Khartoum: KUP, 1972.

Arkell, A. J. , *A History of the Sudan from the Earliest Time to 1821*, London: Athlone Press, 1961.

Beshir, M. O. , *The Southern Sudan: Background to Conflict*, London: Hurst, 1968.

Bona Malwal, *People and Power in Sudan*, London: Ithaca Press, 1981.

Brown, D. M. (ed), *African's Glorious Legacy*, Time Life Books, New York, 2002.

Carol Beckwith & Angela Fisher: *African Ceremonies*, New York, 2002.

Collins, R. O. , *The Southern Sudan in Historical Perspective*, Tel Aviv, University of Tel-Aviv Students Association, 1975.

Country Report: *Sudan*, Published by the Directorate General for Development, EC, 2001.

Crowder, M. (ed.), *The Cambridge History of Africa*, Cambridge: CUP, 1984.

Curtin, P. , Feierman, S. , Thompson, L. and Vansina, J. , *Africa History*, Boston: Little and Brown; London: Longman, 1978.

Daly, M. W. , *Imperial Sudan*, Cambridge University Press, 1991.

Daly, M. W. , *Empire on the Nile*: *The Anglo-Egyptian Sudan*, 1898 – 1934, Cambridge University Press, 1985.

Dustan Wai, *The African-Arab Conflict in the Sudan*, New York: Africana Publishing Company, 1983.

Deng, F. M. , *Africans of Two Worlds*: *The Dinka in Afro-Arab Sudan*, New Haven and London: Yale University Press, 1978.

Deng, F. M. , *War of Vission*: *Conflict of Identities in the Sudan*, Washington-DC: The Brookings Institution, 1995.

Deng, F. M. (ed), *Their Brothers' Keepers*: *Regional Initiative for Peace in Sudan*, InterAfrica Group, Addis Ababa, 1997.

Deng, F. M. and Morrison, J. , *U. S. Policy to End Sudan's War*, Report of the CSIS Task Force on U. S. -Sudan Policy, February, 2001.

Deng, F. M. & Minear L. , *The Challenges of Famine Relief*: *Emergency Operations in the Sudan*, Washington-DC: The Brookings Institution, 1992.

Deng, F. M. & Gifford P. , (eds), *The Search for Peace in the Sudan*, Wilson Center Press, Washington-DC, 1987.

Emil Ludwig, *The Nile*: *A Life-story of a River*, London , 1936

Gabriel Warburg, *Islam*, *Nationalism and Communism in a*

苏丹

Traditional Society, London: Frank Cass, 1978.

Gillon, W. , *A Short History of African Art*, Penguin Books Ltd, London, 1991.

Hasan, Y. F. , *The Arabs and the Sudan: from the seventh to the early sixteenth century*, Edinburgh University Press, 1973.

Helen Chapin Metz (ed), *Sudan: a country study*, Federal Research Division, Library of Congress, 1991.

Henry S. Bienen, *Armed Forces, Conflict, and Change in Africa*, Boulder: Westview Press, 1989.

Holt, P. M. , The Mahdist State in the Sudan, 1881 – 1898, Oxford: OUP, 1970.

Holt, P. M. and Daly, M. W. , *A History of the Sudan: From the Coming of Islam to the Present*, *5th Edition*, Longman: Person Education Limited, 2000.

Human Rights Watch/Africa, *Behind the Red Line: Political Repression in Sudan*, New York, 1996.

John Keegan, *World Armies*, 2nd Edition, London: Macmillan Publishers, 1983.

Lina, Fruzzetti and Akos, Ostor, *Culture and Change along the Blue Nile*, Boulder: Westview Press, 1990.

Mahgoub Ahmed Kurdi, *The Encounter of Religions: An Analysis of the Problem of Religion in Southern Sudan*, Ann Arbor, Michigan: University Microfilms International and Bell and Howell Information Company, 1991.

Nelson, H. D. (ed), *Sudan: A Country Study*, Washington: U. S. Government Printing Office, 1982.

Niblock, Tim, *Class and Power in Sudan: The Dynamics of Sudanese Politics*, *1898 – 1985*. Albany: SUNY, 1987.

Nordstrom, H. A. (ed), *Neolithic and A-Group Sites*, London, 1972.

O'Fahey, R. S. and Spaulding, J. L., *The Kingdoms of the Sudan*, London: Methuen, 1974.

Robert Collins, *The Southern Sudan in Historical Perspective* University, of Tel Aviv, The Israel Press, 1975.

Roddis, Ingrid and Miles Roddis, *Sudan*, Chelsea House Publishers, Philadelphia, 2000.

Samuel Huntington, *Clash Of Civilizations*, New York: Oxford University Press, 1996.

Shinnie, P. L., *Meroe, A Civilization of the Sudan*, New York: Praeger; London: Thames & Hudson, 1967.

The Economist Intelligence Unit, Country *Profile 2003/2004/20052006/, Sudan*, The Economist Intelligence Unit Limited, London, UK, 2003/2004/2005/2006.

The Middle East and North Africa, 32nd Edition, Europe Publications Limited, 1986.

The Search for Peace in the Sudan: A Chronology of the Sudanese Peace Process 1989 – 2001, The European-Sudanese Public Affairs Council, London, 2002.

UNESCO, *General History of Africa*, 8 Vols., Paris: UNESCO; London: Heinemann; Berkeley, C A: University of California, 1981 – 1989.

Voll, O. J. (ed.), *State and society in Crisis*, Bloomongton and Indianapolis: Indiana University Press, 1991.

Voll, J. O. and Voll, S. P., *The Sudan: Unity and Diversity in a Multicultural State*, Boulder: Westview, 1985.

Wendorf, F., *The Prehistory of Nubia*, Dallas: Fort Burgwin

苏丹

Research Center and Southern Methodist University Press, 1968.

Woodward, P. (ed.), *Sudan after Nimeiri*, London: Routledge, 1991.

中文论著与译著

联合国教科文组织编写《非洲通史》国际科学委员会编著《非洲通史》（八卷），中国对外翻译出版公司，1984～2003。

〔德〕艾米尔·路德维希著《尼罗河：生命之河》，国际文化出版公司，2003。

〔英〕巴兹尔·戴维逊著《古老非洲的再发现》，屠佶译，生活·读书·新知三联书店，1973。

〔英〕巴兹尔·戴维逊著《现代非洲史：对一个新社会的探索》，中国社会科学出版社，1989。

〔法〕皮埃尔·古鲁著《非洲》（上、下），蔡宗夏等译，商务印书馆，1984。

〔苏〕奥尔德罗格、波铁辛主编《非洲各族人民》，三联书店，1960。

〔苏〕苏联科学院非洲研究所编《非洲史》（二卷），上海人民出版社，1974。

〔美〕戴维·拉姆著《非洲人》，张理初、沈志彦译，上海译文出版社，1998。

〔美〕杜波伊斯著《非洲——非洲大陆及其居民的历史概述》，世界知识出版社，1965。

〔苏〕德·亚·奥尔迭罗格著《十五至十九世纪的西苏丹》，上海人民出版社，1973。

〔苏丹〕迈基·希贝卡著《独立的苏丹》，上海人民出版社，1973。

〔匈牙利〕西克·安德烈著《黑非洲史》，上海人民出版社，1973。

〔匈牙利〕西克·安德烈著《黑非洲史》（第四卷），上海译文出版社，1979。

〔美〕西·内·费希尔：《中东史》，商务印书馆，1980。

〔埃及〕萨米尔·阿明著《世界一体化的挑战》，社会科学文献出版社，2003。

《中东非洲发展报告》（No.1~No.6），社会科学文献出版社，1998~2003。

杨人梗著《非洲通史——从远古至一九一八》，人民出版社，1984。

艾周昌、陆庭恩等主编《非洲通史》（三卷），华东师范大学出版社，1995。

郑家馨主编《殖民主义史·非洲卷》，北京大学出版社，2000。

艾周昌主编《非洲黑人文明》，中国社会科学出版社，1999。

中国非洲史研究会编写组编《非洲通史》，北京师范大学出版社，1984。

北京大学非洲研究中心编《非洲：变革与发展》，世界知识出版社，2002。

《非洲教育概况》编写组编《非洲教育概况》，中国旅游出版社，1997。

郭应德著《阿拉伯史纲：610~1945》，中国社会科学出版社，1991。

陆庭恩、刘静著《非洲民族主义政党和政党制度》，华东师范大学出版社，1997。

宁骚著《民族与国家：民族关系与民族政策的国际比较》，

北京大学出版社，1995。

刘鸿武著《黑非洲文化研究》，华东师范大学出版社，1997。

刘鸿武等著《从部族社会到民族国家——尼日利亚国家发展史纲》，云南大学出版社，2000。

李安山著《非洲民族主义研究》，中国国际广播出版社，2004。

李保平著《非洲传统文化与现代化》，北京大学出版社，1997。

张宏明著《多维视野中的非洲政治发展》，社会科学文献出版社，1999。

徐济明、谈世中主编《当代非洲政治变革》，经济科学出版社，1998。

顾章义著《崛起的非洲》，中国青年出版社，1999。

金宜久、吴云贵著《伊斯兰与国际热点》，东方出版社，2001。

彭树智主编《阿拉伯国家通史》，高等教育出版社，2002。

曲洪著《当代中东政治伊斯兰：观察与思考》，中国社会科学出版社，2001。

吴云贵著《当代伊斯兰教法》，中国社会科学出版社，2003。

肖宪著《当代国际伊斯兰潮》，世界知识出版社，1997。

蔡嘉禾著《当代伊斯兰原教旨主义运动》，宁夏人民出版社，2003。

陈嘉厚主编《现代伊斯兰主义》，经济日报出版社，1998。

杨灏城、朱克柔主编《民族冲突和宗教争端》，人民出版社，1996。

黄长著编著《各国语言手册》，重庆出版社，2000。

488

朱鑫主编《国际统计年鉴》，中国统计出版社，2001。

赵彦博、王启文著《埃及·苏丹》，军事谊文出版社（北京），1996。

宗实著《苏丹》，世界知识出版社，1965。

杨期锭、丁寒编著《苏丹》，上海辞书出版社，1985。

赵国忠主编《简明西亚非洲百科全书（中东)》，中国社会科学出版社，2000。

《世界知识年鉴》2000/2001、2001/2002、2002/2003、2003/2004、2004/2005 年卷，世界知识出版社，2001、2002、2003、2004、2005。

致　谢

　　本书由我和我的博士研究生姜恒昆两人编写而成。本书编写过程中得到一些朋友和同学的帮助，在此一并致谢：中国社会科学院西亚非洲研究所李智彪研究员、中国社会科学院西亚非洲研究所刘海方博士、中央党校战略研究中心罗建波博士，为本书的写作提供了许多有用的资料。博士研究生亢昇提供了第三章政治和第四章经济两章内容的基本素材，硕士研究生暴明莹、刘莹提供了第六章教科文卫的部分资料，硕士研究生路娜翻译了部分英文资料。

　　本书初稿完成于 2005 年年底，多数资料截止于 2004 年，在最后定稿阶段，部分资料补充到了最新的 2006 年年底。

　　本书承蒙中国社会科学院西亚非洲研究所陈宗德先生、中国社会科学院世界历史研究所杨灏城先生审读书稿，并提出许多中肯而重要的修改意见。中国社会科学院西亚非洲研究所赵国忠先生、温伯友先生对书稿也作了仔细通读，对此书编写工作有许多指教和帮助，也一并在此表示衷心的感谢。

刘鸿武
2006 年 10 月

《列国志》已出书书目

2003 年度

吴国庆编著《法国》

张健雄编著《荷兰》

孙士海、葛维钧主编《印度》

杨鲁萍、林庆春编著《突尼斯》

王振华编著《英国》

黄振编著《阿拉伯联合酋长国》

沈永兴、张秋生、高国荣编著《澳大利亚》

李兴汉编著《波罗的海三国》

徐世澄编著《古巴》

马贵友主编《乌克兰》

卢国学编著《国际刑警组织》

2004 年度

顾志红编著《摩尔多瓦》

赵常庆编著《哈萨克斯坦》

张林初、于平安、王瑞华编著《科特迪瓦》

鲁虎编著《新加坡》

王宏纬主编《尼泊尔》

王兰编著《斯里兰卡》

孙壮志、苏畅、吴宏伟编著《乌兹别克斯坦》

徐宝华编著《哥伦比亚》

高晋元编著《肯尼亚》

王晓燕编著《智利》

王景祺编著《科威特》

吕银春、周俊南编著《巴西》

张宏明编著《贝宁》

杨会军编著《美国》

王德迅、张金杰编著《国际货币基金组织》

何曼青、马仁真编著《世界银行集团》

马细谱、郑恩波编著《阿尔巴尼亚》

朱在明主编《马尔代夫》

马树洪、方芸编著《老挝》

马胜利编著《比利时》

朱在明、唐明超、宋旭如编著《不丹》

李智彪编著《刚果民主共和国》

杨翠柏、刘成琼编著《巴基斯坦》

施玉宇编著《土库曼斯坦》

陈广嗣、姜俐编著《捷克》

2005 年度

田禾、周方冶编著《泰国》

高德平编著《波兰》

刘军编著《加拿大》

张象、车效梅编著《刚果》

徐绍丽、利国、张训常编著《越南》

刘庚岑、徐小云编著《吉尔吉斯斯坦》

刘新生、潘正秀编著《文莱》

孙壮志、赵会荣、包毅、靳芳编著《阿塞拜疆》

孙叔林、韩铁英主编《日本》

吴清和编著《几内亚》

李允华、农雪梅编著《白俄罗斯》

潘德礼主编《俄罗斯》

郑羽主编《独联体（1991～2002）》

安春英编著《加蓬》

苏畅主编《格鲁吉亚》

曾昭耀编著《玻利维亚》

杨建民编著《巴拉圭》

贺双荣编著《乌拉圭》

李晨阳、瞿健文、卢光盛、韦德星编著《柬埔寨》

焦震衡编著《委内瑞拉》

彭姝祎编著《卢森堡》

宋晓平编著《阿根廷》

张铁伟编著《伊朗》

贺圣达、李晨阳编著《缅甸》

施玉宇、高歌、王鸣野编著《亚美尼亚》

董向荣编著《韩国》

2006 年度

李东燕编著《联合国》

章永勇编著《塞尔维亚和黑山》

杨灏城、许林根编著《埃及》

李文刚编著《利比里亚》

李秀环编著《罗马尼亚》

任丁秋、杨解朴等编著《瑞士》

王受业、梁敏和、刘新生编著《印度尼西亚》

李靖堃编著《葡萄牙》

钟伟云编著《埃塞俄比亚　厄立特里亚》

赵慧杰编著《阿尔及利亚》

王章辉编著《新西兰》

张颖编著《保加利亚》

刘启芸编著《塔吉克斯坦》

陈晓红编著《莱索托　斯威士兰》

汪丽敏编著《斯洛文尼亚》

张健雄编著《欧洲联盟》

王鹤编著《丹麦》

顾章义、付吉军、周海泓编著《索马里 吉布提》

彭坤元编著《尼日尔》

张忠祥编著《马里》

姜琍编著《斯洛伐克》

夏新华、顾荣新编著《马拉维》

唐志超编著《约旦》

刘海方编著《安哥拉》

李丹琳编著《匈牙利》

白凤森编著《秘鲁》

2007 年度

潘蓓英编著《利比亚》

徐人龙编著《博茨瓦纳》

张象、贾锡萍、邢富华编著《塞内加尔 冈比亚》

梁光严编著《瑞典》

刘立群编著《冰岛》

顾俊礼编著《德国》

王凤编著《阿富汗》

马燕冰、黄莺编著《菲律宾》

李广一主编《赤道几内亚 几内亚比绍 圣多美和普林西比 佛得角》

徐心辉编著《黎巴嫩》

王振华、陈志瑞、李靖堃编著《爱尔兰》

刘月琴编著《伊拉克》

左娅编著《克罗地亚》

张敏编著《西班牙》

吴德明编著《圭亚那》

张颖、宋晓平编著《厄瓜多尔》

田德文编著《挪威》

郝时远、杜世伟编著《蒙古》

2008 年度

宋晓敏编著《希腊》

王平贞、赵俊杰编著《芬兰》

图书在版编目（CIP）数据

苏丹/刘鸿武，姜恒昆编著．－北京：社会科学文献出版
社，2008.6
（列国志）
ISBN 978-7-5097-0163-8

I. 苏… II. ①刘…②姜… III. 苏丹－概况 IV. K941.2

中国版本图书馆 CIP 数据核字（2008）第 057012 号

苏丹（Sudan）　　　　　　　　　　　　　·列国志·

编 著 者 / 刘鸿武　姜恒昆
审 定 人 / 陈宗德　杨灏城　赵国忠

出 版 人 / 谢寿光
总 编 辑 / 邹东涛
出 版 者 / 社会科学文献出版社
地　　址 / 北京市东城区先晓胡同 10 号　（邮政编码：100005）
网　　址 / http：//www.ssap.com.cn
网站支持 / （010）65269967
责任部门 / 《列国志》工作室　　（010）65232637
电子信箱 / bianjibu@ ssap.cn
项目经理 / 宋月华
责任编辑 / 周志宽
责任校对 / 王毅然
责任印制 / 岳　阳

总 经 销 / 社会科学文献出版社发行部
　　　　　（010）65139961　65139963
经　　销 / 各地书店
读者服务 / 市场部（010）65285539
排　　版 / 北京中文天地文化艺术有限公司
印　　刷 / 三河市尚艺印装有限公司

开　　本 / 880×1230 毫米　1/32
印　　张 / 16.25　字数 / 402 千字
版　　次 / 2008 年 6 月第 1 版　2008 年 6 月第 1 次印刷

书　　号 / ISBN 978-7-5097-0163-8/K·0013
定　　价 / 45.00 元

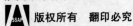

《列国志》主要编辑出版发行人

出 版 人　谢寿光

总 编 辑　邹东涛

项目负责人　杨　群

发 行 人　王　菲

编辑主任　宋月华

编　　　辑　（按姓名笔画排序）

　　　　　　孙以年　朱希淦　宋月华

　　　　　　李正乐　周志宽　范　迎

　　　　　　范明礼　赵慧芝　袁卫华

　　　　　　黄　丹　魏小薇

封面设计　孙元明

内文设计　熠　菲

责任印制　盖永东

编　　　务　杨春花

编辑中心　电话：65232637

　　　　　　网址：ssdphzh_cn@sohu.com